新型舰船系统电磁干扰
分析、测量与防护

修订版

孟 进 张 磊 赵治华 等◎著

电子工业出版社·

Publishing House of Electronics Industry

北京·BEIJING

内 容 简 介

本书总结了作者及其团队多年来从事电磁兼容定量设计和电磁干扰防护工作的研究成果，以近年来舰船领域兴起的电磁发射装置、综合电力系统等高新电磁装备为对象，介绍了这一领域电磁兼容分析设计的新原理和新方法，并从工程应用的角度，结合典型案例重点阐述了新型舰船电磁装备和系统的电磁干扰预测分析、试验测量和抑制措施等内容。本书还充分吸收了近年来国内外相关领域新的研究成果，是一部涉及新型舰船系统电磁兼容技术的重要论著。

本书既可作为电磁兼容性论证、设计和评估整改等领域的科研人员和工程技术人员的参考书，也可作为高等院校从事电磁兼容教学和研究的教师、研究生、本科生的教学用书。

图书在版编目（CIP）数据

新型舰船系统电磁干扰分析、测量与防护 / 孟进等著. —修订本. —北京：电子工业出版社，2021.7
ISBN 978-7-121-41079-6

Ⅰ. ①新… Ⅱ. ①孟… Ⅲ. ①军用船－电子系统－电磁干扰－研究 Ⅳ. ①U674.7 ②TN103

中国版本图书馆 CIP 数据核字（2021）第 078122 号

责任编辑：王小聪
印　　刷：三河市鑫金马印装有限公司
装　　订：三河市鑫金马印装有限公司
出版发行：电子工业出版社
　　　　　北京市海淀区万寿路 173 信箱　邮编 100036
开　　本：787×1092　1/16　印张：27　字数：575 千字
版　　次：2020 年 4 月第 1 版
　　　　　2021 年 7 月第 2 版
印　　次：2021 年 7 月第 1 次印刷
定　　价：105.00 元

凡所购买电子工业出版社图书有缺损问题，请向购买书店调换。若书店售缺，请与本社发行部联系，联系及邮购电话：（010）88254888，88258888。

质量投诉请发邮件至 zlts@phei.com.cn，盗版侵权举报请发邮件至 dbqq@phei.com.cn。

本书咨询联系方式：（010）57565890，meidipub@phei.com.cn。

序

近 20 年来，随着新材料、信息技术的高速发展，舰船领域的综合电力系统、电磁发射等高新电磁技术也得到了蓬勃发展，并呈现井喷现象，这催生了一大批具有颠覆性和代表性的创新成果。这些新兴技术的出现将从根本上改变传统舰船武器的性能和战斗力水平。相对于以机械能和化学能复合形式为主的传统舰船，这种以电磁能为主要能量形态的舰船可称为新型舰船，其出现堪比从帆船到蒸汽机舰船、从蒸汽机舰船到核动力舰船的两次舰船领域革命，代表着舰船领域的发展方向。

新型舰船所需的电磁能量是传统舰船的近百倍，其需要在有限的舰船空间内实现超大容量电磁能的转换、变换、输配和使用，传统的电磁兼容设计分析理论已经不能满足其要求，需要结合新兴电磁装备的特点开展电磁干扰分析理论、测量方法和防护技术研究，为新型舰船系统及装备的电磁兼容设计奠定基础。

本书是孟进教授带领的海军工程大学电磁兼容研究团队 10 多年来的理论研究和工程实践成果的总结。书中对新型舰船装备和系统的电磁干扰问题做了全面、系统、深入的描述，重点阐述了传导电磁干扰、辐射电磁干扰和舰船壳体地电流干扰的分析、测量和防护等内容。书中所论述的理论方法和技术成果，已经取得了良好的应用效果。其中，传导电磁干扰预测方法已广泛应用于舰船综合电力系统及其装置，为我国舰船中压直流综合电力系统的电磁兼容运行做出了突出贡献；瞬态干扰测量技术已应用于近 10 类电磁发射平台和装置研制，解决了多项重点国防项目中电磁兼容技术难题；辐射电磁干扰自适应防护技术成果，已形成装备并批量列装于我国海军多型主战驱逐舰、护卫舰平台，解决了舰船系统辐射电磁干扰防护的重大技术难题，打破了英、美等国对我国在该技术领域的长期封锁。

本书的出版将对推动我国电磁兼容技术领域及舰船高新电磁技术装备的发展起到极大的促进作用。

中国工程院院士

前　言

进入 21 世纪以来，舰船、飞机、车辆等复杂信息化平台的电磁兼容问题受到了高度重视。由于传统的经验方法不足以描述电磁特性复杂的大系统，因此系统级电磁干扰分析、测量和防护问题一直是学术界和工业界公认的难题。

开展舰船系统电磁兼容研究工作是为了得到更好的理论工具来预估系统电磁兼容性，测量验证分析并确定电磁干扰抑制和防护措施。电磁兼容研究工作的技术驱动主要来源于三个事实。第一个事实是舰船系统中的电子设备的数量不断增加，以及新的信息化技术可以实现电子设备的小型化，这导致这些电子设备需要在更小的空间内工作于更高的频率上，大大增加了电磁干扰的风险。第二个事实与国防武器系统的独特性有关，即军事使用环境使国防武器系统主要关注涉及电磁敏感度及系统内操作功能的电磁兼容性，而对外部世界的关注较少，我们常称之为独立系统。舰船独立系统的电磁兼容问题一直是著者及其团队多年来工作的重点和方向。第三个事实是电磁发射、综合电力等高新电磁技术催生了下一代舰船系统的革命。相对于以机械能和化学能复合形式为主的传统舰船，新型舰船系统将电磁能量和信息控制高度融合并最大限度地加以利用，这为有限的舰船电力系统和电磁频谱均带来了复杂的电磁干扰和电磁兼容新问题和新挑战。

本书总结了海军工程大学电磁兼容研究团队 10 多年来从事电磁兼容定量设计和电磁干扰防护工作的研究成果，以近年来舰船领域兴起的电磁发射装置、综合电力系统等高新电磁装备为对象，介绍了这一领域电磁兼容分析设计的新原理和新方法。本书还从工程应用的角度，结合典型案例重点阐述了新型舰船电磁装备和系统的电磁干扰预测分析、试验测量和抑制措施等内容。

全书共分为 10 章。第 1 章简要综述了世界发达国家新型舰船系统的内涵和最新发展，阐述了舰船高新电磁技术的发展情况，给出了新型舰船系统发展的电磁兼容设计新技术发展方向。第 2 章介绍了传导电磁干扰的通用分析方法，包括传导电磁干扰的基本模型、舰船发供电系统、大功率电能变换装置的传导电磁干扰分析。第 3 章回顾了辐射电磁场的基本知识，给出了传输电缆系统辐射电磁场的分析方法，简要介绍了舰船通信系统辐射电磁干扰的常见类型和作用机理。第 4 章介绍了舰船系统特有的壳体地电流干扰分析方法，主要介绍了舰船接地系统共地耦合阻抗模型和参数提取方法，分析了邻近效应对地回路阻抗的影响。第 5 章介绍了传导电磁干扰测量技术，重点阐述了中压大功率电力系统及其设备传导电磁干扰测量的新手段和新方法。第 6 章综述了标准规定的辐射电磁干扰测量场地、设备、项目及方法，介绍了非周期瞬态辐射电磁干扰的测量及分析新方法。第 7 章从舰船壳体地电流的产生机理入手，介绍了基于金属表面磁场测量获取壳体内部地电流干扰的测量探头设计方法，为地电流干扰源定位的系统级电磁兼容分析及地电流传播途径的确定提供了有效的实验验证手段。第 8 章阐述了舰船综合电力系统大功率电力电子装置的传导电磁干扰抑制方法，包括舰船电力系统特有的回路耦合干扰抑制方法、大功率电力电子装置传导电磁干扰抑制技术和变频滤波电感设计方法，为舰船系统电磁兼容性的设计奠定了技术基础。第 9 章介绍了辐射电磁干扰的自适应对消技术，从辐射电磁干扰对消技术的原理和数学模型出发，详细阐述了数字化对消技术的发展，最后给出了该技术在舰船通信系统抗干扰方面的应用实例。第 10 章给出了综合电力系统电磁干扰控制及瞬态脉冲系统电磁敏感度设计的工程实例，还介绍了发展中的瞬态脉冲干扰频谱的测量技术和虚拟暗室技术，以及日趋成熟的宽带时域电磁干扰测量技术。

　　本书由孟进、张磊、赵治华等著。其中，孟进编写了第 1 章、第 2 章、第 3 章和第 8 章的内容，张磊编写了第 5 章和第 10 章的内容，赵治华编写了第 4 章、第 6 章和第 7 章的内容，李毅编写了第 9 章的内容。本书在编写过程中还得到了何方敏、葛松虎、邢金岭、吴灏等同事的大力支持。另外，本书还引用了国内外有关学者的部分研究结论，在此一并致谢。

　　特别感谢中国工程院陆建勋院士为本书作序，感谢电子工业出版社为本书出版所做的大量细致的工作。

　　限于著者学术水平和著书经验，书中的不足之处在所难免，恳请读者给予批评指正并提出宝贵意见。

著　者

目　录

第1章 绪 论

1.1 引言

现代工业系统和国防武器系统包含多个用于实现指挥、控制、通信和能源驱动等复杂功能的电气和电子系统。越来越多的传统机电系统被电子系统取代，其原因是电子技术在重量、成本和灵活性方面均显示出无可比拟的优势。但只要保持物理完整性，传统的机电系统就是可靠的，除了直接的物理伤害，其他伤害很难直接影响它们的功能。相反，如果远程通信的编码信号受到干扰，那么依赖信息流控制能量流的电力电子系统就可能发生故障，甚至永久性损坏。这可能是由故意行动（如电子战）引起的，也可能是由其他电磁频谱用户无意产生的电磁干扰（EMI）引起的。因此，国防武器系统在设计时尤其要考虑承受更严酷的电磁威胁，从而确保系统正常操作，或者至少保证系统工作在受控或安全模式下。这里的国防武器系统，是指海军舰船、空军飞机、陆军战车等各种平台和系统，以及重要的国防基础设施，如军事能源和通信网络等，本书主要讨论的是舰船平台及其系统。

电磁兼容（EMC）是系统和设备的一种能力，这种能力保证这些系统和设备彼此电磁兼容，既能承受一定量级的干扰，也不会给环境带来过多的电磁能量（电磁污染）。每个系统所能承受的不失去功能的最大电磁能量水平（抗扰度或敏感度水平）取决于系统的性质和重要性，并且在商用和军用系统之间该性质有很大差别，商业标准和军事标准允许系统发射的电磁能量水平也是不同的。这些限制是在宽频率范围内规定的，可以说，需要强制执行电磁兼容标准的频率范围在不断扩大，当前的军用电磁兼容设计标准已经从直流覆盖到40GHz。

接下来，我们将阐述电磁兼容对电力电子系统或舰船大平台系统越来越重要的原因。单从技术驱动方面来看，可以毫无疑问地认为，用紧凑型电子控制器替换笨重的气动和液压控制装置，可在尺寸、重量、长期可靠性、维修、多功能性和灵活性方面带来益处。例如，采用综合电力技术的舰船发展思路，其中，显著提高舰船的机动性显得非常重要。现代电子控制器的巨大处理能力允许实施复杂的控制和监控策略，并以最低的成本实现了对操作的精确控制。但从干扰角度来看，电子控制器的操作可能受工作环境中其他电信号的影响，这些电信号故意或无意地骚扰控制器，或者由导体（传导电磁干扰）或空中（辐射电磁干扰）耦合进去。如果发生这种情况，那么系统可能会发生故障，甚至完全失效，从而需要进行大量维修和更换。这些由电磁干扰引起的问题并不是新问题，20 世纪 30 年代工程技术人员就已经意识到了电子系统对电磁干扰的潜在脆弱性。电子技术在近几十年得到飞速发展，电子设备工作的逻辑电平已逐步降低到几伏级，电磁能量水平虽然降低了，但每个系统中的电子设备数量的不断增加，以及新技术实现的设备的小型化，使得系统需要在更小的空间内工作于更高的频率，从而增加了电磁干扰的可能性。因此，挑战同时来自两方面：一方面，系统脆弱性增加；另一方面，电磁环境恶劣程度增加。系统级电磁兼容设计的重要性是显而易见的，因为传统的经验法则不足以描述电磁复杂的系统，所以需要用更好的工具来预测系统的电磁兼容性能，并给出解决电磁干扰的方案。

现代舰船采用了大量的现场总线、以太网通信系统和计算机控制网络等，这些通信和计算机控制技术的大量应用提高了舰船系统的功率密度和集成度，增加了系统的生命力和可靠性，减少了系统维护人员的数量，减小了占用空间。为了保证各种计算机等电子设备能在较恶劣的电磁环境中正常工作，必须对舰船电力系统的所有强弱电设备都提出严格的电磁兼容设计要求。

因此，开展舰船系统电磁兼容预测分析、工程设计的研究，解决舰船系统电磁兼容问题，成为国内外学术，特别是舰船领域的工程设计人员，迫切需要重点研究的技术课题。因此，本书基于作者 20 年从事系统级电磁兼容研究的经验，重点阐述了新型舰船系统特有的电磁兼容分析方法和设计技术，列举了大量在新型舰船装备和系统研制中电磁兼容技术应用的实例，具有非常强的针对性和普适性。

本章重点概括了世界发达国家新型舰船系统的内涵和最新发展，简要阐述了舰船高新电磁技术的发展情况，描述了制约新型舰船系统发展的电磁兼容设计新技术。

1.2　新型舰船系统的内涵和发展

1.2.1　世界先进舰船的最新发展

未来的海上战争将是由以高新技术武器、新概念武器等新型精确制导武器为主体的硬毁伤武器系统和集陆、海、空、天、电于一体的以网络为平台、以信息化作战为核心内容的信息系统共同完成的，作战形式将是软硬一体化的联合作战形式。海上作战系统将从强调发展作战平台，转向强调发展由精确制导武器系统和战场综合信息系统等组成的网络化、一体化的大作战系统——新型舰船系统。硬毁伤武器系统的对抗和信息系统的对抗成为作战成败的决定因素，其中，硬毁伤武器系统的效能由信息系统的效能决定的比例越来越大。这就是我们所说的战争由"平台中心战"转向"网络中心战"，现代战场上的信息流、能量流形成了有机的整体，实现了舰船运动要素、指挥要素、作战单元、保障系统的横向一体化，系统对抗、体系对抗实现了作战效能的整体聚集和有效释放。

目前，世界主要海军强国，如美国、英国、法国、德国和荷兰等，先后在驱逐舰、护卫舰、潜艇等作战舰船和辅助舰船上装备了先进的动力系统和综合平台管理系统，特别是采用了先进的综合电力系统（Integrated Power System，IPS）作为舰船电力系统，将发电、日常用电、推进供电、高能武器发射供电、大功率探测供电集于一体。综合电力系统是舰船平台由机械化向电气化和信息化发展的必由之路，其发展代表着舰船平台的革命性变化，将为未来海上作战样式的变革奠定坚实的基础，在海军舰船装备的发展中具有重要地位。

自 20 世纪初以来，美国海军设计并建造了许多电力舰船。20 世纪初的电力舰船的各种优势，如卓越的性能、更少的人员配备、灵活的配置，以及高燃料效率等，在今天仍然具有重要的意义。20 世纪初，柴油机－电力潜艇、小型水面舰船及一些运输船已采用电力推进，但由于采用直流电动机作为推进电动机，所以推进功率受到限制，电力推进无法向中大型舰船推广。20 世纪 40 年代末，随着冶金和制造技术的不断进步，机械驱动系统得到广泛应用。然而，20 世纪末，机械传动能力已达到极限，这使人们重新开始关注用于军事应用的电力驱动和综合电力系统。自 20 世纪 90 年代以来，新材料、电力电子、计算机控制和网络信息技术得到了前所未有的发展。其中，新材料和新器件的发展能够大幅提高机电能量转换装置的功率密度；大功率电力电子和计算机控制技术的不断发展使得大容量（几兆至几十兆伏安）交流电力推进的实现成为可能；网络信息技术的日益成熟为系统信息化的实现提供了保障。这些支撑技术的发展为综合电力系统的工程实现奠定了坚实的基础。

英国于 20 世纪 80 年代初开始了 23 型护卫舰（见图 1-1）的设计研制工作，该护卫舰虽然在设计初期被定位为廉价的反潜护卫舰，但是在设计阶段逐步扩充，演变成了一种多功能舰船，其除了具备优异的反潜能力，防空能力也相当出色，因此在冷战结束后北约各国作战需求巨变的情况下，23 型护卫舰仍能成为皇家海军倚重的多功能舰船，伴随着皇家海军特遣武力在冲突地区出没。23 型护卫舰是英国皇家海军所属大型远洋多用途护卫舰，采用柴电燃气联合动力装置（Combined Diesel and Electric and Gas，COGLAG），在巡航工况下实现了电力推进，可以看作综合电力系统的最早期工程应用成果。巡航工况电力推进带来的低噪声使得该型舰的反潜作战能力得到了充分发挥，可以说 23 型舰就是为了使用拖曳阵列声呐而设计的。该舰的首舰于 1990 年开始服役，截至 2002 年建造了 16 艘。该舰满载排水量为 4200t，在巡航工况下由四台 1.5MW 柴油发电机组为两台 3MW 直流电动机供电，提供约 6MW 推进动力，航速为 15kn。

英国 45 型驱逐舰（Type 45 Destroyer）以首舰名称命名为勇敢级 45 型驱逐舰（Daring Class Destroyer），是英国皇家海军所属新一代防空导弹驱逐舰。2008 年 12 月 10 日，世界上首艘采用综合电力系统的战斗舰船勇敢级 45 型驱逐舰（见图 1-2）交付英国皇家海军，这标志着综合电力技术正式走向了实际装备。英国勇敢级 45 型驱逐舰围绕 PAAMS 导弹系统，配备了性能优异的桑普森相控阵雷达和 S1850M 远程雷达，并采用了综合电力推进系统（IEP），这使得该舰船成为世界上现役的最新锐的驱逐舰之一。英国勇敢级 45 型驱逐舰满载排水量为 7350t，航速为 29kn，航程超过 7000n mile/18kn，采用两台先进的 WR-21 燃气轮机作为原动机，每台发动机可提供 25MW 动力。英国勇敢级 45 型驱逐舰在试验中从起步到最大航速 31.5kn（合同要求的最大航速是 29kn）仅需 2min 多，速度从零加速到 29kn 仅需 70s，从 30kn 的速度"急停"到零仅需要航行 5.5 倍舰船长度的距离。引人注目的是，即使在满功率运行的情况下，英国勇敢级 45 型驱逐舰产生的振动也极其微小。建造商 BAE 系统公司水面舰队方案部、英国国防部，以及皇家海军的官员在《简氏防务周刊》对英国勇敢级 45 型驱逐舰的评价是，"该舰的性能已超出了对建造一流舰船的期望"。英国勇敢级 45 型驱逐舰原定建造 12 艘，然而英国皇家海军经费持续缩减，将驱逐舰/护卫舰队的规模由原本的 31 艘缩减至 25 艘，勇敢级 45 型驱逐舰也受到波及，其数量由原定的 12 艘降至 6 艘；2013 年 12 月 30 日，最后一艘 45 型"邓肯"号（HMS Duncan）正式入列英国皇家海军，自此本级舰现阶段建造计划结束。

图 1-1　23 型护卫舰

图 1-2　勇敢级 45 型驱逐舰

朱姆沃尔特级驱逐舰（Zumwalt Class Destroyer）是美国海军新一代多用途对地打击宙斯盾舰。本级舰的舰体设计、电动机动力、指管通情、网络通信、侦测导航、武器系统等无一不是尖端科技。朱姆沃尔特级驱逐舰展现了美国海军雄厚的科技实力、财力，以及设计思想上的前瞻性，是美国海军的新世代主力水面舰船。1992年，美国相关部门颁布了《由海向陆——为美国海军进入21世纪做准备》战略白皮书，美国的海上战略重点逐渐从大洋上的海洋控制权争夺转向濒海地区的力量投送，力量结构特别是主要的水面力量都集中于航母打击群和远征打击大队，形成了火力强大的海上堡垒。随后，美国海军进一步提出了"21世纪驱逐舰技术研究"概念，该概念随后被纳入美国海军新一代水面作战舰船框架中，即"21世纪水面作战"（SC-21），并将综合电力系统用于美海军SC-21及未来的一系列战舰。2000年，美国总统克林顿宣布首艘DD-21采用曾任美国海军军令部长的小埃尔莫·R.朱姆沃尔特上将的名字来命名。目前，美军方已签订了3艘最新在研制的采用综合电力系统的DDG-1000朱姆沃尔特级驱逐舰的建造合同，主合同商通用动力的巴斯钢铁船厂，于2007年11月启动了首批DDG-1000朱姆沃尔特级驱逐舰的设计与建造工作。2016年10月15日，DDG-1000朱姆沃尔特级驱逐舰（见图1-3）首舰正式服役。该舰装备了两台MT30燃气轮机和两台RR4500型燃气轮机，提供电力约为78MW，用于推进、武器或其他系统，推进电动机采用的是两台34.6MW先进感应电动机，该舰设计航速为30kn，满载排水量为14 500t。

图1-3 DDG-1000朱姆沃尔特级驱逐舰

"福特"号航空母舰（舷号为CVN-78）是美国福特级航空母舰的首舰，是美国海军在役的第11艘航空母舰。"福特"号航空母舰造价达130亿美元左右，是美国海军有史以来造价最高的一艘舰船。该舰采用了诸多高新技术，如综合电力推进、电磁弹射技术，将成为21世纪美军海上打击的中坚力量。相关报道数据表明，"福特"号航空母舰的电力装机容量将是尼米兹级的3倍（尼米兹级电站装备了8台8MW汽轮发电机组，装机容量约为64MW），达到近200MW，完全可以满足航速为30kn时的推进需求。虽然依靠自身的储能装置，飞机电磁弹射系统仅需舰上提供极小容量的电能，但是综合电力系统使得飞机电磁弹射系统、新型飞机阻拦装置、电力甲板辅机及新型综合战斗系统的实现更为简单。据美军初步估算，"福特"号航空母舰上采用的新型的飞机电磁弹射系统将使得舰载机日出动量大幅提高，由原先采用蒸汽弹射系统时的每天120架次增加到每天 160 架次；其高峰出动量也将由原先的每天 220～240 架次，增加到每天 270 架次。"福特"号航空母舰（见图 1-4）于 2005 年 8 月在纽波特纽斯造船及船坞公司开工，2009 年 11 月安放龙骨，2013 年 11 月 9 日正式下水，2017 年 4 月 8 日开始海试，2017 年 7 月 22 日正式进入美国海军服役。此外，美海军还对阿利·伯克级导弹驱逐舰现代化改装的综合电力系统方案进行了可行性论证，以期进一步提高其作战性能。

图 1-4 美国"福特"号航空母舰

伊丽莎白女王级航空母舰（Queen Elizabeth Class Aircraft Carrier）是英国皇家海军采用传统动力、短距滑跃起飞并垂直降落的双舰岛多用途航空母舰，是英国皇家海军有史以来最大的战舰，将取代以反潜作战为主要任务只能搭载有限数量舰载机的无敌级航空母舰，成为英国未来的远洋主力。伊丽莎白女王级航空母舰计划建造两艘，总造价约 50 亿美元，首舰"伊丽莎白女王"号于 2009 年 7 月开工，2014 年 7 月下水（见图 1-5），2017 年 12 月 7 日服役，2018 年开始飞行试验，预计 2020 年形成初始作战能力。伊丽莎白女王级航空母舰实现了首次在大型航母上使用燃气轮机，并成为世界上第一艘采用综合全电力推进系统的航母，虽然这种先进动力系统与传统的蒸汽轮机、机械传动相比在功率方面还有差距，但在系统占舰内体积比例、动力系统重量、动力分配灵活性等方面有很大优势。该舰主机采用了 2 台单机功率为 36MW 级的 MT30 燃气涡轮机，4 台单机功率 20MW 级的先进感应电动机，推进总功率达到 108MW，最大航速为 27kn。

西北风级两栖攻击舰（Mistral Class Amphibious Assault Ship）是法国海军现役最新型两栖攻击舰，也是法国海军两栖作战与远洋投送的主力。本级舰至少可以运载 16 架 NH-90 型直升机或虎式武装直升机和 70 辆车辆（其中包含 13 辆主战坦克的运载/维修空间），以及 900 名陆战队员。法国海军至今已拥有 3 艘本级舰服役。西北风级两栖攻击舰的舰体构型综合了直升机母舰、船坞登陆舰与船坞运输舰的功能，满载排水量约为 21 500t。本级舰舰体（见图 1-6）采用模块化方式建造，全舰分为 4 个大型模块船段（前、后、左、右），其中舰体后半部是依照军规建造的，为降低成本，前半部是依照民间规格建造的。该级舰拥有面积约为 6400m²（长为 199m，宽为 32m）的长方形全通式飞行甲板，舰岛结构位于右舷，并设有面积达 1800m² 的下甲板直升机/车辆容纳库、面积为 1000m² 的专用车辆甲板及舰内坞舱。西北风级两栖攻击舰是法国海军首次采用综合电力推进系统的船舰，以 3 台单机功率为 6.2MW 的主柴油发电机组和 1 台单机功率 3MW 的辅助柴油发电机组网，推进器则采用两具 Rolls-Royce 集团提供的吊舱式推进器，每具推进器功率为 7.5MW，共 15MW，约 2 万马力（1 马力=735.499W）。西北风级最大航速为 18.8kn，在航速为 15kn 时续航力可达 10 700 n mile。

图 1-5 伊丽莎白女王级航空母舰

图 1-6 西北风级两栖攻击舰

1.2.2 新型舰船系统概念及发展趋势

1. 新型舰船系统概念

新型舰船是指装备高新技术武器、新概念武器和信息化作战系统的舰船平台，是为适应海军高新技术的发展，将激光武器、电磁炮、电热化学炮等新概念高能武器应用于舰船，以及现代海战对信息化依赖程度越来越高等新形势而出现的新一代舰船平台。

舰船作为军事斗争重要的作战平台是一体化联合作战武器体系中重要的结点，其总体机动性、隐身能力等直接影响战术及技术性能。现代战争信息化程度高，战场形势瞬息万变，而且高能武器系统的使用需要特殊的大功率电能支持，因此，如何快速、合理地控制能量的配置使用，即在保证推进时的充足动力的同时提供战斗状态下的高能电力，且科学地分配、控制动力系统中推进、武器装备和其他设备电力，已成为制约高能武器能否在舰载条件下使用的一个瓶颈问题。

　　海军工程大学马伟明院士曾经在多篇文章中，特别是 2010 年在《舰船电气化与信息化复合发展之思考》一文中，针对未来海战的信息化特点，建议我国海军应该发展基于全电化和信息化的智能舰计划。由于传统动力系统无法解决上文提到的瓶颈问题，而综合电力系统由于其特有的技术优势，成为解决上述问题最行之有效的技术途径，所以现有舰船动力平台采用了综合电力系统。舰船在采用综合电力系统后，其电站容量、电力系统网络结构形式都发生了变化，其中电力推进、高能武器和飞机电磁弹射系统等高耗能系统的出现使电力的产生、分配、管理变得异常复杂，所以必须采用能量的深层次和智能化管理。另外，由于舰船的航行控制与管理发生了变化，必然要采用综合舰桥技术。因此，马伟明院士指出，舰船作为信息战的载体，既形成单舰的整体优势，又构成网络中心战的一个节点，实现体系对抗的优势，是新一代舰船使用和发展谋求的总体目标。综合平台智能管理系统、综合作战指挥智能管理系统、全舰信息共享是我国海军新一代信息化舰船的主要特征，新型战舰的研制必须站在复杂系统（Complex System）的角度，以系统化思想为指导，以综合集成（Meta-Synthesis）为技术途径，最终实现装备信息化和智能化的目标，从而大幅度提升战技性能。从海军舰船的发展趋势看，必须以装备信息化与智能化建设为突破口，以信息化（智能化）带动机械化（自动化），实现机械化与信息化、自动化与智能化的复合式发展，最终实现舰船运动平台和武器作战平台二者的信息化和智能化发展。

　　发展海军高新技术武器、新概念武器和信息化作战系统的新型舰船平台的核心是，发展以综合电力系统为基础、新概念武器为作战攻防手段的集舰船能量管理系统、综合舰桥系统、综合保障系统和综合平台模拟训练系统为一体的智能舰综合平台管理系统。智能舰系统构成如图 1-7 所示。

　　智能舰系统中的能量管理平台系统集成了电站管理系统、推进管理系统、电力系统配电与电能管理系统、安全与损管系统、综合状态评估系统。智能舰系统中的综合舰桥系统包括航行管理系统、舰船控制系统、雷达自动标绘辅助系统与综合状态评估系统。智能舰系统中的综合平台模拟训练系统用于完成舰员的实际操作、故障诊断与排除等模拟训练功能。上述所有系统均通过传感器、驱动器、远程终端部件、实时数据处理显示装置、多功能控制台和各种计算机网络，来实现信息获取、传递、认知、决策、执行等信息转换过程，以及自学习、自组织与自修复功能，从而完成智能化控制。智能舰综合平台管理系统负责舰船平台系统的集成、控制和管理，与进行舰船所有武器系统的控制、指挥、管理集成的综合作战指挥智能管理系统实现信息共享,在信息管理与控制上互相冗余、互为备份。

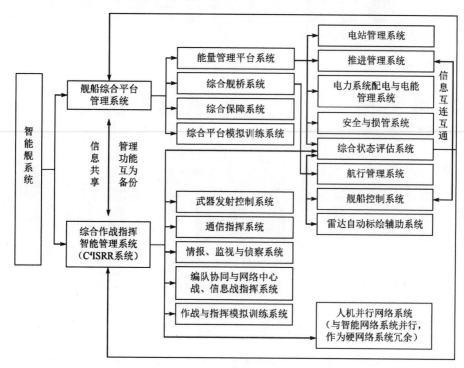

图 1-7 智能舰系统构成

2. 新型舰船系统的发展趋势

20 世纪 90 年代,美国海军就将信息技术应用到了舰船平台的综合管理领域,并将重点由控制系统显控台、数据采集处理装置和传感器的设计制造转向以软件设计为基础的系统集成。1995 年 12 月,美国海军开始实施"智能舰工程",其目标是减少人员编制和大大削减舰船全寿命周期费用。随着美国海军"21 世纪海上力量设想"和"网络中心战"海战模式的确定,美国海军给"智能舰工程"注入了新内涵,智能舰管理系统确定是"智能舰工程"第一阶段的工作和信息化基础建设项目,在此基础上将智能舰管理系统与作战系统、通信系统融合,完成以全舰网络一体化为标志的"智能舰工程"。同时,指定提康德罗加级巡洋舰"约克城"号(CG48)为示范舰进行实船试验。智能舰管理系统由机械控制系统、损管系统、综合舰桥系统、综合状态评估系统组成,其通过异步传输方式(ATM)网络将这 4 个子系统综合在一起,如图 1-8 所示。目前,提康德罗加级巡洋舰、阿利·伯克级驱逐舰、"拉什莫尔"号两栖船坞登陆舰、"雷内"号快速战斗补给船等舰船已经应用了综合平台管理系统。

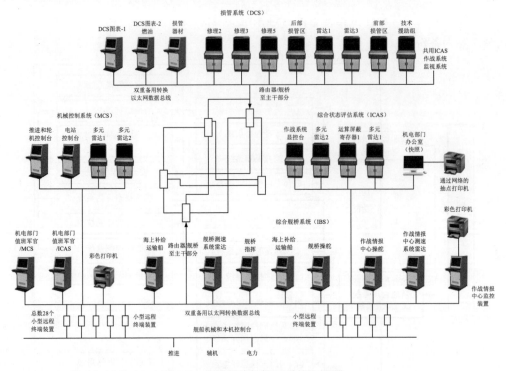

图 1-8　美国智能舰管理系统配置图

20 世纪 90 年代，英、法、意三国联合设计了新一代通用型驱逐舰，即"地平线"计划，并提出了新一代通用型舰船综合管理系统，该系统采用了总线结构，即每个系统配置了一个显控台，指挥员显控台可获得其他所有显控台的信息。系统主要由动力监控系统、电力监控系统、损管监控系统和辅助监控系统等系统组成。后来英国由于对管理结构、经费分摊和设计要求有所不满，退出了"地平线"计划，但随后英国提出了全电化舰船概念。全电化舰船的关键技术是通过一个综合平台管理系统，提供对电力系统负载的有效、可靠的控制。

20 世纪 80 年代末，法国海军在闪电级船坞登陆舰上装备了综合平台管理系统。到目前为止，已经在胜利级核动力弹道导弹潜艇、拉斐特级护卫舰、"戴高乐"号核动力航空母舰、"热风"号船坞登陆舰、地平线级防空驱逐舰、天蝎星级潜艇等舰船上使用了综合平台管理系统。法国海军舰船主要采用的是"船长"综合平台管理系统，该系统主要包括推进模块、电力模块、辅助模块、损毁控制模块等，根据不同的需求，还可提供其他设备，如大屏幕显示器、数据分析装置、在线训练和损管辅助决策系统等，但这些模块和设备是 20 世纪 90 年代初的产品，并不是当前信息化水平的产品。

德国海军首先将综合平台管理系统应用于 343 级猎雷快艇，后又将其应用于 702 级作战支援舰、212 级潜艇等舰船。德国海军认为综合平台管理系统采用了现代信息技术和控制技术，可以实现舰船的自动化和智能化。实现自动监控、自我管理所分配的平台设备和系统，可以帮助舰员进行设备的故障诊断和舰船损管的辅助决策。

荷兰海军于 1986 年在 S 级护卫舰上安装了第一代综合平台管理系统，随后于 1989 年和 1991 年分别在海象级潜艇和 M 级护卫舰上安装了第二代综合平台管理系统，目前在 LCF 防空护卫舰上安装了第三代综合平台管理系统。

从发展阶段的角度来看，世界主要海军强国信息化舰船发展都是分步实施的，即先实现以综合平台管理系统为核心的平台信息化建设，然后在此基础上，将作战系统、通信系统与综合平台管理系统进行结合，从而实现信息化平台，如美国的"智能舰管理系统"和"智能舰计划"。综合平台管理系统的发展趋势是和作战系统实现集成，未来综合平台管理系统和作战系统将在舰船的层次上，在战斗编队指挥和控制系统范围内，达到完全融合。基于指挥和控制系统的计算机通信的舰域节点将提供舰员—舰船系统—战斗编队系统之间的联系，具有对目标最佳射击条件的舰船将首先用来与目标交战，即使该目标是由其他舰船探测到的。舰船具有对目标快速反应并自动机动的能力，这有利于实现武器系统最佳阵位。目前，美国正在开发高速舰域网络和基于人工智能的舰员决策辅助系统。未来，除了个人随身计算机通信器，舰船上可能还有 2 个或 2 个以上的集成指挥中心。每个集成指挥中心的设备都采用相同的人机界面系统，具有全息的三维态势显示能力。基于优先权、指挥结构的准则，每个集成指挥中心及授权的随身计算机，都能进行全舰的监视、控制和管理，包括航向和速度的操纵，以及在任何时间在舰船的任何位置向任意显控台进行通信联络。除了控制和监视平台系统，综合平台管理系统还综合了舰船上在线训练系统（OBTS）和损管系统（BDCS）。无人操纵舱通过安装在舱室里的视频摄像仪对每个工作站经数字闭路电视系统（CCTV）进行监视。

我国舰船系统的相关技术与国外先进技术存在一定差距。20 世纪 80 年代，我国舰船平台和系统开始从单项技术研究进入系统集成阶段。当前国内与舰船相关的系统大多采用了集中式的点对点控制、集散控制、现场总线（CAN 总线）技术或以太网技术，实现了计算机网络监控。民用船舶已实现了通过工业以太网和现场总线将原各自独立的动力监控系统、电力监控系统和其他监控系统综合成一个系统的应用，但该系统采用的是封闭式结构，兼容性和扩展性较差，缺乏专家辅助系统，智能化水平低，还不是真正"信息化"意义上的舰船综合平台管理系统。相对于作战系统已经形成的计算机网络而言，部分舰船平台系统，如动力系统、电力系统、损管系统、装备保障管理系统、驾控系统等，虽然采用了 CAN 总线等现场总线技术或以太网技术，实现了集中管理，但这些系统均相对独立，没有形成一个一体化的网络平台。因此，其相关数据不能进行交换，操作人员无法根据不同系统的信息进行综合判断，以做出更好的决策。这种分散的系统虽然具有一定的局限性，但为全舰综合管理系统的发展奠定了一定的技术基础。

发展新型舰船系统是舰船平台满足高新武器、新概念武器和信息化作战要求的必由之路。国家战略能力是国家进行战略抉择，影响全球重大事务的综合能力。根据强者更强的马太效应，走在社会变革前列的国家往往拥有较强的国家战略能力，它们占领和控制着社会发展的制高点。弱势国家如果不采取强力措施，不打破常规发展模式，则很难突破这一常规发展原理。目前，我国舰船系统技术的总体水平落后于世界先进国家，舰船系统涉及舰船平台上的主要设备和系统，且系统种类多、关联复杂、规模庞大，必须依赖国家战略能力，改革国防工业体系，组建国家级的研发队伍，充分调动军内外、行业内外及社会资源和科研力量，在统一的技术体制下进行技术协作而不是单打独斗，依托国家信息基础设施建设，才能实现相互融合、相互兼容和共同受益，最终加快我国海军舰船系统的研究与建设步伐。我们相信，只要科学筹划，合理安排发展规划，通过不懈努力，必定能使支持高新技术武器、新概念武器和信息化平台作战的舰船平台实现跨越式发展。

1.3　舰船高新电磁技术的发展

高新电磁技术（High-Tech of Electromagnetism，HTEM）是在新材料、新器件及智能化控制等现代技术支撑下，以电气工程领域中的传统强电为基础发展起来的，具有超大功率、超高功率密度、短时超大脉冲功率与极端环境适应性的电（磁）能产生、变换、传输和应用的新技术。高新电磁技术的核心内涵包括：高功率密度机电能量转换技术、高效高功率密度电（磁）能转换技术、高能量密度电磁储能技术、大容量/超大容量非周期暂态脉冲电磁力（能）产生技术、复杂机电系统智能化能量管理与控制技术等。高新电磁技术瓶颈的突破不仅依赖于电气工程学科，还有材料、机械、热力学、控制、计算机、信息等多个学科。高新电磁技术占据着颠覆性技术的制高点，处于牵引多领域、宽口径融合发展的核心地位。

舰船高新电磁技术特指舰船综合电力系统和新概念电磁能武器等新兴和颠覆性技术，同时涵盖由此引发和驱动的创新技术群。近年来，随着科技兴军战略的推进，我国在舰船装备发展，尤其是综合电力系统和电磁能发射等方面，取得了集群式创新突破，多项技术已达到世界先进甚至领先水平。从当前高新电磁技术和相关装备的研发情况来看，我们已走到了以科技创新驱动引领变革的重要关口，已具备发展适合我国国情的全新一代舰船系统的条件。这种舰船系统将是集成电磁发射武器和综合电力系统的新型舰船系统，其装备的新型电磁能武器，能够即时、高效地摧毁来自空中和水下的威胁，极大提高舰船平台的系统防空、反潜能力和对海、对岸的精确打击能力。舰船综合电力系统能够把舰船平台的能量转化为武器打击能量，大幅提升舰船的持续作战能力，实现舰船平台的跨越式发展。

1.3.1　综合电力技术的发展现状及趋势

舰船综合电力系统是将发电、日常用电、推进供电、高能武器发射供电、大功率探测供电集于一体的新一代舰船电力系统。与传统舰船机械推进系统相比，综合电力系统具有噪声低、生命力强、原动机数量少、油耗低、易于总体布置等优点，可实现一代平台多代负载，是高能武器上舰的基础，是舰船动力的发展方向。

舰船综合电力系统由发电、配电、变电、推进、储能、监控/管理六大模块组成，如图 1-9 所示。发电模块由原动机和发电机组成，用于产生电能；配电模块由电缆、汇流排、断路器和保护装置等组成，用于将电能传送到舰船的各个用电设备，以及自动识别、隔离系统故障；变电模块根据用电设备的不同电能需求实现电制、电压和频率的变换；推进模块由推进变频器和推进电动机组成，推进变频器为推进电动机输入电能并控制其转速，推进电动机将输入的电能转化为机械能，推动舰船航行；储能模块用于存储和释放系统电能，既可在故障状态下为重要负载提供短时电能支撑，又可为高能武器发射提供瞬时大功率脉冲电能，缓冲其在充电和发射期间对舰船电网的冲击；监控/管理模块用于监测、控制各功能模块，并对其进行综合管理，协调各模块的工作状态，可以满足舰船在不同工况下各类负载的用电需求。

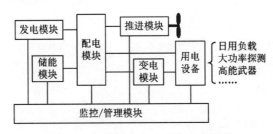

图 1-9　舰船综合电力系统组成框图

舰船综合电力系统具有传统机械推进系统无法比拟的优势，主要体现为以下几点。

一是在军用舰船方面，舰船综合电力系统是高能武器上舰的唯一途径。电磁轨道炮、固体激光、高功率微波等高能武器的发射需要大功率电能支持。传统机械推进舰船的动力系统和超大功率电力系统须同时配置，因此动力系统和电力系统体积和重量很大，无法布置，无法满足高能武器上舰的电能需求。而舰船综合电力系统可以统一调度推进功率和高能武器发射功率，在高能武器发射时适当降低推进功率，将推进能量调配给高能武器，解决了高能武器大功率电能供应问题，这是各海军强国争先发展综合电力系统的主要原因之一。各海军强国争先发展综合电力系统的另一个原因是，综合电力系统可以有效提高舰船的隐身性能。因为舰船辐射噪声是声呐探测、制导武器的主要目标源，而综合电力系统用静止式变频器驱动的推进电动机替代传统机械推进系统中的减速齿轮箱和推进轴系，消除了主要噪声源。此外，由于综合电力系统不存在主机和推进轴系之间的机械连接，所以全舰发电机组可独立布置，这有利于采取隔振措施，降低机组振动噪声，有效提高舰船的声隐身性能。机械推进舰船与综合电力舰船辐射噪声对比示意图如图 1-10 所示。

图 1-10 机械推进舰船与综合电力舰船辐射噪声对比示意图

二是在军民两用船舶方面，综合电力系统可有效提高舰船战技与机动性能。综合电力系统舰船采用电缆传输能量，可灵活布置各类设备，从而优化舰船机舱布局和总体结构，增加燃油/弹药携带量，提高船舶的续航力/战斗力。综合电力系统舰船采用变频调速电力推进技术，能在全航速范围内实现无级变速，启动、加速、急停和倒车，可大幅提高船舶机动性和操控性。综合电力系统舰船采用环形供电网络和区域配电技术，可最大限度保证舰船在遭受攻击或电力设备出现故障时的供电连续性，提高舰船的生命力。机械推进舰船与综合电力舰船机舱布局对比示意图如图 1-11 所示。

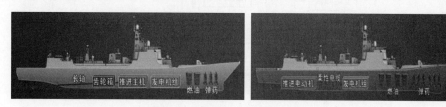

图 1-11 机械推进舰船与综合电力舰船机舱布局对比示意图

三是综合电力系统可有效降低船舶全寿命周期费用。美国国会的研究报告显示，综合电力系统舰船比同吨位机械推进船舶年节省 10%～25% 的燃油，且电气设备便于实现远程操作和控制，可以减少 50% 的岗位人员。

四是综合电力系统可有效解决我国舰船动力"心脏病"问题。我国原动机技术与国外技术相比至少落后一代，这使得我国船舶动力及大量配套设备依赖国外进口，造船"空心化"局面十分严峻。综合电力系统改变了传统推进主机的使用方式，将推进主机转变为发电机组原动机，不仅使原动机处于恒速工作状态，还可以选择投入原动机的数量，使原动机仅需承担半载到满载的负荷，减少了原动机的负荷变化和低速工作范围，明显提高了原动机效率，大幅降低了对原动机的性能要求，有效缓解了我国船舶动力主机长期存在的"心脏病"问题。

鉴于上述技术优势，综合电力系统被誉为由蒸汽动力到核动力之后的"舰船动力第三次革命"，代表了舰船先进动力的发展方向。

20 世纪 80 年代末，美国海军提出发展舰船综合电力系统，此后又推出了"SC-21"计划，拟将舰船综合电力系统应用于 21 世纪新一代水面舰船及未来一系列战舰。在研发舰船综合电力系统的过程中，美国海军先后经历了小比例预研、全尺寸预研和全尺寸工程研制三个阶段。1998 年，美国海军建立了舰船综合电力系统陆基试验站，并于 2001 年完成了全尺寸综合电力系统陆上演示验证试验，同年 11 月，美国国防部推出了"DD-X 型驱逐舰"计划，DD-X 型驱逐舰通过综合电力系统来寻求作战系统、船总体、机械和电气系统的完美结合，并最大限度地实现了自动化。2006 年 4 月该舰船正式更名为"DDG-1000"，预计 2013 年交付使用（实际交付时间为 2016 年）。2010 年，该舰选用的MT30 燃气轮机已在陆基试验站顺利完成 36MW 满功率试验。2003 年，英、法两国共同投资建立了电力战舰技术演示验证试验场，与世界上第一艘采用舰船综合电力系统的战斗舰船英国 45 型驱逐舰的研制紧密结合，大幅度降低了英国 45 型驱逐舰工程研制的风险。2008 年 12 月，英国 45 型驱逐舰正式交付英国皇家海军，这标志着发达国家已全面转入战斗舰船综合电力系统的工程化阶段。与此同时，发达国家还在进行高温超导电动机、高速永磁发电机等方案的探索研究，以期不断提高综合电力系统的技术性能。

由于欧美国家拥有先进的大功率内燃机和燃气轮机，而且率先发展了电力电子装备技术，所以综合电力技术在欧美发达国家海军舰船中首先得以应用。但鉴于当时的科技发展水平，欧美发达国家海军舰船采用的综合电力技术均为第一代技术。随着高速集成中压整流发电、中压直流输配电网络、永磁或高温超导推进电动机、新型电力电子功率器件等二代技术的突破，综合电力系统的功率密度将进一步提升、体积重量将进一步减小、适装性将进一步加强、智能化程度将进一步提高，从而大幅拓展综合电力系统技术的应用范围，世界各国正积极开展第二代综合电力系统的探索研究。两代综合电力系统的标志性技术特征如表 1-1 所示。

表 1-1 两代综合电力系统的标志性技术特征

组成分系统		第一代综合电力系统	第二代综合电力系统
发电分系统		中压交流工频同步发电	高速集成中压整流发电
输配电分系统		中压交流工频输配电	中压直流输配电
变电分系统		交流变压器或直流区域变配电装置	直流区域变配电装置
推进分系统	推进变频器	基于 IGBT（Insulated Gate Bipolar Transistor，绝缘栅双极型晶体管）/IGCT（Integrated Gate Commutated Thyristors，集成门极换流晶闸管）的推进变频器	基于组件高度集成或 SiC 功率器件的推进变频器
	推进电动机	先进感应电动机	新型先进感应、永磁或高温超导电动机
储能分系统		—	超级电容、集成式惯性储能或复合储能
能量管理分系统		基本型能量管理系统	智能型能量管理系统

综合电力系统技术发展方向主要体现在如下几个方面。

（1）电制由"中压交流"转变为"中压直流"。

在综合电力系统概念提出前，舰船电力系统主要用于满足照明、通信等日常用电需求，因此普遍采用"低压交流"电制形式，且系统功率较小。20世纪80年代以来，为满足舰船对隐蔽性、机动性和生命力等战技性能的要求，欧美国家陆续开始进行综合电力系统的研究，其采取的均为"中压交流"电制。

我国于2003年在国际上率先提出了"中压直流"电制的技术路线，破解了原动机性能落后长期制约我国综合电力系统发展的难题，同时避免了采用中压交流综合电力系统存在的"全船失电"的隐患，2013年完成的演示验证了采用第一代、第二代混合的综合电力系统的技术方案。

由于中压直流综合电力系统具有功率密度高、体积重量小、原动机转速不受系统频率限制、系统电磁兼容性好、故障电流控制能力强、原动机调速性能要求低等优点，美国海军于2007年提出"中压工频交流—中压中频交流—中压直流"三步走的技术路线，但英国海军不再跟随美国综合电力系统技术路线，于2008年提出直接采用"中压工频交流—中压直流"的技术路线，并表示未来将大力发展中压直流综合电力系统。

（2）应用范围由"大型水面舰船"向"全系列舰船"方向发展。

第一代综合电力系统采用工频交流电制，发电模块采用中低速原动机直接带动交流同步发电机的技术方案，其功率密度的提升受到发供电频率的限制；变电模块和推进模块采用目前技术成熟的硅功率器件和常规的电磁材料，虽然可以通过器件级、电路级和装置级集成提高功率密度，但受功率器件和材料性能的制约，该方法提升的功率密度有限。第一代综合电力系统在应用于小吨位水面舰船时，由于功率密度不高，存在体积重量大、适装性差等问题，所以仅适用于大型水面舰船。

随着电工材料、电力电子器件、控制技术、计算机技术的飞速发展，世界各国正积极开展第二代综合电力系统的研究。发电模块采用高速集成中压整流发电机组；配电模块采用中压直流配电网络；变电模块采用中压直流供电的直流区域变配电装置；推进变频器采用基于组件高度集成或SiC功率器件的推进变频器，推进电动机采用新型先进感应、永磁或高温超导电动机；储能模块采用超级电容储能、集成式惯性储能或复合储能、高比能化学电磁储能；能量管理模块采用智能化能量管理系统。与第一代综合电力系统相比，第二代综合电力系统的功率密度将进一步提升、体积重量将进一步减小、适装性将进一步加强、智能化程度将进一步提高，并且将可以在千吨级以上全系列舰船上普遍应用。

美国海军2015年舰船电力系统发展路线规划图如图1-12所示。

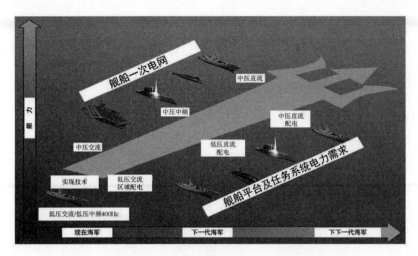

图 1-12　美国海军 2015 年舰船电力系统发展路线规划图

（3）器件与材料要求由"常规性能、保守使用"向"高性能、精细使用"转变。

两代综合电力系统的本质区别在于器件和材料。第一代综合电力系统采用常规的硅功率器件、电磁特性一般的电工材料及粗略保守的设计方法，这使得设备效率低、功率密度小、体积重量大，不仅不利于进一步提高舰船的总体性能，还限制了第一代综合电力系统在小吨位舰船上的应用。第二代综合电力系统则采用 SiC 功率器件、永磁或高温超导电磁材料及精确量化的设计方法，大幅提高了设备效率和功率密度，显著减小了体积重量。据报道，1MW 三相工频逆变器，当开关频率为 5kHz 时，若采用 IGBT 功率器件，逆变器效率为 74.7%；若采用 SiC 功率器件，逆变器效率高达 98.5%。新型永磁推进电动机和高温超导推进电动机的功率密度分别为传统感应式推进电动机功率密度的 1.6 倍和 3 倍。因此，开展关键器件和材料的深入研究是世界各国（尤其是军用领域）倍加关注的一项关键基础技术。

（4）平台信息化、智能化对电磁兼容性提出了更高要求。

综合电力系统的信息化、智能化是减少舰船人员编制、提高平台自动化水平和能量使用效能的关键，也是综合电力系统的发展趋势。然而，规模庞大的综合电力系统的控制系统网络容易受到来自自身和周围强电设备的电磁干扰；设备和系统软件的电磁兼容性也将直接影响控制目标的实现和系统的安全稳定运行。因此，综合电力系统的信息化和智能化必须以设备和系统电磁兼容和安全可靠运行为基础，这也是本书重点关注的内容。

1.3.2　电磁发射技术的发展现状及趋势

电磁发射技术是继机械能发射、化学能发射之后的一次发射方式的革命，是利用电磁力（能）使物体达到高速或超高速的发射技术。它将电磁能变换为发射载荷所需的瞬时动能，可在短距离内将几克至几十吨的负载加速至高速，突破了传统发射方式的速度和能量极限，是未来发射方式的必然途径。图 1-13 为电磁发射装置原理框图。电磁发射装置由高能量密度脉冲储能子系统、超大容量脉冲功率变换子系统、高推力密度直线推进子系统和高速环形以太网环控制子系统四部分组成，负载发射前通过脉冲储能系统将能量在较短时间内蓄积起来，发射时将脉冲变流系统调节的瞬时超大输出功率输送给脉冲直线电动机，从而产生电磁力，该电磁力将负载推动至预定速度，通过控制系统实现信息流对能量流的精准控制。

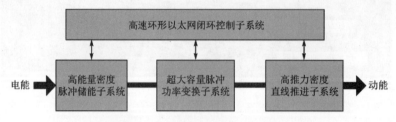

图 1-13　电磁发射装置原理框图

按照发射长度和负载末速度的不同，电磁发射技术可分为电磁弹射技术（发射长度为百米级，负载末速度可达 100m/s）、电磁轨道炮技术（发射长度为十米级，负载末速度可达 2～8km/s）、电磁推射技术（发射长度为千米级，负载末速度可达 8km/s）三种技术的基本原理相同，涉及的具体关键技术有一定差别，但总的技术可概括为高能量密度储能技术、大容量功率变换技术、大功率直线电动机技术和新型网络控制技术，如图 1-14 所示。

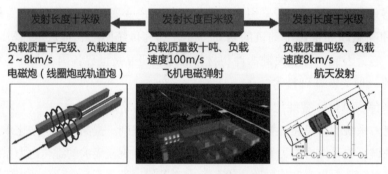

图 1-14　电磁发射技术分支

电磁发射技术是随着材料技术、电力电子器件、高性能控制技术的发展而取得重大进展的一种发射技术，具有更高、更快、更强三种典型特征。

更高：首先是发射速度高，可超越化学能发射速度的极限，负载速度涵盖了 100m/s～8km/s，传统火药的发射速度不足 1km/s；其次是发射效率高，理论发射效率可达 50%，传统发射方式（如蒸汽弹射）的发射效率仅为 4%～6%；最后是有效载荷比大，推动负载的动子一般为铝制结构。

更快：首先是启动时间短，从冷态到发射仅需几分钟；其次是发射间隔短，可以在数秒内实现重复发射；最后是保障要求低，对辅助配套设施要求低，仅需较小的充电功率和少量冷却水即可。

更强：首先是发射动能大，电磁弹射的负载动能可达 120MJ，航天推射的负载动能可达千兆焦，电磁炮动能毁伤能力强；其次是发射负载可变，通过调节电流可实现不同载荷发射；最后是持续作战能力强，可靠性高，可维护性好，操作维护人员少。

航母电磁弹射装置是目前最先进的飞机起飞装置，它不但适应了现代航母电气化、信息化的发展需要，而且具有系统效率高、弹射范围广、准备时间短、适装性好、控制精确、维护成本低等突出优势，是现代航母的核心技术和标志性技术之一。美国将其视作实现"空海一体战"的利器和领跑世界航母技术的关键，已于 2014 年配备在"福特"号航母上。将电磁弹射技术应用于航母，将显著提升航母的综合作战能力，滑跃和传统弹射类型的航母将难以对电磁弹射航母构成实质性威胁。英国"威尔士亲王"号航母也将改装电磁弹射器，俄罗斯、印度新一代航母方案也将采用电磁弹射方案。

自 20 世纪 80 年代电磁轨道炮研究热潮再次掀起以来，欧美海军均认为这种新概念武器将最先应用于海军部队，其原因是在现有科技条件下储能电源体积过于庞大，而海军战舰不仅具有宽敞的作战平台，还具有良好的发供电系统，便于提供发射时所需的高功率脉冲电源。近年来舰船综合电力技术的应用，实现了全舰能量集中调配使用，为作战平台搭载舰载电磁轨道炮提供行之有效的技术途径。美国是世界上最早开展舰载电磁轨道研究的国家，其分别于 2008 年、2010 年进行了 10MJ 和 33MJ 电磁轨道炮试验，实现了 10kg 射弹初速度达 2.5km/s。2013 年，美国解决了非连续发射条件下的轨道抗烧蚀问题，预计将于 2025 年左右在濒海战斗舰、DDG51 及 DDG1000 上装备不同能量等级的舰载电磁轨道炮。

电磁发射具有成本低、操控安全、适应性强、能量释放易于控制、可重复快速发射等优点，为快速、低成本地向太空投送小卫星和物资提供了新的思路。20 世纪 80 年代，美国航空航天局（NASA）开始进行电磁线圈推射技术的概念性研发工作。1980 年，美国的研究人员在威斯汀豪斯研究和发展中心用电磁炮成功发射了一颗质量为 317g 的弹丸，其飞行速度为 4200m/s。NASA 尝试修建一个长为 700m，仰角为 30°，口径为 500mm 的电磁线圈巨炮，计划将 2000kg 的火箭加速到 4000～5000m/s，推送到 200km 以上的高度，该系统可重复发射小型卫星或者为未来兴建大型近地空间站提供廉价的物资运输。1990 年初，美国 Sandia 国家实验室设计了一种线圈型电磁发射装置，该发射装置由 9000 级驱动线圈组成，发射装置长为 960m，倾角为 25°，计划将 600kg 的电枢和 1220kg 的飞行器加速到 6km/s，重力加速度高达 2000m/s^2。NASA 正在开展工程应用前期论证，研究"电磁+火箭"复合发射方式，现已能看到初步应用前景。

发展舰船电磁发射技术，并将其成果应用于电磁弹射、电磁轨道炮、电磁推射等，从而实现舰载武器的高效发射能力、中近程防空反导能力、超远程精确打击能力及作战快速保障能力。

（1）电磁弹射技术发展重点。

电磁弹射系统利用脉冲直线电动机可以灵活地控制电磁推力，在预定的距离和允许的最大加速度条件下将各型飞机加速至起飞速度。电磁弹射的潜在应用方向可考虑两个方面：一方面是舰载机（包括有人机和无人机）弹射；另一方面是隐蔽短跑道快速起飞。舰载机电磁弹射装置的使用可降低飞机起降对跑道长度的要求，实现舰载机快速投送，提高航母综合作战能力。电磁弹射系统在紧急条件下可以快速部署野外机场或隐蔽跑道，提高地面飞机的生存力。

发展重点：进行高功率密度、高能量密度的惯性储能技术研究，优化设计电能变换系统，发展高效率、高可靠性、强抗冲击性、高灵敏度脉冲直线电动机；在此基础上，实现电磁弹射技术闭环控制。开展电磁弹射系统研究，通过研制工程样机来攻克满足工程应用的关键技术、接口技术、电磁兼容性、实机弹射试验等，实现航母大型飞机弹射装备的应用。

（2）电磁轨道发射技术发展重点。

将电磁轨道发射技术用于常规兵器，可产生更高的初速度和更大的炮口动能，既能增加射程，又能缩短打击时间，是增强未来常规武器战术作战能力的有效手段之一，其主要应用前景为远程精确打击、中近程防空反导、反临近空间目标等。

发展重点：由于舰船具有强大的电能和宽阔的作战平台，结合海军综合电力技术的研究进展，进行储能、舰炮的舰船适装性集成，实现发展大口径、远程打击的电磁炮武器系统的目标。在大口径、远程打击的电磁发射武器系统电源与发射技术取得突破的基础上，考虑小口径、高射速的电磁发射，实现战术能力的增强，并依据不同的作战使用需求，选择不同的能级、长度、储能规模。

（3）电磁推射技术发展重点。

电磁推射技术是利用电磁发射技术来实现空间物资快速投送或小型卫星等航天器快速发射的，该技术可实现航天器重复发射，大大降低了发射成本。电磁推射系统的应用能够快速、低成本、安全地向空间站发射卫星和运送物资，可为未来空间站等空间平台提供燃料或保障物资。

发展重点：开展电磁推射总体技术论证与研究，进行纯电磁发射、火箭与电磁复合发射等方案研究及关键技术梳理；在此基础上，研究超高速同轴悬浮线圈推进技术、分段供电电源技术、同步控制技术，发展感应供电和其他非接触供电技术；研制缩比样机，进行关键技术的验证和载荷试验研究，逐步具备工程应用技术能力。

1.4 新型舰船系统电磁兼容发展需求

在新型舰船系统中，新概念电磁能武器要求用高能、高功率的电能来提供发射能源，当前的机械推进舰船无法满足该要求。综合电力技术为电磁能武器上舰提供了途径，并从根本上改变了舰船武器性能和战斗力，其影响堪比从帆船到蒸汽机舰船、从蒸汽机舰船到核动力舰船两次动力系统革命。综合电力舰船所需的电能是传统舰船的近百倍，电力系统可在有限的空间内实现上百兆瓦电能的集成，而传统的设计理论已经不能满足这种集成带来的高功率密度、高效率和高可靠性的要求。海军工程大学马伟明院士的团队提出了用于研究机电能量转换及电能变换的一体化的"电力集成"技术思想，要实现该技术思想必须解决集成化设计、材料特性描述、高效冷却和集成中的电磁兼容四大科学问题。

虽然电磁兼容在传统舰船中并不突出，但电力集成中的功率、能量的处理需要采用数字控制和脉宽调制技术，这一方面会产生大量的宽频干扰发射，另一方面控制单元的抗扰度会降低。特别是在采用了综合电力系统和电磁发射系统的舰船上有大量的雷达探测、通信导航等灵敏度极高的装备，这些敏感设备（受扰体）及系统与超大容量的强电设备及系统综合在一个狭小的空间内，甚至是在一个模块内，因此电磁兼容问题十分突出。舱室内部的干扰以传导电磁干扰为主，舱室外部的干扰以辐射电磁干扰为主。

面向新型舰船系统的电磁兼容技术领域，有以下四个方面亟须得到突破，从而破解综合电力和电磁发射等高新电磁技术在舰船领域的工程应用难题，为新型舰船系统的实装化和实战化打下基础。

（1）强弱电耦合非线性电力系统的电磁兼容分析与设计。

综合电力系统采用电力电子设备，为各类负载提供多种电制的电能。电力电子设备开关暂态过程导致系统非线性强、参数和拓扑结构时变，电磁兼容设计需要从设备、分系统、全系统层面解决多干扰源、高集成度系统复杂电磁干扰的定量预测、分析与抑制等难题。

综合电力系统电磁兼容分析方法的主要难点包括以下几点：①综合电力系统中电力电子设备的电磁干扰建模方法，该方法采用电磁干扰特性多端口等效思路，结合变尺度时频分析，建立了发电、变配电及推进分系统的电磁干扰预测模型，以解决非线性强、拓扑结构时变的综合电力系统各设备电磁干扰精确预测的难题；②综合电力系统的系统级电磁干扰定量分析方法，该方法建立了基于二端口网络的干扰通道级联传输矩阵模型，解决了多干扰源、高集成度、紧耦合大功率系统电磁干扰的精确分析难题，实现了全系统传导电磁干扰的准确计算，使传导电磁干扰峰值预测误差满足工程要求；③综合电力系统电磁兼容评估方法，该方法需要建立电力电子系统主导干扰源、主导耦合路径（又称耦合通道）的辨识方法，提出中压直流综合电力系统的布局、屏蔽和滤波策略等电磁兼容设计准则，解决毫安级测控信号在数十兆瓦级大功率电力系统中的可靠传输等电磁兼容难题，实现综合电力系统的电磁兼容运行。

（2）中压电力系统电磁干扰测量。

综合电力系统工作于千伏级高压环境中，而干扰信号仅为毫伏级，但目前电磁兼容测试主要是依据电磁兼容标准进行的，缺乏在高压、大电流下弱干扰信号的精确提取手段，因此需要发展相应的测试系统才能验证设计和分析的正确性。

为了准确测量中压电力系统中的电磁干扰，必须针对中压电力系统的应用环境研制宽频带、大量程、适用于大电压环境的干扰测量探头，由此提出了高电压、大功率设备的传导电磁干扰测量方法，以验证提出的预测分析方法。根据各设备的电磁干扰特性、布置方式和其他典型设备的电磁敏感度，来研究中压电力系统对舰船电磁环境的影响，评估辐射电磁干扰和传导电磁干扰对其他典型设备的影响程度，为设计合理的防护措施提供支撑。

（3）非周期瞬态电磁发射系统电磁干扰测量。

电磁发射系统的工作模式是非周期、快速、瞬态的，而通用的干扰测量仪器（接收机、频谱仪等）并不能有效、准确地检测出系统产生的非周期瞬态变频干扰频谱，这严重制约了电磁发射系统的电磁兼容设计和工程应用。

电磁发射系统的发射周期非常短（毫秒级）且一直处于瞬变过程，因此其产生的电磁干扰是非周期且瞬时变化的。有两种测量毫秒级瞬态干扰信号的方法。一是分段或逐点的频域扫描方法。电磁发射系统瞬态干扰信号的频率分量是随时间变化的，为了获得频谱的最大值，在一次发射中只能固定在一个频率上进行测量。因此，需要数百次重复发射测试才能获得一次发射中的完整干扰频谱。这种方法是获得瞬态干扰频谱的常规方法，但该方法费时且费力。二是时域测量方法。与频率测量设备相比，时域测量设备具有响应速度快、能够快速捕捉瞬时信号的优点。但是时域测试设备噪声高、动态范围低，在应用时必须明确时域测试系统的设计指标和测量范围，并设计出相应的测试方案，以实现干扰信号时域波形的获取。在获取时域信号后，为评估干扰信号对敏感对象的影响，必须分析干扰信号的频谱。电磁兼容标准要求以电磁干扰接收机的测试结果为依据来考核待测设备，并对测量带宽做出明确限定。因此，分析干扰信号的频谱必须考虑测量带宽的影响。

（4）舰船系统传导电磁干扰抑制与辐射电磁干扰防护。

新型舰船电力系统中的电能变换装置均采用电力电子器件实现交流、直流电能双向变换，因为没有机械旋转部件，所以新型舰船电力系统具有效率高、噪声小等优点。但其需要利用电力电子器件开关特性完成电能转换，这些装置是典型的非线性设备，因此不可避免地会产生大量的电磁干扰，若不加以抑制，那么将影响舰船上其他设备的正常工作。相对于传统陆用电网的逆变、整流等装置，舰船系统的电力电子装置的输入输出都与舰船电网相连，需要同时满足干扰指标要求，故舰船用变流器的干扰抑制有其特殊性，有必要对其传导电磁干扰产生的机理及抑制措施进行专门研究。

现代舰船装备了大量雷达、通信对抗、武器控制、警戒和导航等电子信息系统。这些功能复杂、种类繁多的设备和系统被安装在同一有限空间内，当多个系统同时工作时必定会产生平台内部的干扰问题，其中，当通信无线电台发射机和宽带接收机同时工作时，干扰现象尤为严重。当多个频率邻近的收发天线系统同时工作时，工作在发射状态的一个或多个天线的电磁辐射必然会通过空间耦合到工作在接收状态的天线上，这些干扰信号会影响正常通信数据的接收。虽然通信机的收发频率存在一定间隔，但由于发射电平与接收电平相差很大（一般在 100dB 以上）且收发天线距离较近，所以发射机天线仍会在接收机天线端产生很强的干扰电压。这带来的结果是，许多接收天线会接收到平台内部发射天线产生的干扰，从而妨碍接收系统对信号的正常接收。当干扰严重，噪声达到无法容忍的量级时，甚至会大大超过接收机的动态范围，从而造成接收机阻塞。目前常规的在舰船这种空间有限的系统中解决共平台天线之间的干扰问题的方法有如下三种：①空间管理，包括合理布置收发天线的位置和增加遮蔽物等方式；②频率管理，主要用于管理必须同时工作且互为干扰源的电子设备之间的电磁兼容；③时间管理，实质就是回避干扰源，即在干扰信号停止发射的时间内进行有用信号的传输，或者当发射强干扰信号时，短时关闭易受干扰的敏感设备。但受舰船空间和大气环境及通信系统实时性要求的限制，传统的在空间、频率和时间管理上的方法都存在一定的缺陷，即它们都是以牺牲作战性能为代价的，是一种不得已的折中办法。解决干扰问题的根本方法是如何主动抑制和防护这种强耦合辐射电磁干扰信号，而不是像传统方法那样避开它。

第 2 章 传导电磁干扰分析

电磁兼容的核心问题就是电磁干扰及其传播特性，只有了解了电磁干扰的特性，才能进一步考虑系统的电磁兼容性。本章 2.1 节介绍了传导电磁干扰的基本模型及传播耦合模式，2.2 节介绍了舰船发供电系统传导电磁干扰分析，2.3 节介绍了舰船大功率电能变换装置传导电磁干扰分析。

2.1 传导电磁干扰的基本模型及传播耦合模式

干扰源、耦合途径和敏感设备是解决电磁兼容问题的三要素。研究电力电子装置传导电磁干扰耦合一般性的电路描述方法，分析干扰源各参数对干扰耦合转化关系的影响，有助于电磁兼容设计人员对复杂的电磁干扰现象进行分析，可减少烦琐的试探和纠错工作。

2.1.1 电磁干扰三要素

对于电磁干扰，一般给出的定义是：电磁发射源通过连接导线或其他介质向敏感设备传播耦合的不希望接受的电磁能量。电磁干扰的三要素为干扰源、耦合路径和敏感设备，如图 2-1 所示。相应地，抑制电磁干扰也从这三个方面入手，即抑制干扰源、隔断耦合路径和提高敏感设备的抗干扰能力。

图 2-1 构成电磁干扰的三要素

电磁干扰以传导和辐射两种路径进行传播，两种传播路径不同：传导电磁干扰是指干扰能量直接从发射源经导体传送到敏感设备；辐射电磁干扰是指干扰能量以电磁场的形式在空间中传播，通过接收回路耦合到敏感设备。辐射电磁干扰可分为近场辐射和远场辐射，一般把敏感设备与干扰源距离小于 $\lambda/2\pi$（λ 为干扰信号的波长）的辐射电磁干扰看作近场辐射，把敏感设备与干扰源距离大于 $\lambda/2\pi$ 的辐射电磁干扰看作远场辐射。近场辐射主要有感性耦合和容性耦合两种形式。实际上，关于辐射和传导的区分并不是绝对的。有研究证明，电磁场感性耦合和容性耦合效应对传导电磁干扰也有贡献。一般的电磁兼容规范［如美国联邦通信委员会（FCC）、欧洲标准（EN）］认为，30MHz 以下的干扰主要通过传导路径传播，30MHz 以上的干扰信号主要通过辐射路径传播。

　　在实际电力电子装置和系统中，电磁干扰的传播特性受电路的拓扑结构、干扰强度和频率影响，其传播路径非常复杂。人们普遍接受的处理方式是将传导电磁干扰分为差模（DM）干扰（也称非对称干扰）和共模（CM）干扰（也称对称干扰），其中，共模干扰是指通过相线、相线对地的寄生电容、地线构成回路形成的干扰；差模干扰是指在相线之间的回路上形成的干扰。共模干扰和差模干扰的传播模式如图 2-2 所示。

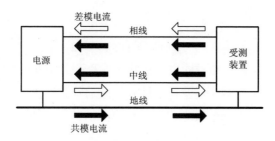

图 2-2　共模干扰和差模干扰的传播模式

2.1.2　传导电磁干扰源的基本模型

　　传导电磁干扰测量中的差模分量和共模分量如图 2-3 所示。阻抗稳定网络（Line Impedance Stabilization Network，LISN）的作用主要有两个：①为受测设备提供稳定的 50Ω 接口阻抗以保证测试结果的可比较性；②减小电网干扰对测试结果的影响。在传导电磁干扰的频段（150kHz～30MHz）内，LISN 电路中的电感元件表现为高阻抗，电容元件表现为低阻抗。LISN 电路中的电容和电感的阻抗关系如表 2-1 所示。

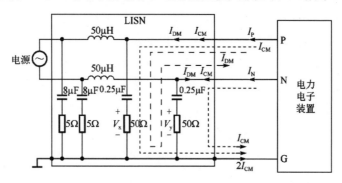

图 2-3　传导电磁干扰测量中的差模分量和共模分量

表 2-1 LISN电路中的电容和电感的阻抗关系

电路元件	$\|Z\|$（150kHz）	$\|Z\|$（30MHz）
电感（50μH）	47.1Ω	9424.8Ω
电容（0.25μF）	4.24Ω	0.0212Ω
电容（8μF）	0.133Ω	0.000 66Ω

传导电磁干扰测量是通过干扰接收机（频谱分析仪）检测 LISN 电路中两个阻值为 50Ω 的电阻上的电压信号，即图 2-3 中的电压 V_x 和 V_y。为了方便研究，定义差模干扰电压为两个阻值为 50Ω 的电阻上电压的差值，共模干扰电压为两个阻值为 50Ω 的电阻上电压的平均值，即

$$V_{DM} = V_x - V_y \tag{2-1}$$

$$V_{CM} = (V_x + V_y)/2 \tag{2-2}$$

一般来说，如果干扰传播路径的电路拓扑是对称和时不变的结构，则差模干扰和共模干扰是可以解耦的。也就是说，差模干扰源只激励差模干扰信号，共模干扰源只激励共模干扰信号，理想情况下的差模电流和共模电流的关系如图 2-3 所示，电压与电流的关系如下所示：

$$V_x = 50I_P \tag{2-3}$$

$$V_y = 50I_N \tag{2-4}$$

$$I_P = I_{CM} + I_{DM} \tag{2-5}$$

$$I_N = I_{CM} - I_{DM} \tag{2-6}$$

将式（2-3）～式（2-6）代入式（2-1）和式（2-2）中可得

$$V_{DM} = V_x - V_y = 100I_{DM} \tag{2-7}$$

$$V_{CM} = (V_x + V_y)/2 = 50I_{CM} \tag{2-8}$$

按照式（2-1）和式（2-2）的定义方法可实现差模和共模分量的分离，差模和共模两种干扰模式互不影响。

由于半导体器件非线性的工作方式，现代电力电子装置不可避免地会出现不对称和时变工作特性，差模干扰和共模干扰会出现交互影响，从而不能实现完全解耦。有文献提出，当带整流桥输入级的开关电源变换器工作在非连续导通模式时，不对称的共模电流会在 LISN 电路上产生差模干扰响应：非本质差模干扰或混合噪声。虽然已有学者对这种干扰模式的形成机理和抑制方法进行了定性的研究，但是均没有给出定量计算，对这种差模和共模相互耦合产生的物理本质的解释还不够充分，对实际电磁干扰设计工作的指导意义不大。

为了研究差模和共模之间的耦合关系，图 2-4 给出了用于传导电磁干扰分析的等效电路模型。根据军标 LISN 的阻抗曲线，在所研究的频率范围，LISN 用阻值为 50Ω 的电阻替代。干扰源（电力电子装置）用含有内阻抗的有源端口网络描述。图 2-4 中，Z_{S1}、Z_{S2}、Z_{S3} 为干扰源等效阻抗，V_{S1} 和 V_{S2} 为干扰激励信号电压激励源。为便于研究差模和

共模之间的耦合和转化关系，设差模和共模激励信号源为

$$V_{SDM} = (V_{S1} - V_{S2})/2 \tag{2-9}$$

$$V_{SCM} = (V_{S1} + V_{S2})/2 \tag{2-10}$$

则 V_{S1} 和 V_{S2} 可表示为

$$V_{S1} = V_{SCM} + V_{SDM} \tag{2-11}$$

$$V_{S2} = V_{SCM} - V_{SDM} \tag{2-12}$$

为了研究干扰源阻抗（Z_{S1} 和 Z_{S2}）的不对称性对差模和共模的影响，设关系式如下：

$$Z_S = (Z_{S1} + Z_{S2})/2 \tag{2-13}$$

$$\Delta Z_S = (Z_{S1} - Z_{S2})/2 \tag{2-14}$$

则有

$$Z_{S1} = Z_S + \Delta Z_S \tag{2-15}$$

$$Z_{S2} = Z_S - \Delta Z_S \tag{2-16}$$

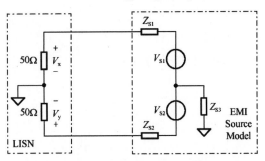

图 2-4　用于传导电磁干扰分析的等效电路模型

2.1.3　传导电磁干扰的耦合模式及转化

考虑到电力电子装置工作的周期性，把电路拓扑的变化转换为等效干扰源信号的变化，就可以根据电路的迭加原理将干扰激励信号源分解为差模激励信号源和共模激励信号源，然后分别求解差模激励下的差模响应（V_{DD}）和共模响应（V_{CD}），以及共模激励下的差模响应（V_{DC}）和共模响应（V_{CC}）。

1）差模干扰源激励模型

差模干扰源激励模型如图 2-5 所示。求解图 2-5 中的网络方程，首先求出图中 V_x 和 V_y 的值，然后可求得差模激励下的差模响应和共模响应分别为

$$V_{DD} = V_x - V_y = S_{DD} V_{SDM} \tag{2-17}$$

$$V_{CD} = (V_x + V_y)/2 = S_{CD} V_{SDM} \tag{2-18}$$

式中

$$S_{DD} = \frac{100(50 + Z_S + 2Z_{S3})}{(50 + Z_S)(50 + Z_S + 2Z_{S3}) - \Delta Z_S^2} \tag{2-19}$$

$$S_{CD} = \frac{-\Delta Z_S 50}{(50+Z_S)(50+Z_S+2Z_{S3})-\Delta Z_S^2} \qquad (2\text{-}20)$$

式中，电压响应 V_{DD} 定义为本质差模分量；电压响应 V_{CD} 为差模信号激励源产生的共模干扰分量，定义为非本质共模分量。

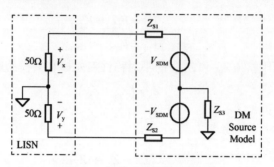

图 2-5　差模干扰源激励模型

2）共模干扰源激励模型

共模干扰源激励模型如图 2-6 所示。求解图 2-6 中的网络方程，首先求出图中 V_x 和 V_y 的值，然后可求得差模响应和共模响应分别为

$$V_{DC} = V_x - V_y = S_{DC}V_{SCM} \qquad (2\text{-}21)$$

$$V_{CC} = (V_x + V_y)/2 = S_{CC}V_{SCM} \qquad (2\text{-}22)$$

式中

$$S_{DC} = \frac{-\Delta Z_S 100}{(50+Z_S)(50+Z_S+2Z_{S3})-\Delta Z_S^2} \qquad (2\text{-}23)$$

$$S_{CC} = \frac{50(50+Z_S)}{(50+Z_S)(50+Z_S+2Z_{S3})-\Delta Z_S^2} \qquad (2\text{-}24)$$

式中，电压响应 V_{CC} 定义为本质共模分量；电压响应 V_{DC} 为共模信号源产生的差模分量，定义为非本质差模分量。

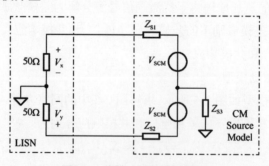

图 2-6　共模干扰源激励模型

3）差模分量和共模分量的交叉耦合分析

由线性网络的迭加原理可求得图 2-4 中的 LISN 电路上的总差模电压响应和总共模

电压响应为

$$V_{DM} = V_{DD} + V_{DC} = S_{DD}V_{SDM} + S_{DC}V_{SCM} \tag{2-25}$$

$$V_{CM} = V_{CC} - V_{CD} = S_{CC}V_{SCM} + S_{CD}V_{SDM} \tag{2-26}$$

将式（2-25）和式（2-26）表示为矩阵的形式，即

$$\begin{bmatrix} V_{DM} \\ V_{CM} \end{bmatrix} = \begin{bmatrix} S_{DD} & S_{DC} \\ S_{CD} & S_{CC} \end{bmatrix} \begin{bmatrix} V_{SDM} \\ V_{SCM} \end{bmatrix} \tag{2-27}$$

式（2-27）给出了差模分量和共模分量之间耦合关系的数学模型，转换矩阵主对角线上的变量表示本质干扰分量，非对角线上的变量表示非本质干扰分量。

分析式（2-20）和式（2-23）可知，干扰分量之间的转化关系大小主要由 ΔZ_S 的大小决定。为了理解差模和共模之间的耦合关系，下文对两种极端情况进行了分析。

（1）干扰源电路极端不对称的情况，$\Delta Z_S = \infty$，此时，可设 $Z_{S2} = \infty$，则有

$$S_{DD} = \frac{100(50 + Z_S + 2Z_{S3})}{(50 + Z_S)(50 + Z_S + 2Z_{S3}) - \Delta Z_S^2} \approx \frac{50}{50 + Z_{S1} + Z_{S3}} \tag{2-28}$$

$$S_{CD} = \frac{-\Delta Z_S 50}{(50 + Z_S)(50 + Z_S + 2Z_{S3}) - \Delta Z_S^2} \approx \frac{25Z_{S2}}{Z_{S2}(50 + Z_{S1}) + Z_{S3}Z_{S2}} = \frac{S_{DD}}{2} \tag{2-29}$$

$$S_{CC} = \frac{50(50 + Z_S)}{(50 + Z_S)(50 + Z_S + 2Z_{S3}) - \Delta Z_S^2} \approx \frac{25Z_{S2}}{Z_{S2}(50 + Z_{S1}) + Z_{S3}Z_{S2}} = S_{CD} = \frac{S_{DD}}{2} \tag{2-30}$$

$$S_{DC} = \frac{-\Delta Z_S 100}{(50 + Z_S)(50 + Z_S + 2Z_{S3}) - \Delta Z_S^2} \approx \frac{50Z_{S2}}{Z_{S2}(50 + Z_{S1}) + Z_{S3}Z_{S2}} = S_{DD} \tag{2-31}$$

则式（2-27）可写为

$$\begin{bmatrix} V_{DM} \\ V_{CM} \end{bmatrix} = \begin{bmatrix} S_{DD} & S_{DD} \\ 0.5S_{DD} & 0.5S_{DD} \end{bmatrix} \begin{bmatrix} V_{SDM} \\ V_{SCM} \end{bmatrix} = S_{DD} \begin{bmatrix} 1 & 1 \\ 0.5 & 0.5 \end{bmatrix} \begin{bmatrix} V_{SDM} \\ V_{SCM} \end{bmatrix} \tag{2-32}$$

式（2-32）的物理意义为：在极端不对称的情况下，干扰电流仅从图 2-4 中某一个阻值为 50Ω 的电阻上流过，由共模激励产生的非本质差模电压为该情况下本质共模电压的 2 倍，由差模激励产生的非本质共模电压为该情况下本质差模电压的 0.5 倍。

（2）干扰源电路完全对称的情况，$\Delta Z_S = 0$，即 $Z_S = Z_{S1} = Z_{S2}$，则有

$$S_{DD} = \frac{100}{50 + Z_S} \tag{2-33}$$

$$S_{CD} = 0 \tag{2-34}$$

$$S_{CC} = \frac{50}{50 + Z_S + 2Z_{S3}} \tag{2-35}$$

$$S_{DC} = 0 \tag{2-36}$$

则式（2-27）可写为

$$\begin{bmatrix} V_{DM} \\ V_{CM} \end{bmatrix} = \begin{bmatrix} S_{DD} & 0 \\ 0 & S_{CC} \end{bmatrix} \begin{bmatrix} V_{SDM} \\ V_{SCM} \end{bmatrix} \tag{2-37}$$

式（2-37）的物理意义为：在完全对称的情况下，非本质差模和非本质共模分量为

0，转换矩阵只有主对角线上的元素不为 0，即差模干扰只有本质差模分量，共模干扰只有本质共模分量。显然，此时差模和共模分量实现了完全解耦合。

对于多数电力电子装置而言，在实际传导电磁干扰建模中，可认为其干扰电流路径是对称或近似对称的，即满足 $Z_{S1} = Z_{S2}$，则如图 2-5 和图 2-6 所示的等效电路可简化为如图 2-7 所示的电路，其中，$Z_{SDM} = 2Z_{S1}$，$Z_{SCM} = 0.5Z_{S1} + Z_{S3}$。

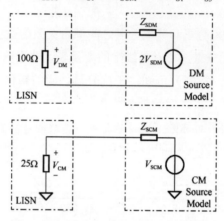

图 2-7　解耦后的差模和共模干扰源模型

2.2　舰船发供电系统传导电磁干扰分析

舰船发供电系统的设计直接关系到舰船系统的电磁兼容性，所以在设计发供电系统时要充分分析可能存在的电磁兼容问题，做好发供电系统的电磁兼容分析和计算。作者根据多年对发供电系统电磁兼容的研究，将发电机的电磁兼容问题总结为三个方面：一是发电机磁场非正弦性和磁路非线性造成的谐波干扰；二是发电机励磁系统的电力电子变换环节产生的高频干扰；三是供电电缆及非线性负载工作引起的谐波干扰和高频干扰。其中，前两个方面的干扰是由发电机本体产生的，第三个方面的干扰则是由供电网络及负载工作产生的。

2.2.1　发电机本体谐波干扰计算

1. 发电机参数及计算模型

发电机本体产生的谐波干扰计算相对简单一些，这里以一台三相 6300V/10MW 的无刷同步发电机为例来对其进行说明。该发电机的结构为隐极式结构，励磁方式为带交流励磁机的无刷励磁。发电机的基本参数如表 2-2 所示。

表 2-2　发电机的基本参数

参数名称	参数值
额定功率 P_N /kW	10 000
额定线电压 V_N /V	6300
额定电流 I_N /A	1145.54
额定频率 f_N /Hz	50
额定转速 n_N /（r/m）	3000
直轴同步电抗 X_d /pu	2.71
交轴同步电抗 X_q /pu	2.71
直轴瞬变电抗 X_d' /pu	0.259
直轴超瞬变电抗 X_d'' /pu	0.167
交轴超瞬变电抗 X_q'' /pu	0.241
定子绕组电阻 R_a /pu	0.0051（105℃）
定子绕组漏抗 X_s /pu	0.142
瞬变电流时间常数 T_d' /S	0.582
超瞬变电流时间常数 T_d'' /S	0.0728
励磁机额定励磁电压 V_{fN} /V	120
励磁机额定励磁电流 I_{fN} /A	6

　　同步发电机无刷励磁系统如图 2-8 所示，该系统主要由三相励磁变压器 T1 及自动电压调节器（AVR）组成。电流互感器原副边的电流比为 5A/1A，电压互感器原副边的电压比为 6600V/150V。AVR 采用 PWM（脉冲宽度调制）及 IGBT 斩波分流方式。

　　在 Ansoft 公司商业软件 Maxwell 2D 的基础上，采用场路耦合法进行空载和满载时的波形计算。考虑到励磁绕组的电感相对发电机中其他绕组的电感较大，励磁电流中的谐波分量较小，对定子电势不会产生较大影响，故在计算中认为励磁电流为一恒定直流，不考虑励磁机整流后带来的谐波含量。

　　若按绕组的实际分布布置绕组，不仅会增大计算量，而且对于计算精度没有明显改善，故采用简化模型。在二维电磁场计算中，发电机的有效计算长度与铁芯净长存在一定差异，若不进行一定的处理将造成磁路计算误差。对于本发电机而言，由于有效计算长度大于铁芯净长，所以在二维电磁场的计算中，铁芯部分磁感应强度 B 的计算值将小于实际值，为了保证磁场计算值 H 与实际值一致，此时需要对磁化曲线进行修正，以保证定子、转子铁芯产生的 H 不变。采用的修正方法为：保持 H 值不变，B 值取原来的 $B \times l_1/l_{ef}$。

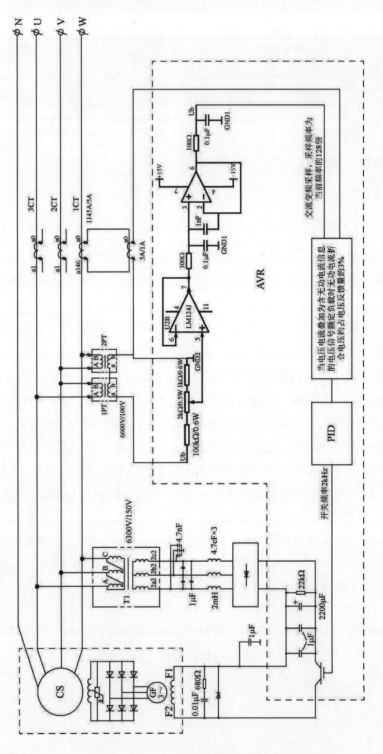

图 2-8　同步发电机无刷励磁系统

2．空载工况的谐波计算

采用解析近似方法进行交流发电机的波形分析由来已久，但从实际情况来看，这种方法较为复杂，特别是分析带载工况的谐波十分困难，且不能全面考虑齿槽效应、饱和等因素。虽然采用二维有限元进行波形分析具有较高的可行度，但是由于有限元剖分网格的合理与否对于计算结果具有较大影响，且具有较好波形（谐波畸变率较低）输出的三相交流同步发电机对计算精度提出了更为严格的要求。因此，本节在空载工况下采用了二维有限元法进行仿真。空载时的磁力线分布如图 2-9 所示；空载时的电压波形及各次谐波分布如图 2-10 所示。空载时的电压波形的计算结果如表 2-3 所示。由表 2-3 可知，空载电压的总畸变率 VHD 为 1.227%。

表 2-3　空载时的电压波形的计算结果

谐波次数	5	7	11	13	17	19
谐波含量（‰）（有限元法）	3.69	3.72	2.79	4.40	1.25	1.45
谐波次数	23	25	29	31	35	37
谐波含量（‰）（有限元法）	0.27	0.35	0.57	0.29	1.07	0.40
谐波次数	41	43	47	49	53	55
谐波含量（‰）（有限元法）	0.45	0.47	0.15	0.26	2.03	2.02
VHD（%）（有限元法）	1.227					

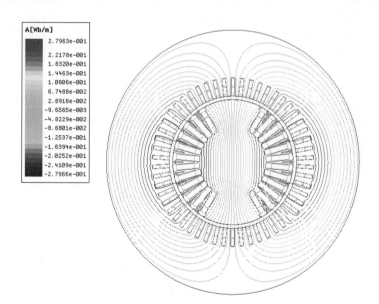

图 2-9　空载时的磁力线分布

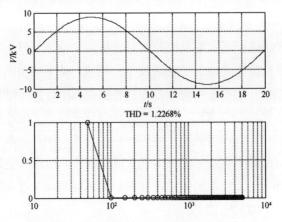

图 2-10 空载时的电压波形及各次谐波分布

3．满载工况的谐波计算

额定负载阻抗为 $2.5402+j100\pi\times6.0644\times10^{-3}\Omega$，满载时的磁力线分布如图 2-11 所示，满载时的电压波形及各次谐波分布如图 2-12 所示。由表 2-4 可知，满载时的电压的总畸变率 VHD 为 1.019%。

表 2-4　满载时的电压波形的计算结果

谐波次数	5	7	11	13	17	19
谐波含量（‰）（有限元法）	1.80	1.71	0.96	3.18	1.02	1.44
谐波次数	23	25	29	31	35	37
谐波含量（‰）（有限元法）	0.43	0.67	0.42	0.50	0.48	0.23
谐波次数	41	43	47	49	53	55
谐波含量（‰）（有限元法）	0.27	0.19	0.35	0.30	0.85	0.28
VHD（%）（有限元法）	1.019					

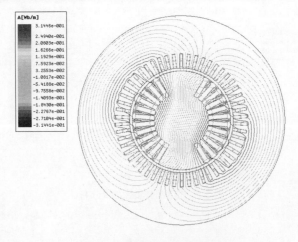

图 2-11　满载时的磁力线分布

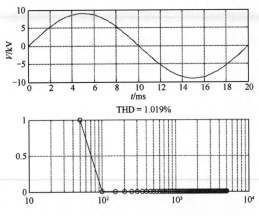

图 2-12　满载时的电压波形及各次谐波分布

　　根据计算结果可知，当励磁电流按恒定直流电流考虑时，所研究的 10MW 三相同步发电机的空载电压总畸变率 THD 为 1.227%，满载电压总畸变率 THD 为 1.019%，均优于 GJB 75A—1997 中的性能指标要求：发电机从空载到满载时，线电压波形正弦畸变率应不超过 4%，各单次谐波含量不超过 2%。

2.2.2　发电机 AVR 系统传导电磁干扰计算

1. 相复励无刷励磁系统概述

　　无刷励磁系统因其故障少、可靠性高、运行时不产生火花等优点被广泛应用于大型和中型同步发电机中。无刷励磁系统原理示意图如图 2-13 所示，其特点是发电机采用旋转磁极式，励磁机采用旋转电枢式，励磁机输出的三相交流电经旋转整流器整流后为发电机提供励磁。由于励磁机的三相交流绕组、半导体整流器、发电机励磁绕组同时在旋转（图 2-13 中的虚线框部分），因此励磁机输出的三相交流电经过整流后可以直接送入发电机励磁绕组中，不需要经过电刷和滑环，这提高了发电机运行的可靠性。

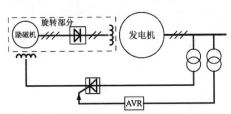

图 2-13　无刷励磁系统原理示意图

　　根据励磁机定子所取的励磁源的不同，无刷励磁系统有相复励无刷励磁、端电压无刷励磁、谐波无刷励磁等励磁方式。

　　在相复励无刷励磁方式中，发电机输出电流经电抗器产生空载电压所需的励磁分量，经电流互感器产生负载电流所需的励磁分量，电压与电流两个励磁分量经三绕组变压器合成励磁电流给励磁机励磁。这种励磁方式具有自励性能强、动态特性好、AVR 线路简单、不会产生过励电压、可靠性高等优点，在目前船舶电站中应用最广泛。

端电压无刷励磁方式的励磁电源取自发电机的端电压，经不可控整流后，为励磁机提供励磁。这种励磁方式一般由电源变压器和整流桥组成正常工作时的励磁电源，由电流互感器和整流桥组成短路时的强励电路。当发电机正常运行时，强励电路不工作；当发电机突然短路时，由强励电路提供励磁机的励磁电流。端电压励磁方式具有结构简单、自起励特性和动态特性好、强励能力强等优点，在船舶电站中得到了广泛应用。

在谐波无刷励磁方式中，发电机的定子槽中嵌有单独的附加谐波绕组，利用发电机综合磁场中的三次谐波分量，在谐波绕组中感应谐波电势，感应电势整流后作为励磁电源，为励磁机励磁。这种励磁方式的特点与相复励无刷励磁方式相似，具有动态特性好、AVR 线路简单、不会产生过励电压等优点。但这种励磁方式需要在发电机定子中附加一套谐波绕组，因此不如相复励无刷励磁方式和端电压无刷励磁方式应用广泛。

带有 AVR 的相复励无刷励磁方式因其优越的性能被广泛应用于船舶电站中，目前舰船大功率主电站发电机采用的就是这种励磁方式。带有 AVR 的相复励无刷励磁系统如图 2-14 所示，它主要由相复励模块和 AVR 模块组成。移相电抗器 L、起励电容器 C、电流互感器 CT1、三绕组变压器 TC1、三相整流桥 BG1 组成了该系统的相复励模块，为励磁机提供励磁电源。AVR 模块的核心是一个 PWM 斩波分流电路，供电变压器 TC2 获取发电机线电压，电压经单相整流桥 BG2 整流后通过电压调整器为 AVR 控制电路提供直流电源；电压互感器 TC3 检测发电机的输出电压，并将其与电流互感器 CT2 检测的电流分量叠加，经单相整流桥 BG3 整流后为 AVR 控制电路提供检测信号；AVR 控制电路通过产生 PWM 信号来控制开关管 T1（一般为 IGBT）的通断进而进行斩波分流。

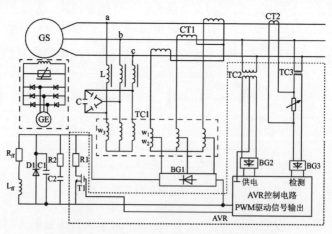

图 2-14　带有 AVR 的相复励无刷励磁系统

由于带有 AVR 的相复励无刷励磁系统包含电力电子开关器件，所以其在工作时会产生电磁干扰，励磁系统产生的电磁干扰可能通过三绕组变压器支路、AVR 控制电路的供电线路和检测电路耦合到发电机输出侧，降低发电机的输出品质。因此，分析研究带有 AVR 的相复励无刷励磁系统对发电机干扰输出的影响及其抑制措施对改善发电机供电品质有重要意义。

2．传导电磁干扰耦合传播路径分析

分析某一系统或装置的电磁干扰，首先需要确定其主要电磁干扰源和主要干扰传播路径。分析图 2-14 不难看出，其传导电磁干扰的干扰源主要有整流桥 BG1、BG2、BG3 和开关管 T1，整流桥 BG1、BG2 和 BG3 主要产生电网频率的谐波干扰，开关管 T1 主要产生开关频率的高次谐波干扰。在上述四个干扰源中 BG1 并不属于 AVR，但为了问题分析的全面性，在分析励磁系统 AVR 的传导电磁干扰时将整流桥 BG1 也考虑了进来。

在进行研究前先分析系统中主要的干扰传播路径，可简化计算且不失准确性。从干扰源到敏感设备或接收器之间的传播路径是多种多样的，按传播方式不同可以分为线上传导和空间辐射两类，即传导电磁干扰和辐射电磁干扰。通常 10MHz 以下的电磁干扰主要以线上传导方式传播，更高频率的电磁干扰则以辐射电磁干扰方式传播。励磁系统产生的主要是 10MHz 以下的电磁干扰，目前电磁兼容性标准也主要考查发电机输出线上的传导发射，因此，重点分析励磁系统的传导电磁干扰。由上文可知，传导电磁干扰的传播方式可以分为差模和共模两种模式。

分析如图 2-14 所示的带有 AVR 的相复励无刷励磁系统，可以初步确定其干扰源与发电机输出间的主要耦合路径。整流桥干扰源与发电机输出间的主要差模耦合路径如图 2-15 所示。斩波器与发电机输出间的主要差模耦合路径如图 2-16 所示。在研究发电机输出线上的传导电磁干扰发射时，通常需要在发电机的输出线上接电源线 LISN，此时，不仅要考虑干扰源与发电机输出间的差模耦合路径，还要考虑干扰源与发电机输出间的共模耦合路径。励磁系统干扰源与发电机输出间的主要共模耦合路径如图 2-17 所示。

在确定励磁系统的主要干扰源及其与发电机输出间的主要干扰传播路径后，就可以对励磁系统引起的发电机干扰输出进行分析计算了。按 GJB 152A—97 和 GJB 152B—97 的要求，传导电磁干扰测试分低频电源线传导电磁干扰电流发射（CE101：25Hz~10kHz）和高频传导电磁干扰电压发射（CE102：10kHz~10MHz）两个频段进行。考虑到励磁系统低频干扰（CE101）与高频干扰（CE102）的分析方法与形成机理有所不同，下文分低频传导电磁干扰（CE101）和高频传导电磁干扰（CE102）两部分内容分析研究励磁系统，尤其是 AVR 对发电机干扰输出的影响与贡献。

3．低频传导电磁干扰（CE101）计算

对于低频传导电磁干扰（CE101），利用 EMTDC/PSCAD 电力系统仿真软件建立模拟试验系统的仿真模型，如图 2-18 所示。

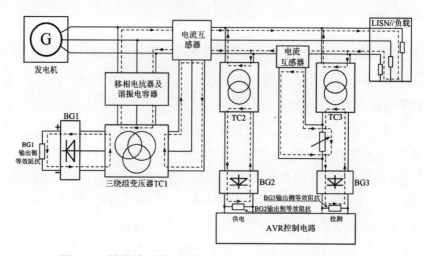

图 2-15　整流桥干扰源与发电机输出间的主要差模耦合路径

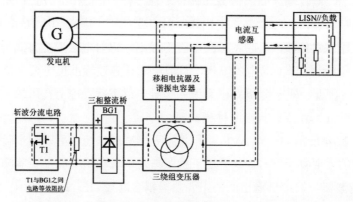

图 2-16　斩波器与发电机输出间的主要差模耦合路径

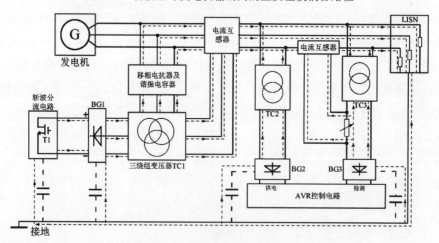

图 2-17　励磁系统干扰源与发电机输出间的主要共模耦合路径

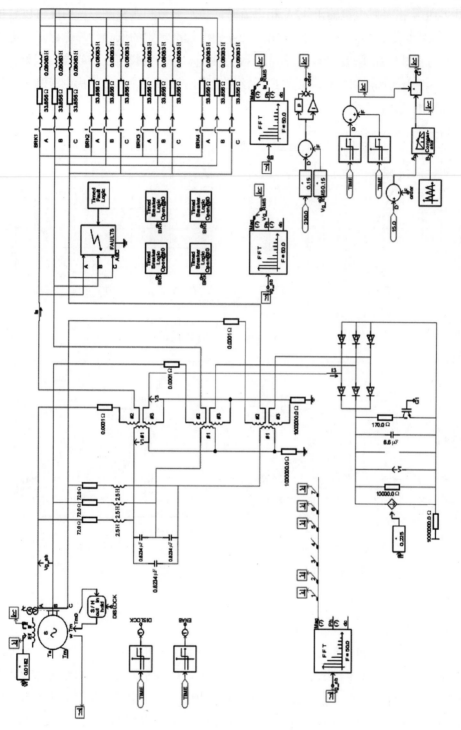

图 2-18   发电机及其励磁系统的 EMTDC/PSCAD 仿真模型

　　图 2-19 给出了发电机输出 12A 相电流时的仿真波形和实验波形，由此可以看出二者吻合得很好。图 2-20 给出了按照 GJB 152A—97 标准规定的低频传导电磁干扰电流测试项目的仿真波形和实验波形，二者在干扰特征频率和干扰幅值上均吻合得很好。参照图 2-20 中给出的标准限制线可以看出，该发电机的低频传导电磁干扰电流测试项目满足国军标标准要求。

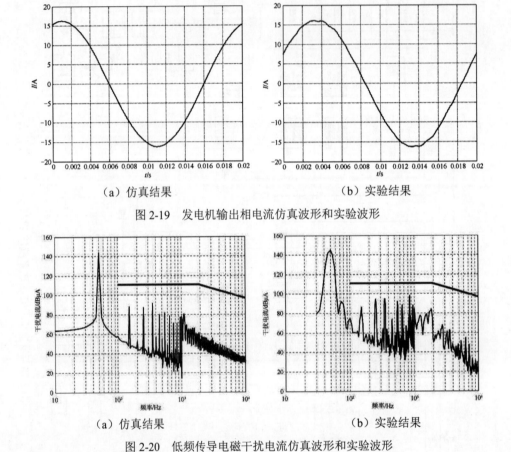

（a）仿真结果　　　　　　　　　　　　　　　　（b）实验结果

图 2-19　发电机输出相电流仿真波形和实验波形

（a）仿真结果　　　　　　　　　　　　　　　　（b）实验结果

图 2-20　低频传导电磁干扰电流仿真波形和实验波形

4．高频传导电磁干扰（CE102）计算

　　斩波分流电路电磁干扰分析示意图如图 2-21 所示，图中 R_{C1}、L_{C1} 和 R_{C2}、L_{C2} 分别为正负母线分布电阻和分布电感；R_W、L_W、C_W 分别为变压器绕组分布电阻、分布电感和分布电容；C_{Wg} 为变压器绕组对地分布电容；R_S、L_S 分别为 IGBT 引线分布电阻和分布电感；R_F、L_F 分别为直流母线支撑电容的分布电阻和分布电感。差模干扰等效电路如图 2-22（a）所示，其中 I_{SDM} 为差模激励电流源；共模干扰等效电路如图 2-22（b）所示，其中 V_{SCM}^C 为共模激励电压源。

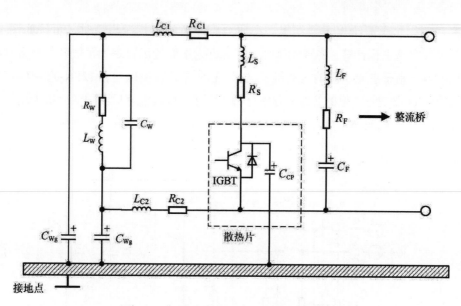

图 2-21   斩波分流电路电磁干扰分析示意图

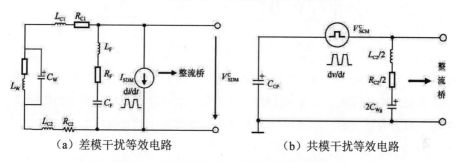

（a）差模干扰等效电路   （b）共模干扰等效电路

图 2-22   斩波分流电路传导电磁干扰等效电路

由如图 2-22（a）所示的差模干扰等效电路可知，斩波分流电路差模干扰电压为

$$V_{\text{SDM}}^{\text{C}} = \frac{-\left(Z_1 + 2Z_3\right)Z_2}{Z_1 + Z_2 + 2Z_3}I_{\text{SDM}} \tag{2-38}$$

式中

$$Z_1 = R_{\text{F}} + \text{j}\omega L_{\text{F}} + \frac{1}{\text{j}\omega C_{\text{F}}} \tag{2-39}$$

$$Z_2 = \frac{(R_{\text{W}} + \text{j}\omega L_{\text{W}})/(\text{j}\omega C_{\text{W}})}{R_{\text{W}} + \text{j}\omega L_{\text{W}} + 1/(\text{j}\omega C_{\text{W}})} \tag{2-40}$$

$$Z_3 = R_{\text{C2}} + \text{j}\omega L_{\text{C2}} \tag{2-41}$$

由如图 2-22（b）所示的共模干扰等效电路可知，斩波分流电路共模干扰电压激励源为

$$V_{\text{SCM}}^{\text{C}} = V_{\text{S}} \tag{2-42}$$

式中，V_{S} 为 IGBT 上的开关电压。

已有文献对于与旋转整流器类似的三相整流桥的高频干扰的计算模型进行了详

细研究，所以这里只给出主要结果。在研究整流桥的干扰源模型时，可按如图 2-23 所示的等效电路进行计算。将直流母线电容考虑为串联的形式是为了较容易地得到直流侧零电位点。由于三相电源输入端接了三相 LISN 电路，所以三相 LISN 的中 G 点和三相电源的中 O 点是等电位的。为了方便分析，将直流母线电容后面的逆变桥电路等效为阻抗 Z_{load}；在计算差模干扰时，将其等效为 $Z_{load-DM}$；在计算共模干扰时，将其等效为 $Z_{load-CM}$。

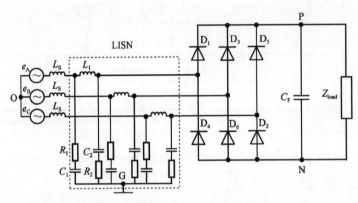

图 2-23　整流桥干扰源的等效电路

为简化分析，只考虑整流桥的连续导通模式。假设二极管 D_1 和 D_2 对角导通，则从整流桥直流侧向交流网侧看，A 相 LISN 和 C 相 LISN 对差模激励而言为串联关系，对共模激励而言为并联关系。整流桥的传导电磁干扰等效电路如图 2-24 所示。

在图 2-24（a）中，差模激励电压源的时域表达式可表示为

$$v_{SDM}^{R}(t) = v_{PG}(t) - v_{NG}(t) = \frac{\sqrt{2}E}{2}\begin{cases} \sqrt{3}\cos(\omega_0 t), & 0 \leqslant \omega_0 t \leqslant \mu \\ -2\sin\left(\omega_0 t - \dfrac{2\pi}{3}\right), & \mu \leqslant \omega_0 t \leqslant \dfrac{\pi}{3} \end{cases} \tag{2-43}$$

式中，E 为线电压的有效值；$\omega_0 = 2\pi f_0$ 为基波角频率；μ 为整流桥换相角；v_{PG} 和 v_{NG} 分别为直流正极 P 和负极 N 到接地点 G 的电压瞬时值。

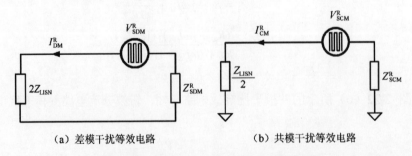

（a）差模干扰等效电路　　　　　　　（b）共模干扰等效电路

图 2-24　整流桥的传导电磁干扰等效电路

在图 2-24（b）中，共模激励电压源的时域表达式可写为

$$v_{\mathrm{SCM}}^{\mathrm{R}}(t) = \frac{1}{2}\left[v_{\mathrm{PG}}(t) + v_{\mathrm{NG}}(t)\right] = \frac{E}{2\sqrt{6}}\begin{cases} \sin\left(\omega_0 t - \dfrac{\pi}{2}\right), & 0 \leqslant \omega_0 t \leqslant \mu \\[2mm] 2\sin\left(\omega_0 t - \dfrac{\pi}{6}\right), & \mu \leqslant \omega_0 t \leqslant \dfrac{\pi}{3} \\[2mm] \sin\left(\omega_0 t - \dfrac{\pi}{6}\right), & \dfrac{\pi}{3} \leqslant \omega_0 t \leqslant \dfrac{\pi}{3}+\mu \\[2mm] 2\sin\left(\omega_0 t + \dfrac{\pi}{2}\right), & \dfrac{\pi}{3}+\mu \leqslant \omega_0 t \leqslant \dfrac{2\pi}{3} \end{cases} \tag{2-44}$$

对励磁系统高频干扰进行计算分析时，必须考虑在高频干扰的情况下电路中寄生参数的影响。在计算高频干扰时主要考虑的因素是三绕组变压器的高频模型。励磁变压器示意图如图 2-25 所示。

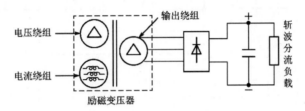

图 2-25　励磁变压器示意图

由于电流绕组匝数远小于电压绕组匝数与输出绕组匝数，所以只考虑电压绕组与输出绕组的寄生参数即可。励磁变压器三角形连接的高频寄生参数示意图如图 2-26 所示，图中，C_{RP1} 表示原边相间寄生电容；C_{RS1} 表示副边相间寄生电容；C_{T1}、C_{T2} 和 C_{T3} 分别表示原边和副边绕组间的三种寄生电容。这里为了简化计算，假定变压器结构是完全对称的。

对容性耦合网络进行星形—三角形变换，可得如图 2-27 所示的励磁变压器三角形连接的高频寄生参数简化示意图。下面的问题就是如何计算容性耦合网络的三个参数（原边相间寄生电容 C_{RP}、副边相间寄生电容 C_{RS} 和原副边绕组寄生电容 C_{T}）。

先对单相两绕组单层变压器的六电容物理模型参数进行计算，得到各电容的解析计算公式；然后对多层线圈的分布电容进行分析计算，得到统一的六电容变压器的高频模型。根据电容的物理原理，可以得到如图 2-28 所示的单相单层变压器六电容高频等效电路。

在对变压器的六个等效电容的值进行计算前，先对两个单层线圈的等效平板电容器进行分析。变压器两线圈等效平板电容器如图 2-29 所示。只要平板电容器的宽度 W 和长度 L 远大于平板电容器两极板间的距离 Δ，就可以用该平板电容器来近似表示两线圈的关系。

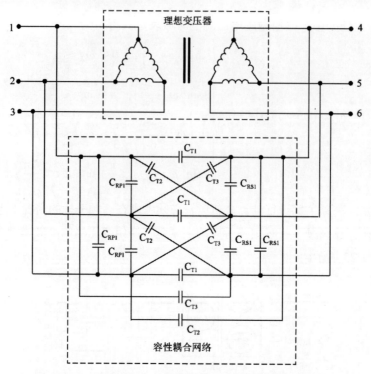

图 2-26　励磁变压器三角形连接的高频寄生参数示意图

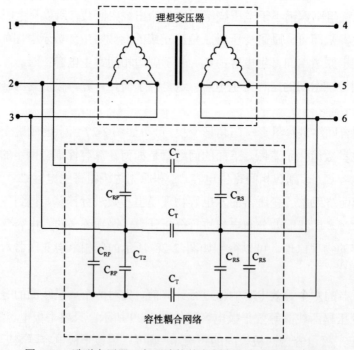

图 2-27　励磁变压器三角形连接的高频寄生参数简化示意图

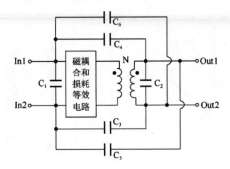

图 2-28　单相单层变压器六电容高频等效电路

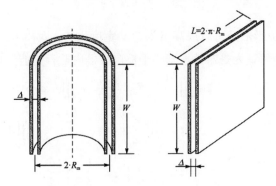

图 2-29　变压器两线圈等效平板电容器

由图 2-29 可知，平板电容器的电容为

$$C_0 = \varepsilon_0 \varepsilon_r \frac{WL}{\Delta} \tag{2-45}$$

式中，ε_r 为平板间介质材料的相对介电常数。

依据静电场分析理论，两线圈变压器为三端口网络。两线圈变压器简化三端口多极静电场模型如图 2-30 所示。

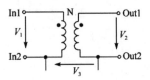

图 2-30　两线圈变压器简化三端口多极静电场模型

近似可认为原边和副边的电压呈线性变化，因此由图 2-31 可以得到坐标 x 处的原边和副边电压，进而可以得到原边和副边在坐标 x 处的电压差 V_x：

$$\begin{cases} V_{Px} = \dfrac{x}{W} V_1 \\[2mm] V_{Sx} = \dfrac{x}{W} V_2 \\[2mm] V_x = V_3 + \dfrac{x}{W}(V_2 - V_1) \end{cases} \tag{2-46}$$

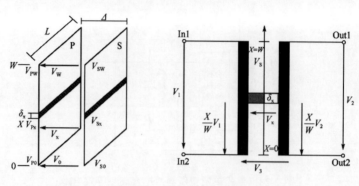

图 2-31　变压器平板模型

图 2-31 左图的阴影部分可看成高度为 δ_x，宽度为 L，距离为 Δ 的小平板电容器，由于 δ_x 非常小，所以 V_x 可认为是常数，则小平板电容器内贮存的能量可表示为

$$\delta W_E = \iiint_V \left(\frac{1}{2}\boldsymbol{D}\cdot\boldsymbol{E}\right)\mathrm{d}v = \frac{1}{2}\varepsilon_0\varepsilon_r \iiint_V E^2\mathrm{d}v$$

$$= \frac{1}{2}\varepsilon_0\varepsilon_r \iiint_V \left(\frac{V_x}{\Delta}\right)^2\mathrm{d}v = \frac{1}{2}\varepsilon_0\varepsilon_r \left(\frac{V_x}{\Delta}\right)^2 \iiint_V \mathrm{d}v \qquad (2\text{-}47)$$

$$= \frac{1}{2}\varepsilon_0\varepsilon_r \left(\frac{V_x}{\Delta}\right)^2 L\delta_x\Delta = \frac{1}{2}\varepsilon_0\varepsilon_r \frac{L\delta_x}{\Delta}V_x^2$$

对式（2-47）在 $x=0$ 至 $x=W$ 进行积分，可得

$$W_E = \iiint_V \left(\frac{1}{2}\boldsymbol{D}\cdot\boldsymbol{E}\right)\mathrm{d}v = \frac{1}{2}\varepsilon_0\varepsilon_r \iiint_V E^2\mathrm{d}v = \frac{1}{2}\varepsilon_0\varepsilon_r \iiint_V \left(\frac{V_x}{\Delta}\right)^2\mathrm{d}v$$

$$= \frac{1}{2}\varepsilon_0\varepsilon_r \frac{L}{\Delta}\int_0^W V_x^2\mathrm{d}x = \frac{1}{2}\varepsilon_0\varepsilon_r \frac{L}{\Delta}\int_0^W \left[V_3 + \frac{x}{W}(V_2-V_1)\right]^2\mathrm{d}x \qquad (2\text{-}48)$$

$$= \frac{1}{2}\frac{C_0}{W}\frac{1}{V_2-V_1}[(V_3+V_2-V_1)^2 - V_3^2]$$

$$= \frac{1}{6}C_0V_1^2 + \frac{1}{6}C_0V_2^2 + \frac{1}{2}C_0V_3^2 - \frac{1}{3}C_0V_1V_2 - \frac{1}{2}C_0V_1V_3 + \frac{1}{2}C_0V_2V_3$$

根据电容贮存的能量，由图 2-29 可得

$$W_E' = \frac{1}{2}C_1V_1^2 + \frac{1}{2}C_2V_2^2 + \frac{1}{2}C_3V_3^2 + \frac{1}{2}C_4(V_1-V_2-V_3)^2 + \frac{1}{2}C_5(V_2+V_3)^2 + \frac{1}{2}C_6(V_1-V_3)^2$$

$$= \frac{1}{2}(C_1+C_4+C_6)V_1^2 + \frac{1}{2}(C_2+C_4+C_5)V_2^2 + \frac{1}{2}(C_3+C_4+C_5+C_6)V_3^2$$

$$-C_4V_1V_2 - (C_4+C_6)V_1V_3 + (C_4+C_5)V_2V_3 \qquad (2\text{-}49)$$

令式（2-48）和式（2-49）相等，可得如下方程式

$$\begin{cases} 3(C_1 + C_4 + C_6) = C_0 \\ 3(C_2 + C_4 + C_5) = C_0 \\ C_3 + C_4 + C_5 + C_6 = C_0 \\ 3C_4 = C_0 \\ 2(C_4 + C_6) = C_0 \\ 2(C_4 + C_5) = C_0 \end{cases} \tag{2-50}$$

解式（2-50）可得变压器六电容的表达式为

$$\begin{cases} 6C_1 = -C_0, \quad 6C_2 = -C_0, \quad 3C_3 = C_0 \\ 3C_4 = C_0, \quad 6C_5 = C_0, \quad 6C_6 = C_0 \end{cases} \tag{2-51}$$

由式（2-51）可知，$C_1 = C_2$，$C_3 = C_4$，$C_5 = C_6$，实际上根据两线圈的对称性也可直接得到上述结论。

所研究的同步发电机的励磁变压器的 C_{RP}、C_{RS} 和 C_T 的测量值分别约为 93.76pF、40.03pF 和 104.71pF，根据上文提供的算法进行计算可以得到 C_{RP}、C_{RS} 和 C_T 的计算值分别为 95.0 pF、43.86 pF 和 104.44 pF。

根据以上分析，考虑移相电抗器与谐振电容器、励磁变压器电容网络、整流器、斩波电路和励磁绕组负载后的差模干扰等效电路与共模干扰等效电路分别如图 2-32 和图 2-33 所示。高频段传导电磁干扰电压可由下式计算求得

$$V_{CE102} = V_{DM} + V_{CM} = 50I_{DM} + 50I_{CM}/3 \tag{2-52}$$

图 2-34 为发电机输出线传导电磁干扰测试布置图，电流测量探头型号为 Solar 9209-1，EMI 接收机型号为 R&S ESIB26。

高频传导电磁干扰电压计算和测量结果对比如图 2-35 所示。由图 2-35 可知，二者在最大干扰点和频谱变化在趋势上基本吻合，主要误差小于 10dB，这表明了建立的发电机电励磁系统高频传导电磁干扰模型的正确性，因此，可以将该建模方法推广应用到其他同步发电机的传导电磁干扰分析中。

2.2.3 供电电缆电磁干扰传播通道模型

电力电缆是构成电力系统的基本元件，常被称为传输线或传输电缆。随着舰船电力系统容量的不断增大，配电网络的复杂度不断增加，电缆的长度也不断增大。随着电磁兼容研究的频率的不断升高，长距离的传输电缆对电磁干扰传播带来的影响是不可忽视的。由于以往的研究大多是针对标准测试环境下的电磁干扰分析进行的，传输电缆很短，所以基本上不用考虑传输电缆对结果的影响。然而，在系统级的预测阶段，传输电缆的长度要远远大于电磁兼容标准测试时的电缆长度，因此，需要考虑长距离传输电缆对电磁干扰强度带来的影响。

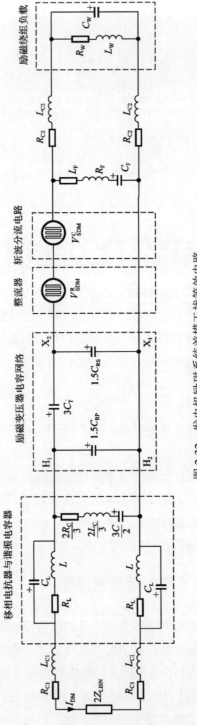

图 2-32　发电机励磁系统差模干扰等效电路

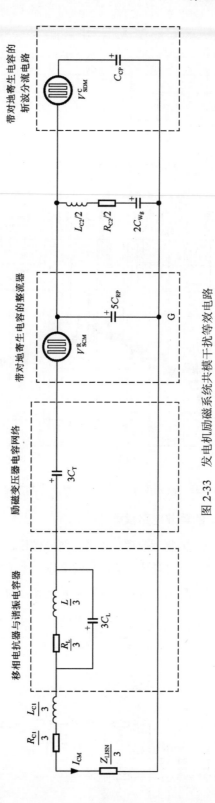

图 2-33 发电机励磁系统共模干扰等效电路

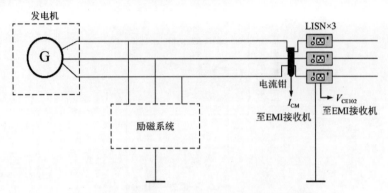

图 2-34　发电机输出线传导电磁干扰测试布置图

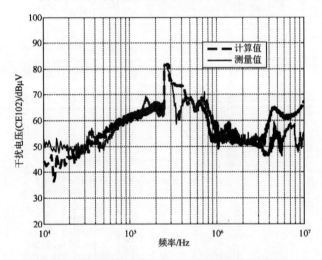

图 2-35　高频传导电磁干扰电压计算和测量结果对比

1．两导体传输电缆的等效电路模型

为了便于理解传输电缆的物理原理，先考虑两导体传输电缆的波传播原理，建立其电路描述方法，然后将其推广到三导体传输电缆或多导体传输电缆系统中。如图 2-36 所示，两导体组成的传输电缆沿 Z 轴方向放置，并将其长度等分为多个 Δz 的长度单元。

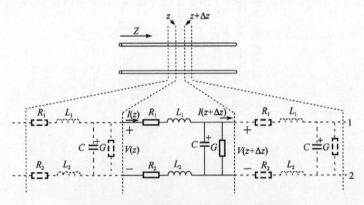

图 2-36　两导体传输电缆的等效电路模型

若将 z 和 $z+\Delta z$ 之间的一段传输电缆作为研究对象，则导体可等效为电阻与电感的串联，导体间的电荷分布关系可等效为电容，介电损耗可用电导来描述。假设传输电缆沿其长度方向为均匀的，则可以沿长度方向以 Δz 长度进行组合得到整个传输电缆的分布参数模型，所有电气参数以单位长度计。

传输电缆端口的暂态电压 $v(z,t)$ 和电流 $i(z,t)$ 特性可以用下列时变方程来描述：

$$\frac{\partial v(z,t)}{\partial t} + Ri(z,t) + L\frac{\partial i(z,t)}{\partial t} = 0$$
$$\frac{\partial i(z,t)}{\partial t} + Gv(z,t) + C\frac{\partial v(z,t)}{\partial t} = 0 \tag{2-53}$$

式中，$R = R_1 + R_2$；$L = L_1 + L_2$。

将式（2-53）转化到频域，可得

$$\frac{\mathrm{d}V(z)}{\mathrm{d}z} + ZI(z) = 0$$
$$\frac{\mathrm{d}I(z)}{\mathrm{d}z} + YV(z) = 0 \tag{2-54}$$

式中，Z 和 Y 分别为传输电缆的单位长度阻抗与导纳参数，$Z = R + \mathrm{j}\omega L$，$Y = G + \mathrm{j}\omega C$。将式（2-54）写成矩阵的形式为

$$\frac{\mathrm{d}}{\mathrm{d}z}\begin{bmatrix} V(z) \\ I(z) \end{bmatrix} = \begin{bmatrix} 0 & -Z \\ -Y & 0 \end{bmatrix}\begin{bmatrix} V(z) \\ I(z) \end{bmatrix} \tag{2-55}$$

若假定传输电缆参数 Z 和 Y 与位置无关，则可将式（2-55）处理为两个波方程，电压和电流方程分别含有正向行波和负向行波：

$$V(z) = V^+ + V^- = a\mathrm{e}^{-\gamma z} + b\mathrm{e}^{\gamma z}$$
$$I(z) = I^+ + I^- = \frac{1}{Z_\mathrm{C}}\left(a\mathrm{e}^{-\gamma z} - b\mathrm{e}^{\gamma z}\right) \tag{2-56}$$

式中，Z_C 为正向行波电压和正向行波电流的幅值比，$Z_\mathrm{C} = V^+(z)/I^+(z) = \sqrt{Z/Y}$；$\gamma$ 为传播常数，$\gamma = \sqrt{ZY}$。

将式（2-56）表示成矩阵的形式为

$$\begin{bmatrix} V(z) \\ I(z) \end{bmatrix} = \begin{bmatrix} 1 & 1 \\ \dfrac{1}{Z_\mathrm{C}} & -\dfrac{1}{Z_\mathrm{C}} \end{bmatrix}\begin{bmatrix} \mathrm{e}^{-\gamma z} & 0 \\ 0 & \mathrm{e}^{-\gamma z} \end{bmatrix}\begin{bmatrix} a \\ b \end{bmatrix} \tag{2-57}$$

当 $z=0$ 时，式（2-57）为

$$\begin{bmatrix} V(0) \\ I(0) \end{bmatrix} = \begin{bmatrix} 1 & 1 \\ \dfrac{1}{Z_\mathrm{C}} & -\dfrac{1}{Z_\mathrm{C}} \end{bmatrix}\begin{bmatrix} a \\ b \end{bmatrix} \tag{2-58}$$

当 $z=l$ 时，式（2-57）为

$$\begin{bmatrix} V(l) \\ I(l) \end{bmatrix} = \begin{bmatrix} 1 & 1 \\ \dfrac{1}{Z_C} & -\dfrac{1}{Z_C} \end{bmatrix} \begin{bmatrix} e^{-\gamma l} & 0 \\ 0 & e^{-\gamma l} \end{bmatrix} \begin{bmatrix} a \\ b \end{bmatrix} \tag{2-59}$$

联合式（2-58）和式（2-59）可消去复数常数 a 和 b，并得到传输电缆输入量与输出量之间的关系，即

$$\begin{bmatrix} V(l) \\ I(l) \end{bmatrix} = \begin{bmatrix} \cosh\gamma l & -Z_C\sinh\gamma l \\ -\dfrac{1}{Z_C}\sinh\gamma l & \cosh\gamma l \end{bmatrix} \begin{bmatrix} V(0) \\ I(0) \end{bmatrix} \tag{2-60}$$

利用二端口网络的描述方法，可以得到两导体传输电缆的阻抗网络矩阵和导纳网络矩阵分别为

$$[Z] = \frac{Z_C}{\sinh\gamma l} \begin{bmatrix} \cosh\gamma l & 1 \\ 1 & \cosh\gamma l \end{bmatrix} \tag{2-61}$$

$$[Y] = [Z]^{-1} = \frac{1}{Z_C\sinh\gamma l} \begin{bmatrix} \cosh\gamma l & -1 \\ -1 & \cosh\gamma l \end{bmatrix} \tag{2-62}$$

根据式（2-62）可将传输电缆等效为如图 2-37 所示的 π 型等效电路。在图 2-37 中，$Z_\pi = Z_C\sinh\gamma l$，$Y_\pi = \dfrac{2}{Z_C}\tanh\dfrac{\gamma l}{2}$。

在低频下，γl 的值很小，所以可以对 sinh 函数和 tanh 函数进行近似处理，可得

$$Z_\pi = Z_C\gamma l = (R + j\omega L)l \tag{2-63}$$

$$Y_\pi = \frac{2}{Z_C}\frac{\gamma l}{2} = (G + j\omega C)l \tag{2-64}$$

单位长度传输电缆的低频等效电路如图 2-38 所示，考虑传输电缆的长度 l 时，直接在电路参数上乘 l 即可，如式（2-63）和式（2-64）所示。

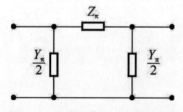

图 2-37　传输电缆的 π 型等效电路

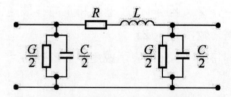

图 2-38　单位长度传输电缆的低频等效电路

当传输电缆的长度小于或等于干扰信号的 1/10 波长时，即 $l \leqslant \lambda/10$，用 sinh 函数和 tanh 函数的近似方法的计算误差在 7% 以下。对于工程应用要求不高的场合，用如图 2-38 所示电路也可以满足粗略定量计算的要求。

当传输电缆的长度不满足 $l \leqslant \lambda/10$ 时，为了提高计算精度，可将传输电缆分成多段传输电缆串联的模型，每段传输电缆的长度小于 1/10 波长，并可等效为如图 2-38 所示电路，由 N 段集中参数组成的等效电路如图 2-39 所示。

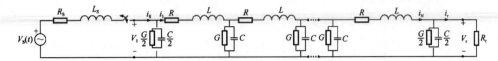

图 2-39　由 N 段集中参数组成的等效电路

在图 2-39 中，由 N 段级联电路组成的模型的精确频率范围可由下式确定：

$$f_{max} = \frac{Nv}{\pi l} \tag{2-65}$$

式中，v 为传输电缆的传输速度，$v = 1/\sqrt{LC}$。

以 600V，$2 \times 2.5mm^2$ 的传输电缆为例，其单位长度（1m）的电路参数为 R=92.6mΩ，L=570nH，C=85.2pF，G=4.89μS。

首先对长度为 1m 的电缆进行研究。图 2-40 给出了 1m 电缆的开路阻抗曲线，其中包括 1 段电路模型的计算结果、传输电缆模型的计算结果和测试结果。图 2-41 给出了 1m 电缆的短路阻抗曲线，其中包括 1 段电路模型的计算结果、传输电缆模型的计算结果和测试结果。由图 2-40 和图 2-41 可知，1 段电路模型的有效频率在 30MHz 以下［根据式（2-65）的计算结果可得 f_{max}=45.6MHz］，但传输电缆模型的有效频率可达 100MHz。

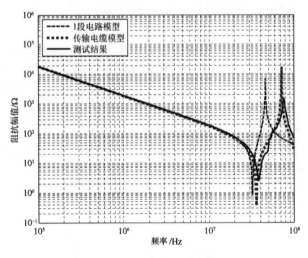

图 2-40　1m 电缆的开路阻抗曲线

其次对长度为 10m 的电缆进行研究。图 2-42 给出了 10m 电缆的开路阻抗曲线，其中包括 1 段电路模型的计算结果、10 段电路模型的计算结果、传输电缆模型的计算结果和测试结果。图 2-43 给出了 10m 电缆的短路阻抗曲线，其中包括 1 段电路模型的计算结果、10 段电路模型的计算结果、传输电缆模型的计算结果和测试结果。由图 2-42 和图 2-43 可知，1 段电路模型的有效频率在 4MHz 以下［根据式（2-65）的计算结果可得 f_{max}=4.56MHz］，10 段电路模型的有效频率可达 40MHz［根据式（2-65）的计算结果可得 f_{max}=45.6MHz］，但传输电缆方程的有效频率可以到 100MHz。

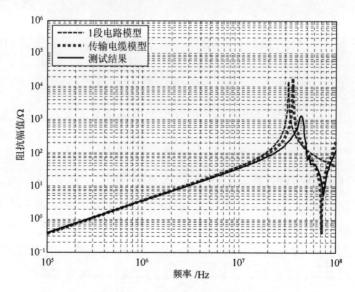

图 2-41　1m 电缆的短路阻抗曲线

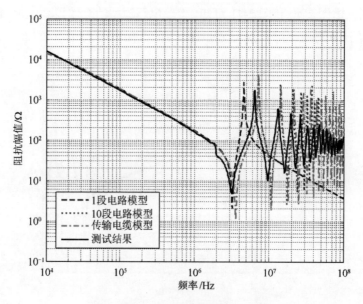

图 2-42　10m 电缆的开路阻抗曲线

由上面的例子可以看出，基于传输电缆方程的模型可以获得宽频段的计算结果，而有限数量（1 段或 10 段）的集中参数模型仅在较低的频率下有效，当分析的频段较宽时，可以通过多段级联的形式来提高模型的有效频率。

2. 多导体传输电缆系统模型

多导体传输电缆系统模型如图 2-44 所示。

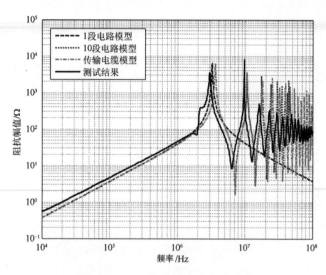

图 2-43　10m 电缆的短路阻抗曲线

对于如图 2-44 所示的多导体传输电缆系统模型，频域传输电缆方程可以用如下矩阵形式表示：

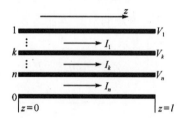

图 2-44　多导体传输电缆系统模型

$$\frac{\mathrm{d}^2 \boldsymbol{V}}{\mathrm{d}z^2} = \boldsymbol{ZY} \cdot \boldsymbol{V} \tag{2-66}$$

$$\frac{\mathrm{d}^2 \boldsymbol{I}}{\mathrm{d}z^2} = \boldsymbol{YZ} \cdot \boldsymbol{I} \tag{2-67}$$

式中，电压和电流矢量为

$$\begin{aligned}
\boldsymbol{V} &= \begin{pmatrix} V_1 & V_2 & \cdots & V_n \end{pmatrix}^t \\
\boldsymbol{I} &= \begin{pmatrix} I_1 & I_2 & \cdots & I_n \end{pmatrix}^t
\end{aligned} \tag{2-68}$$

阻抗矩阵为

$$\boldsymbol{Z} = \boldsymbol{R} + \mathrm{j}\omega\boldsymbol{L} = \begin{pmatrix} R_{11} & R_{12} & \cdots & R_{1n} \\ R_{21} & R_{22} & \cdots & R_{2n} \\ \vdots & \vdots & & \vdots \\ R_{n1} & R_{n2} & \cdots & R_{nn} \end{pmatrix} + \mathrm{j}\omega \begin{pmatrix} L_{11} & L_{12} & \cdots & L_{1n} \\ L_{21} & L_{22} & \cdots & L_{2n} \\ \vdots & \vdots & & \vdots \\ L_{n1} & L_{n2} & \cdots & L_{nn} \end{pmatrix} \tag{2-69}$$

式中，R_{ii} 和 L_{ii} 分别为单位长度导体的自电阻与自电感，R_{ij} 和 L_{ij} 分别为单位长度导体的互电阻与互电感。

导纳矩阵为

$$\boldsymbol{Y} = \boldsymbol{G} + \mathrm{j}\omega\boldsymbol{C} = \begin{pmatrix} G_{11} & -G_{12} & \cdots & -G_{1n} \\ -G_{21} & G_{22} & \cdots & -G_{2n} \\ \vdots & \vdots & & \vdots \\ -G_{n1} & -G_{n2} & \cdots & G_{nn} \end{pmatrix} + \mathrm{j}\omega \begin{pmatrix} C_{11} & -C_{12} & \cdots & -C_{1n} \\ -C_{21} & C_{22} & \cdots & -C_{2n} \\ \vdots & \vdots & & \vdots \\ -C_{n1} & -C_{n2} & \cdots & C_{nn} \end{pmatrix} \tag{2-70}$$

式中，$G_{ii} = G_{i0} + \sum\limits_{j=1, j\neq i}^{n} G_{ij}$，$G_{i0}$ 为第 i 根导体与地之间的电导，G_{ij} 为第 i 根导体与第 j 根导体之间的电导；$C_{ii} = C_{i0} + \sum\limits_{j=1, j\neq i}^{n} C_{ij}$，$G_{i0}$ 为第 i 根导体与地之间的电容，G_{ij} 为第 i 根导体与第 j 根导体之间的电容。

因此，可以得到多导体传输电缆输入电量与输出电量之间的关系：

$$\begin{bmatrix} \boldsymbol{V}(l) \\ \boldsymbol{I}(l) \end{bmatrix} = \begin{bmatrix} \cosh(\boldsymbol{\varGamma}l) & -\boldsymbol{Z}\sinh(\boldsymbol{\varGamma}l) \\ -\boldsymbol{Y}\sinh(\boldsymbol{\varGamma}l) & \cosh(\boldsymbol{\varGamma}l) \end{bmatrix} \begin{bmatrix} \boldsymbol{V}(0) \\ \boldsymbol{I}(0) \end{bmatrix} \tag{2-71}$$

式中，$\boldsymbol{\varGamma} = \mathrm{SORT}(\boldsymbol{ZY})$；$\boldsymbol{Z} = \boldsymbol{Y}^{-1} = \boldsymbol{\varGamma}^{-1}\boldsymbol{Z} = \boldsymbol{\varGamma}\boldsymbol{Y}^{-1}$。

3. 多导体电缆等效电路参数的测量方法

可采用基于阻抗分析仪测量的方法来获得电路参数。对于如图 2-45（a）所示的单导体和如图 2-45（b）所示的负载端短路的双导体而言，其端口阻抗等效电路如图 2-46 所示。由图 2-46 可知，端口阻抗可表示为

$$Z_{\mathrm{eff}} = \mathrm{j}\omega L_{\mathrm{eff}} + R_{\mathrm{eff}} \tag{2-72}$$

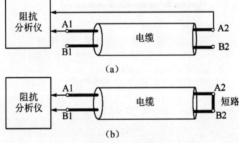

图 2-45　阻抗分析仪测量导体自感和内阻示意图

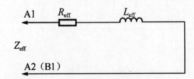

图 2-46　短路电缆阻抗等效电路

由式（2-72）可知，通过测量端口阻抗的方法可以求得被测导体的自感和内阻：

$$L_{\mathrm{eff}} = \frac{\mathrm{Im}(Z_{\mathrm{eff}})}{\omega} \tag{2-73}$$

$$R_{\text{eff}} = \text{Re}(Z_{\text{eff}}) \tag{2-74}$$

阻抗分析仪测量导体之间电容和电导示意图如图 2-47 所示，其负载端开路的双导体的阻抗等效电路如图 2-48 所示，其端口阻抗可以表示为

$$Z_{\text{eff}} = \frac{1}{Y_{\text{eff}}} = \frac{1}{\text{j}\omega C_{\text{eff}} + G_{\text{eff}}} \tag{2-75}$$

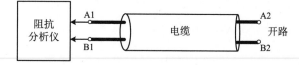

图 2-47　阻抗分析仪测量导体之间电容和电导示意图

由式（2-75）可知，通过测量端口阻抗可以求得两导体之间的电容和电导：

$$C_{\text{eff}} = \frac{1}{\omega} \cdot \text{Im}\left(\frac{1}{Z_{\text{eff}}}\right) \tag{2-76}$$

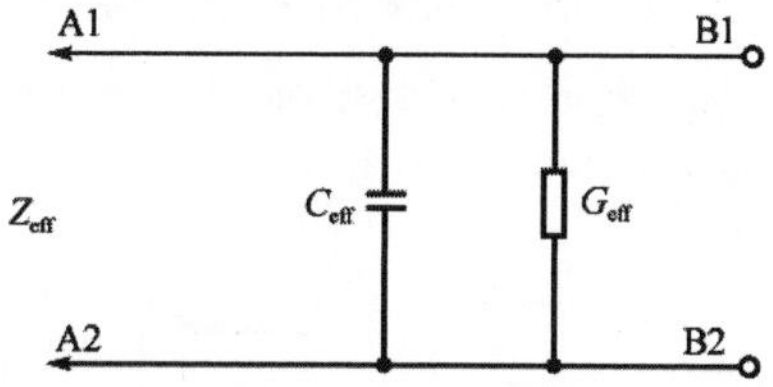

图 2-48　开路的双导体的阻抗等效电路

$$G_{\text{eff}} = \text{Re}\left(\frac{1}{Z_{\text{eff}}}\right) \tag{2-77}$$

从上述分析可知，只要测出不同接线方式下的端口阻抗，就可以根据式（2-73）、式（2-74）、式（2-76）和式（2-77）求得导体的自感和内阻，以及相互不连接的导体间的分布电容和电导，而端口阻抗可以使用阻抗分析仪进行测量。阻抗分析仪一般具有直接运算功能，根据测量阻抗可自动给出电感、电阻、电容和电导参数数值。

对于两导体电缆（交流单相电缆或直流电缆）、三导体电缆（交流三相非屏蔽电缆、交流单相带屏蔽层电缆或直流带屏蔽层电缆）、四导体电缆（交流三相带保护地线非屏蔽电缆或交流三相带屏蔽电缆）等常见传输电缆的等效电路参数，可以基于上述方法，使用阻抗分析仪测量不同连接方式下的导体的自感 L_{eff}、内阻 R_{eff}、电容 C_{eff} 及电导 G_{eff} 参数，进而计算出电缆的等效电路参数。

如图 2-49 所示的两芯电缆可以根据如图 2-50 所示的接线组合测量其等效电路参数。

图 2-49　AC 两芯电缆或 DC 电缆

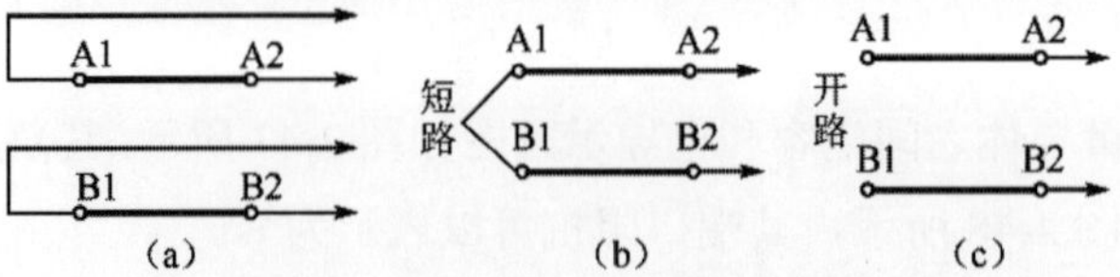

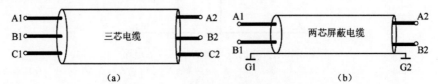

图 2-50　两导体电缆等效电路参数测试示意图

根据如图 2-50（a）所示的接线方式可以测出 A、B 两导体的自感 L_A、L_B 和自电阻 R_A、R_B。对于结构对称的电缆而言，$L_A = L_B$，$R_A = R_B$，因此只须测出单根导体的自感和内阻。

由如图 2-50（b）所示的接线方式不难看出其所测电感为

$$L_{\text{eff}} = L_A + L_B - 2M_{AB} = 2L_A - 2M_{AB} \qquad （2\text{-}78）$$

因此，可得两导体之间的互感为

$$M_{AB} = L_A - \frac{L_{\text{eff}}}{2} \qquad （2\text{-}79）$$

根据如图 2-50(c)所示的接线方式可以测出 A、B 两导体之间的电容 C_{AB} 和导纳 G_{AB}。

如图 2-51 所示的三芯电缆和两芯带屏蔽电缆的三导体电缆，可以根据如图 2-52 所示的接线组合测量其等效电路参数。

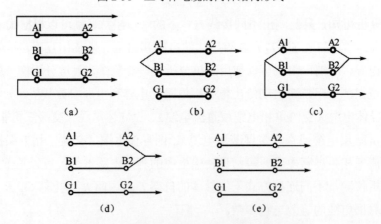

图 2-51　三导体电缆的两种结构形式

图 2-52　三导体电缆等效电路参数测试示意图

根据如图 2-52（a）所示的接线方式可以测出相线的自感 L_A、内阻 R_A 及地线的自感 L_G、内阻 R_G。

根据如图 2-52（b）所示的接线方式可以看出：

$$L_{\text{eff}} = L_A + L_B - 2M_{AB} = 2L_A - 2M_{AB} \tag{2-80}$$

$$M_{AB} = L_A - \frac{L_{\text{eff}}}{2} \tag{2-81}$$

根据如图 2-52（c）所示的接线方式可以看出：

$$L_{\text{eff}} = \frac{L_A + M_{AB}}{2} + L_G - 2M_{AG} \tag{2-82}$$

$$M_{AG} = \frac{L_A + M_{AB}}{4} + \frac{L_G - L_{\text{eff}}}{2} \tag{2-83}$$

根据如图 2-52（d）所示的接线方式可以看出：

$$C_{\text{eff}} = 2C_{AG} \tag{2-84}$$

$$G_{\text{eff}} = 2G_{AG} \tag{2-85}$$

根据式（2-84）和式（2-85）可求得相线与地线之间的电容和导纳为

$$C_{AG} = \frac{C_{\text{eff}}}{2} \tag{2-86}$$

$$G_{AG} = \frac{G_{\text{eff}}}{2} \tag{2-87}$$

根据如图 2-52（e）所示的接线方式可以看出：

$$C_{\text{eff}} = C_{AB} + \frac{C_{AG}}{2} \tag{2-88}$$

$$G_{\text{eff}} = G_{AB} + \frac{G_{AG}}{2} \tag{2-89}$$

根据式（2-88）和式（2-89）可求得两相线之间的电容和导纳为

$$C_{AB} = C_{\text{eff}} - \frac{C_{AG}}{2} \tag{2-90}$$

$$G_{AB} = G_{\text{eff}} - \frac{G_{AG}}{2} \tag{2-91}$$

如图 2-53 所示的四芯电缆和三芯屏蔽电缆的四导体电缆，可以根据如图 2-54 所示的接线组合测量其等效电路参数。

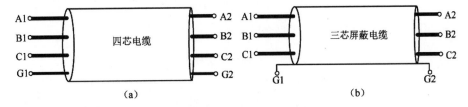

图 2-53　四导体电缆的两种结构形式

根据如图 2-54（a）所示的接线方式可以测出相线的自感 L_A、内阻 R_A 及地线的自感 L_G、内阻 R_G。分析如图 2-54（b）所示的接线方式可得

$$L_{\text{eff}} = \frac{3}{2}(L_A - M_{AB}) \tag{2-92}$$

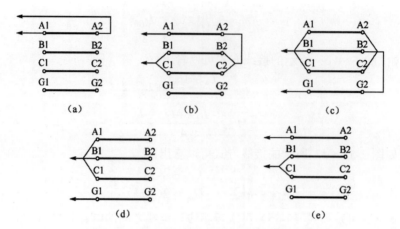

图 2-54 四导体电缆等效电路参数测试示意图

$$M_{AB} = L_A - \frac{2L_{eff}}{3} \tag{2-93}$$

分析如图 2-54（c）所示的接线方式可得

$$L_{eff} = \frac{L_A + 2M_{AB}}{3} + L_G - 2M_{AG} \tag{2-94}$$

$$M_{AG} = \frac{L_A + 2M_{AB}}{6} + \frac{L_G - L_{eff}}{2} \tag{2-95}$$

分析如图 2-54（d）所示的接线方式可得

$$C_{eff} = 3C_{AG} \tag{2-96}$$

$$G_{eff} = 3G_{AG} \tag{2-97}$$

由式（2-96）和式（2-97）可得相线与地线之间的电容和导纳为

$$C_{AG} = \frac{C_{eff}}{3} \tag{2-98}$$

$$G_{AG} = \frac{G_{eff}}{3} \tag{2-99}$$

分析如图 2-54（e）所示的接线方式可得

$$C_{eff} = 2C_{AB} + \frac{2C_{AG}}{3} \tag{2-100}$$

$$G_{eff} = 2G_{AB} + \frac{2G_{AG}}{3} \tag{2-101}$$

由式（2-100）和式（2-101）可得相线和地线间的电容和电导为

$$C_{AB} = \frac{C_{eff}}{2} - \frac{C_{AG}}{3} \tag{2-102}$$

$$G_{AB} = \frac{G_{eff}}{2} - \frac{G_{AG}}{3} \tag{2-103}$$

以导体参数为 $3\times16mm^2$ 的三芯导体屏蔽传输电缆为例,来说明以上测量方法的有效性。三芯导体屏蔽电缆截面结构图如图 2-55 所示。

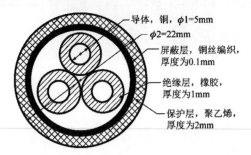

图 2-59　三芯导体屏蔽电缆截面结构图

先用 Ansoft 公司的 Maxwell 三维参数快速提取软件(Ansoft Q3D)计算出单位长度电缆导体的电容、直流电阻、直流电感、交流电阻、交流电感等参数。再根据上文介绍的方法测量其电路参数,测量仪器为阻抗分析仪,为减小测量误差电缆长度取 10m,参数抽取频率为 1MHz。测试电缆的单位长度等效电路参数如表 2-5 所示。由表 2-5 可知,阻抗分析仪测量结果与 Ansoft Q3D 计算结果的相对误差均小于 10%。

表 2-5　测试电缆的单位长度等效电路参数

电路参数	阻抗分析仪测量结果	Ansoft Q3D 计算结果	相对误差
$R_A/$（mΩ/m）	70.4	77.8	9.51%
$L_A/$（nH/m）	897	933	3.86%
$R_G/$（mΩ/m）	21.8	20.1	7.8%
$L_G/$（nH/m）	672	741	9.31%
$M_{AB}/$（nH/m）	717	788	9.01%
$M_{AG}/$（nH/m）	771	744	3.5%
$C_{AB}/$（pF/m）	49.3	46.8	5.07%
$C_{AG}/$（pF/m）	124.6	116.8	6.26%
$G_{AB}/$（μS/m）	4.56	—	—
$G_{AG}/$（μS/m）	20.45	—	—

4．电力系统三相电缆电磁干扰传输通道模型

三导体传输电缆系统物理对象如图 2-56 所示。图 2-56 中的功率/能量源为干扰源,假设负载为无源、线性负载。对于有源或非线性的负载,可采用与图 2-56 一样的方法将负载视为另一个干扰源,则图 2-56 的原研究对象变为双源或多源的复杂结构。为简单起见,这里仅考虑单端干扰源的系统。按照传输电缆的建模方法,可得到如图 2-57 所示的三导体传输电缆系统传导电磁干扰模型,图 2-57 中的 R、L、M、C、G 均为单位长度传输电缆的电路参数;V_{S1} 和 V_{S2} 为激励信号源;Z_{S1}、Z_{S2} 和 Z_{S3} 为源阻抗;Z_{L1}、Z_{L2} 和 Z_{L3} 为负载阻抗。

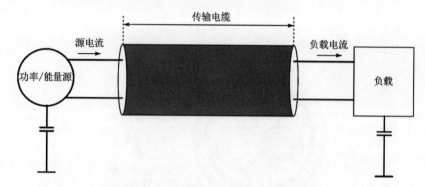

图 2-56 三导体传输电缆系统物理对象

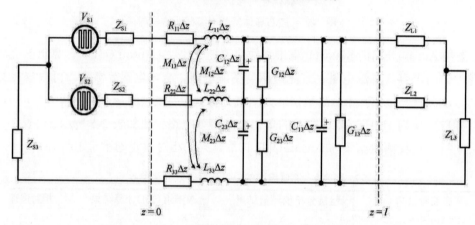

图 2-57 三导体传输电缆系统传导电磁干扰模型

将图 2-57 中的干扰源分解成差模干扰源和共模干扰源，可以得到如图 2-58 所示的差模和共模干扰激励源电路模型，其中，差模和共模干扰源的表达式分别为

$$V_{SDM} = \frac{1}{2}\left(V_{S1} - V_{S2}\right) \tag{2-104}$$

$$V_{SCM} = \frac{1}{2}\left(V_{S1} + V_{S2}\right) \tag{2-105}$$

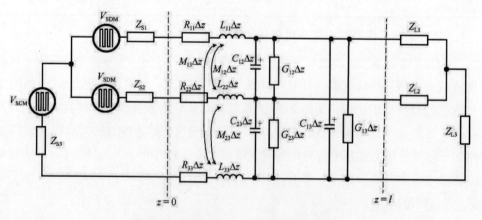

图 2-58 差模和共模干扰激励源电路模型

　　为简化分析，假设干扰源与负载均为平衡电路，即 $Z_{S1} = Z_{S2}$，$Z_{L1} = Z_{L2}$，则图 2-58 中的差模与共模可以解耦合，可分别表示为如图 2-59（a）和图 2-59（b）所示的电路模型。

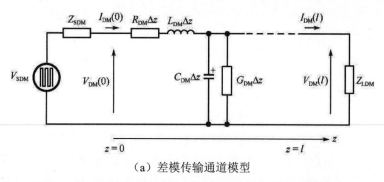

（a）差模传输通道模型

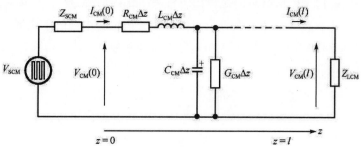

（b）共模传输通道模型

图 2-59　解耦后的差模和共模电路模型

　　因此，可求得差模和共模干扰的传输关系式为

$$\begin{bmatrix} V_{DM}(l) \\ I_{DM}(l) \end{bmatrix} = \begin{bmatrix} \cosh \gamma_{DM} l & -Z_{0DM} \sinh \gamma_{DM} l \\ -Y_{0DM} \sinh \gamma_{DM} l & \cosh \gamma_{DM} l \end{bmatrix} \begin{bmatrix} V_{DM}(0) \\ I_{DM}(0) \end{bmatrix} \qquad （2\text{-}106）$$

$$\begin{bmatrix} V_{CM}(l) \\ I_{CM}(l) \end{bmatrix} = \begin{bmatrix} \cosh \gamma_{CM} l & -Z_{0CM} \sinh \gamma_{CM} l \\ -Y_{0CM} \sinh \gamma_{CM} l & \cosh \gamma_{CM} l \end{bmatrix} \begin{bmatrix} V_{CM}(0) \\ I_{CM}(0) \end{bmatrix} \qquad （2\text{-}107）$$

　　式中，$Z_{0DM} = \sqrt{\dfrac{R_{DM} + j\omega L_{DM}}{G_{DM} + j\omega C_{DM}}}$，$\gamma_{DM} = \sqrt{(R_{DM} + j\omega L_{DM})(G_{DM} + j\omega C_{DM})}$，$Z_{0CM} = \sqrt{\dfrac{R_{CM} + j\omega L_{CM}}{G_{CM} + j\omega C_{CM}}}$，$\gamma_{CM} = \sqrt{(R_{CM} + j\omega L_{CM})(G_{CM} + j\omega C_{CM})}$。

　　根据图 2-58 和图 2-59 的对应关系可直接得到差模传输通道和共模传输通道的等效电路参数，具体如下。

　　（1）差模电路参数：$R_{DM} = R_{11} + R_{22}$，　$L_{DM} = L_{11} + L_{22} - 2M_{12}$，　$G_{DM} = G_{12} + \dfrac{G_{13} G_{23}}{G_{13} + G_{23}}$，

$C_{DM} = C_{12} + \dfrac{C_{13} C_{23}}{C_{13} + C_{23}}$，　$Z_{SDM} = Z_{S1} + Z_{S2}$，　$Z_{LDM} = Z_{L1} + Z_{L2}$。

　　（2）共模电路参数：$R_{CM} = R_{11} // R_{22} + R_{33}$，　$C_{CM} = C_{13} + C_{23}$，　$G_{CM} = G_{13} + G_{23}$，

$Z_{SCM} = Z_{S3} + Z_{S1} // Z_{S2}$，　　　　$Z_{LCM} = Z_{L3} + Z_{L1} // Z_{L2}$，　　　　$L_{CM} = (L_{11} + M_{12} - 2M_{13}) //$

$(L_{22}+M_{12}-2M_{23})+L_{33}-M_{13}/2-M_{23}/2$。

得到电缆的等效通道模型后即可对其差模和共模的传输特性进行分析。

若以干扰电流为研究对象，则通过电缆传输后，差模电流和共模电流在负载端与功率/能量源端的传输关系为

$$H_{DM}(f)=\frac{I_{DM}(l)}{I_{DM}(0)}=\frac{1}{Z_{LDM}Y_{0DM}\sinh\gamma_{DM}l+\cosh\gamma_{DM}l} \qquad (2\text{-}108)$$

$$H_{CM}(f)=\frac{I_{CM}(l)}{I_{CM}(0)}=\frac{1}{Z_{LCM}Y_{0CM}\sinh\gamma_{CM}l+\cosh\gamma_{CM}l} \qquad (2\text{-}109)$$

由上文分析可以看出，不管是三相电网系统还是单相电网系统，都可以按照如图 2-59 所示的电路模型进行分析，二者之间不同的是模型的电路参数值的计算方法。

研究传输电缆模型的最终目的是得到一种网络化的求解方法，直接对复杂电网电磁干扰的传输特性进行计算。由上文分析可知，在分析传输电缆的干扰耦合传播通道时，可以先将多导体系统解耦为差模干扰和共模干扰两种模态，然后将多导体传输电缆系统分解为两种单导体传输网络，如图 2-59 所示。这时，我们就可以用电网络方法来等效传输电缆的分布参数模型，这个网络 **T** 就是常说的 ABCD 矩阵。

如图 2-60 所示的二端口网络模型的端口电压和电流之间的数学关系可以用如下的 ABCD 矩阵来表示，即

$$\begin{bmatrix}V_1\\I_1\end{bmatrix}=\begin{bmatrix}A&B\\C&D\end{bmatrix}\begin{bmatrix}V_2\\I_2\end{bmatrix}=\boldsymbol{T}\begin{bmatrix}V_2\\I_2\end{bmatrix} \qquad (2\text{-}110)$$

式中，ABCD 系数的定义为

$$A=\frac{V_1}{V_2}\bigg|_{I_2=0}, \quad B=\frac{V_1}{I_2}\bigg|_{V_2=0}, \quad C=\frac{I_1}{V_2}\bigg|_{I_2=0}, \quad D=\frac{I_1}{I_2}\bigg|_{V_2=0} \qquad (2\text{-}111)$$

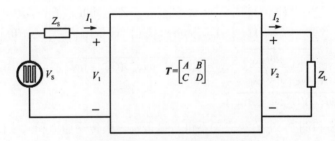

图 2-60　二端口网络模型

由电路分析方法可知，负载电压与源电压的传输关系为

$$H_V(f)=\frac{V_2}{V_S}=\frac{Z_L}{AZ_L+B+CZ_SZ_L+DZ_S} \qquad (2\text{-}112)$$

负载电流与源电流的传输关系为

$$H_I(f)=\frac{I_2}{I_1}=\frac{1}{CZ_L+D} \qquad (2\text{-}113)$$

同样，由式（2-110）可知，负载电流与源电压之间的传输关系为

$$H_\Omega(f) = \frac{I_2}{V_S} = \frac{1}{AZ_L + B + CZ_S Z_L + DZ_S} \quad (2\text{-}114)$$

若该二端口网络是长度为 l、特征阻抗为 Z_0、传播常数为 γ 的传输电缆，则可得到 ABCD 矩阵为

$$T_l = \begin{bmatrix} \cosh\gamma l & Z_0 \sinh\gamma l \\ \dfrac{1}{Z_0}\sinh\gamma l & \cosh\gamma l \end{bmatrix} \quad (2\text{-}115)$$

式中，T 的下标 l 表示传输电缆的长度。

通常情况下，电力网络是由不同长度和不同结构的电缆组成的庞大的网络，直接对其进行分析是比较困难的，而利用传输矩阵可以很容易地解决该问题。对于一个由 N 段传输电缆组成的大型网络，若各段的传输矩阵分别为 $T_l^{(1)}, T_l^{(2)}, \cdots, T_l^{(N)}$，则整个网络的传输矩阵可以表示为

$$T(f) = T_l^{(1)} T_l^{(2)} \cdots T_l^{(N)} \quad (2\text{-}116)$$

式（2-116）也是传输矩阵的链规则。

在电力系统网络中，除了电缆，还有并联负载、串联负载和变压器。所以，要完成整个电力网络的传输计算，还要注意这三种特殊的 ABCD 矩阵，图 2-61（a）、图 2-61（b）、图 2-61（c）分别为串联阻抗 Z_{SE}、并联阻抗 Z_{BT} 和变压器。

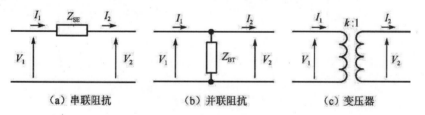

（a）串联阻抗　　　（b）并联阻抗　　　（c）变压器

图 2-61　电力网络中三种常见的二端口结构

根据 ABCD 矩阵求解方法，可以得到如图 2-61 所示的三种网络的传输矩阵分别为

$$T_{SE} = \begin{bmatrix} 1 & Z_{SE} \\ 0 & 1 \end{bmatrix} \quad (2\text{-}117)$$

$$T_{BT} = \begin{bmatrix} 1 & 0 \\ 1/Z_{BT} & 1 \end{bmatrix} \quad (2\text{-}118)$$

$$T_{TR} = \begin{bmatrix} k & 0 \\ 0 & 1/k \end{bmatrix} \quad (2\text{-}119)$$

为验证上述理论分析方法，搭建一个简易的传输电缆系统研究对象。由三段传输电缆组成的网络如图 2-62 所示。用信号源模拟电磁噪声源，将三段不同长度的同一种电缆分别作为电网主干线和两个负载出口电缆，其目的是研究两处负载端电流与干扰源电流的传输关系。

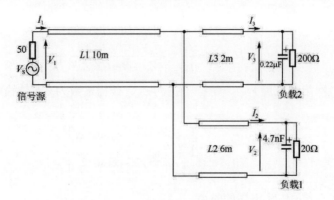

图 2-62　由三段传输电缆组成的网络

图 2-63 和图 2-64 分别为负载 1 和负载 2 对信号源的宽频段传输特性曲线，对比计算值与测量值可以发现二者吻合得较好。

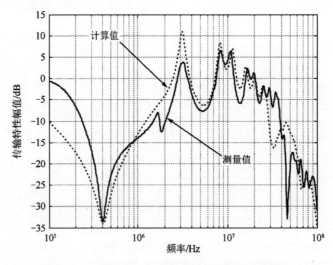

图 2-63　负载 1 对信号源的宽频段传输特性曲线

本节研究了一种基于传输电缆方程和传输矩阵的频域传输网络方法，将复杂的电力网络用简便的二端口网络来描述，从而得到一种可用于大型电力网络的传导电磁干扰定量计算的快速、准确的电力网络传导电磁干扰定量预测方法。

2.3　舰船大功率电能变换装置传导电磁干扰分析

随着舰船综合电力系统发展需求越来越紧迫，大容量或超大容量的电能变换装置在海军舰船电力推进系统、大容量区域配电系统、新型高能武器系统的研制中得到越来越广泛的应用，这种大电流、高电压工作条件下的大功率变流装置给舰船电磁兼容带来了新的课题。大功率设备在运行时的电流的数值在千安级，而电流的脉冲宽度在毫秒级，电流的快速变化使得传输电缆和功率母线上产生了幅值很高的瞬态脉冲电流，形成了强电磁干扰。但强电磁干扰会对母线附近的人员、仪表和设备造成不可忽视的影响，所以必须通过准确的预测和有效的屏蔽措施控制这类电磁干扰发射。

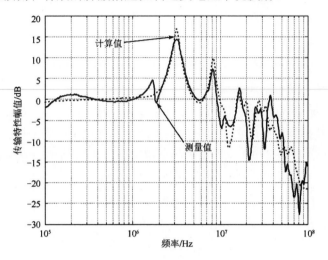

图 2-64　负载 2 对信号源的宽频段传输特性曲线

2.3.1　电能变换接口变压器的高频模型研究

大容量的电动机驱动系统的前端能量接口多为整流变压器，其主要功能是将电站高压电网降压成变频器所需的电压等级，合理的变压器方案可以有效地提高电网波形质量和运行功率。大容量的电动机驱动系统采用这些基于 PWM 技术的变频驱动装置，在工作时会产生强的传导电磁干扰，这些干扰电流会通过变压器向电网或其他装置传播。因此，在研究包含变压器元件的电力系统的电磁干扰传播规律时，必须建立包含变压器高频模型的数学模型。

目前对于功率变流器传导电磁干扰传输特性的研究主要是针对变流器本身电磁干扰的产生和传播机理进行的，最终得到的干扰传播途径不包含变流器前端常用的变压器，因而不能真实反映电磁干扰在电网接口的传播与耦合特性。要准确地描述变压器的高频传输特性，从电路方面来看就是需要得到由电阻、电感和电容组成的电路网络。传统的电力电子分析考虑的是低频（50～400Hz）的功率信号，建立的数学模型常常忽略高频寄生参数。实际的测试结果表明，在高频下，变压器的电路特性主要取决于寄生分布参数，即变压器漏感、绕组电阻和分布电容。有些文献在研究含有变压器的 PWM 软开关变换器时，用漏感和匝数比来描述变压器的高频模型，没有考虑寄生电容对电压和电流波形的影响。虽然也有文献考虑了变压器绕组之间的容性耦合，建立了包含寄生电容在内的变压器模型，但是其计算量很大，不适合快速计算和分析。

　　本书采用的分析思路是：首先基于传统的变压器三电容等效电路，考虑不同频段下寄生参数对变压器传输特性的影响，将变压器电路简化为只含主要寄生参数的谐振电路，导出谐振频率，用谐振频率法求取变压器寄生电容；其次依据二端口网络理论导出变压器原边和副边电流传输函数及空载电压传输函数，利用 MATLAB 软件对高频传输特性进行计算；最后通过实验结果验证提出的模型的正确性。

　　1）三电容等效电路模型

　　建立能够准确描述变压器高频传输特性的电路模型具有较好的工程应用价值：一方面，可以在不需要获得大量关于变压器尺寸及电磁特性信息的情况下，很方便地对变压器传播通道中的电磁干扰传输特性进行分析及预测；另一方面，为电能变换系统中的电磁干扰传播路径及抑制措施的定量分析提供了参考，优化了电磁干扰滤波器设计。

　　现有研究表明，在满足以下两个条件的情况下，如图 2-65 所示的变压器三电容集总等效电路具有足够精确度：①将原边和副边作为两个输入端，分别记为 A、B、C、D。变压器始终是一个四端子网络，因此在整个测量过程中，只改变 A、B、C、D 四个端子的接线方式，变压器连接组、铁芯、屏蔽层等结构保持不变。②忽略导线及铁芯涡流损耗。

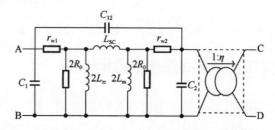

图 2-65　变压器三电容集总等效电路

　　在图 2-65 中，若将 C、D 看作次级，则次级的绕组电阻及寄生电容已折算到原边。r_{w1} 和 r_{w2} 分别为原边和副边的绕组电阻（包括直流电阻与交流电阻），L_{SC} 为漏感，L_m 为励磁电感，R_0 为励磁电阻，C_1 和 C_2 分别为原边和副边绕组的自电容，C_{12} 为绕组的互电容，虚线框表示理想变压器，η 为理想变压器的电压比。

　　2）高频信号的传输方程

　　对如图 2-65 所示等效电路进行变换，可得到如图 2-66 所示的等效电路模型，用 Z_{eq} 来等效理想变压器的输入阻抗，Z_L 来等效负载阻抗。

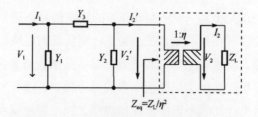

图 2-66　变压器等效电路模型的变换

图 2-66 中的导纳和阻抗的表达式如下：

$$Y_1 = \mathrm{j}\omega C_1 + \frac{r_{w2}(z_1 + z_2 + z_3) + z_2 z_3}{r_{w1}r_{w2}(z_1 + z_2 + z_3) + r_{w1}z_2(z_1 + z_3) + r_{w2}z_1(z_2 + z_3) + z_1 z_2 z_3} \tag{2-120}$$

$$Y_2 = \mathrm{j}\omega C_2 + \frac{r_{w1}(z_1 + z_2 + z_3) + z_1 z_3}{r_{w1}r_{w2}(z_1 + z_2 + z_3) + r_{w1}z_2(z_1 + z_3) + r_{w2}z_1(z_2 + z_3) + z_1 z_2 z_3} \tag{2-121}$$

$$Y_3 = \mathrm{j}\omega C_{12} + \frac{z_1 + z_2 + z_3 + z_1 z_2}{r_{w1}r_{w2}(z_1 + z_2 + z_3) + r_{w1}z_2(z_1 + z_3) + r_{w2}z_1(z_2 + z_3) + z_1 z_2 z_3} \tag{2-122}$$

$$z_1 = z_2 = \frac{\mathrm{j}2\omega L_m R_0}{R_0 + \mathrm{j}\omega L_m}, \quad z_3 = \mathrm{j}\omega L_{SC} \tag{2-123}$$

根据图 2-66 折算到原边的 π 型电路写出 ABCD 矩阵，即

$$\begin{cases} V_1 = \left(1 + \dfrac{Y_2}{Y_3}\right)V_2' + \dfrac{1}{Y_3}I_2' \\[2mm] I_1 = \left(Y_2 + Y_1 + \dfrac{Y_2 Y_1}{Y_3}\right)V_2' + \left(1 + \dfrac{Y_1}{Y_3}\right)I_2' \end{cases} \tag{2-124}$$

图 2-66 中的虚线框中的理想变压器的 ABCD 矩阵为

$$\boldsymbol{T}_{i\text{dealT}} = \begin{bmatrix} 1/\eta & 0 \\ 0 & \eta \end{bmatrix} \tag{2-125}$$

因此，变压器副边电流与原边电流的比值关系为

$$H_{\mathrm{I}}(f) = \frac{I_2}{I_1} = \frac{\eta}{\left(Y_2 + Y_1 + \dfrac{Y_2 Y_1}{Y_3}\right)Z_{\mathrm{L}} + \eta^2\left(1 + \dfrac{Y_1}{Y_3}\right)} \tag{2-126}$$

变压器输出电压与输入电压的比值关系为

$$H_{\mathrm{V}}(f) = \frac{V_2}{V_1} = \frac{\eta}{1 + Y_2/Y_3} \tag{2-127}$$

根据式（2-126）和式（2-127）可知，在分析包含变压器的电力系统网络时，只要得到变压器负载（电力电子变流设备）端口的干扰电压或干扰电流，就可以很容易地求出电网接口处的干扰电压和干扰电流。

3）高频参数提取方法

（1）磁性耦合参数 L_m、L_{SC} 及 η 的提取方法。

磁性耦合部分的参数主要指漏感及励磁电感。将从原边看进去的开路阻抗及短路阻抗的虚部对应的电感分量分别记为 L_0 和 L_S，从副边看进去的开路阻抗的虚部对应的电感分量记为 L_0'，则对较强耦合的变压器而言，L_m 和 L_{SC} 分别与 L_0 和 L_S 相等，且 $\eta^2 = L_0'/L_0$，观察短路阻抗的串联电感分量即可确定漏感的值。

（2）绕组电阻 r_{w1} 和 r_{w2} 及磁芯损耗电阻 R_0 的提取方法。

在低频下，从某一边看进去的开路阻抗的模近似为常数，该常数就是该边的绕组电阻，如果该常数的截止频率低于设备的测量频率，则可以通过直接测量阻抗的电阻分量

读出绕组的阻值，开路阻抗第一个谐振频率处的阻抗模值就是磁芯损耗电阻值。

（3）基于谐振频率法提取寄生电容。

由图 2-66 可知，在每个频率点处，二端口网络模型都可由三个独立阻抗参数来确定。通过实际测量可以直接得到变压器的四个阻抗参数，即在副边开路时，原边输入阻抗为 Z_0；在副边短路时，原边输入阻抗为 Z_S；在原边开路时，副边输入阻抗为 Z_0'；在原边短路时，副边输入阻抗为 Z_S'。只需选择三个阻抗的测试值进行分析，就可以得到三个寄生电容的数值。

阻抗模值和相角渐进线如图 2-67 所示，粗实线表示 Z_0 的相位曲线；f_1 和 f_2 分别为 Z_0 的第一个并联谐振频率和串联谐振频率；f_3 为 Z_S 的第一个并联谐振频率。若不考虑等效电路中的电阻，可分别求解出 f_1、f_2、f_3 的计算公式。

以下为三种情况下的求解过程。

第一种情况：当 $f \leqslant f_1$ 时，原边和副边互电容耦合很小，可忽略，Z_0 第一个谐振频率点 f_1 的求解等效电路如图 2-68 所示，此时对应的是如图 2-66 所示变压器次级开路，可得谐振频率公式，即

$$f_1 = \frac{1}{2\pi\sqrt{L_0\left(C_1 + C_2\right)}} \tag{2-128}$$

第二种情况：当 $f \geqslant f_1$ 时，Z_0 第一个串联谐振频率点 f_2 的求解等效电路如图 2-69 所示，此时对应次级开路，经计算可得开路阻抗虚部分子为

$$\mathrm{num}\left(Z_0\right) = \omega\left(C_2 + C_{12}\right) - \frac{1}{\omega}\left(\frac{1}{2L_\mathrm{m}} + \frac{1}{L_\mathrm{SC}}\right) \tag{2-129}$$

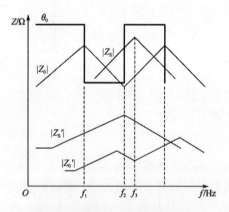

图 2-67 阻抗模值和相角渐进线

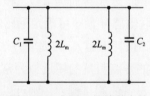

图 2-68 求解 f_1 的等效电路

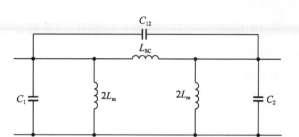

图 2-69　求解 f_2 的等效电路

设

$$\frac{1}{L_S} = \frac{1}{2L_m} + \frac{1}{L_{SC}}$$ （2-130）

令 $\mathrm{num}(Z_0) = 0$，可得 Z_0 第一个串联谐振频率为

$$f_2 = \frac{1}{2\pi\sqrt{L_S(C_2 + C_{12})}}$$ （2-131）

第三种情况：当 $f \geq f_1$ 时，Z_S 第一个并联谐振频率点 f_3 的求解等效电路如图 2-70，此时对应次级短路，可得 Z_S 第一个并联谐振频率为

$$f_3 = \frac{1}{2\pi\sqrt{L_S(C_1 + C_{12})}}$$ （2-132）

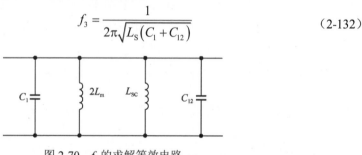

图 2-70　f_3 的求解等效电路

至此，根据计算的需要，推导出了上述三个谐振频率公式，根据上述主导谐振点的频率计算公式及实际测量得到的阻抗曲线谐振频率，即可获得变压器三电容等效电路模型中的三个电容参数。

4）三相整流变压器的等效模型

上文是以单相变压器为例进行分析的，但实际应用较多的是三相变压器。典型的 PWM 变频电动机驱动系统结构如图 2-71 所示，图中的变压器为 Y 形连接，铁芯为三相三柱式。a、b、c、n 和 A、B、C、N 分别代表高压端子和低压端子。

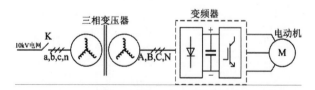

图 2-71　典型的 PWM 变频电动机驱动系统结构

一般而言，除整流桥的换相过渡过程外，任意时刻都可近似认为三相整流桥总有两相同时导通。以 A、B 相导通为例，在满足变压器连接组、铁芯、屏蔽层等结构保持不变及忽略导线及铁芯涡流损耗两个条件下，可同样将三相整流变压器的高频电路模型用如图 2-71 所示的电路进行描述。

5）实验结果

以额定容量为 15kVA，电压比为 380V/220V，工作频率为 50Hz/60Hz，短路阻抗为 4%的三相变压器为例，在实验室中用 Agilent 4294A 精确阻抗分析仪，在扫频范围为 40Hz～10MHz 时，提取得到高频模型主要参数值为 L_{SC}=0.35mH，R_m=2.896kΩ，L_m=0.117mH，C_1=0.417nF，C_2=3.409nF，C_{12}=0.420nF。

当参数提取出来后，根据高频信号传输方程即可求得变压器高频信号传输特性。根据上文获取的高频模型参数，利用 MATLAB 分别对变压器在开/短路阻抗、空载时副边电压和原边电压的传输关系，以及在纯阻性负载（负载功率电阻为 20Ω）时副边电流和原边电流的传输关系进行计算，将计算值与测量值进行比较。

阻抗计算值和测量值的比较如图 2-72 所示。由图 2-72 可知，在阻抗测量值中出现的谐振点在计算值中被准确地体现出来，计算值和实际测量取得了较好的吻合。由图 2-73 可知，提出的三相变压器高频传输特性研究方法有效频率达到了 10MHz。另外，在低频段，传输特性满足变压器变比，随着频率的增加，信号传输具有不同的放大和衰减特性，这表明有必要深入研究分布电容等参数对变压器高频传输特性的影响。

2.3.2　大容量功率变流器多层复合母排电磁特性研究

大容量功率变流器一般都是采用现代全控型电力电子器件（如 IGBT、IGCT、GTO 等）来实现高性能的电能变换与控制的，随着其集成化程度与容量等级的增高，传统形式的平行汇流排已不能满足其需要，各种复杂结构的集成式大型复合母排得到广泛应用。复合母排将与不同电平连接的大尺寸导体通过良好绝缘材料层叠/平行压合在一起，并将各种器件安装在大尺寸导体表面，实现功率电路和器件的电气连接，实现变换器的高度集成。

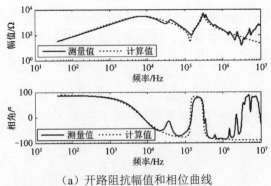

（a）开路阻抗幅值和相位曲线

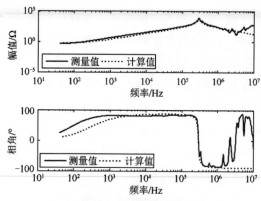

（b）短波阻抗幅值和相位曲线

图 2-72 阻抗计算值和测量值的比较

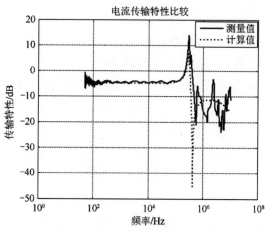

（a）电流传输幅频曲线

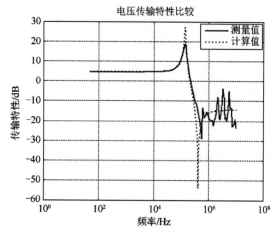

（b）电压传输幅频特性

图 2-73 高频传输特性计算值和测量值的比较

由于功率器件开关频率和开关速度的提高，以及容量的提升，流经功率器件的 di/dt 不断加大，受复合母排关断或导通换流回路杂散电感和功率模块自身电感的影响，电力电子器件会产生很高的尖峰电压，这种尖峰电压一方面增加了开关损耗，增加了装置的散热压力；另一方面高的 di/dt 和 dv/dt 会产生强的电磁干扰发射，从而对逆变器附近的敏感设备的正常运行构成威胁。本书以二极管钳位式（Neutral Point Clamped，NPC）（又称作中点钳位式）三电平拓扑结构的三相逆变器装置的复合母排为研究对象，对其均流、换流回路杂散电感及电路模型建模等若干问题进行研究。

1）IGBT 并联运行时复合母排均流方法

由于目前国内还不具备大功率全控型电力电子器件的生产能力，大功率全控型电力电子器件基本依靠进口，很难及时获得军用大容量电能变换需要的各种较大功率的电力电子器件。因此，采用串联、并联技术对较低功率等级的电力电子器件进行扩容是一种获得大功率全控型电力电子器件的等效方法。然而，由于用于大容量电力电子变换器的复合母排尺寸较大，所以两并联 IGBT 在复合母排上的安装位置不对称，这使两并联 IGBT 电流导通路径不一致，从而引起了并联双管的电流不均现象。本节以一台 2MW 逆变装置 IGBT 复合母排为例，对其并联 IGBT 在各种开关状态下的电流不均现象利用 Ansoft Maxwell 进行仿真，并设计了小比例的 PCB 母排，通过对 PCB 母排的实验测量对仿真进行验证，并在此基础上通过仿真提出改进均流的措施方法。

三相三电平逆变器主电路拓扑如图 2-74 所示。由图 2-74 可知，逆变器功率回路主要包括直流电磁干扰滤波器、直流支撑电容器、制动单元、半桥功率变换单元。除此之外逆变器功率回路还包括控制器单元、辅助供电单元、水冷散热单元和制动电阻单元。半桥功率变换单元是逆变器的主要组成部分，用于实现 DC/AC 变换，其包括三个相同的半桥单元，三个半桥单元通过传输母排连接到支撑电容母排的接线端子出线。每个半桥单元都由 IGBT 模块、钳位二极管模块、IGBT 复合母排（半桥复合母排）、吸收电容等组成。单个半桥单元组成三相三电平 NPC 主电路的一个桥臂。

由于逆变器的半桥单元硬件完全相同，所以下文以一个半桥单元为例。图 2-75 为半桥单元电路拓扑及母排板极示意图，其中，正极板为 A 板，负极板为 B 板，电容中心板为 C 板，输出板为 D 板，正极板与输出板之间的铜板为 F 板，负极板与输出板之间的铜板为 E 板。图 2-75 中有 8 个 IGBT 模块和 4 个二极管模块两两并联，从正极到负极分别记 8 个 IGBT 为 A1（包括 A1L、A1R）、A2（包括 A2L、A2R）、A3（包括 A3L、A3R）、A4（包括 A4L、A4R），记 4 个二极管为 AD1、AD2、AD3 和 AD4。

用"1"和"0"分别表示 IGBT 的导通和关断，则可分别采用十六进制数 0、2、3、4、6、C 表示开关状态。三电平半桥开关状态和输出电平关系如表 2-6 所示。为避免 IGBT 开关时引起的上下桥臂在同一时间导通造成的主回路直通短路，IGBT 开通时往往会滞后关断一定时间（死区时间），因此会出现 2（0010）和 4（0100）两种开关状态。

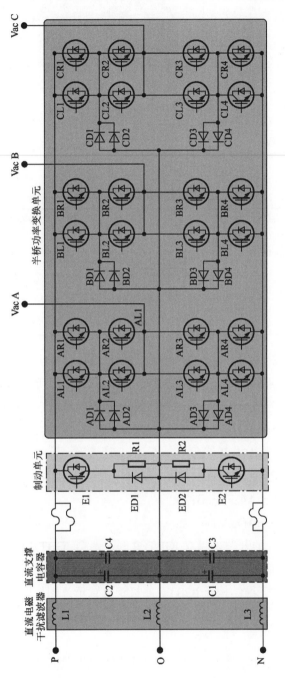

图 2-74 三相三电平逆变器主电路拓扑

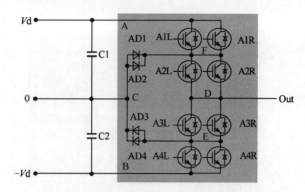

图 2-75　半桥单元电路拓扑及母排板极示意图

表 2-6　三电平半桥开关状态和输出电平关系

输出电平	A1	A2	A3	A4	开关状态
0	0	0	0	0	0
0	0	0	1	0	2
$-V_d$	0	0	1	1	3
0	0	1	0	0	4
0	0	1	1	0	6
V_d	1	1	0	0	C

由逆变器的工作原理可知，逆变器在启动后可以认为半桥单元中的电流路径为电源极（正极、负极、中点）到输出极（D 板）。结合如表 2-6 所示的半桥单元开关状态变化对电流导通路径进行具体分析，可以得到各种开关状态组合下可能存在的电流路径为以下四种：

① A—A1L/R—F—A2L/R—D；

② D—A2L/R—F—AD1/AD2—C；

③ D—A3L/R—E—A4L/R—B；

④ D—A3L/R—E—AD3/AD4—C。

半桥功率变换单元的开关采用双 IGBT 并联，两个 IGBT 模块在 IGBT 母排上左右对称安装；钳位二极管也采用双二极管并联，两个二极管模块在 IGBT 母排上前后对称安装。IGBT 复合母排三维结构及 IGBT、二极管位置示意图如图 2-76 所示。IGBT 复合母排共分为四层，第一层为 B 板和 E 板，第二层为 C 板，第三层为 A 板和 F 板，第四层为 D 板。

四层六极单桥臂复合母排（IBGT 母排）除厚度方向上稍有差别外，A 板与 B 板，F 板与 E 板互为对称，经分析可知四种电流路径中路径①与路径③类似，路径②与路径④类似。因此，只需对四种路径中的两种进行计算。在 Maxwell 软件中用短路条代替换流回路中实际导通的 IGBT 和二极管，在路径①、路径②两种电流路径中并联器件的均流状况如下：

① A—A1L/R—F—A2L/R—D；

② D—A2L/R—F—AD1/AD2—C。

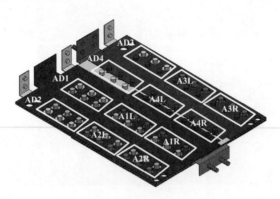

图 2-76　IGBT 复合母排三维结构及 IGBT、二极管位置示意图

分别建立两种电流路径的仿真模型，两种电流路径的仿真模型如图 2-77 所示。

建立三维模型后，分别在频率为 DC、50Hz、150Hz、4kHz 及 1MHz 五种情况下，利用 Maxwell 软件对路径①各短路条上的电流分布情况进行仿真计算。

定义电流的不均度为

$$\text{Ineq}_{\text{Am}} = \left| \frac{2 \times \left(\sum_{n=1}^{3} I(n) - \sum_{n=4}^{6} I(n) \right)}{\sum_{n=1}^{6} I(n)} \right| \times 100\% \qquad (2\text{-}133)$$

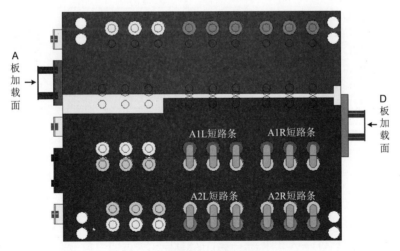

（a）路径①的仿真模型

图 2-77　两种电流路径的仿真模型

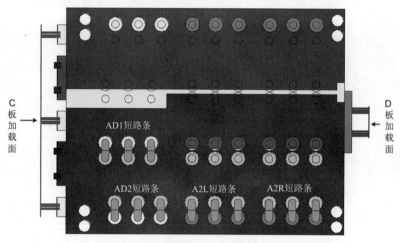

（b）路径②的仿真模型

图 2-77　两种电流路径的仿真模型（续）

式（2-133）的物理含义是反映两个 IGBT 模块的电流不均度。各频率下短路条上电流不均度计算结果如表 2-7 所示。

表 2-7　各频率下短路条上电流不均度计算结果

频率/电流大小	开关管名称	（从左到右）各短路条上电流大小/A						不均度/%
		I_1	I_2	I_3	I_4	I_5	I_6	
DC/1000A	A1L/R	231.53	183.68	159.72	145.82	136.32	142.40	30.09
	A2L/R	158.29	153.09	156.76	166.06	173.33	192.88	12.82
50Hz/1000A	A1L/R	230.40	184.02	161.16	145.21	136.99	142.22	30.23
	A2L/R	158.72	153.55	157.28	164.89	173.08	192.48	12.18
150Hz/1000A	A1L/R	229.92	184.31	157.46	146.53	138.25	143.52	30.48
	A2L/R	159.27	151.95	158.30	164.68	172.49	193.32	12.20
4kHz/1000A	A1L/R	230.97	186.07	158.91	144.08	136.88	143.10	30.38
	A2L/R	158.50	153.96	157.10	161.42	175.53	193.49	12.18
1MHz/1000A	A1L/R	231.27	184.72	159.16	142.59	138.94	143.33	30.06
	A2L/R	157.33	154.33	157.91	161.11	176.32	193.00	12.17

由表 2-7 可知，并联器件确实存在电流分布不均现象，且不同频率下的电流的不均度状态基本一致。在路径①中（A—A1L/R—F—A2L/R—D）IGBT A1 的左右两管的不均度约为 30%，开关管 A2 左右两管的不均度约为 12%。如图 2-81（b）所示，在 D 板加载面加载一垂直加载面指向母排、大小 1000A 的直流电流源 Current1，在 C 板加载面加载 Sink；在直流下求解路径②（D—A2L/R—F—AD1/AD2—C）上的电流分布，对流过各短路条的电流密度进行积分，得到流过各短路条的电流大小，利用式（2-133）得到二极管 AD1 与 AD2 的电流不均度为 3.52%；开关管 A2 的左右开关管的电流不均度为 28.76%。

并联 IGBT 的电流不均现象主要是复合母排面积过大导致的并联 IGBT 的左管电流

路径比右管电流路径要短，因此左管流过的电流就比右管大。可采取在 A 板上开槽的方式改变电流路径，使左右两管的等效电流路径基本相同，从而使左右两管的电流分布均匀。经过对电流分布、路径的分析及仿真研究对 A 板进行开槽设计，A 的开槽设计如图 2-78 所示。

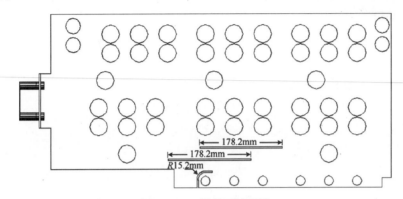

图 2-78 A 板的开槽设计

对 A 板开槽后，使用 Maxwell 软件对开槽复合母排进行电磁场仿真，从而得到各短路条上的电流分布。为定量分析开槽时各短路条上的电流分布情况，对流过各短路条的电流进行积分，可得到流过各短路条的电流大小。A 板开槽后短路条上电流不均度计算结果如表 2-8 所示，与表 2-7 相比，六根短路条的电流分布均匀程度得到明显改善。

表 2-8 A板开槽后短路条上电流不均度计算结果

频率/电流大小	开关管名称	（从左到右）各短路条上电流大小/A						不均度/%
		I_1	I_2	I_3	I_4	I_5	I_6	
DC/1000A	A1L/R	160.28	166.21	171.58	169.44	162.21	168.77	0.472
	A2L/R	153.47	151.08	157.82	167.45	171.14	194.60	14.228

由表 2-8 可知，同未开槽前相比并联 IGBT A1 的电流分布均匀度有大幅度改善；然而并联 IGBT A2 的电流不均度在开槽后有所恶化，其原因是 A1 管电流均匀后 A2 右管距离 D 板出线柱更近，可考虑在 D 板开槽，以改善 A2 管的均流状况。

由于 B 板与 A 板类似，因此采用与 A 板相似的开槽方法，但是由于 A 板比 B 板多几个电容安装孔的开孔，所以 B 板的两长方形槽分别比 A 板短 10mm 和 15mm。B 板的开槽设计如图 2-79 所示。

对 A 板、B 板开槽使并联 IGBT A1 的电流分布均匀度得到大幅度改善，但对并联 IGBT A2 的电流不均度不但没有得到改善反而更严重。因此，下面通过在 D 板上开槽来改善并联 IGBT A2 的电流不均度。D 板的开槽设计如图 2-80 所示。

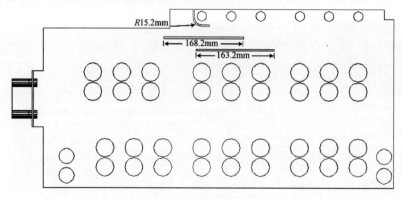

图 2-79　B 板的开槽设计

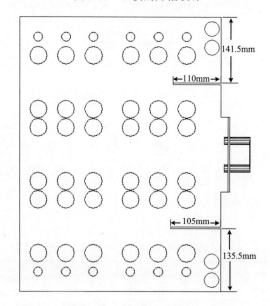

图 2-80　D 板的开槽设计

如图 2-81 所示，E 板与 F 板的开槽大部分一致，但由于 F 板比 E 板多一排吸收电容安装开孔，两板的开槽存在一些不同。

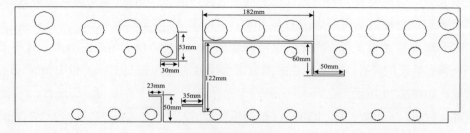

（a）E 板的开槽设计

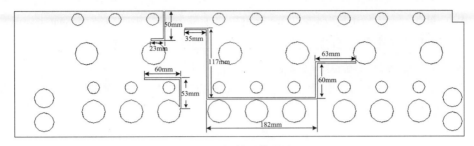

（b）F 板的开槽设计

图 2-81　E 板与 F 板的开槽设计

　　开槽会影响电流在复合母排各板间的分布，所以对开槽后四种电流路径上并联器件的电流分布状况重新进行仿真计算，并对流过各短路条的电流进行积分，可得到开槽时流过各短路条的电流大小。A 板、B 板、D 板、E 板、F 板开槽后所有路径短路条上的电流不均度计算结果如表 2-9 所示。由表 2-9 可知，在复合母排 A 板、B 板、D 板、E 板、F 板上开槽后，各电流路径下电流分布的均匀程度得到大大改善，路径①下 A1 管的电流不均度从约 30%改善至约 4%，A2 管的电流不均度从约 12%改善至约 1%；路径②下 A2 管的电流不均度从约 29%改善至约 4%，AD1/2 管的电流不均度从约 3.52%改善至约 0.5%；③路径下 A4 管的电流不均度从约 30%改善至约 4%；A3 管的电流不均度从约 12%改善至约 3%；路径④下 A3 管的电流不均度从约 29%改善至约 5%，AD3/4 管的电流不均度从约 3.5%改善至 1%。

表 2-9　A板、B板、D板、E板、F板开槽后所有路径短路条上的电流不均度计算结果

电流路径	开关管名称	（从左到右）各短路条上电流大小/A						不均度/%
		I_1	I_2	I_3	I_4	I_5	I_6	
①	A1L/R	156.68	166.65	167.39	165.66	164.97	176.82	3.35
	A2L/R	156.68	164.83	175.80	156.76	168.22	176.51	0.83
②	A2L/R	173.10	168.52	166.88	181.18	158.09	150.75	3.70
	AD1/2	173.49	162.17	162.88	165.68	173.64	161.42	0.44
③	A3L/R	156.00	161.99	173.99	159.89	169.71	177.22	2.97
	A4L/R	155.09	165.05	168.87	168.17	166.88	175.27	4.26
④	A3L/R	175.13	168.68	166.66	178.70	157.96	151.01	4.57
	AD3/4	173.79	162.50	165.57	158.19	164.32	174.36	1.00

　　2）复合母排换流回路分布电感提取方法

　　由于复合母排和功率器件都存在杂散参数，在功率管进行开关动作时过高的 $\mathrm{d}i/\mathrm{d}t$ 会在功率管上产生电压尖峰，增加器件的电压应力，甚至超出器件的耐压范围造成功率管的损坏。另外，杂散电感与吸收电容形成的谐振回路容易引起功率电路振荡，增加系统损耗并延长器件关断过渡过程，不利于器件安全工作。因此，对复合母排的电感特性的研究特别重要。

根据 NPC 三电平开关变化状态分析可以将逆变器每一相的负载连接简化为三种，即负载两端连接在输出极 D 及正极 A、负载两端连接在输出极 D 及负极 B，以及负载两端连接在输出极 D 及电容中点极 C。

逆变器负载简化连接图如图 2-82 所示，电流换流时若负载连接位置（Sc 连接位置）不发生变化，电流流经负载的回路面积也不发生变化，因此只须分析 Sc 连接 A、B、C 中的一种即可。本书对 Sc 连接 A 的情况进行分析，并设定负载电流由 Sc 流向 Sd 时为正（图 2-82 中的实线箭头所示方向），由 Sd 流向 Sc 时电流为负（图 2-82 中的虚线箭头所示方向）。

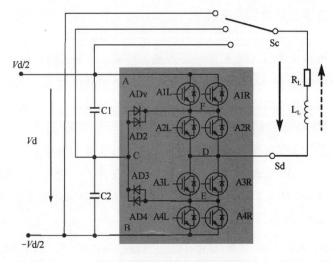

图 2-82　逆变器负载简化连接图

当电流为正时有两个换流回路：一个换流回路是，A—A1L/R—F—A2L/R—D—A3L/R—E—AD3/4—C，图 2-83 中的粗实线框部分；另一个换流回路是，B—A4L/R—E—AD3/4—C，图 2-83 中的虚线框部分。

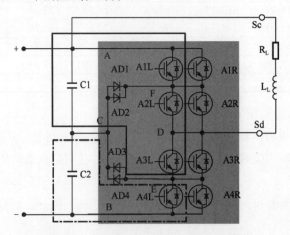

图 2-83　电流为正时换流回路路径示意图

当电流为负时有两个换流回路：一个是，B—A4L/R—E—A3L/R—D—A2L/R—F—AD1/2—C，图 2-84 中的实线框部分；另一个是，A—A1L/R—F—AD1/2—C，图 2-84 中的虚线框部分。

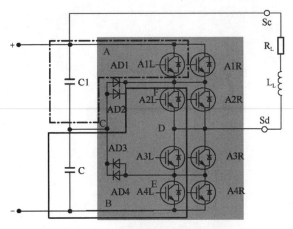

图 2-84　电流为负时换流回路路径示意图

综上所述，电流为正时得到的复合母排的换流回路及电流为负时得到换流回路共如下四种：

① A—A1L/R—F—A2L/R—D—A3L/R—E—AD3/4—C（电流为正）；

② B—A4L/R—E—AD3/4—C（电流为正）；

③ B—A4L/R—E—A3L/R—D—A2L/R—F—AD1/2—C（电流为负）；

④ A—A1L/R—F—AD1/2—C（电流为负）。

对于四层六极复合母排，除厚度方向上稍有差别外，A 板与 B 板、F 板与 E 板互为对称，因此路径①与路径③的面积基本相同，路径②与路径④的面积基本相同，所以四种路径中只须对其中两种路径进行计算。

上述分析中得到的复合母排换流回路的回路电感即开关状态变化时影响功率电路的母排杂散电感，因此需要对换流回路的回路电感进行计算。以逆变器复合母排为例，在 Ansoft Q3D 中建立复合母排模型，并计算其换流回路电感。

在 Ansoft Q3D 中按复合母排实际尺寸，用短路条代替换流回路中实际导通的 IGBT 和二极管，分别建立两种换流回路（①A—A1L/R—F—A2L/R—D—A3L/R—E—AD3/4—C；②B—A4L/R—E—AD3/4—C）的 1∶1 仿真模型，如图 2-85 所示。

在 Ansoft Q3D 中选取默认边界（无穷远边界）、自适应网格剖分，在模型的 A 端或 B 端加载 Source 源，在模型的 C 出线端加载 Sink 源，计算模型频率为 1MHz 时的参数 R、L，Ansoft Q3D 回路电感计算结果如表 2-10 所示。

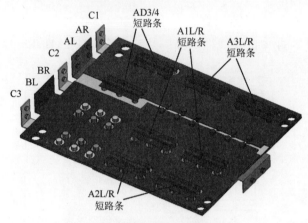

（a）第一种换流回路的仿真模型

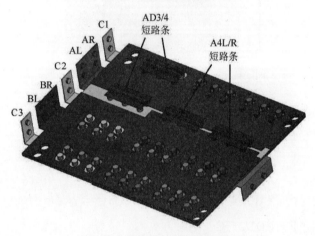

（b）第二种换流回路的仿真模型

图 2-85 两种换流回路的仿真模型

在表 2-10 中除 A1 上/C1 上，A2 上/C2 上，B1 上/ C2 上及 B2 上/ C3 上四种加载方式表示加载在 A/B 出线端的左边或右边及 C1、C2、C3 上方的一个出线端口外，A/B 加载表示加载在 A/B 的出线端的四个端口上，C1、C2、C3 加载在 C1、C2、C3 出线端的两个端口上。根据电流路径最短原则，由图 2-85（a）可知，在第一种换流回路中当加载端为 A 与 C1 和 C2 时的计算结果具有参考意义，此时，L 为 37.372nH；根据图 2-85（b）可知，在第二种换流回路中当加载端为 B 与 C1 和 C2 时的计算结果具有参考意义，此时，L 为 45.182nH；为了便于实验验证，对 A1 上/C1 上、A2 上/C2 上、B1 上/C2 上及 B2 上/C3 上四种加载方式进行计算，结果分别为 71.589nH、71.157nH、61.243nH 和 62.371nH。

采用阻抗分析仪直接测量方法对上述仿真结果进行验证，在 100kHz~5MHz 频段进行测试，可分别求出在 A1 上/C1 上加载时第一种换流回路的回路电感为 89.138nH；B1 上/C2 上加载时第二种换流回路的回路电感 78.75nH。对比测量法得到的回路电感值与仿真计算结果，两种回路的误差分别为 19.69% 和 22.33%。造成误差的主要来自于测量引线的杂散电容和电感。

表 2-10　Ansoft Q3D回路电感计算结果

种类	加载 1	加载 2	AC/MHz	
			电阻/mΩ	电感/nH
第一种	A	C1	3.8062	55.774
		C2	3.7797	55.54
		C3	4.6835	139.63
		C1、C2	3.2455	37.372
		C2、C3	3.7479	55.249
		C1、C3	3.4735	47.025
		C1、C2、C3	3.2322	37.262
	A1 上	C1 上	4.0927	71.589
	A2 上	C2 上	4.0568	71.157
第二种	B	C1	3.4454	134.49
		C2	2.734	45.299
		C3	2.9133	45.956
		C1、C2	2.7116	45.182
		C2、C3	2.2879	28.935
		C1、C3	2.4915	37.99
		C1、C2、C3	2.2585	28.68
	B1 上	C2 上	3.0588	61.243
	B2 上	C3 上	3.247	62.371

另外，由基于并联谐振原理的间接测试方法，可得在第一种回路中的 A2 上/C2 上加载时 R_1=6.542mΩ，L_X=78.533nH，与仿真结果的相对误差为Δε=9.39%；在第二种回路中的 B2 上/C3 上加载时 R_1=1.534 mΩ，L_X= 69.20nH 与仿真结果的相对误差为 Δε=9.87%。

3）复合母排多端口电路仿真建模方法

由于复合母排端口多、结构复杂，各端口之间的电路参数不能通过简单的计算得出，各端口的电路关系解耦难度较大，需要借助软件提取。本节先通过 Ansoft Q3D 软件，提取了复合母排各端口参数矩阵，并将其输出为 Pspice 电路模型；再将 Pspice 电路模型转化成 Saber 电路模型。

复合母排端口在实际系统中用于连接输入或输出铜排（电缆）、支撑电容、吸收电容、IGBT（功率器件）和二极管等。如果从连接的器件往端口看，那么可以把每一个器件（铜排或电缆连接）看作一个信号源，这样就可以通过仿真软件提取各信号之间的电路关系矩阵了。这种电路关系矩阵实际上就是复合母排端口参数矩阵。

在 Ansoft Q3D 软件中分别建立电容母排、传输母排和 IGBT 母排（功率器件母排）模型，根据上述方法对三种母排进行信号加载。复合母排各端口在完成信号加载后，在

Ansoft Q3D 软件中选取默认边界（无穷远边界）、自适应网格剖分，计算模型频率为 1MHz 时的 R、L、C、G 参数即可得到复合母排多端口参数矩阵。

得到复合母排多端口参数矩阵后，在 Ansoft Q3D 软件中执行"Q3D Extractor"→"Analysis Setup"→"Export Circuit"命令（见图 2-86）输出以 .Cir 为后缀的等效电路模型文件。

为减小在开关器件动作时较大的 di/dt 和换流回路杂散电感的共同作用带来的过电压的冲击，在电流的路径上安装了一定数量的吸收电容。复合母排的分布电容较小，其与吸收电容总量相比相差 3～4 个数量级，仿真时可以不考虑其带来的影响。选取原始求解矩阵模型，交流电感矩阵和直流电阻加交流电阻矩阵，选择"输出 .Cir 类型的文件"，输入模型名称，分别得到"电容母排 .Cir""传输母排 .Cir""IGBT 母排 .Cir"的等效电路文件。在得到复合母排的 Pspice 多端口仿真模型后，利用 Saber 提供的 Nspitos 工具可以将 Pspice 模型转成 Saber 模型（见图 2-87）。在符号文件（.ai_sym 文件）创立完成后，只要映射关系正确就可以在 Saber 仿真中调用复合母排的多端口模型。运用上述方法分别建立电容母排、传输母排和 IGBT 母排的 Pspice 和 Saber 的多端口仿真模型。

为验证复合母排多端口电路仿真模型，在 Saber 中应用复合母排多端口模型搭建 NPC 三电平逆变器仿真系统，并将仿真结果与实验结果进行比对。

由如图 2-88 所示的逆变器电路连接关系图可知，拖动逆变器的功率电路主要包括三大部分：以支撑电容母排为主的支撑电容单元，共 1 块；以功率传输母排为主的能量传输单元，其连接了支撑电容与功率半桥单元，共 1 块；以 IGBT 母排为主的功率半桥单元，包括 A 相、B 相、C 相和制动单元，共 4 块。直流电源通过直流母线连接到电容母排，再通过汇流排（中点）和熔断器（正、负极）连接到传输母排，最后连接到三相 IGBT 母排和制动单元母排。除了主电路，还有 PWM 信号产生电路及负载电路。建立逆变器仿真系统是为了对复合母排多端口模型进行检验，为简化仿真，只建立逆变系统开环工作并忽略制动单元，用等效阻抗代替电动机来模拟逆变器输出负载。

将输出频率设置为 50Hz、三角波载波频率设置为 4kHz（开关频率）、调制比设置为 0.34（根据测量值计算所得）、直流母线电压设置为 1890V；在 Saber 中将仿真步长设置为 1μs，将仿真时长设置为 0.5s，进行时域仿真。由于支撑电容母排中点电流的来源是负载电流，所以只有在逆变器输出特性基本一致（输出电压和负载电流相差不大）的情况下仿真结果与实测的电容母排中点电流才具有可比性。逆变器输出线电压 V_{AB} 的时域仿真与测量波形对比如图 2-89 所示，线电压 V_{AB} 的频谱仿真与测量波形对比如图 2-90 所示，B 相线电流 I_B 的频谱仿真与测量波形对比如图 2-91 所示。

图 2-86　"Export Circuit" 对话框　　　　图 2-87　Saber 的 Nspitos 工具

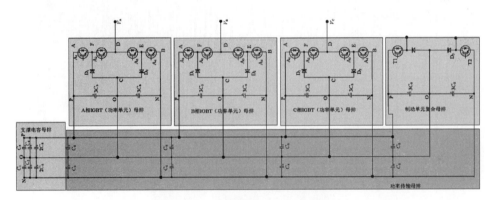

图 2-88　逆变器电路连接关系图

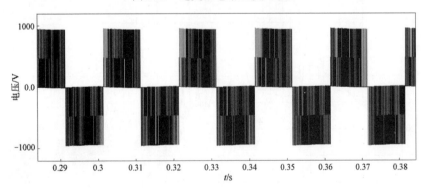

（a）线电压 V_{AB} 仿真波形

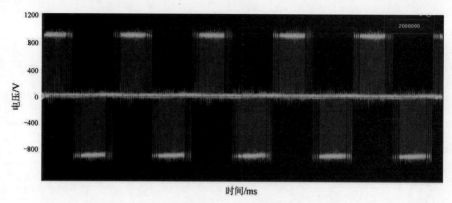

（b）线电压 V_{AB} 实测波形

图 2-89　逆变器输出线电压 V_{AB} 的时域仿真与测量波形对比

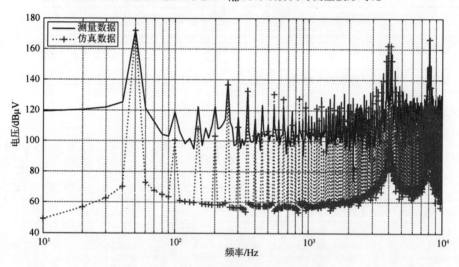

图 2-90　线电压 V_{AB} 的频谱仿真与测量波形对比

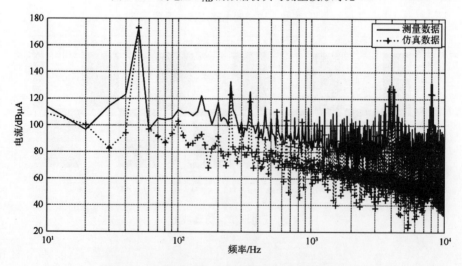

图 2-91　B 相线电流 I_B 的频谱仿真与测量波形对比

由图 2-90 可以看出，与仿真波形相比，实测线电压波形的基波电压（50Hz 频率电压）基本一致，谐波更加严重但基本规律保持一致：谐波能量主要集中在开关频率边带，以及以载波整数倍频率为中心的边带。由于时域示波器的测量背景噪声较高，所以其得到的实测波形频谱的噪声比仿真数据高。

由图 2-91 可以看出，仿真的基波电流与实测的基波电流几乎一样，谐波的基本规律保持一致（谐波能量集中在开关频率），但是实测的电流数据的频谱波形除示波器测量噪声外，还有其他较大的谐波。引起这一现象的主要原因有：实际系统的直流电源不能完全保证上下对称；仿真中的 IGBT 模型用等效的理想开关代替；实际系统三相负载存在一定的不对称。

将本节介绍的大容量母排分析模型应用于电路仿真，可快速进行主电路电磁干扰预测计算；还可为功率电路损耗计算、吸收电路选取等提供参考。

第 3 章　辐射电磁干扰分析

本章 3.1 节首先回顾了辐射电磁场的基本知识；然后 3.2 节讲解了舰船供电系统辐射电磁干扰分析，推导了电力系统常见的单相、三相和六相等电缆布局方式的磁场辐射计算模型，并重点介绍了供电电缆磁场辐射的主导因素，其知识能够用于指导供电电缆的优化设计；3.3 节则简要介绍了舰船通信系统辐射电磁干扰的常见类型和作用机理。

3.1　辐射电磁场的基本知识

3.1.1　电流和电荷产生的场

在此，我们首先讨论给定的电流和电荷如何产生和辐射电磁波。通常，电流分布局限于某些空间区域，如线性天线上的电流。电流源可以产生电磁场，电磁场又可以传播到距离电流源很远的距离。

实践证明，使用电位和磁势推导要比直接使用电场 E 和磁场 H 方便得多。麦克斯韦方程可以直接引入电位和磁势，然后根据这些电位和磁势导出另外两个简单的波动方程，如以下两个麦克斯韦方程：

$$\nabla \cdot \boldsymbol{B} = 0 \, , \quad \nabla \times \boldsymbol{E} = -\frac{\partial \boldsymbol{B}}{\partial t} \tag{3-1}$$

上述方程意味着存在矢量磁势 $\boldsymbol{A}(\mathbf{r},t)$ 和电势 $\varphi(\mathbf{r},t)$，所以可以通过以下等式获得电场 E 和磁感应强度 B：

$$\begin{cases} \boldsymbol{E} = -\nabla \varphi - \dfrac{\partial \boldsymbol{A}}{\partial t} \\ \boldsymbol{B} = \nabla \times \boldsymbol{A} \end{cases} \tag{3-2}$$

式（3-2）又意味着存在 $\boldsymbol{A}$，使得 $\boldsymbol{B} = \nabla \times \boldsymbol{A}$。那么，法拉第定律可以写成：

$$\nabla \times \boldsymbol{E} = -\frac{\partial \boldsymbol{B}}{\partial t} = -\nabla \times \frac{\partial \boldsymbol{A}}{\partial t} \Rightarrow \nabla \times \left(\boldsymbol{E} + \frac{\partial \boldsymbol{A}}{\partial t} \right) = 0 \tag{3-3}$$

因此，$\boldsymbol{E} + \partial \boldsymbol{A}/\partial t$ 可以表示标量势的梯度，即 $\boldsymbol{E} + \partial \boldsymbol{A}/\partial t = -\nabla \varphi$。

矢量磁势 $\boldsymbol{A}$ 和电势 φ 不是独立定义的，可以通过添加常量来更改它们，我们称之为麦克斯韦方程组的规范不变性。实际上，对于任何标量函数 $f(\mathbf{r},t)$，以下规范变换都可

以使 E 和 B 保持不变：

$$\begin{cases} \varphi' = \varphi - \dfrac{\partial f}{\partial t} \\[2mm] A' = A + \nabla f \end{cases} \tag{3-4}$$

例如，电场表示为

$$E' = -\nabla \varphi' - \frac{\partial A'}{\partial t} = -\nabla \left(\varphi - \frac{\partial f}{\partial t} \right) - \frac{\partial}{\partial t} \left(A + \nabla f \right) = -\nabla \varphi - \frac{\partial A}{\partial t} = E \tag{3-5}$$

电势选择的自由性允许我们在它们之间施加一些约束。在讨论辐射问题时，习惯附加洛伦兹条件：

$$\nabla \cdot A + \frac{1}{c^2} \frac{\partial \varphi}{\partial t} = 0 \tag{3-6}$$

我们还将其称为洛伦兹规范或辐射规范。根据式（3-4）可得：

$$\nabla \cdot A' + \frac{1}{c^2} \frac{\partial \varphi'}{\partial t} = \left(\nabla \cdot A + \frac{1}{c^2} \frac{\partial \varphi}{\partial t} \right) - \left(\frac{1}{c^2} \frac{\partial^2 f}{\partial t^2} - \nabla^2 f \right) \tag{3-7}$$

因此，如果 A 和 φ 不满足约束条件（3-6），则 A' 和 φ' 可以通过选择适当的函数 f 来满足它，即通过选择函数 f，来求解非齐次波动方程的解：

$$\frac{1}{c^2} \frac{\partial^2 f}{\partial t^2} - \nabla^2 f = \nabla \cdot A + \frac{1}{c^2} \frac{\partial \varphi}{\partial t}$$

将式（3-2）和式（3-6）代入以下两个麦克斯韦方程：

$$\nabla \cdot E = \frac{1}{\varepsilon} \rho, \quad \nabla \times B = \mu J + \frac{1}{c^2} \frac{\partial E}{\partial t} \tag{3-8}$$

可以得到：

$$\begin{aligned} \nabla \cdot E &= \nabla \times \left(-\nabla \varphi - \frac{\partial A}{\partial t} \right) = -\nabla^2 \varphi - \frac{\partial}{\partial t} \left(\nabla \cdot A \right) = -\nabla^2 \varphi - \frac{\partial}{\partial t} \left(-\frac{1}{c^2} \frac{\partial \varphi}{\partial t} \right) \\ &= \frac{1}{c^2} \frac{\partial^2 \varphi}{\partial t^2} - \nabla^2 \varphi \end{aligned} \tag{3-9}$$

同理可得：

$$\begin{aligned} \nabla \cdot B - \frac{1}{c^2} \frac{\partial E}{\partial t} &= \nabla \times \left(\nabla \times A \right) - \frac{1}{c^2} \frac{\partial}{\partial t} \left(-\nabla \varphi - \frac{\partial A}{\partial t} \right) \\ &= \nabla \times \left(\nabla \times A \right) + \nabla \left(\frac{1}{c^2} \frac{\partial \varphi}{\partial t} \right) + \frac{1}{c^2} \frac{\partial^2 A}{\partial t^2} \\ &= \nabla \times \left(\nabla \times A \right) - \nabla \cdot \left(\nabla \cdot A \right) + \frac{1}{c^2} \frac{\partial^2 A}{\partial t^2} \\ &= +\frac{1}{c^2} \frac{\partial^2 A}{\partial t^2} - \nabla^2 A \end{aligned} \tag{3-10}$$

式中，我们用到了变换：$\nabla \times (\nabla \times A) = \nabla \cdot (\nabla \cdot A) - \nabla^2 A$。因此，麦克斯韦方程（3-8）可采用等效的波动方程形式表示：

$$\begin{cases} \dfrac{1}{c^2}\dfrac{\partial^2 \varphi}{\partial t^2} - \nabla^2 \varphi = \dfrac{1}{\varepsilon}\rho \\[3mm] \dfrac{1}{c^2}\dfrac{\partial^2 \mathbf{A}}{\partial t^2} - \nabla^2 \mathbf{A} = \mu \mathbf{J} \end{cases} \qquad (3\text{-}11)$$

总而言之，可以将密度 ρ 和 $\mathbf{J}$ 看作产生电势 φ 和 $\mathbf{A}$ 的源，可以通过式（3-2）计算 $\mathbf{E}$ 和 $\mathbf{B}$。

洛伦兹条件与式（3-11）是兼容的，且预示电荷守恒。由式（3-11）可以得到：

$$\left(\dfrac{1}{c^2}\dfrac{\partial^2}{\partial t^2} - \nabla^2\right)\left(\nabla\cdot\mathbf{A} + \dfrac{1}{c^2}\dfrac{\partial^2 \varphi}{\partial t^2}\right) = \mu\nabla\cdot\mathbf{J} + \dfrac{1}{\varepsilon c^2}\dfrac{\partial \rho}{\partial t} = \mu\left(\nabla\cdot\mathbf{J} + \dfrac{\partial \rho}{\partial t}\right) \qquad (3\text{-}12)$$

式中，$\mu\varepsilon = 1/c^2$。因此，由洛伦兹条件可推导出电荷守恒定律：

$$\nabla\cdot\mathbf{J} + \dfrac{\partial \rho}{\partial t} = 0 \qquad (3\text{-}13)$$

3.1.2　线性天线产生的场

研究线性天线辐射场时，通常情况下可以将载流导线简化为细长的圆柱形结构。细线性天线及坐标系如图 3-1 所示。

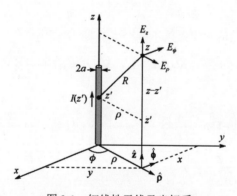

图 3-1　细线性天线及坐标系

假设导线的半径远小于其长度，则可以认为电流密度 $\mathbf{J}(\mathbf{r}')$ 均匀分布于导体表面，且指向 z 轴方向：

$$\mathbf{J}(\mathbf{r}') = \hat{\mathbf{z}}I(z')\delta(x')\delta(y') \qquad (3\text{-}14)$$

式中，$\hat{\mathbf{z}}$ 为 z 轴方向的单位向量。

在实际导线半径为有限尺度 a 时，同样可以认为电流密度限制在线性天线的圆柱形表面，即在径向距离 $\rho = a$ 处。假设圆柱对称，电流密度可表示为

$$\mathbf{J}(\mathbf{r}') = \hat{\mathbf{z}}I(z')\delta(\rho'-a)\dfrac{1}{2\pi a} \qquad (3\text{-}15)$$

在这种情况下，将电流密度在线性天线的横向尺寸上积分会得到电流：

$$\int J(x',y',z')\mathrm{d}x'\mathrm{d}y' = \int J(\rho',\phi',z')\mathrm{d}\rho'\mathrm{d}\phi' = \hat{\boldsymbol{z}}I(z') \tag{3-16}$$

由于线性天线在结构上是圆柱对称的，所以使用圆柱坐标非常合适，特别是当用于确定线性天线附近的场时。但要注意，距离线性天线位置很远的辐射场最好用球坐标描述，这是因为任何有限长的电流源在远距离上都被等效为点源。

由此可以得出矢量磁势是 z 轴方向且圆柱对称的：

$$\boldsymbol{A}(\mathbf{r}) = \int_V \frac{\mu \boldsymbol{J}(\mathbf{r}')\mathrm{e}^{-jkR}}{4\pi R}\mathrm{d}^3\mathbf{r}' = \hat{\boldsymbol{z}}\frac{\mu}{4\pi}\int_V I(z')\delta(x')\delta(y')\frac{\mathrm{e}^{-jkR}}{R}\mathrm{d}x'\mathrm{d}y'\mathrm{d}z'$$

$$= \hat{\boldsymbol{z}}\frac{\mu}{4\pi}\int_L I(z')\frac{\mathrm{e}^{-jkR}}{R}\mathrm{d}z' \tag{3-17}$$

式中，$R = |\mathbf{r}-\mathbf{r}'| = \sqrt{\rho^2 + (z-z')^2}$，如图 3-1 所示。$z'$ 方向的积分长度超过线性天线的长度。因此，$\boldsymbol{A}(\mathbf{r}) = \hat{\boldsymbol{z}}A_z(\rho,z)$，其中：

$$A_z(\rho,z) = \frac{\mu}{4\pi}\int_L I(z')\frac{\mathrm{e}^{-jkR}}{R}\mathrm{d}z', \quad R = \sqrt{\rho^2 + (z-z')^2} \tag{3-18}$$

亥姆霍兹方程 z 轴方向分量的解可由下式给出：

$$\nabla^2 A_z + k^2 A_z = -\mu I(z)\delta(x)\delta(y) \tag{3-19}$$

由于线性天线圆柱对称，我们可以设置 $\partial/\partial\phi = 0$。因此，梯度和拉普拉斯算子分别是 $\nabla = \hat{\boldsymbol{\rho}}\partial_\rho + \hat{\boldsymbol{z}}\partial_z$ 和 $\nabla^2 = \rho^{-1}\partial_\rho(\rho\partial_\rho) + \partial_z^2$。亥姆霍兹方程可以写为如下形式：

$$\frac{1}{\rho}\partial_\rho(\rho\partial_\rho A_z) + \partial_z^2 A_z + k^2 A_z = -\mu I(z)\delta(x)\delta(y) \tag{3-20}$$

在远离线性天线的观测点，可以得到齐次方程：

$$\frac{1}{\rho}\partial_\rho(\rho\partial_\rho A_z) + \partial_z^2 A_z + k^2 A_z = 0 \tag{3-21}$$

注意 $\nabla\cdot\boldsymbol{A} = \partial_z A_z$，通过洛伦兹条件可以得到线性天线的标量电位：

$$\varphi = -\frac{1}{j\omega\mu\varepsilon}\partial_z A_z \tag{3-22}$$

电场的 z 轴方向分量：

$$j\omega\mu\varepsilon E_z = \partial_z(\nabla\cdot\boldsymbol{A}) + k^2 A_z = \partial_z^2 A_z + k^2 A_z \tag{3-23}$$

电场的径向分量：

$$j\omega\mu\varepsilon E_\rho = \partial_\rho(\nabla\cdot\boldsymbol{A}) = \partial_\rho\partial_z A_z \tag{3-24}$$

由此得出，$\boldsymbol{B} = \nabla\times\boldsymbol{A} = (\hat{\boldsymbol{\rho}}\partial_\rho + \hat{\boldsymbol{z}}\partial_z)\times(\hat{\boldsymbol{z}}A_z) = (\hat{\boldsymbol{\rho}}\times\hat{\boldsymbol{z}})\partial_\rho A_z = -\hat{\boldsymbol{\phi}}\partial_\rho A_z$，磁感应强度仅具有由 $B_\phi = -\partial_\rho A_z$ 给出的 ϕ 分量。总而言之，非零场分量都可以用 A_z 表示：

$$\begin{cases} j\omega\mu\varepsilon E_z = \partial_z^2 A_z + k^2 A_z \\ j\omega\mu\varepsilon E_\rho = \partial_\rho\partial_z A_z \\ \mu H_\phi = -\partial_\rho A_z \end{cases} \tag{3-25}$$

将式（3-25）代入式（3-23），我们可用下列表达式重新表示 E_z：

$$j\omega\mu\varepsilon E_z = -\frac{1}{\rho}\partial_\rho\left(\rho\partial_\rho A_z\right) = \mu\frac{1}{\rho}\partial_\rho\left(\rho H_\phi\right) \tag{3-26}$$

当然，这相当于安培定律的 z 轴方向分量。事实上，构建场的更方便的方法是使用等式（3-25）构建 E_z，然后整合式（3-26）得到 H_ϕ，最后使用安倍定律的 ρ 分量来得到 H_ρ。由此产生的方程组是

$$\begin{cases} j\omega\mu\varepsilon E_z = \partial_z^2 A_z + k^2 A_z \\ \partial_\rho(\rho H_\phi) = j\omega\varepsilon\rho E_z \\ j\omega\varepsilon\rho E_\rho = -\partial_z H_\phi \end{cases} \tag{3-27}$$

在本章的后半部分，我们将介绍基于传输性议程来求解导线电流的数值建模方法。事实上，如果我们假设图 3-1 中的线性天线的激励电流是正弦的，除了可以用它来确定近场，还可以用它来计算线性天线之间的自阻抗和互阻抗。

3.1.3 电偶极子和磁偶极子产生的场

探寻电偶极子产生的场在电磁学历史上是重要事件，并且已经成为辐射问题的典型例子。我们假设电偶极子位于真空中的原点，具有电偶极矩 $\mathbf{p}$。假设谐波时间依赖于 $e^{j\omega t}$，则相应的极化（单位体积的偶极矩）为 $\mathbf{P}(\mathbf{r}) = \mathbf{p}\delta^{(3)}(\mathbf{r})$，且极化电流和电荷密度为

$$\mathbf{J} = \frac{\partial\mathbf{P}}{\partial t} = j\omega\mathbf{P}, \quad \rho = -\nabla\cdot\mathbf{P} \tag{3-28}$$

因此可得

$$\mathbf{J}(\mathbf{r}) = j\omega\mathbf{p}\delta^{(3)}(\mathbf{r}), \quad \rho(r) = -\mathbf{p}\cdot\nabla\delta^{(3)}(\mathbf{r}) \tag{3-29}$$

从而可得矢量磁势和标量磁势分别为

$$\mathbf{A}(\mathbf{r}) = \mu_0\int j\omega\mathbf{p}\delta^{(3)}(\mathbf{r}')G(\mathbf{r}-\mathbf{r}')\mathrm{d}V' = j\omega\mu_0\mathbf{p}G(\mathbf{r})$$

$$\varphi(\mathbf{r}) = -\frac{1}{\varepsilon_0}\int\left[\mathbf{p}\cdot\nabla'\delta^{(3)}(\mathbf{r}')\right]G(\mathbf{r}-\mathbf{r}')\mathrm{d}V' = -\frac{1}{\varepsilon_0}\mathbf{p}\cdot\nabla G(\mathbf{r}) \tag{3-30}$$

式中，φ 由部分积分求得。也可根据洛伦兹规范条件 $\nabla\cdot\mathbf{A} + j\omega\mu_0\varepsilon_0 = 0$ 确定 φ。

电场 $\mathbf{E}$ 和磁场 $\mathbf{H}$ 可由下式计算得到：

$$\begin{cases} \mathbf{E}(\mathbf{r}) = \frac{1}{\varepsilon_0}\nabla\times[\nabla G(\mathbf{r})\times\mathbf{p}] = \frac{1}{\varepsilon_0}\left[k^2\mathbf{p} + (\mathbf{p}\cdot\nabla)\nabla\right]G(\mathbf{r}) \\ \mathbf{H}(\mathbf{r}) = j\omega\nabla G(\mathbf{r})\times\mathbf{p} \end{cases} \tag{3-31}$$

式中，$\mathbf{r} \neq \mathbf{0}$ 时有 $k^2 = \omega^2/c_0^2 = \omega^2\mu_0\varepsilon_0$。格林函数 $G(\mathbf{r})$ 及其梯度为

$$G(\mathbf{r}) = \frac{e^{-jkr}}{4\pi r}, \quad \nabla G(\mathbf{r}) = -\hat{\mathbf{r}}\left(jk+\frac{1}{r}\right)G(\mathbf{r}) = -\hat{\mathbf{r}}\left(jk+\frac{1}{r}\right)\frac{e^{-jkr}}{4\pi r} \tag{3-32}$$

式中，$r = |\mathbf{r}|$，$\hat{\mathbf{r}} = \mathbf{r}/r$ 是径向单位矢量。将其代入式（3-31），我们可以得到更精确的表达式：

$$\begin{cases} \boldsymbol{E}(\mathbf{r}) = \dfrac{1}{\varepsilon_0}\left(\mathrm{j}k + \dfrac{1}{r}\right)\left[\dfrac{3\hat{\mathbf{r}}(\hat{\mathbf{r}}\cdot\mathbf{p}) - \mathbf{p}}{r}\right]G(\mathbf{r}) + \dfrac{k^2}{\varepsilon_0}\hat{\mathbf{r}}\times(\mathbf{p}\times\hat{\mathbf{r}})G(\mathbf{r}) \\[4mm] \boldsymbol{H}(\mathbf{r}) = \mathrm{j}\omega\left(\mathrm{j}k + \dfrac{1}{r}\right)(\mathbf{p}\times\hat{\mathbf{r}})G(\mathbf{r}) \end{cases} \tag{3-33}$$

如果偶极子移动到位置 $\mathbf{r}_0$，那么 $\boldsymbol{P}(\mathbf{r}) = \mathbf{p}\delta^{(3)}(\mathbf{r} - \mathbf{r}_0)$，那么这些场仍由式（3-31）和（3-33）给出，只需将 $G(\mathbf{r})$、$\hat{\mathbf{r}}$ 替换为 $G(\mathbf{R})$、$\hat{\mathbf{R}}$ 即可，其中 $\mathbf{R} = \mathbf{r} - \mathbf{r}_0$。

式（3-33）中描述了近场和辐射场，当 $\omega = 0$（或 $k = 0$）时，它是静电偶极电场，其大小按 $1/r^3$ 的规律递减。我们将会在下一节的讨论中发现，辐射场的大小按 $1/r$ 的规律递减，具体表示为（其中 $\eta_0 = \sqrt{\mu_0/\varepsilon_0}$ ）

$$\begin{cases} \boldsymbol{E}_{\mathrm{rad}}(\mathbf{r}) = \dfrac{k^2}{\varepsilon_0}\times(\mathbf{p}\times\hat{\mathbf{r}})G(\mathbf{r}) = \dfrac{k^2}{\varepsilon_0}\hat{\mathbf{r}}\times(\mathbf{p}\times\hat{\mathbf{r}})\dfrac{\mathrm{e}^{-\mathrm{j}kr}}{4\pi r} \\[4mm] \boldsymbol{H}_{\mathrm{rad}}(\mathbf{r}) = \mathrm{j}\omega\mathrm{j}k(\mathbf{p}\times\hat{\mathbf{r}})G(\mathbf{r}) = \dfrac{k^2}{\eta_0\varepsilon_0}(\hat{\mathbf{r}}\times\mathbf{p})\dfrac{\mathrm{e}^{-\mathrm{j}kr}}{4\pi r} \end{cases} \tag{3-34}$$

$\boldsymbol{E}_{\mathrm{rad}}(\mathbf{r})$ 和 $\boldsymbol{H}_{\mathrm{rad}}(\mathbf{r})$ 二者通过 $\eta_0\boldsymbol{H}_{\mathrm{rad}} = \hat{\mathbf{r}}\times\boldsymbol{E}_{\mathrm{rad}}$ 相关联，这是一般的辐射场关系。也可以使用替换规则 $\nabla \to -\mathrm{j}k\hat{\mathbf{r}}$ 通过式（3-31）快速获得相同的表达式。

具有磁偶极矩 $\mathbf{m}$ 的原子，磁偶极子将由磁化矢量 $\boldsymbol{M} = \mathbf{m}\delta^{(3)}(\mathbf{r})$ 描述。相应的磁化电流为 $\boldsymbol{J} = \nabla\times\boldsymbol{M} = \nabla\delta^{(3)}(\mathbf{r})\times\mathbf{m}$。因为 $\nabla\cdot\boldsymbol{J} = 0$，所以没有磁荷密度，也没有标量电位 φ。矢量磁势为

$$\boldsymbol{A}(\mathbf{r}) = \mu_0\int\nabla'\delta^{(3)}(\mathbf{r}')\times\mathbf{m}G(\mathbf{r} - \mathbf{r}')\mathrm{d}V' = \mu_0\nabla G(\mathbf{r})\times\mathbf{m} \tag{3-35}$$

可得：

$$\begin{cases} \boldsymbol{E}(\mathbf{r}) = -\mathrm{j}\omega\mu_0\nabla G(\mathbf{r})\times\mathbf{m} \\[3mm] \boldsymbol{H}(\mathbf{r}) = \nabla\times\left[\nabla G(\mathbf{r})\times\mathbf{m}\right] = \left[k^2\mathbf{m} + (\mathbf{m}\cdot\nabla)\nabla\right]G(\mathbf{r}) \end{cases} \tag{3-36}$$

更加准确的表示为

$$\begin{cases} \boldsymbol{E}(\mathbf{r}) = \mathrm{j}\omega\mu_0\left(\mathrm{j}k + \dfrac{1}{r}\right)(\hat{\mathbf{r}}\times\mathbf{m})G(\mathbf{r}) \\[4mm] \boldsymbol{H}(\mathbf{r}) = \left(\mathrm{j}k + \dfrac{1}{r}\right)\left[\dfrac{3\hat{\mathbf{r}}(\hat{\mathbf{r}}\cdot\mathbf{m}) - \mathbf{m}}{r}\right]G(\mathbf{r}) + k^2\hat{\mathbf{r}}\times(\mathbf{m}\times\hat{\mathbf{r}})G(\mathbf{r}) \end{cases} \tag{3-37}$$

相应的辐射场是

$$\begin{cases} \boldsymbol{E}_{\mathrm{rad}}(\mathbf{r}) = \mathrm{j}\omega\mu_0\mathrm{j}k(\hat{\mathbf{r}}\times\mathbf{m})G(\mathbf{r}) = \eta_0k^2(\mathbf{m}\times\hat{\mathbf{r}})\dfrac{\mathrm{e}^{-\mathrm{j}kr}}{4\pi r} \\[4mm] \boldsymbol{H}_{\mathrm{rad}}(\mathbf{r}) = k^2\hat{\mathbf{r}}\times(\mathbf{m}\times\hat{\mathbf{r}})G(\mathbf{r}) = k^2\hat{\mathbf{r}}\times(\mathbf{m}\times\hat{\mathbf{r}})\dfrac{\mathrm{e}^{-\mathrm{j}kr}}{4\pi r} \end{cases} \tag{3-38}$$

可以发现，磁偶极子的磁场是从电偶极子通过对偶变换 $\boldsymbol{E}\to\boldsymbol{H}$，$\boldsymbol{H}\to-\boldsymbol{E}$，$\varepsilon_0\to\mu_0$，$\mu_0\to-\varepsilon_0$，$\eta_0\to-1/\eta_0$ 和 $\mathbf{p}\to\mu_0\mathbf{m}$，然后通过比较 $\mathbf{p}$ 和 $\mu_0\mathbf{m}$ 获得的。

我们得到了振荡 z 轴方向偶极子 $\mathbf{p}(t) = p\hat{\mathbf{z}}\cos\omega t$ 的实值电场和磁场的显式表达式，

还在几个时刻导出并绘制出电场线。此问题有着重要的历史，赫兹于 1889 年首次在一篇论文中考虑过此问题。

在式（3-33）中恢复 $\mathrm{e}^{\mathrm{j}\omega t}$ 因子并取实部。我们获得了场的表达式如下：

$$E(\mathbf{r}) = p\left[k\sin(kr-\omega t)+\frac{\cos(kr-\omega t)}{r}\right]\frac{3\hat{\mathbf{r}}(\hat{\mathbf{r}}\cdot\hat{\mathbf{z}})-\hat{\mathbf{z}}}{4\pi\varepsilon_0 r^2}+\frac{pk^2\hat{\mathbf{r}}\times(\hat{\mathbf{z}}\times\hat{\mathbf{r}})}{4\pi\varepsilon_0 r^2}\cos(kr-\omega t)$$

$$H(\mathbf{r}) = p\omega\left[-k\cos(kr-\omega t)+\frac{\sin(kr-\omega t)}{r}\right]\left[\frac{\hat{\mathbf{z}}\times\hat{\mathbf{r}}}{4\pi r}\right]$$

在球坐标系中，我们有 $\hat{\mathbf{z}}=\hat{\mathbf{r}}\cos\theta-\hat{\boldsymbol{\theta}}\sin\theta$。由此可以得到 $3\hat{\mathbf{r}}(\hat{\mathbf{r}}\cdot\hat{\mathbf{z}})-\hat{\mathbf{z}}=2\hat{\mathbf{r}}\cos\theta+\hat{\boldsymbol{\theta}}\sin\theta$，$\hat{\mathbf{r}}\times(\hat{\mathbf{z}}\times\hat{\mathbf{r}})=-\hat{\boldsymbol{\theta}}\sin\theta$ 和 $\hat{\mathbf{z}}\times\hat{\mathbf{r}}=\hat{\boldsymbol{\phi}}\sin\theta$。因此，$E$ 和 H 的非零分量是 E_r，E_ϕ 和 H_ϕ：

$$E_r(\mathbf{r}) = p\left[k\sin\left(kr-\omega t\right)+\frac{\cos\left(kr-\omega t\right)}{r}\right]\left[\frac{2\cos\theta}{4\pi\varepsilon_0 r^2}\right]$$

$$E_\theta(\mathbf{r}) = p\left[k\sin\left(kr-\omega t\right)+\frac{\cos\left(kr-\omega t\right)}{r}\right]\left[\frac{\sin\theta}{4\pi\varepsilon_0 r^2}\right]-\frac{pk^2\sin\theta}{4\pi\varepsilon_0 r}\cos\left(kr-\omega t\right)$$

$$H_\phi(\mathbf{r}) = p\omega\left[-k\cos\left(kr-\omega t\right)+\frac{\sin\left(kr-\omega t\right)}{r}\right]\left[\frac{\sin\theta}{4\pi r}\right]$$

根据定义，电场与电场线相切。沿电场线切线方向的一个小位移 $\mathbf{dr}$ 的切线将在该点处与 E 平行。这意味着 $\mathbf{dr}\times E=0$，该式可用于确定电场线。由于 ϕ 变量的方位角对称性，我们可以看一下位于 xz 平面上的电场线（即 $\phi=0$）。然后，可以得到：

$$\mathbf{dr}\times E = \left(\hat{\mathbf{r}}\mathrm{d}r+\hat{\boldsymbol{\theta}}r\mathrm{d}\theta\right)\times\left(\hat{\mathbf{r}}E_r+\hat{\boldsymbol{\theta}}E_\theta\right)=\hat{\boldsymbol{\phi}}\left(\mathrm{d}rE_\theta-r\mathrm{d}\theta E_r\right)=0 \Rightarrow \frac{\mathrm{d}r}{\mathrm{d}\theta}=\frac{rE_r}{E_\theta}$$

通过上式可以确定 r 是 θ 的函数，并给出了电场线的极坐标表示。为了求解这个等式，我们定义 $E_0=pk^3/4\pi\varepsilon_0$，用无量纲变量 $u=kr$ 和 $\delta=\omega t$ 重写电场表达式：

$$E_r = E_0\frac{2\cos\theta}{u^2}\left[\sin\left(u-\delta\right)+\frac{\cos\left(u-\delta\right)}{u}\right]$$

$$E_\theta = -E_0\frac{\sin\theta}{u}\left[\cos\left(u-\delta\right)-\frac{\cos\left(u-\delta\right)}{u^2}-\frac{\sin\left(u-\delta\right)}{u}\right]$$

可以注意到，方括号内的因子与以下微分等式有关：

$$Q(u) = \sin\left(u-\delta\right)+\frac{\cos\left(u-\delta\right)}{u}$$

$$Q'(u) = \frac{\mathrm{d}Q(u)}{\mathrm{d}u}=\cos\left(u-\delta\right)-\frac{\cos\left(u-\delta\right)}{u^2}-\frac{\sin\left(u-\delta\right)}{u}$$

因此，电场为

$$E_r = E_0\frac{2\cos\theta}{u^2}Q(u), \quad E_\theta = -E_0\frac{\sin\theta}{u}Q'(u)$$

因此，变量 u 中电场线的方程是

$$\frac{\mathrm{d}u}{\mathrm{d}\theta} = \frac{uE_r}{E_\theta} = -2\cot\theta\left[\frac{Q(u)}{Q'(u)}\right] \;\Rightarrow\; \frac{\mathrm{d}}{\mathrm{d}\theta}\big[\ln Q(u)\big] = -2\cot\theta = -\frac{\mathrm{d}}{\mathrm{d}\theta}\big[\ln\sin^2\theta\big]$$

则有：

$$\frac{\mathrm{d}}{\mathrm{d}\theta}\ln\big[Q(u)\sin^2\theta\big] = 0 \;\Rightarrow\; Q(u)\sin^2\theta = C$$

式中，C 为常数。因此，电场线由以下式子给出：

$$\left[\sin(u-\delta)+\frac{\cos(u-\delta)}{u}\right]\sin^2\theta = \left[\sin(kr-\omega t)+\frac{\cos(kr-\omega t)}{kr}\right]\sin^2\theta = C$$

理想情况下，应该用 θ 来求解 r。因为这在闭合形式下是不可能的，所以我们更倾向于将电场线视为在常数 C 的不同值处的等高线图。连续时刻振荡偶极子的电场线如图 3-2 所示。它们是在 4 个时刻 $t=0$，$t=T/8$，$t=T/4$ 和 $t=3T/8$ 产生的，其中，T 是振荡周期，$T=2\pi/\omega$。x 和 z 的距离以 λ 为单位并延伸至 1.5λ。偶极子为原点处的 z 轴方向的微小的线。

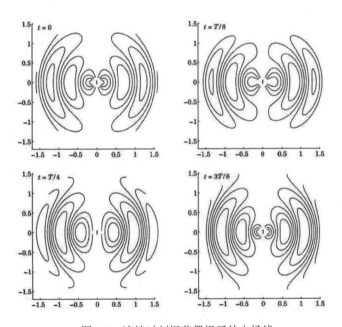

图 3-2　连续时刻振荡偶极子的电场线

用以下 MATLAB 代码可直接画出这些图：

```
rmin = 1/8; rmax = 1.6;                    %绘制波长 的限制
Nr = 61; Nth = 61; N = 6;                  %网格点和轮廓水平数
t = 1/8; d = 2*pi*t;                       %时刻 t=T/8
[r,th] = meshgrid (linspace (rmin,rmax,Nr), linspace (0,pi,Nth));
u = 2*pi*r;                                %r 以 为单位
z = r.*cos (th); x = r.*sin (th);          %以 为单位的笛卡儿坐标
```

```
C = (cos(u-d)./u + sin(u-d)) .*sin(th).^2;        %轮廓水平
contour([-x; x],[z; z],[C; C], N);    %右侧和左侧反射的轮廓有 N 级
```

我们可以观察到这些闭环的电场线是如何由偶极子产生的。闭环的电场线最终从偶极子附近逃脱并向外移动，推开它们前面已形成的环。电场正是以这种方式从其源头辐射出来的。

3.1.4 辐射电磁场

下面我们推导一些与辐射电磁场问题相关的近似表达式，主要研究那些从电流源辐射出来并且能够传输较远距离的电磁场。

远场近似假设远场点 P 离辐射电流源（源点）很远。这里，"远"意味着远远超过当前电流分布的典型空间范围，即 $r \gg r'$。因为 r' 仅在电流源上变化，所以我们可以将此条件表示为 $r \gg l$，其中 l 是电流分布的典型空间范围（对于线性天线，l 是其长度）。远场近似如图 3-3 所示。

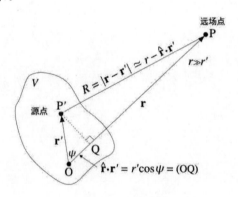

图 3-3　远场近似

如图 3-3 所示，在距源点的远处，三角形 $P'QP$ 的两侧 PP' 和 PQ 几乎是平等的。$PQ = OP - OQ$。因此，$R \approx r - \hat{\mathbf{r}} \cdot \mathbf{r}' = r - r' \cos\psi$，其中，$\psi$ 是 $\mathbf{r}$ 和 $\mathbf{r}'$ 之间的角度。

借助小量 x 泰勒级数展开 $\sqrt{1+x} \simeq 1 + x/2 - x^2/8$，可以获得更好的近似。在 r'/r 的幂中扩展 R，并保持在二阶，我们可以得到：

$$
\begin{aligned}
R = |\mathbf{r} - \mathbf{r}'| &= \sqrt{r^2 - 2rr'\cos\psi + r'^2} = r\sqrt{1 - 2\frac{r'}{r}\cos\psi + \frac{r'^2}{r^2}} \\
&\simeq r\left(1 - \frac{r'}{r}\cos\psi + \frac{r'^2}{2r^2} - \frac{1}{8}\left(-2\frac{r'}{r}\cos\psi + \frac{r'^2}{r^2}\right)^2\right) \\
&\simeq r\left(1 - \frac{r'}{r}\cos\psi + \frac{r'^2}{2r^2} - \frac{r'^2}{2r^2}\cos^2\psi\right)
\end{aligned}
\tag{3-39}
$$

结合后两项，可得

$$R = r - r'\cos\psi + \frac{r'^2}{2r}\sin\psi, \quad r \gg r' \tag{3-40}$$

因此，一阶近似为 $R = r - r'\cos\psi = r - \hat{\mathbf{r}} \cdot \mathbf{r}'$。标量位的近似可以表达为

$$\varphi(\mathbf{r}) \simeq \int_V \frac{\rho(\mathbf{r}')\mathrm{e}^{-jk(r - \hat{\mathbf{r}} \cdot \mathbf{r}')}}{4\pi\varepsilon(r - \hat{\mathbf{r}} \cdot \mathbf{r}')} \mathrm{d}^3\mathbf{r}' \tag{3-41}$$

在分母中更换 $R = r - \hat{\mathbf{r}} \cdot \mathbf{r}' \simeq r$，但指数中不更换，我们可以得到该问题的远场近似：

$$\varphi(\mathbf{r}) = \frac{\mathrm{e}^{-jkr}}{4\pi\varepsilon r} \int_V \rho(\mathbf{r}')\mathrm{e}^{-jk\hat{\mathbf{r}} \cdot \mathbf{r}'}\mathrm{d}^3\mathbf{r}' \tag{3-42}$$

因为 R 在分母和指数中的近似不同，可能从表面上看这里没有做出一致的近似。但实际上，对于多极扩展，在分母上忽略 $\hat{\mathbf{r}} \cdot \mathbf{r}'$ 是不正确的。但是该等式对于辐射问题是正确的，并可以产生对应传播电磁波的公式。

那么关于二阶逼近项呢？我们已经从指数和分母中删除了二阶逼近项。为了证明已经删除二阶逼近项，因为在指数中它们乘以 k，所以除了 $r \gg r'$，我们还必须要求 $kr'^2/r \ll 1$，或者就波长而言，$r \gg 2\pi r'^2/\lambda$。更换通过电流源的典型空间范围 l 为 $2r'$，我们得到 $r \gg \pi l^2/2\lambda$，按惯例，用 $r \gg 2l^2/\lambda$ 代替它。因此，我们可以将远场条件表述为

$$r \gg l, \quad r \gg \frac{2l^2}{\lambda} \tag{3-43}$$

这些条件定义了所谓的远场或弗劳恩霍夫辐射区域。对于许多实际天线（如半波偶极子），它们很容易满足条件，因为 l 通常与 λ 具有相同的数量级，在这种情况下，式（3-43）中的第二个条件基本上等同于第一个条件。当 $l > \lambda$ 时也会发生这种情况。当 $l \ll \lambda$ 时，第一个条件等同于第二个条件。

距离 $r = 2l^2/\lambda$ 是远场（弗劳恩霍夫）辐射区域和近场（菲涅耳）辐射区域之间的分界线，如图 3-4 所示。远场辐射区域的角度分布特征与距离 r 无关。

一阶项 $k\hat{\mathbf{r}} \cdot \mathbf{r}'$ 也可以从指数中忽略吗？当 $kr' \ll 1$，或者 $r \ll \lambda$ 时才可以将其忽略。因此，对于电"小"天线，可以忽略此项，即 $l \ll \lambda$，即在长的波长或低的频率上。赫兹偶极子就是一个例子。

波数矢量 $\mathbf{k}$ 在场矢量 $\mathbf{r}$ 的方向上，并且其幅度为 k，即 $\mathbf{k} = k\hat{\mathbf{r}}$，我们可以将远场近似概括为延迟的单频电位：

$$\begin{cases} \varphi(\mathbf{r}) = \dfrac{\mathrm{e}^{-jkr}}{4\pi\varepsilon r} \int_V \rho(\mathbf{r}')\mathrm{e}^{j\mathbf{k} \cdot \mathbf{r}'}\mathrm{d}^3\mathbf{r}' \\[3mm] \mathbf{A}(\mathbf{r}) = \dfrac{\mu\mathrm{e}^{-jkr}}{4\pi r} \int_V \mathbf{J}(\mathbf{r}')\mathrm{e}^{j\mathbf{k} \cdot \mathbf{r}'}\mathrm{d}^3\mathbf{r}' \end{cases}, \quad \mathbf{k} = k\hat{\mathbf{r}} \tag{3-44}$$

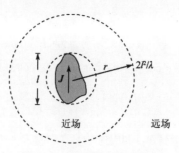

图 3-4　远场和近场辐射区域

在上述表达式中，对 r 的径向依赖性已经与角度 (θ,ϕ) 相依性分离，此结论可以由积分因子得出。由于这些因素在确定辐射场的方向性质方面起着重要作用，我们将用特殊符号表示它们：

$$\begin{cases} Q(\boldsymbol{k}) = \int_V \rho(\mathbf{r}')e^{j\boldsymbol{k}\cdot\mathbf{r}'}d^3\mathbf{r}' \\ \boldsymbol{F}(\boldsymbol{k}) = \int_V \boldsymbol{J}(\mathbf{r}')e^{j\boldsymbol{k}\cdot\mathbf{r}'}d^3\mathbf{r}' \end{cases} \tag{3-45}$$

第一项也称为电荷形状因子，第二项称为辐射矢量。它们被认为是电荷和电流密度的三维空间傅里叶变换。这些量取决于 ω 或 k，以及由球面坐标角度 (θ,ϕ) 定义的单位方向矢量 $\hat{\mathbf{r}}$。因此，在适当情况下，我们可以将它们写为 $Q(\theta,\phi)$、$\boldsymbol{F}(\theta,\phi)$，以指示这些量的角度依赖性。就这种新的表示方式而言，远场辐射电位和磁势分别如下：

$$\begin{cases} \varphi(\mathbf{r}) = \dfrac{e^{-jkr}}{4\pi\varepsilon r}Q(\theta,\phi) \\ A(\mathbf{r}) = \dfrac{\mu e^{-jkr}}{4\pi r}\boldsymbol{F}(\theta,\phi) \end{cases} \tag{3-46}$$

3.2　舰船供电系统辐射电磁干扰分析

3.2.1　传输电缆辐射电磁干扰分析

研究互联电缆辐射电磁场是为了分析和解决复杂电力电子系统中能量信号传输和数据信号传输的电磁兼容性和信号完整性的问题。特别是在高频场和高强度辐射场环境下，天线效应会引起电磁干扰的辐射与耦合问题，高速开关信号传输会引起传输电缆的反射、延迟、振荡、衰减、串扰等问题，这些问题均应得到足够的重视并进行定量分析。标准的电磁兼容方法通常在屏蔽暗室内或开阔场地测量 30MHz～1GHz 频段内辐射体的辐射电场。近年来，有学者建议采用测量辐射功率的方法替代传统的测量辐射电场的方法，该思想是利用最大方向上的最大辐射功率推算出空间辐射电场，其本质是一种远场的近似方法。从实际电子设备电磁环境控制的角度看，互联导线的近场和远场发射均应得到精确的分析和研究，才能确保辐射电磁干扰和抗扰特性满足电磁兼容规范的要求。

从目前发表的文献来看，互联导线的辐射电磁干扰计算方法主要有两种：解析计算方法和偶极子近似方法。第一种解析计算方法采用行波理论建立传输电缆的全波模型，在求解时借助时变函数的分解方法得到传输电缆的行波电流，计算行波电流产生的辐射场以后，采用叠加的方法得到传输电缆总的辐射场。解析计算方法的缺点是计算速度慢，另外时域函数很难考虑导体的集肤效应。第二种计算传输电缆辐射场的方法属于一种近似方法，其主要优点是计算速度快，该方法的实施过程可分解为三个步骤：①利用传输电缆方法把导线分段，计算每段导线的激励电流元；②利用偶极子理论计算电流元产生的辐射场；③将所有偶极子辐射场（3.1.3 节）进行合成，得到导线总的辐射场。对时域瞬态场和频域稳态场而言，其主要区别在于第一个步骤，即采用传输电缆的瞬态分析方法或稳态分析方法分别得到传输电缆的电流分布。由于传输电缆建模方法较为成熟，所以基于偶极子天线的近似方法得到了较多的应用和研究。但多数文献只注意到传输电缆本身的建模，没有考虑电缆两端连接终端对辐射场的影响。为了考虑导体的集肤效应，传输电缆的频域分析方法是最佳的选择，而采用频域传输电缆方法的偶极子近似方法则是快速计算互联导线辐射场的有效手段。本节从偶极子天线的辐射场理论出发，以实际的传输电缆测试对象为例，探讨传输电缆连接端子和电缆本身对空间辐射的影响，采用偶极子近似方法对辐射场进行计算分析。最后，实验结果证实了模型和方法的有效性。

1．两导体传输电缆的时域分析方法

两导体传输电缆的电路模型可用如图 3-5 所示的有损传输电缆的电路模型来描述，在理论上，当等分长度 Δx 远小于信号波长 λ 时（$\Delta x \ll \lambda/10$），可认为这种分段电路具有足够的精度。R 和 G 分别为 Δx 长度的串联电阻和并联导纳，L 和 C 分别为 Δx 长度的串联电感和并联电容。若 R、G、L、C 为单位长度电路参数，则 $\Delta x=1$。

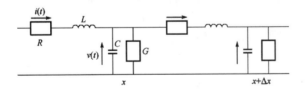

图 3-5　有损传输电缆的电路模型

依据电路的 KVL 和 KCL 定理，可以得到电压和电流的微分方程：

$$\Delta x \frac{\partial v(x,t)}{\partial x} = -L \frac{\partial i(x,t)}{\partial t} - i(x,t)R \tag{3-47}$$

$$\Delta x \frac{\partial i(x,t)}{\partial x} = -C \frac{\partial v(x,t)}{\partial t} - v(x,t)G \tag{3-48}$$

在时域上求解式（3-47）和式（3-48），需要将传输电缆在时间和空间上进行建模，得到如图 3-6 所示的电路网络模型。

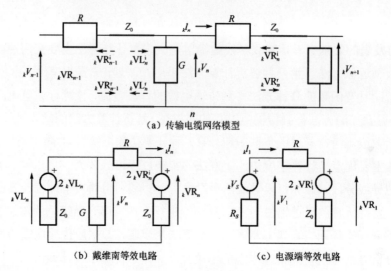

（a）传输电缆网络模型

（b）戴维南等效电路　　　（c）电源端等效电路

图 3-6　电路网络模型

这里采用波传输方法描述传输电缆的时域特征，在物理量的表示方法上，用下标 n 表示空间上的维度，即第 n 段；用下标 k 表示时间上的维度，即第 k 个时间步长的求解步骤；上标 i 表示入射，上标 r 表示反射；VR 表示网络右侧电压，VL 表示网络左侧电压。电感 L 和电容 C 用传输电缆的特征阻抗 $Z_0 = \sqrt{L/C}$ 描述。对于图 3-6（a）中的第 n 个节点网络而言，可用如图 3-6（b）所示的戴维南等效电路表示。

由图 3-6（b）可以得出节点电压和电流表示式：

$$_kV_n = \frac{\dfrac{2\,_k\mathrm{VL}_n^i}{Z_0} + \dfrac{2\,_k\mathrm{VR}_n^i}{Z_0 + R}}{\dfrac{1}{Z_0} + \dfrac{1}{R + Z_0} + G} \tag{3-49}$$

$$_kI_n = \frac{_kV_n - {}_k\mathrm{VR}_n^i}{R + Z_0} \tag{3-50}$$

图 3-6（b）中的网络左侧电压为

$$_k\mathrm{VL}_n = {}_kV_n \tag{3-51}$$

图 3-6（b）中的网络右侧电压为

$$_k\mathrm{VR}_n = 2\,_k\mathrm{VR}_n^i + {}_kI_nZ_0 \tag{3-52}$$

反射电压分量可表示为

$$_k\mathrm{VL}_n^r = {}_k\mathrm{VL}_n - {}_k\mathrm{VL}_n^i \tag{3-53}$$

$$_k\mathrm{VR}_n^r = {}_k\mathrm{VR}_n - {}_k\mathrm{VR}_n^i \tag{3-54}$$

由式（3-49）～（3-54）可以看出，只要知道两个入射电压 $_k\mathrm{VL}_n^i$ 和 $_k\mathrm{VR}_n^i$，就可以求得其余未知量。决定时间与空间的连续电压方程为

$$_{k+1}\mathrm{VL}_n^i = {}_k\mathrm{VR}_{n-1}^r \tag{3-55}$$

$$_{k+1}VR_n^i = {}_kVL_{n+1}^r \tag{3-56}$$

上述方程的含义：后一个时间步长网络左侧电压的入射分量等于前一个时间步长前一段网络右侧电压的反射分量；后一个时间步长网络右侧电压的入射分量等于前一个时间步长后一段网络左侧电压的反射分量。通过数学迭代的方法可以求得每个节点电压和电流的时域结果，边界条件：左边界即第一个网络为电源端，右边界即最后一个网络为负载端。

时域仿真与频域分析方法相比，最大的缺陷是难以处理导体的高频集肤效应。由于需要分析的频率范围很宽（10MHz～1GHz），所以在时域仿真模型中，导体在高频下的损耗模型也是必须考虑的内容。在传输电缆的时域瞬态仿真中，可用如图 3-7 所示的描述导体高频集肤效应的多级并联电路模型来模拟集肤效应的影响。具体而言，是将如图 3-6 所示的电路网络模型中每一个分段网络的单级 R-L 串联电路变成多级并联混合电路，其构成的方法是随着级数的递增，按一定的倍数 x 增大电阻，同时按同样的倍数 x 减小电感。在经验上，这个倍数 x 可取 $x = \sqrt{10} \approx 3.16$，按图 3-7 中的电路符号定义，其数学关系可写成：

$$x = \sqrt{10} \approx 3.16 \tag{3-57}$$

$$R_{i+1} = x R_i \tag{3-58}$$

$$L_{i+1} = \frac{L_i}{x} \tag{3-59}$$

其原理是模拟电流在高频下的分布情况：随着频率的增加，电流趋向于分布在导体的表面，主要通过增大支路的电阻、减小内部电感来实现。对于 1GHz 以内的频率，6 级并联电路即可满足要求。

从图 3-7 中可以看出，重要的是要确定 R_1 和 L_1 的数值，然后就可以根据式（3-57）～（3-59）确定整个模型。已有研究表明：R_1 和 L_1 的大小同时与并联支路的数目和导体的内部阻抗有关，电阻和电感数值的选取方法如表 3-1 所示，其中，R_{dc} 和 L_{dc} 分别为导体的直流电阻和内部电感。

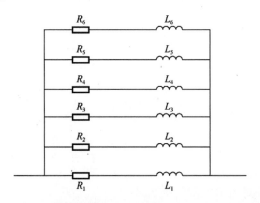

图 3-7　描述导体高频集肤效应的多级并联电路模型

表 3-1　电阻和电感数值的选取方法

并联支路数的选择	R_1	L_1
1	Rdc	Ldc
2	1.32 Rdc	1.68 Ldc
3	1.42 Rdc	1.94 Ldc
4	1.45 Rdc	2.03 Ldc
5	1.457 Rdc	2.06 Ldc
6	1.461 Rdc	2.07 Ldc

在传输电缆时域仿真求解过程中，需要同时对传输电缆电路在空间和时间上进行离散，并计算每一段物理长度在每一个时间步长的响应。对于较简单的两导体传输电缆模型，由于电磁波的传输仅在一个回路中进行，时间的离散化较为简单，取一个固定时间步长即可。但对于较复杂的传输电缆模型，如计算屏蔽电缆的辐射及耦合问题时，由于屏蔽层内部传输电缆回路和外部传输电缆回路的介质不同，电磁波的传输速度也不同，所以在仿真中就需要同时考虑两个时间步长，还需要分别离散传输电缆的物理长度，这就给仿真计算带来了难度，这时必须考虑时间步长的同步问题，以简化计算。

以屏蔽电缆为例，设屏蔽层内部介质的介电常数为 ε_r，光在空气中的传播速度为 c，则电磁波在屏蔽电缆内部的传播速度为

$$u = \frac{c}{\sqrt{\varepsilon_r}} \tag{3-60}$$

由于屏蔽层外部电路的介质为空气，所以电磁波的传播速度为 c，显然 $c > u$。在计算屏蔽电缆的传输电缆电路时需要进行相关的模型处理，才能同时满足内部传输电缆电路与外部传输电缆电路对离散时间步长的要求。

在处理方法上，只对屏蔽层内部传输电缆电路进行处理即可。如图 3-8 所示，将原始节点电容等效成两个电容的并联形式：C_{stub} 和 C_d。在图 3-8 中，L_d 为屏蔽层内部传输电缆单位长度的电感。电容 C_d 的选取按下式进行，满足自由空间的传播速度：

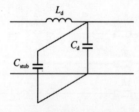

图 3-8　传输电缆节点电容的分解方法

$$u_a = \frac{1}{\sqrt{L_d C_d}} = c \tag{3-61}$$

传输电缆模型仍满足电磁波的传播公式：

$$u_b = \frac{1}{\sqrt{L_d(C_d + C_{stub})}} = \frac{c}{\sqrt{\varepsilon_r}} \tag{3-62}$$

于是，除了原始的传输电缆特征阻抗 $Z_0 = \sqrt{L_d/(C_d + C_{stub})}$，本模型中又引入了一个特征阻抗：

$$Z = \sqrt{\frac{L_d}{C_d}} \tag{3-63}$$

新的传输电缆节点的戴维南等效电路如图 3-9 所示，它与图 3-6 给出的戴维南等效电路的区别在于，此电路将原始的节点阻抗 Z_0 分解为两个阻抗：Z_{stub} 和 Z，其中 Z 满足式（3-63），Z_{stub} 由下式确定：

$$Z_{stub} = \frac{1}{2C_{stub}} \frac{\Delta l}{\Delta t} \tag{3-64}$$

其中，Δl 为全局离散化的长度单位，Δt 为全局离散化的时间单位。

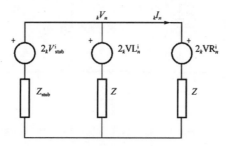

图 3-9　新的传输电缆节点的戴维南等效电路

则式（3-49）变为

$$_kV_n = \frac{\dfrac{2\,_kV_{stub}^i}{Z_{stub}} + \dfrac{2\,_k VL_n^i}{Z} + \dfrac{2\,_k VR_n^i}{Z}}{\dfrac{1}{Z_{stub}} + \dfrac{1}{Z} + \dfrac{1}{Z}} \tag{3-65}$$

入射与反射电压的关系：

$$_k VL_n^r = {}_k VL_n - {}_k VL_n^i \tag{3-66}$$

$$_k VR_n^r = {}_k VR_n - {}_k VR_n^i \tag{3-67}$$

$$_k V_{stub}^r = {}_k V_n - {}_k V_{stub}^i \tag{3-68}$$

这样就实现了在同一个计算程序内，在不同传输介质决定的不同电磁波传播速度的电路中，使用统一的离散化时间步长和统一的离散化长度单位。

2. 两导体传输电缆的频域分析方法

频域分析方法是在频域上求解传输电缆节点的电压和电流，然后根据频域电流直接计算导线的辐射场，对于单频正弦稳态信号，这种方法避免了时域上数值的微分和积分过程，可节省大量的计算时间。对于较复杂的周期或非周期性瞬态信号，同样也可以利用傅里叶分析方法将瞬态信号分解成多个单频正弦稳态信号。

所要分析的含信号源和负载的两导体传输电缆电路模型如图 3-10 所示，其中，V_G 和 Z_G 分别为信号源和阻抗，传输电缆长度为 l_e，C_{t1} 和 C_{t2} 分别为信号源端连接器和负载端连接器的等效端口电容，Z_L 为负载阻抗。两导体传输电缆的电压和电流方程可用以下两个微分方程得出：

$$\frac{\mathrm{d}V(z,\omega)}{\mathrm{d}z} = -\left(R_b + \mathrm{j}\omega L_b\right)I(z,\omega) \tag{3-69}$$

$$\frac{\mathrm{d}I(z,\omega)}{\mathrm{d}z} = -\left(G_b + \mathrm{j}\omega C_b\right)V(z,\omega) \tag{3-70}$$

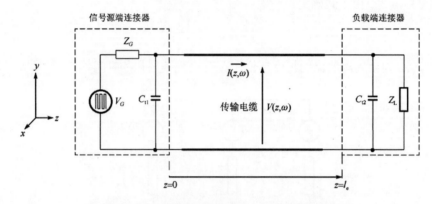

图 3-10 含信号源和负载的两导体传输电缆电路模型

其中，R_b、L_b、C_b、G_b 分别为两导线传输电缆单位长度的电阻、电感、电容和电导，计算公式分别为

$$R_b = \frac{2\sqrt{\pi f \mu_0 / \sigma_{\mathrm{CU}}}}{\pi(1 - \mathrm{e}^{-r_w/\delta})(2r_w - \delta(1 - \mathrm{e}^{-r_w/\delta}))} \tag{3-71}$$

$$L_b = \frac{\mu_0}{\pi}\cosh^{-1}(h/r_w) \tag{3-72}$$

$$C_b = \frac{\pi \varepsilon_0}{\cosh^{-1}(h/r_w)} \tag{3-73}$$

$$G_b = \frac{2\pi \sigma_{\mathrm{AIR}}}{\cosh^{-1}(h/r_w)} \tag{3-74}$$

式中，r_w 为导线半径，h 为导线架空高度，f 为激励信号源的频率，μ_0 为空气导磁率，ε_0 为空气介电常数，$\delta = \sqrt{1/(\pi f \mu_0 \sigma_{\mathrm{CU}})}$ 为铜的集肤深度，σ_{CU} 为铜的电导率，σ_{AIR} 为空气的电导率（≈ 0）。

联立方程（3-69）和（3-70）对传输电缆上的电流进行求解，可得

$$I(z,\omega) = \frac{1 - T_L \mathrm{e}^{-\gamma_b l_e}\mathrm{e}^{2\gamma_b z}}{1 - T_S T_L \mathrm{e}^{-\gamma_b l_e}}\frac{V_{\mathrm{th}}}{Z_{\mathrm{th1}} + Z_b}\mathrm{e}^{-\gamma_b z} \tag{3-75}$$

式中，

$$Z_{th1} = \frac{Z_G}{1 + j\omega C_{t1}Z_G}, \quad Z_{th2} = \frac{Z_L}{1 + j\omega C_{t2}Z_L}$$

$$V_{th} = \frac{V_G}{1 + j\omega C_{t1}Z_L}, \quad \gamma_b = \sqrt{(R_b + j\omega L_b)(G_b + j\omega C_b)}$$

$$Z_b = \sqrt{(R_b + j\omega L_b)/(G_b + j\omega C_b)}_{\circ}$$

根据式（3-75）求得辐射导线上各点的电流分布，然后根据偶极子天线的辐射模型逐一求取空间的辐射场。但这里的难点在于如何确定图 3-10 中的 C_{t1} 和 C_{t2} 数值。实际上，若给定端板和连接器的结构，用三维场数字仿真的方法可以得到等效的端口电容数值。这里为了方便，给出了一种通过 S_{11} 参数测量方法确定端口等效电容的方法，它是一种近似求取方法。

如图 3-11 所示，一段导线通过两个端板上的连接器实现空间定位，并分别与信号源和负载两端的电气连接。以导线上的电流为分析对象，电流从电源端流向负载端，所产生的行波场自电源端向负载端传播，由于负载端的端板与地平面垂直，导线的行波场遇到端板会产生反射电磁场，但电流会自导线经负载、端板流回地平面。因此，从传输电缆建模的角度看，只有两个端板之间的部分能被看作均匀传输电缆，离两个端板越近，导线电流的分布受端板的影响越大，求解该电流时必须考虑到两个端板/连接器的模型。

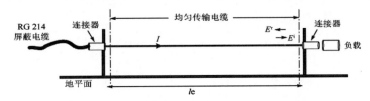

图 3-11 架空裸导线与电源和负载的连接示意图

对于如图 3-11 所示的物理对象，若把两个端板之间的导线看作辐射体，当该导线为一裸导线时，从传输电缆的角度，可以将其看作如图 3-12（a）所示的裸线与金属地平面回路模型中的对象，即一根导线与金属地平面平行放置，并与金属地平面构成传输电缆回路。当金属地平面的横向尺寸远大于导线的高度时，根据镜像原理，可将图 3-12（a）等效成如图 3-12（b）所示的镜像等效电路模型。

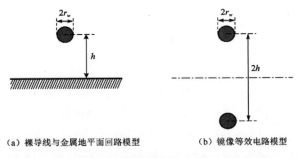

（a）裸导线与金属地平面回路模型   （b）镜像等效电路模型

图 3-12 传输电缆 2 维模型

　　为了得到导线两端连接器的接口模型，在下面的实验测试中选取长度为 6cm、高度为 5cm 的导线进行测试，如图 3-13 所示。选取较短的测试长度是为了在低频段避开传输电缆的谐振点，从而更有利于得到导线的等效电容和电感。由于分析的最高频率为 1GHz，对应的波长为 30cm，所以将 6cm 导线等分为 2 段——每段 3cm 长度（最短波长的 1/10），即可近似于实际模型。受试 6cm 导线的集中分段等效电路如图 3-14 所示，其中，L_t 为端板的分布电感，C_t 为导线与端板之间的分布电容。

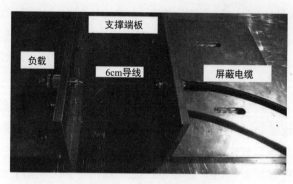

图 3-13　实验测试布局

　　利用矢量网络分析仪的 S_{11} 测量方法获取传输电缆的输入阻抗，如图 3-15 所示，当用网络分析仪测量传输电缆的 S_{11} 参数时，有

$$S_{11} = \frac{Z_{in} - Z_{VNA}}{Z_{in} + Z_{VNA}} \tag{3-76}$$

式中，$Z_{VNA} = 50\Omega$ 为网络分析仪内阻抗。

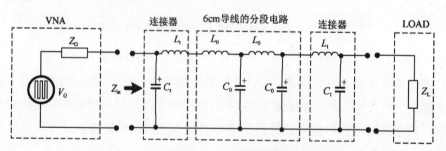

图 3-14　受试 6cm 导线的集中分段等效电路

将式（3-76）进行变换，可得

$$Z_{in} = Z_{VNA} \frac{1+S_{11}}{1-S_{11}} Z_G \tag{3-77}$$

　　根据测量得到 S_{11} 参数，可以用式（3-77）推知网络的输入阻抗。

　　以如图 3-14 所示的受试 6cm 导线的集中分段等效电路为例，当负载开路时，根据测试 S_{11} 参数推知开路输入阻抗 Z_{OC}；当负载短路时，根据测试 S_{11} 参数推知短路输入阻抗 Z_{SC}。对图 3-15 分析可知，在较低的频率下（第一个谐振点为 350MHz），如在

350/10=35MHz 以下，开路阻抗应呈现容性，并且该测试电容值应满足：

$$C_{\text{measure}} = \frac{1}{\omega Z_{\text{OC}}} = 2(C_{\text{t}} + C_0) \tag{3-78}$$

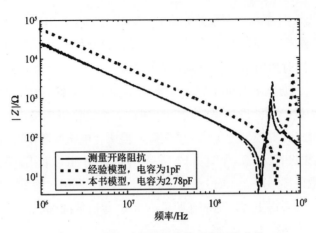

图 3-15　6cm 长度的导线的开路阻抗曲线

对图 3-16 分析可知，在较低的频率下（第一个谐振点为 310MHz），如在 310/10=31MHz 以下，短路阻抗应呈现感性，该电感值满足：

$$L_{\text{measure}} = \frac{Z_{\text{SC}}}{\omega} = 2(L_{\text{t}} + L_0) \tag{3-79}$$

分段电容 C_0 和电感 L_0 分别为

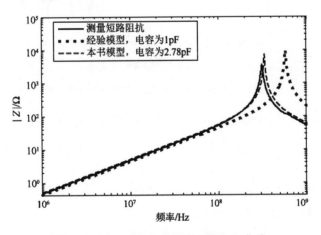

图 3-16　6cm 长度的导线的短路阻抗曲线

$$C_0 = \frac{3 \times 10^{-2} \pi \varepsilon_0}{\cosh^{-1}(50/0.5)} = 0.315 \text{ pF} \tag{3-80}$$

$$L_0 = \frac{3 \times 10^{-2} \mu_0}{\pi} \cosh^{-1}(50/0.5) = 31.8 \text{ nH} \tag{3-81}$$

则将电容 C_0 和电感 L_0 的结果代入式（3-78）和（3-79），可得

$$C_t = \frac{C_{\text{measure}}}{2} - C_0 = 2.79 \text{ pF} \tag{3-82}$$

$$L_t = \frac{L_{\text{measure}}}{2} - L_0 = 6.2 \text{ nH} \tag{3-83}$$

　　将这些参数代入图 3-14，用电路分析方法，可分别计算出开路输入阻抗 Z_{oc} 和短路输入阻抗 Z_{sc}，将结果分别与 S_{11} 导出的阻抗结果进行比较，如图 3-15 和图 3-16 所示。图 3-15 和图 3-16 同时给出了传统经验模型的结果——将 C_t 设为 1pF 电容，可以看出经验模型的误差很大。通过本书讲述的方法得到的结果与测量结果吻合程度很好，满足近似计算的需要。为进一步验证这里得到的 L_t 和 C_t，将这些值直接代入 30cm 长度的传输电缆电路进行计算（计算模型为传输电缆矩阵，但所有电路参数使用 6cm 长度导线的结果），并与测试结果进行比较，如图 3-17 所示。从比较中可以看出，利用 6cm 长度的导线得到的电路参数同样适用于 30cm 长度的导线，另外，利用传输矩阵得到的结果在谐振频率点与测量结果吻合得更好，更加证明了 L_t 和 C_t 数值的准确性。

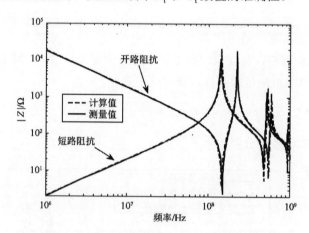

图 3-17　30cm 长度的导线的开路与短路阻抗曲线

　　为检验式（3-75）的计算结果，在图 3-10 中，信号源幅度选取 0.2239V（107dBμV），扫频范围为 10MHz～1GHz，利用测量射频电流探头（Eaton Corp，mode Model 94111-1，1MHz~1000 MHz）对导线任意位置的射频电流进行测量，并与相应位置的计算结果进行比较。这里仅给出沿导线长度方向的两个位置（近端板位置和中间位置）的结果比较，并考虑了开路负载和 50Ω 负载的情况。

　　导线负载为开路状态时，选取两个测试位置的电流结果进行比较，如图 3-18 所示。导线负载为 50Ω 电阻状态时，选取两个测试位置的电流结果进行比较，如图 3-19 所示。这里用线性横坐标是为了更好地表示高频下的特征，从图 3-18 和图 3-19 中可以看出，对于 300MHz 以下的频率，采用时域方法和频域方法计算的结果均能与测量结果较好地吻合；对于 300MHz 以上的频率，测量结果与计算结果开始出现偏差，但主要谐振频率峰值的误差均在 6dB 以内。

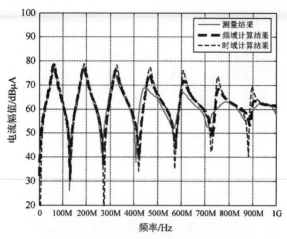

（a）测试位置 $z=10\text{cm}$

图 3-18　架空裸导线射频电流波形（负载为开路）

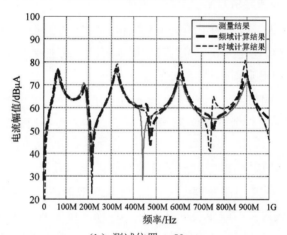

（b）测试位置 $z=50\text{cm}$

图 3-18　架空裸导线射频电流波形（负载为开路）（续）

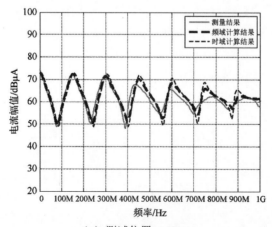

（a）测试位置 $z=10\text{cm}$

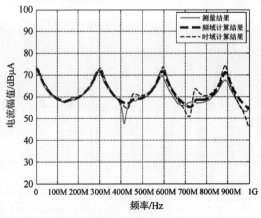

（b）测试位置 z=50cm

图 3-19　架空裸导线射频电流波形（负载为 50Ω 电阻）

3．屏蔽电缆的频域分析方法

在实际系统中，带屏蔽层的电缆应用范围相当广泛，特别是在对电磁兼容性能要求严格的领域。屏蔽电缆也是提高信号传输电磁兼容能力的主要手段，因此，分析由于屏蔽电缆产生的辐射场问题同样具有重要的实际意义。

研究屏蔽电缆的辐射场，只需要将图 3-10 中的裸导线更换成 RG-58 屏蔽电缆，其他测试布置保持不变。选取 RG-58 屏蔽电缆是因为单芯电缆相对简单，模型相对成熟。

理解屏蔽电缆的辐射机理，重点是要理解屏蔽电缆载流内导体－屏蔽层－外部电路的耦合关系，此关系从电路原理上可以用图 3-20 来描述。电缆的截流信号通过电缆内导体和屏蔽层构成内部传输电缆回路，这个回路激励源就是实际电路需要传送的信号或功率源；电缆屏蔽层与外部电路构成另一个外部传输电缆回路，其激励源有两个：通过屏蔽层转移阻抗感应的串联电压源和通过屏蔽层转移导纳感应的并联电流源。从图 3-21 中可以看出，实际上屏蔽层电流才是产生辐射的真正激励电流，因此，计算屏蔽电缆的辐射场也是先通过传输电缆方法得到屏蔽层电流，然后运用天线场理论计算辐射场。

屏蔽电缆的内部传输电缆方程可以用类似于式（3-69）和式（3-70）的形式来描述，同时对屏蔽层内导体的电流和电压进行求解，可得

$$I_S(z,\omega) = \frac{1 - T_L e^{-\gamma_1 l_e} e^{2\gamma_1 z}}{1 - T_S T_L e^{-\gamma_1 l_e}} \frac{V_{th}}{Z_{th} + Z_{C1}} e^{-\gamma_1 z} \tag{3-84}$$

$$V_S(z,\omega) = \frac{1 + T_L e^{-\gamma_1 l_e} e^{2\gamma_1 z}}{1 - T_S T_L e^{-\gamma_1 l_e}} \frac{Z_{C1} V_{th}}{Z_{th} + Z_{C1}} e^{-\gamma_1 z} \tag{3-85}$$

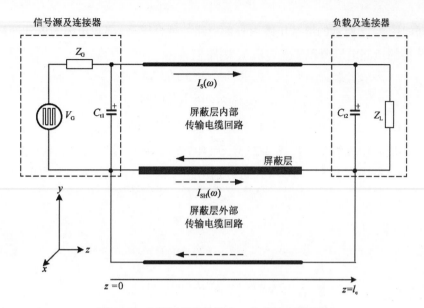

图 3-20　分析屏蔽电缆的内、外传输电缆回路

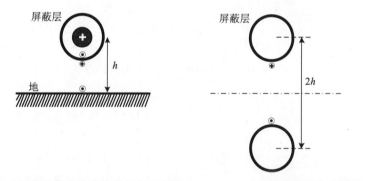

（a）屏蔽电缆内外电流的方向示意图　　　（b）镜像等效电路模型

图 3-21　屏蔽传输电缆的 2 维模型

式中，$\gamma_1 = \sqrt{(R_1 + j\omega L_1)(G_1 + j\omega C_1)}$，$Z_{C1} = \sqrt{(R_1 + j\omega L_1)/(G_1 + j\omega C_1)}$。

屏蔽电缆内部传输电缆电路的单元长度等效电路参数为

$$R_1 = \frac{1}{2\pi}\left(\frac{1}{a} + \frac{1}{b}\right)\sqrt{\pi f \mu_0 / \sigma_{\mathrm{CU}}} \tag{3-86}$$

$$L_1 = \frac{\mu_0}{2\pi}\ln\left(\frac{b}{a}\right) \tag{3-87}$$

$$C_1 = \frac{2\pi\varepsilon_0\varepsilon_{\mathrm{PE}}}{\ln(b/a)} \tag{3-88}$$

$$G_1 = \frac{2\pi\sigma_{\mathrm{PE}}}{\ln(b/a)} \tag{3-89}$$

式中，a 为内导体半径，b 为屏蔽内介质半径，$\varepsilon_{\mathrm{PE}}$ 为屏蔽内绝缘介质介电常数，σ_{PE} 为屏蔽内绝缘介质电导率。

　　根据如图 3-22 所示的屏蔽电缆内外部电路的耦合模型，屏蔽电缆的内外部耦合关系可用屏蔽层的泄漏电压源和泄漏电流源来描述：

$$V_T(z,\omega) = Z_T I_S(z,\omega) \tag{3-90}$$

$$I_T(z,\omega) = Y_T V_S(z,\omega) \tag{3-91}$$

式（3-90）和式（3-91）中的 Z_T 和 Y_T 分别为电缆屏蔽层的转移阻抗和转移导纳，RG-58 屏蔽电缆的屏蔽层编织结构如图 3-23 所示，RG-58 屏蔽电缆的主要参数如表 3-2 所示。参考 Kley 和 Vance 的模型，Z_T 和 Y_T 可分别由式（3-92）和式（3-93）得出：

$$Z_T = Z_R + j\omega L_T + (1+j)\omega L_G \tag{3-92}$$

$$Y_T = j\omega C_{12} \tag{3-93}$$

式中，

$$Z_R \approx \frac{1}{\sigma G_0 \cos\alpha} \frac{2}{\pi^2 D_m d} \frac{d_R(1+j)/\delta}{\sinh\left[d_R(1+j)/\delta\right]}$$

$$L_T \approx \frac{\mu_0}{m}\left[0.458(2-\cos\alpha)(1-G)^3 e^{-\tau_H} - \frac{0.11}{n}\cos(2k_1\alpha)\right]$$

$$L_G \approx \frac{1}{m\sigma_{CU}\delta\omega D_m}\left[10\pi G_0^2\cos\alpha(1-G)e^{-\tau_E} - \frac{\cos(2k_2\alpha)}{1.9G_0}\right]$$

$$d_R = 0.67d/\sqrt{\cos\alpha}, \quad \tau_E = 12G\sqrt[3]{B^2 d/D_m}$$

$$\tau_H = 9.6G\sqrt[3]{B^2 d/D_m}, \quad k_1 = \frac{\pi}{4}\left[\frac{2}{3}G_0 + \frac{\pi}{10}\right]^{-1}, \quad k_2 = \frac{\pi}{4}\left[\frac{2}{3}G_0 + \frac{3}{8}\right]^{-1}$$

$$C_{12} = \frac{\pi C_1 C_2}{6m\varepsilon_0\varepsilon_{PE}}(1-B)^{\frac{3}{2}}\frac{1}{E(e)}, \quad E(e) = \int_0^{\frac{\pi}{2}}\left(1-e^2\sin^2 x\right)^{\frac{1}{2}}dx$$

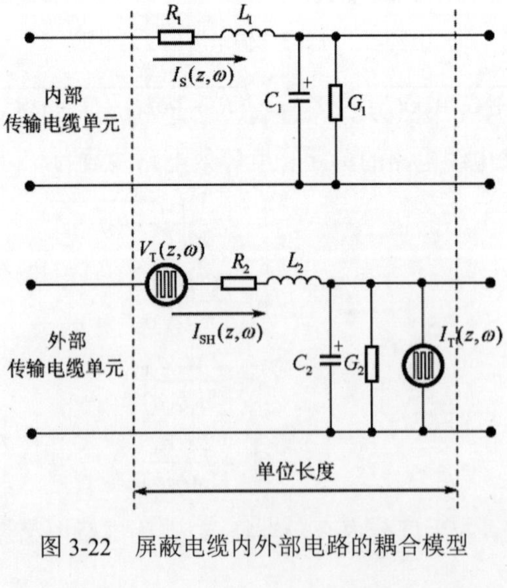

图 3-22　屏蔽电缆内外部电路的耦合模型

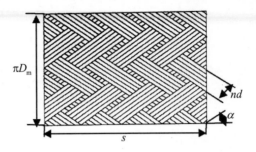

图 3-23　RG-58 屏蔽电缆的屏蔽层编织结构

表 3-2　RG-58 屏蔽电缆的主要参数

符　号	符 号 说 明	数　值
m	编织线束的数目	12
n	每个线束的导线数目	9
d	编织导线直径	0.127 mm
D_0	屏蔽电缆内直径	2.95 mm
s	绞距长度	19.79 mm
D_m	含屏蔽层的平均直径	3.3 mm
α	编织角	27.42 degree
G_0	最小填充系数	0.6681
G	填充系数	0.7526
B	光学覆盖率	0.9388
a	内导体半径	0.456 mm
b	屏蔽内介质半径	1.475 mm

根据屏蔽层外部传输电缆矩阵方程，可以求得屏蔽电缆外部回路电流表达式为

$$I_{SH}(z,\omega) = \kappa \cosh(\gamma_2 z) - \int_0^z \frac{1}{Z_{C2}} \sinh\left[\gamma_2(z-\xi)\right] V_T(z,\omega)\mathrm{d}\xi$$

$$+ \int_0^z \cosh\left[\gamma_2(z-\xi)\right] I_T(z,\omega)\mathrm{d}\xi \qquad (3\text{-}94)$$

式中，

$$\kappa = \frac{\int_0^{l_e} \cosh\left[\gamma_2(z-\xi)\right] V_T(z,\omega)\mathrm{d}\xi - \int_0^{l_e} Z_{C2} \sinh\left[\gamma_2(z-\xi)\right] I_T(z,\omega)\mathrm{d}\xi}{Z_{C2} \sinh(\gamma_2 l_e)}$$

$$\gamma_2 = \sqrt{(R_2 + \mathrm{j}\omega L_2)(G_2 + \mathrm{j}\omega C_2)}, \quad Z_{C2} = \sqrt{(R_2 + \mathrm{j}\omega L_2)/(G_2 + \mathrm{j}\omega C_2)}$$

屏蔽电缆外部传输电缆电路，即屏蔽层与地平面回路的单位长度等效电路参数为

$$R_2 = \frac{1}{2\pi}\left(\frac{1}{b}\right)\sqrt{\pi f \mu_0 / \sigma_{CU}} \qquad (3\text{-}95)$$

$$L_2 = \frac{\mu_0}{2\pi}\ln\left(\frac{8h}{\pi D_m} + \frac{\pi D_m}{4h}\right) \qquad (3\text{-}96)$$

$$C_2 = \frac{2\pi\varepsilon_0}{\ln\left(\dfrac{8h}{\pi D_{\mathrm{m}}} + \dfrac{\pi D_{\mathrm{m}}}{4h}\right)} \tag{3-97}$$

$$G_2 = \frac{2\pi\sigma_{\mathrm{AIR}}}{\ln\left(\dfrac{8h}{\pi D_{\mathrm{m}}} + \dfrac{\pi D_{\mathrm{m}}}{4h}\right)} \tag{3-98}$$

式中，h 为屏蔽线中心距地平面的高度。

受试 RG-58 屏蔽电缆的长度为 $l_{\mathrm{e}}=1.22\mathrm{m}$，为校验式（3-94）的计算结果，信号源幅度选取 0.2239V（107dBμV），扫频范围为 10MHz～1GHz，利用测量射频电流探头（Eaton Corp，mode Model 94111-1，1～1000 MHz）对电缆屏蔽层任意位置的射频电流进行测量，并与相应位置的计算结果进行比较。这里仅给与出沿电缆长度方向的三个位置（近端板位置、中间位置和近负载端位置）的结果比较，并考虑了开路负载和 50Ω 电阻负载两种情况。

如图 3-24 所示为负载为开路时的屏蔽电缆屏蔽层射频电流，选取了两个测试位置的电流结果进行比较；图 3-25 所示为负载为 50Ω电阻时的屏蔽电缆屏蔽层射频电流，选取了两个测试位置的电流结果进行比较。通过对比可以看出，此模型较好地反映了屏蔽层射频电流的高频特性。

4. 裸导线和屏蔽电缆辐射场预测与测量

辐射场测试布置如图 3-26 所示，辐射场测试在屏蔽暗室中进行。选取一块 2m×1m 的铝板作为单导体电缆的地回路，受试导线长度为 l_{e}，离铝板的高度可由电缆两端的支撑端板调节。受试导线与信号源和负载的连接通过两个安装在支撑端板上的 N 型同轴连接器实现。测试天线高度可调节，采用频谱分析仪接收导线的辐射电场。

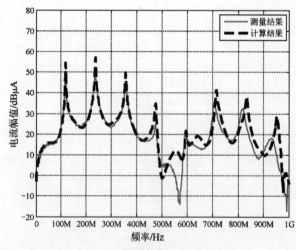

（a）测试位置 z=5cm

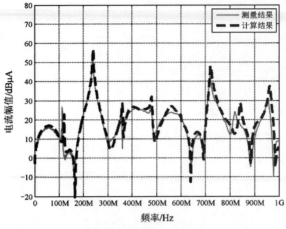

（b）测试位置 z=60cm

图 3-24　负载为开路时的屏蔽电缆屏蔽层射频电流

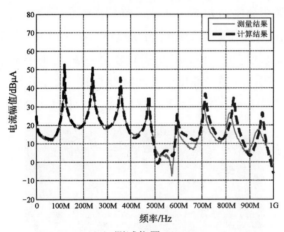

（a）测试位置 z=5cm

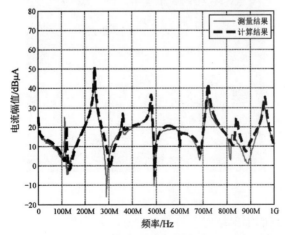

（b）测试位置 z=60cm

图 3-25　负载为 50Ω电阻时的屏蔽电缆屏蔽层射频电流

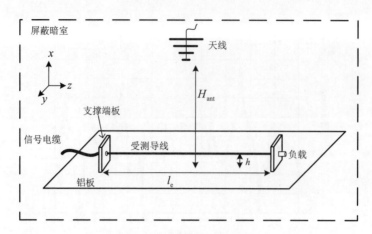

图 3-26 辐射场测试布置

为了验证导线辐射分析模型的正确性，在屏蔽暗室中首先对一根长度为 $l_e=1m$，线半径为 $r_w=0.5mm$，架空高度为 $h=5cm$ 的铜裸导线进行了实验测试研究，辐射场实验测试布置如图 3-27 所示。导线激励源为幅度为 0.224V（功率 0dBm），扫频范围为 10MHz～1GHz 的扫频信号源，负载取空载和 50Ω 电阻负载两种情况。采用电流探头（型号为 Eaton 94111-1）测量射频电流分布；在 20MHz～200MHz 频段，采用双锥天线（Eaton 94455-1）测量辐射电场，在 200MHz～1GHz 频段，采用对数周期天线（EM 3146）测量辐射电场。

图 3-27 辐射场实验测试布置

计算传输电缆电路的辐射场时，将其等效成一串偶极子天线，每个偶极子天线的电流由前面所述的传输电缆分析得到。首先使用公式（3-75）得到传输电缆的电流分布，然后根据图 3-28 所示的传输电缆回路偶极子天线等效示意图来求取整个传输电缆回路在观测点的辐射场。

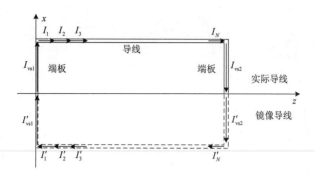

图 3-28　传输电缆回路偶极子天线等效示意图

在图 3-28 中，电流 I_1，I_2，$\cdots$，I_ξ 为导线的电流分布，电流 I'_1，I'_2，$\cdots$，I'_ξ 为相应的镜像电流：

$$I_\xi(\omega) = -I'_\xi(\omega) = I\left(\frac{\xi l_e}{N}, \omega\right), \quad \xi = 1, 2, \cdots, N \tag{3-99}$$

式中，N 为传输电缆的分段数目。

电流 $I_{vs1} = I'_{vs1}$ 为信号源侧端板的电流与其镜像电流，电流 $I_{vs2} = I'_{vs2}$ 为负载侧端板的电流与其镜像电流，这里将两端支撑端板等效为两个单极天线，根据 KCL 定理，可得

$$I_{vs1}(\omega) = I_1(\omega)\vec{n}_x, \quad I_{vs2}(\omega) = -I_N(\omega)\vec{n}_x \tag{3-100}$$

给定观测点的坐标 $P(x, y, z)$，根据偶极子天线的辐射场理论，可分别对图 3-29 中各段偶极子天线的辐射场进行计算，再利用直角坐标系的叠加原理计算整个传输电缆回路的辐射场：

$$\vec{E}_{total}(\omega) = \sum_{\xi=1}^{N}\vec{E}_{real}(\xi, \omega) - \sum_{\xi=1}^{N}\vec{E}_{imag}(\xi, \omega) + \vec{E}_{vs1}(\omega) + \vec{E}'_{vs1}(\omega) - \vec{E}_{vs2}(\omega) - \vec{E}'_{vs2}(\omega) \tag{3-101}$$

式中，E_{real} 和 E_{imag} 分别为导线电流和镜像电流的辐射场，E_{vs1} 和 E_{vs2} 分别为信号源侧端板电流和负载侧端板电流的辐射场，E'_{vs1} 和 E'_{vs2} 分别为信号源侧端板镜像电流和负载侧端板镜像电流的辐射场。在式（3-101）中，电缆各部分的电场分量均采用偶极子天线辐射电场（见 3.1 节）计算得到，对于任意一个单位元 $\xi \in [1, N]$ 的电场计算式，均有 $l = l_e/N$，$I_0 = I_\xi$。

图 3-29 和图 3-30 给出了测试点坐标为 $P(0, 1m, 50cm)$ 的裸导线辐射电场的测量结果与计算结果对比，研究频率范围为 30MHz～1GHz。从对比结果可以看出，与传统的近似模型（只考虑传输电缆本身，不考虑两端支撑端板）相比，本节提出的方法更好地吻合了导线辐射场的测量结果，全频段误差均小于 3dB。应用本书的求解方法，在一台 Intel Core 2 Duo E8400/4.0G 台式计算机上，在各种负载情况下辐射场的计算时间仅为 6.75s，相对于基于有限元等方法的三维场数字仿真计算，本节的方法具有显著的速度优势。

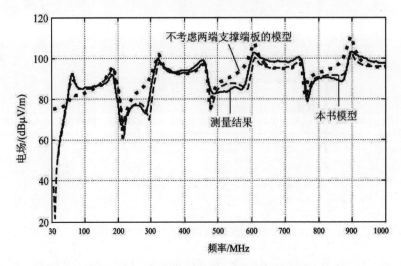

图 3-29　负载为开路时的裸导线辐射电场

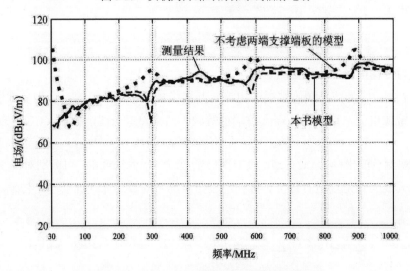

图 3-30　负载为 50Ω电阻时的裸导线辐射电场

如图 3-31 所示为负载为开路时的 RG-58 屏蔽电缆的辐射电场，图 3-32 所示为负载为 50Ω电阻时屏蔽电缆辐射电场，频率范围为 30MHz～1GHz，屏蔽电缆辐射电场的结果显示，计算结果较好地反映了辐射的主要谐振频率和幅值，在低频段，计算结果与测量结果吻合得很好，最大误差小于 6dB；在 800MHz 以上的高频段内出现了较大的误差，个别频率点的误差在 10dB 以上，这主要是屏蔽层电流的高频计算误差造成的。

本节提出了一种快速计算互联导线辐射电场的方法，这种基于偶极子天线和传输电缆分析方法的建模技术，较好地克服了时域仿真方法在速度上的不足，另外该方法可以考虑导线两端连接器和支撑端板对系统辐射场的贡献，而这些因素在以往的文献中并未得到重视。

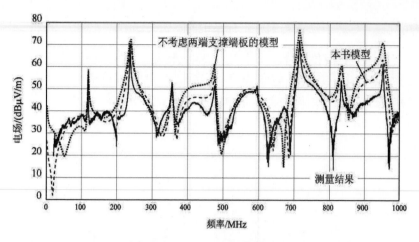

图 3-31 负载为开路时的 RG-58 屏蔽电缆的辐射电场

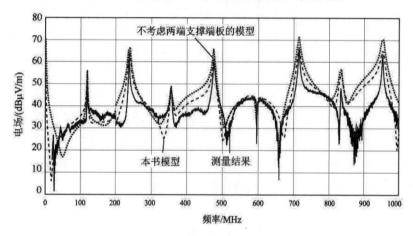

图 3-32 负载为 50 电阻时的 RG-58 屏蔽电缆辐射电场

3.2.2 大容量系统多相电缆辐射磁场分析

大容量系统（如电磁发射系统）中的供电电缆具有通电电流大、传输距离长、分布范围广等特点，是系统的主要磁场辐射源之一。快速准确地预测供电电缆的磁场辐射并进行必要的优化设计，对提高大容量系统的电磁兼容性有重要意义。为了实现对供电电缆磁场辐射的快速预测，并指导其优化设计，需要建立单相电缆、三相电缆和六相电缆在常见布局方式下的磁场辐射计算模型，并进行仿真和计算验证。

1. 单根载流导体的磁场辐射模型

单根载流导体的磁场辐射模型是分析供电电缆磁场辐射的基础，因此，下面在 3.1 节的基础上对单根载流导体的磁场辐射进行分析讨论。

如图 3-33 所示，设单根载流导体长度为 $2l$，在导体长度远小于电流波长的情况下，可以认为导体上的电流处处相等，设为 $I = I_m \cdot e^{j\theta}$。单根导体产生的磁场辐射具有轴对

称性，采用圆柱坐标系，则 A 与圆柱坐标系中的 φ 无关，由式（3-17）可得

$$A = \hat{z}\frac{\mu_0 I}{4\pi}\int_{-l}^{l}\frac{dz'}{\sqrt{\rho^2+(z-z')^2}} = \hat{z}\frac{\mu_0 I}{4\pi}\ln\frac{(l-z)+\sqrt{(l-z)^2+\rho^2}}{-(l-z)+\sqrt{(l+z)^2+\rho^2}} \tag{3-102}$$

式中，$\hat{z}$ 为单位矢量。利用圆柱坐标系中的旋度公式，得

$$B = \nabla \times A = \hat{\varphi}\frac{\mu_0 I}{4\pi\rho}\left[\frac{l-z}{\sqrt{(l-z)^2+\rho^2}}+\frac{l+z}{\sqrt{(l+z)^2+\rho^2}}\right] \tag{3-103}$$

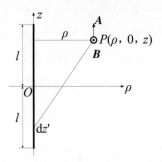

图 3-33　单根载流导体示意图

式（3-103）为通电电流为 $I = I_m \cdot e^{j\theta}$，长度为 $2l$ 的单根载流导体的磁场辐射公式。其中，$\hat{\varphi}$ 为单位矢量。进行磁场辐射预测时，主要需要注意其最大值。通电流幅度 1A，长度 2m 的单根载流导体在 $P(\rho, 0, z)$ 点的磁场辐射，如图 3-34 所示。从图 3-34 中可以看出，在导体中部平面上，即 $z = 0$ 处的磁场辐射最大，为

$$B_{max} = B\big|_{z=0} = \hat{\varphi}\frac{\mu_0 I}{2\pi}\cdot\frac{l}{\rho\sqrt{l^2+\rho^2}} \tag{3-104}$$

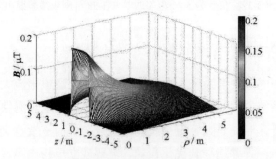

（a）磁场辐射与空间位置的关系

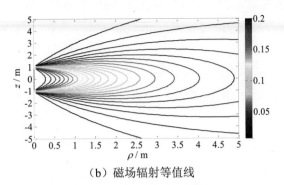

（b）磁场辐射等值线

图 3-34　单根载流导体的磁场辐射

当 $l \gg \rho$ 时，式（3-104）可近似为

$$\boldsymbol{B}_{\text{max}} \approx \hat{\boldsymbol{\varphi}} \frac{\mu_0 \boldsymbol{I}}{2\pi} \cdot \frac{1}{\rho} \tag{3-105}$$

对比式（3-104）和式（3-105）可以看出，当 $l \gg \rho$ 时，式（3-105）近似值与式（3-104）的精确值的误差小于 3dB，因此，当观察点到导体的距离小于导体长度的一半时，可以用式（3-105）代替式（3-104）进行磁场辐射的保守计算，从而给出磁场辐射的最大值。

2．单相系统两根电缆的磁场辐射

单相电缆指的是通电电流（直流或单相交流）大小相同、相位相反的两根平行导体，如图 3-35 所示。单相电缆的两根导体间距为 $2a$，通电电流分别为 $\boldsymbol{I}_1 = I_{\text{m}} \cdot \text{e}^{\text{j}0}$ 和 $\boldsymbol{I}_2 = I_{\text{m}} \cdot \text{e}^{\text{j}\pi}$，在不考虑临近效应的情况下，计算外部磁场辐射时可以认为电流集中在导体中心。

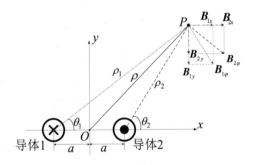

图 3-35　单相电缆示意图

假设观察点到导体的距离小于导体长度的一半，由式（3-105）可知，导体 1 产生的垂直于导体 1 和观察点连线方向上的磁场为

$$\boldsymbol{B}_{1\varphi} \approx \frac{\mu_0 \boldsymbol{I}_1}{2\pi} \cdot \frac{1}{\rho_1} = \text{e}^{\text{j}0} \cdot \frac{\mu_0 I_{\text{m}}}{2\pi} \cdot \frac{1}{\sqrt{(x+a)^2 + y^2}} \tag{3-106}$$

从而有

$$\boldsymbol{B}_{1x} = \boldsymbol{B}_{1\varphi} \cdot \sin \theta_1 = \text{e}^{\text{j}0} \cdot \frac{\mu_0 I_{\text{m}}}{2\pi} \cdot \frac{y}{(x+a)^2 + y^2} \tag{3-107}$$

$$B_{1y} = B_{1\varphi} \cdot \cos\theta_1 = \mathrm{e}^{\mathrm{j}0} \cdot \frac{\mu_0 I_\mathrm{m}}{2\pi} \cdot \frac{x+a}{(x+a)^2 + y^2} \tag{3-108}$$

同理，导体 2 产生的各个方向上的磁场为

$$B_{2\varphi} \approx \frac{\mu_0 I_2}{2\pi} \cdot \frac{1}{\rho_2} = \mathrm{e}^{\mathrm{j}\pi} \cdot \frac{\mu_0 I_\mathrm{m}}{2\pi} \cdot \frac{1}{\sqrt{(x-a)^2 + y^2}} \tag{3-109}$$

$$B_{2x} = B_{2\varphi} \cdot \sin\theta_2 = \mathrm{e}^{\mathrm{j}\pi} \cdot \frac{\mu_0 I_\mathrm{m}}{2\pi} \cdot \frac{y}{(x-a)^2 + y^2} \tag{3-110}$$

$$B_{2y} = B_{2\varphi} \cdot \cos\theta_2 = \mathrm{e}^{\mathrm{j}\pi} \cdot \frac{\mu_0 I_\mathrm{m}}{2\pi} \cdot \frac{x-a}{(x-a)^2 + y^2} \tag{3-111}$$

观察点 P 上总的磁感应强度矢量为

$$\begin{aligned}
\boldsymbol{B} &= \hat{\mathbf{x}} \cdot (B_{1x} + B_{2x}) + \hat{\mathbf{y}} \cdot (B_{1y} + B_{2y}) \\
&= \hat{\mathbf{x}} \cdot \frac{\mu_0 I_\mathrm{m}}{2\pi} \cdot \left[\frac{\mathrm{e}^{\mathrm{j}0} \cdot y}{(x+a)^2 + y^2} + \frac{\mathrm{e}^{\mathrm{j}\pi} \cdot y}{(x-a)^2 + y^2} \right] \\
&\quad + \hat{\mathbf{y}} \cdot \frac{\mu_0 I_\mathrm{m}}{2\pi} \cdot \left[\frac{\mathrm{e}^{\mathrm{j}0} \cdot (x+a)}{(x+a)^2 + y^2} + \frac{\mathrm{e}^{\mathrm{j}\pi} \cdot (x-a)}{(x-a)^2 + y^2} \right]
\end{aligned} \tag{3-112}$$

其在空间合成场强的幅值为

$$\begin{aligned}
B_\mathrm{m} &= \frac{\mu_0 I_\mathrm{m}}{2\pi} \cdot \sqrt{ \left| \frac{\mathrm{e}^{\mathrm{j}0} \cdot y}{(x+a)^2 + y^2} + \frac{\mathrm{e}^{\mathrm{j}\pi} \cdot y}{(x-a)^2 + y^2} \right|^2 + \left| \frac{\mathrm{e}^{\mathrm{j}0} \cdot (x+a)}{(x+a)^2 + y^2} + \frac{\mathrm{e}^{\mathrm{j}\pi} \cdot (x-a)}{(x-a)^2 + y^2} \right|^2 } \\
&= \frac{\mu_0 I_\mathrm{m}}{2\pi} \cdot \frac{2a}{x^2 + y^2} \cdot \frac{1}{\sqrt{1 + \dfrac{a^4}{(x^2+y^2)^2} + \dfrac{2a^2}{x^2+y^2} - \dfrac{4x^2 a^2}{(x^2+y^2)^2}}}
\end{aligned} \tag{3-113}$$

当满足 $\rho = \sqrt{x^2 + y^2} \gg 2a$ 时，上式可近似为

$$B_\mathrm{m} \approx \frac{\mu_0 I_\mathrm{m}}{2\pi} \cdot \frac{2a}{x^2 + y^2} = \frac{\mu_0 I_\mathrm{m}}{2\pi} \cdot \frac{2a}{\rho^2} \tag{3-114}$$

设 ρ 与 $2a$ 的比值为 $\mathrm{Ratio} = \rho/(2a)$，并定义式（3-114）近似值与式（3-113）精确值以 dB 为单位的误差为 DIFF，则有

$$\mathrm{DIFF} = 20\lg\left(\frac{\text{近似值}}{\text{精确值}} \right) = 20\lg\left(\sqrt{1 + \frac{a^4}{\rho^4} + \frac{2a^2}{\rho^2} - \frac{4x^2 a^2}{\rho^4}} \right) \tag{3-115}$$

进而，可以分析 DIFF 与 Ratio 的关系，以确定式（3-114）的适用范围，不难看出：

$$\sqrt{1 + \frac{a^4}{\rho^4} + \frac{2a^2}{\rho^2} - \frac{4(x^2+y^2)a^2}{\rho^4}} \leq \sqrt{1 + \frac{a^4}{\rho^4} + \frac{2a^2}{\rho^2} - \frac{4x^2 a^2}{\rho^4}} \leq \sqrt{1 + \frac{a^4}{\rho^4} + \frac{2a^2}{\rho^2}} \tag{3-116}$$

因此，DIFF 可能的最小值和最大值分别为

$$\begin{cases}
\mathrm{DIFF}_{\min} = 20\lg\left(\sqrt{1 + a^4/\rho^4 + 2a^2/\rho^2 - 4a^2/\rho^2} \right) = 20\lg\left(1 - a^2/\rho^2 \right) \\
\mathrm{DIFF}_{\max} = 20\lg\left(\sqrt{1 + a^4/\rho^4 + 2a^2/\rho^2} \right) = 20\lg\left(1 + a^2/\rho^2 \right)
\end{cases} \tag{3-117}$$

图 3-36 给出了 $DIFF_{min}$、$DIFF_{max}$ 与 Ratio 的关系曲线。可以看出，当 Ratio≥1，即 $\rho \geq 2a$ 时，近似值与精确值的误差小于 2.5dB；当 Ratio≥2，即 $\rho \geq 2 \times (2a)$ 时，近似值与精确值的误差小于 0.56dB。因此，当 $\rho \geq 2a$ 时，可以用式（3-114）求解单相电缆的磁场辐射。

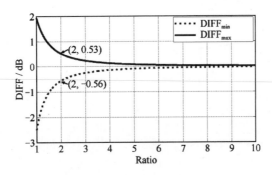

图 3-36 近似公式误差分析

为了验证式（3-114）及本节后续计算模型的准确性，基于 Ansoft 公司的 Maxwell 2D 有限元软件进行仿真验证。基于 Maxwell 2D 计算单相电缆的磁场辐射，仿真结果与实验结果的对比如表 3-3 所示。其中，实验测试结果由磁环天线 HZ-10 和频谱分析仪 RSA 3308 获得。实验用单相电缆长 $l = 700cm$，导体半径 $R = 0.8cm$，两导体间距 $D = 1cm$，通电电流 0.5A/1kHz。

表 3-3 仿真结果与实验结果的对比

与单相电缆的距离	50cm	100cm	150cm
仿真结果（dBpT）	76.9	64.9	57.9
实验结果（dBpT）	77.8	65.2	57.8
误差（dB）	-0.9	-0.3	0.1

由表 3-3 可以看出，仿真结果与实验结果较吻合，这说明利用 Maxwell 2D 计算电缆磁场辐射有较高的准确度，可以用于验证计算模型的准确性。误差最大处出现在 50cm 处，可能的原因是所用的磁场天线的直径为 13.3cm，对 50cm 位置上的实验结果影响较大。

在 Maxwell 2D 中建立单相电缆的磁场辐射仿真模型，如图 3-37 所示。电缆导体半径 $R = 14mm$，两导体间距 $2a = 40mm$，通电电流 $I_m = 1kA$，通电频率分别为 50Hz、1kHz、10kHz 和 100kHz，导体类型设为实心导体，进行仿真计算时，将供电电缆看作实心导体应考虑其涡流效应和临近效应。

图 3-37 仿真模型

将仿真结果与式（3-114）的计算结果进行对比，如图 3-38 所示。其中，给出了 x 轴正半轴（0 度方向）、y 轴正半轴（90 度方向）和 45 度方向上的仿真结果。

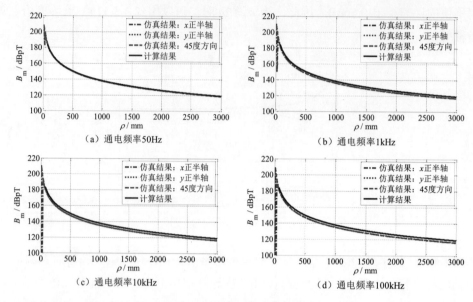

图 3-38　计算模型的仿真验证

从图 3-38 中可以看出，在距离电缆组 10cm～300cm 的范围内，计算结果略大于仿真结果。其中，通电频率为 50Hz 时，最大误差为 0.3dB，通电频率为 1kHz 时，最大误差为 2.2dB，通电频率为 10kHz 时，最大误差为 2.7dB，通电频率为 100kHz 时，最大误差为 2.8dB。计算结果偏大的原因是解析计算没有考虑临近效应，而仿真计算考虑了临近效应。需要说明的是，仿真计算时将供电电缆设为实心导体，而实际使用的供电电缆一般是多股的，且在一些特殊情况下使用的是多股绝缘电缆，临近效应的作用要小于实心导体，因此，解析计算的误差会小于上述各值。此外，随着单相电缆两导体间距离的增加，临近效应的影响会逐渐减弱，解析计算的误差也会小于上述各值。在本章的后续部分进行计算模型验证时，误差原因及分析与图 3-38 基本相同，不再进行详细说明，仅给出误差结果。

3. 单相系统多根并联电缆的磁场辐射

用电设备工作电流较大时，会采用多组电缆并联供电。并联单相电缆的布局方式多样，对布局方式进行合理分类是建立磁场辐射计算模型的基础。下面首先对并联单相电缆的布局方式进行分类，然后在此基础上，建立常见布局方式下的磁场辐射计算模型，并对并联单相电缆的优化布局进行简单讨论。

根据相邻两组单相电缆的电流流向是否一致，可以将并联单相电缆的常见布局方式分为临近同向布局、临近反向布局和临近混合布局三种。下面结合图 3-39 进行说明：

在图 3-39（a）和图 3-39（b）中，任意相邻两组单相电缆的电流流向一致，均是上侧流进，下侧流出（或左侧流进，右侧流出），这种布局方式称为临近同向布局；与此不同，在图 3-39（c）和图 3-39（d）中，任意相邻两组单相电缆的电流流向相反，这种布局方式称为临近反向布局；在图 3-39（e）和图 3-39（f）中，一部分相邻单相电缆的电流流向相同，而另一部分相邻单相电缆的电流流向相反，这种布局方式称为临近混合布局。为简化分析，不考虑阻抗不同引起的电流不均等问题，即认为各个电缆上流过的电流大小相等。

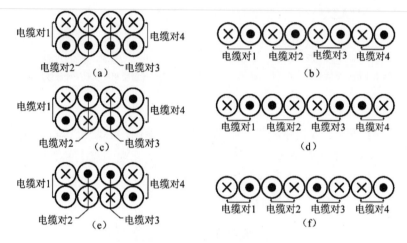

图 3-39 并联单相电缆的布局方式

在以上三种布局方式中，临近混合布局的形式最为多样，重点分析其中一种特殊的布局结构，本书定义这种布局方式为逐级反向布局，该布局方式具有以下特征。

（1）单相电缆的组数为 2^n（$n=1,2,\cdots\cdots$），如 2 组、4 组、8 组；

（2）相邻两组单相电缆组合成一个四电缆单元，得到 2^{n-1} 个四电缆单元；相邻两个四电缆单元组合成一个八电缆单元，得到 2^{n-2} 个八电缆单元；以此类推，在每一级的组合过程中，两个相邻单元按照电流反向的方式布局。

结合图 3-40 对定义的逐级反向布局进行进一步说明。图 3-40（a）和图 3-40（b）所示为 4 组单相电缆的逐级反向布局：首先，电缆对 1 和电缆对 2 反向布局组合成四电缆单元 1，电缆对 3 和电缆对 4 反向布局组合成四电缆单元 2，判断方法是设想将电缆对 2（电缆对 4）移动到电缆对 1（电缆对 3）的位置上，则两组单相电缆的电流相互抵消，其磁场辐射也相互抵消；然后，四电缆单元 1 和四电缆单元 2 组合成八电缆单元，组合时，也采用反向布局方式，判断方法是设想将四电缆单元 2 移动到四电缆单元 1 的位置上，则两个四电缆单元的电流相互抵消，产生的磁场辐射也相互抵消。此外，图 3-40（c）和图 3-40（d）所示为 2 组单相电缆的逐级反向布局。

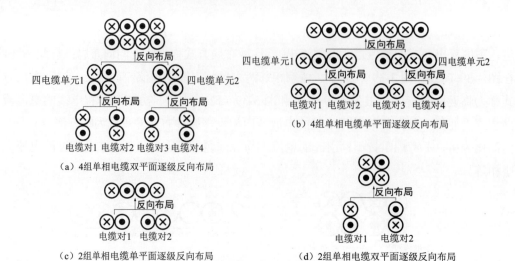

图 3-40　并联单相电缆的逐级反向布局

　　以如图 3-41 所示的 4 组单相电缆临近同向布局为例，当观察点与并联电缆的距离较远时，可以忽略各组电缆的位置差，近似认为各组电缆在观测点上的磁场辐射方向一致，则观察点上磁场辐射的幅值近似等于各组电缆磁场辐射幅值的直接叠加，结合式（3-114），N 组电缆临近同向布局时的磁场辐射为

$$B_\mathrm{m} \approx N \cdot B_\mathrm{m}' \approx N \cdot \frac{\mu_0 I_\mathrm{m}}{2\pi} \cdot \frac{2a}{\rho^2} \tag{3-118}$$

式中，B_m' 为每组单相电缆的磁场辐射幅值，I_m 为每组单相电缆上的电流幅值，$2a$ 为同一组单相电缆的两导体间距，ρ 为观察点到电缆组中心点的距离。

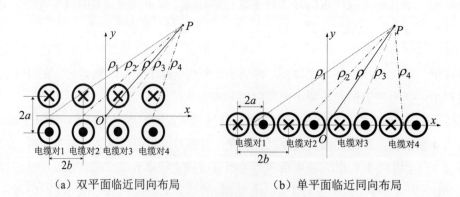

图 3-41　4 组单相电缆临近同向布局

　　多组单相电缆临近同向布局时，可以忽略电缆组的位置差，通过幅值叠加的方法估算其磁场辐射。但是，多组单相电缆临近反向布局时，其磁场辐射与电缆组的位置差有关，分析时必须考虑位置差。下面首先推导了两组单相电缆临近反向布局的磁场辐射计算模型，然后在此基础上给出了多组单相电缆临近反向布局的磁场辐射估算方法。

1）双平面临近反向布局

图 3-42 所示为两组单相电缆双平面临近反向布局示意图，同一组电缆的两导体间距为 $2a$，两组电缆的组间距离为 $2b$，通电电流分别为 $I_1 = I_4 = I_m \cdot e^{j0}$ 和 $I_2 = I_3 = I_m \cdot e^{j\pi}$，在不考虑临近效应的情况下，计算外部磁场辐射时可以认为电流集中在导体中心。

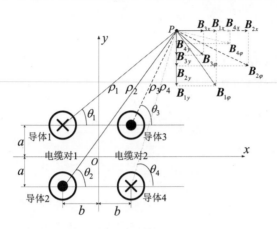

图 3-42　两组单相电缆双平面临近反向布局示意图

采用矢量叠加的方法，可以得到观察点上总的磁感应强度为

$$
\begin{aligned}
\boldsymbol{B} &= \hat{\mathbf{x}} \cdot (\boldsymbol{B}_{1x} + \boldsymbol{B}_{2x} + \boldsymbol{B}_{3x} + \boldsymbol{B}_{4x}) + \hat{\mathbf{y}} \cdot (\boldsymbol{B}_{1y} + \boldsymbol{B}_{2y} + \boldsymbol{B}_{3y} + \boldsymbol{B}_{4y}) \\
&= \hat{\mathbf{x}} \frac{\mu_0 I_m}{2\pi} \left[\frac{e^{j0} \cdot (y-a)}{(x+b)^2 + (y-a)^2} + \frac{e^{j\pi} \cdot (y+a)}{(x+b)^2 + (y+a)^2} + \frac{e^{j\pi} \cdot (y-a)}{(x-b)^2 + (y-a)^2} + \frac{e^{j0} \cdot (y+a)}{(x-b)^2 + (y+a)^2} \right] \\
&\quad + \hat{\mathbf{y}} \frac{\mu_0 I_m}{2\pi} \left[\frac{e^{j0} \cdot (x+b)}{(x+b)^2 + (y-a)^2} + \frac{e^{j\pi} \cdot (x+b)}{(x+b)^2 + (y+a)^2} + \frac{e^{j\pi} \cdot (x-b)}{(x-b)^2 + (y-a)^2} + \frac{e^{j0} \cdot (x-b)}{(x-b)^2 + (y+a)^2} \right]
\end{aligned}
$$

（3-119）

其在空间合成场强的幅值为

$$
\begin{aligned}
B_m &= \frac{\mu_0 I_m}{2\pi} \sqrt{ \left| \frac{e^{j0} \cdot (y-a)}{(x+b)^2 + (y-a)^2} + \frac{e^{j\pi} \cdot (y+a)}{(x+b)^2 + (y+a)^2} + \frac{e^{j\pi} \cdot (y-a)}{(x-b)^2 + (y-a)^2} + \frac{e^{j0} \cdot (y+a)}{(x-b)^2 + (y+a)^2} \right|^2 } \\
&\quad \overline{ + \left| \frac{e^{j0} \cdot (x+b)}{(x+b)^2 + (y-a)^2} + \frac{e^{j\pi} \cdot (x+b)}{(x+b)^2 + (y+a)^2} + \frac{e^{j\pi} \cdot (x-b)}{(x-b)^2 + (y-a)^2} + \frac{e^{j0} \cdot (x-b)}{(x-b)^2 + (y+a)^2} \right|^2 } \\
&= \frac{\mu_0 I_m}{\pi} \cdot \frac{2a \cdot 2b}{\left(\sqrt{x^2 + y^2}\right)^3} \cdot \frac{1}{\sqrt{1 + \dfrac{8a^2 b^2}{(x^2+y^2)^2} + \dfrac{16a^4 b^4}{(x^2+y^2)^4} - \dfrac{64x^2 y^2 a^2 b^2}{(x^2+y^2)^4}}}
\end{aligned}
$$

（3-120）

当 $\rho \gg 2a$ 且 $\rho \gg 2b$，即 $\rho^2 \gg 2a \cdot 2b$ 时，上式可以近似为

$$
B_m \approx \frac{\mu_0 I_m}{\pi} \cdot \frac{2a \cdot 2b}{\left(\sqrt{x^2 + y^2}\right)^3} = \frac{\mu_0 I_m}{\pi} \cdot \frac{2a \cdot 2b}{\rho^3}
$$

（3-121）

当 $a = b$ 时，式（3-121）可简化为

$$B_{\mathrm{m}} \approx \frac{\mu_0 I_{\mathrm{m}}}{\pi} \cdot \frac{(2a)^2}{\rho^3} \tag{3-122}$$

设 $\rho^2 = x^2 + y^2$ 与 $2a \cdot 2b$ 的比值为 $\mathrm{Ratio} = \rho^2 / (2a \cdot 2b)$，并定义式（3-143）近似值与式（3-120）精确值以 dB 为单位的误差为 DIFF，则有

$$\mathrm{DIFF} = 20\lg\left(\frac{近似值}{精确值}\right) = 20\lg\left(\sqrt{1 + \frac{8a^2 b^2}{\rho^4} + \frac{16a^4 b^4}{\rho^8} - \frac{64x^2 y^2 a^2 b^2}{\rho^8}}\right) \tag{3-123}$$

进而，可以分析 DIFF 与 Ratio 的关系，以确定式（3-123）的适用范围，考虑到：

$$\frac{8a^2 b^2}{\rho^4} - \frac{64x^2 y^2 a^2 b^2}{\rho^8} = 8a^2 b^2 \cdot \frac{\rho^4 - 8x^2 y^2}{\rho^8}$$

$$= 8a^2 b^2 \cdot \frac{x^4 + y^4 + 2x^2 y^2 - 8x^2 y^2}{\rho^8} \tag{3-124}$$

$$\geqslant 8a^2 b^2 \cdot \frac{x^4 + y^4 - 2x^2 y^2 - 2x^4 - 2y^4}{\rho^8} = -\frac{8a^2 b^2}{\rho^4}$$

以及：

$$\frac{64x^2 y^2 a^2 b^2}{(x^2 + y^2)^4} \geqslant 0 \tag{3-125}$$

则有

$$\begin{cases} \sqrt{1 + \dfrac{8a^2 b^2}{\rho^4} + \dfrac{16a^4 b^4}{\rho^8} - \dfrac{64x^2 y^2 a^2 b^2}{\rho^8}} \geqslant \sqrt{1 - \dfrac{8a^2 b^2}{\rho^4} + \dfrac{16a^4 b^4}{\rho^8}} = 1 - \dfrac{4a^2 b^2}{\rho^4} \\[4mm] \sqrt{1 + \dfrac{8a^2 b^2}{\rho^4} + \dfrac{16a^4 b^4}{\rho^8} - \dfrac{64x^2 y^2 a^2 b^2}{\rho^8}} \leqslant \sqrt{1 + \dfrac{8a^2 b^2}{\rho^4} + \dfrac{16a^4 b^4}{\rho^8}} = 1 + \dfrac{4a^2 b^2}{\rho^4} \end{cases} \tag{3-126}$$

因此，DIFF 可能的最小值和最大值分别为

$$\begin{cases} \mathrm{DIFF}_{\min} = 20\lg\left(1 - 4a^2 b^2 / \rho^4\right) \\[2mm] \mathrm{DIFF}_{\max} = 20\lg\left(1 + 4a^2 b^2 / \rho^4\right) \end{cases} \tag{3-127}$$

图 3-43 所示为近似公式误差分析，其中描述了 $\mathrm{DIFF}_{\max}$、$\mathrm{DIFF}_{\min}$ 与 Ratio 的关系曲线：当 $\mathrm{Ratio} \geqslant 1$，即 $\rho^2 \geqslant 2a \cdot 2b$ 时，近似值与精确值的差值小于 2.5dB；当 $\mathrm{Ratio} \geqslant 4$，即 $\rho^2 \geqslant 4a \cdot 4b$ 时，近似值与精确值的差值小于 0.14dB。因此，当 $\rho^2 \geqslant 2a \cdot 2b$ 时，可以用式（3-121）求解两组单相电缆双平面临近反向布局的磁场辐射。

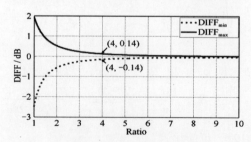

图 3-43　近似公式误差分析

2）单平面临近反向布局

图 3-44 所示为两组单相电缆单平面临近反向布局示意图，其中，同一组电缆的两导体间距为 $2a$，两组电缆的组间距离为 $2b$。

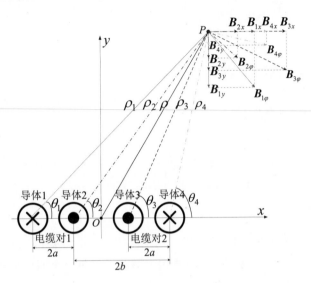

图 3-44　两组单相电缆单平面临近反向布局示意图

采用与双平面临近反向布局相同的分析方法，可以推导出两组单相电缆单平面临近反向布局的磁场辐射为

$$B_{\mathrm{m}} \approx \frac{\mu_0 I_{\mathrm{m}}}{\pi} \cdot \frac{2a \cdot 2b}{\rho^3} \tag{3-128}$$

当所有电缆等间距（$2a$）布置，即 $b = 2a$ 时，式（3-128）可转换为

$$B_{\mathrm{m}} \approx \frac{\mu_0 I_{\mathrm{m}}}{\pi} \cdot \frac{2 \cdot (2a)^2}{\rho^3} \tag{3-129}$$

我们在前面推导过两组单相电缆临近反向布局的磁场辐射。在此基础上，可以方便地计算偶数组单相电缆临近反向布局的磁场辐射。以如图 3-45 所示的 4 组（$N = 4$）单相电缆临近反向布局示意图为例，可以将相邻两组临近反向布局的单相电缆看作一个四电缆单元，对并联单相电缆进行配置，得到 $N/2$ 个四电缆单元，每一个四电缆单元的磁场辐射可以根据式（3-121）或式（3-128）进行计算，即

$$B_{\mathrm{m}}' \approx \frac{\mu_0 I_{\mathrm{m}}}{\pi} \cdot \frac{2a \cdot 2b}{\rho^3} \tag{3-130}$$

结合图 3-45 可以看出，忽略两个四电缆单元的位置差，则两个四电缆单元在远处的磁场辐射大小相等、方向相同，因此，可以近似认为，观察点上磁场辐射幅值近似等于各个四电缆单元磁场辐射幅值的直接叠加，即

$$B_{\mathrm{m}} \approx \frac{N}{2} \cdot B_{\mathrm{m}}' \approx \frac{N}{2} \cdot \frac{\mu_0 I_{\mathrm{m}}}{\pi} \cdot \frac{2a \cdot 2b}{\rho^3} \tag{3-131}$$

式中，N 为并联单相电缆的组数，$2a$ 为同一组电缆的两导体间距，$2b$ 为相邻两组单相电缆的组间距离，I_m 为每组电缆上的电流幅值，ρ 为观察点到电缆组中心点的距离。

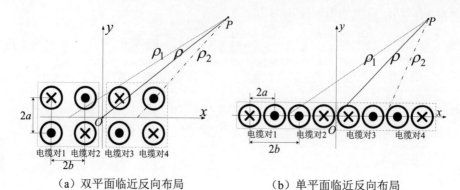

（a）双平面临近反向布局　　　　（b）单平面临近反向布局

图 3-45　4 组单相电缆临近反向布局示意图

以如图 3-46 所示的 5 组单相电缆双平面临近反向布局示意图为例进行说明。可以将相邻两组临近反向布局的单相电缆看作一个四电缆单元，对并联电缆进行配置，得到 $(N-1)/2$ 个四电缆单元，此外第 N 组单相电缆落单。每一个四电缆单元的磁场辐射可以根据式（3-121）[单平面临近反向布局时为式（3-128）]进行计算，而第 N 组电缆的磁场辐射可以根据式（3-114）进行计算。结合式（3-114）和式（3-121）可知，单组单相电缆的磁场辐射和两组单相电缆临近反向布局组成的四电缆单元的磁场辐射的差值为

$$E = 20 \lg \left[\left(\frac{\mu_0 I_m}{2\pi} \cdot \frac{2a}{\rho^2} \right) \Big/ \left(\frac{\mu_0 I_m}{\pi} \cdot \frac{2a \cdot 2b}{\rho^3} \right) \right] = 20 \lg \left(\frac{\rho}{2 \cdot 2b} \right) \tag{3-132}$$

图 3-46　5 组单相电缆双平面临近反向布局示意图

设观察点到电缆组的距离 ρ 与相邻两组电缆的组间距离 $2b$ 的比值为 Ratio $= \rho/(2b)$，可以给出 E 和 Ratio 的关系曲线，如图 3-47 所示。当 Ratio $\geqslant 4$ 时，两组单相电缆临近反向布局组成的四电缆单元的磁场辐射小于单组电缆的磁场辐射（6dB），可以忽略。因此，5 组电缆总的磁场辐射可以近似为单组电缆的磁场辐射，即

$$B_{\mathrm{m}} \approx \frac{\mu_0 I_{\mathrm{m}}}{2\pi} \cdot \frac{2a}{\rho^2} \tag{3-133}$$

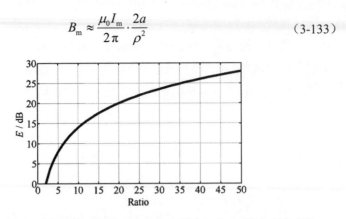

图 3-47　单组单相电缆磁场辐射和两组单相电缆反向布局磁场辐射的差值

前面已经对并联单相电缆的逐级反向布局进行了定义与说明，考虑到实际情况下并联电缆的组数一般不会太多，本节主要分析 4 组单相电缆逐级反向布局的磁场辐射，如图 3-48 所示。其中，同一组电缆的两导体间距为 $2a$，相邻两组电缆的组间距离为 $2b$，两组四电缆单元的组间距离为 $2c$。

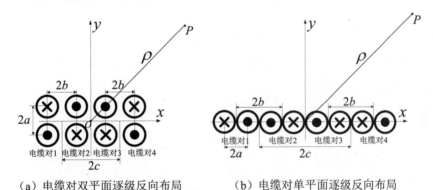

（a）电缆对双平面逐级反向布局　　　　（b）电缆对单平面逐级反向布局

图 3-48　4 组单相电缆逐级反向布局

在不考虑临近效应的情况下，采用矢量叠加方法可以得到 4 组单相电缆逐级反向布局的磁场辐射公式：

$$B_{\mathrm{m}} \approx \frac{3\mu_0 I_{\mathrm{m}}}{\pi} \cdot \frac{2a \cdot 2b \cdot 2c}{\rho^4} \tag{3-134}$$

总结并联单相电缆磁场辐射的计算过程可以看出，可以将多组并联电缆的布局看作将两个组数较少的单元不断组合成组数更多的单元的过程。这两个单元的电缆组数和物理结构可能相同，也可能不同。电缆组数和物理结构相同的两个单元进行组合时，可以反向布局，也可以同向布局。求解组合过程中的磁场辐射时主要会用到以下几种基本方法。

（1）电缆组数和物理结构相同的若干单元同向布局，各单元在远处的磁场辐射大小近似相等、方向近似相同，可以忽略各单元的位置差，则总磁场辐射近似等于各单元磁场辐射幅值的直接叠加。

（2）电缆组数和物理结构相同的两个单元反向布局，必须考虑两个单元的位置差。观察两个单根导体反向布局组合成一组单相电缆、两组单相电缆反向布局组合成一个四电缆单元，以及两个四电缆单元反向布局组合成一个八电缆单元的磁场辐射公式，可以得出以下结论：

$$B'_{\mathrm{m}} = \frac{k \cdot I_{\mathrm{m}}}{\rho^n} \tag{3-135}$$

式中，I_{m} 为电缆的通电电流幅值。在不考虑临近效应的情况下，两组基本单元反向布局（设两组基本单元的距离为 D）时的磁场辐射为

$$B_{\mathrm{m}} = B'_{\mathrm{m}} \cdot \frac{n \cdot D}{\rho} = \frac{n \cdot D \cdot k \cdot I_{\mathrm{m}}}{\rho^{n+1}}$$

（3）电缆组数和物理结构不相同的两个单元进行布局时，如果其中一个单元的磁场辐射比另外一个单元大 6dB 以上，则可以忽略磁场辐射较小的单元的作用，近似认为总的磁场辐射等于磁场辐射较大的单元的磁场辐射。

根据上述思路，可以对大部分并联单相电缆的磁场辐射进行估算。

将多组单相电缆在三种布局方式下的磁场辐射与单组单相电缆的磁场辐射进行对比，可以直观地观察布局方式对磁场辐射的影响，以指导并联单相电缆的优化布局，对比应在电缆组结构尺寸相同的前提下进行。例如，单相电缆两导体间距 a 相等，相邻两组单相电缆的组间距离 b 相等。

1）临近同向布局

对比式（3-118）和式（3-114）可得，N 组单相电缆临近同向布局，其磁场辐射与单组单相电缆磁场辐射的差为

$$E = 20\lg\left[\left(N \cdot \frac{\mu_0 I_{\mathrm{m}}}{2\pi} \cdot \frac{2a}{\rho^2}\right)\bigg/\left(\frac{\mu_0 I_{\mathrm{m}}}{2\pi} \cdot \frac{2a}{\rho^2}\right)\right] = 20\lg N \tag{3-136}$$

从上式可以看出，多组单相电缆临近同向布局，其磁场辐射大于单组单相电缆的磁场辐射，其差值与电缆组数有关。例如，当 $N=2$ 时，差值为 6dB；当 $N=3$ 时，差值为 9dB；当 $N=4$ 时，差值为 12dB。

2）临近反向布局

当电缆组数为奇数时，对比式（3-133）和式（3-114）可得，奇数组单相电缆临近反向布局，其磁场辐射与单组单相电缆的磁场辐射基本相等，即差值为

$$E \approx 0, \quad N\text{为奇数} \tag{3-137}$$

对比式（3-136）和式（3-137）可以看出，奇数组单相电缆临近反向布局，其磁场辐射小于同样组数的单相电缆临近同向布局。例如，$N=3$ 时，奇数组单相电缆临近反向布局的磁场辐射比临近同向布局的磁场辐射约小 9dB；$N=5$ 时，奇数组单相电缆临近反向

布局的磁场辐射比临近同向布局的磁场辐射约小 14dB。

当电缆组数为偶数时，对比式（3-131）和式（3-114）可得，偶数组单相电缆临近反向布局，其磁场辐射与单组单相电缆的磁场辐射的差值为

$$E = 20\lg\left[\left(\frac{N}{2}\cdot\frac{\mu_0 I_{\mathrm{m}}}{\pi}\cdot\frac{2a\cdot 2b}{\rho^3}\right)\bigg/\left(\frac{\mu_0 I_{\mathrm{m}}}{2\pi}\cdot\frac{2a}{\rho^2}\right)\right] = 20\lg\left(N\cdot\frac{2b}{\rho}\right) \qquad (3\text{-}138)$$

式中，ρ 为观察点到电缆组中心点的距离，$2b$ 为相邻两组单相电缆的间距。设 Ratio $= \rho/(2b)$，可以给出 E 和 Ratio 的关系曲线，如图 3-49 所示。其中，分别给出了 N=2、4、6 时对应的磁场辐射差值。

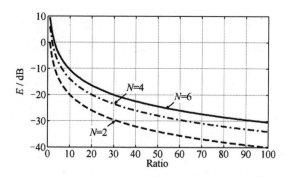

图 3-49　偶数组单相电缆临近反向布局的磁场辐射与单组单相电缆的磁场辐射的
差值 E 和 Ratio 的关系曲线

从图 3-49 中可以看出，由于观察点到电缆组中心点的距离 ρ 一般远远大于相邻两组单相电缆的组间距离 $2b$，偶数组单相电缆临近反向布局的磁场辐射小于单组单相电缆的磁场辐射，更小于同样组数的单相电缆临近同向布局的磁场辐射。以 4 组单相电缆临近反向布局为例，设相邻两组单相电缆的组间距离 $2b$ =5cm，当观察点到电缆组中心点的距离 ρ =50cm，即 Ratio =10 时，临近反向布局的磁场辐射比单组单相电缆的磁场辐射小 14dB，比临近同向布局的磁场辐射小 14+12=26dB；当观察点到电缆组中心点的距离 ρ =100cm，即 Ratio =20 时，临近反向布局的磁场辐射比单组单相电缆的磁场辐射小 20dB，比临近同向布局的磁场辐射小 20+12=32dB。

此外，根据式（3-137）和式（3-138）还可以看出，对于奇数组单相电缆而言，很难将其磁场辐射控制到单组单相电缆的磁场辐射大小以下，但是，对于偶数组单相电缆，采用临近反向布局的方式，可以使其磁场辐射远小于单组单相电缆的磁场辐射。

3）逐级反向布局

通过上述分析可以看出，多组单相电缆临近反向布局，其磁场辐射远小于临近同向布局的磁场辐射。下面以 4 组单相电缆为例，对比逐级反向布局和临近反向布局的磁场辐射。

在临近效应可以忽略的情况下，对比式（3-134）和式（3-131）可得，4 组单相电

缆逐级反向布局和临近反向布局的磁场辐射的差值为

$$E = 20\lg\left[\left(\frac{3\mu_0 I_{\mathrm{m}}}{\pi} \cdot \frac{2a \cdot 2b \cdot 2c}{\rho^4}\right)\bigg/\left(\frac{2\mu_0 I_{\mathrm{m}}}{\pi} \cdot \frac{2a \cdot 2b}{\rho^3}\right)\right] = 20\lg\left(\frac{3}{2} \cdot \frac{2c}{\rho}\right) \tag{3-139}$$

式中，ρ 为观察点到电缆组中心点的距离，$2c$ 为两个四电缆单元的间距。设 Ratio $= \rho/(2c)$，可以得到 E 和 Ratio 的关系曲线，如图 3-50 所示。

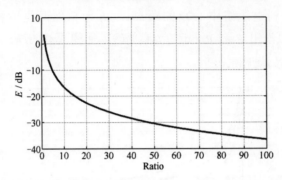

图 3-50　4 组单相电缆逐级反向布局和临近反向布局的磁场辐射的差值

从图 3-50 中可以看出，由于观察点到电缆组中心点的距离 ρ 一般大于两个四电缆单元的间距 $2c$，4 组单相电缆逐级反向布局的磁场辐射要小于临近反向布局的磁场辐射。以两个间距为 $2c = 16\mathrm{cm}$ 的四电缆单元为例，当观察点到电缆组中心点的距离为 $\rho = 50\mathrm{cm}$，即 Ratio ≈ 3 时，逐级反向布局的磁场辐射比临近反向布局的磁场辐射小约 6dB；当观察点到电缆组中心点的距离为 $\rho = 100\mathrm{cm}$，即 Ratio ≈ 6 时，逐级反向布局的磁场辐射比临近反向布局的磁场辐射小约 12dB。

在临近效应不能忽略的情况下，受临近效应的影响，不能按照式（3-134）计算 4 组单相电缆逐级反向布局的磁场辐射，对比仿真结果可以看出，4 组单相电缆逐级反向布局的磁场辐射和临近反向布局的磁场辐射基本相当。

综合上述，为了减小供电电缆的磁场辐射，多组单相电缆并行放置时，应参照以下原则：①尽量选择偶数组电缆，如 2 组、4 组、6 组；②采用逐级反向布局或临近反向布局的布局方式，尽量不采用逐级同向布局的布局方式。

4. 三相系统供电电缆的磁场辐射

三相电缆是指通有大小相等、相位互差 120° 的三相交流电的三根平行导体，有一字型和品字型两种常见的布局方式，下面将推导这两种布局方式下的磁场辐射计算模型。

图 3-51 所示为三相电缆一字型布局示意图，相邻电缆的导体间距为 a，三根电缆上流过的电流分别为 $\boldsymbol{I}_{\mathrm{A}} = I_{\mathrm{m}} \cdot e^{-\mathrm{j}2\pi/3}$，$\boldsymbol{I}_{\mathrm{B}} = I_{\mathrm{m}} \cdot e^{\mathrm{j}0}$，$\boldsymbol{I}_{\mathrm{C}} = I_{\mathrm{m}} \cdot e^{\mathrm{j}2\pi/3}$，在不考虑临近效应的情况下，计算外部磁场辐射时可以认为电流集中在导体中心。

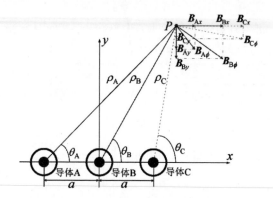

图 3-51 三相电缆一字型布局示意图

采用与单相电缆磁场辐射计算类似的矢量叠加方法，可以求得观察点上总的磁感应强度为

$$
\begin{aligned}
\boldsymbol{B} &= \hat{\mathbf{x}} \cdot (\boldsymbol{B}_{Ax} + \boldsymbol{B}_{Bx} + \boldsymbol{B}_{Cx}) + \hat{\mathbf{y}} \cdot (\boldsymbol{B}_{Ay} + \boldsymbol{B}_{By} + \boldsymbol{B}_{Cy}) \\
&= \hat{\mathbf{x}} \cdot \frac{\mu_0 I_m}{2\pi} \cdot \left[\frac{\mathrm{e}^{-\mathrm{j}2\pi/3} \cdot y}{(x+a)^2 + y^2} + \frac{\mathrm{e}^{\mathrm{j}0} \cdot y}{x^2 + y^2} + \frac{\mathrm{e}^{\mathrm{j}2\pi/3} \cdot y}{(x-a)^2 + y^2} \right] \\
&\quad + \hat{\mathbf{y}} \cdot \frac{\mu_0 I_m}{2\pi} \cdot \left[\frac{\mathrm{e}^{-\mathrm{j}2\pi/3} \cdot (x+a)}{(x+a)^2 + y^2} + \frac{\mathrm{e}^{\mathrm{j}0} \cdot x}{x^2 + y^2} + \frac{\mathrm{e}^{\mathrm{j}2\pi/3} \cdot (x-a)}{(x-a)^2 + y^2} \right]
\end{aligned}
\tag{3-140}
$$

其在空间合成场强的最大值为

$$
\begin{aligned}
B_m &= \frac{\mu_0 I_m}{2\pi} \cdot \sqrt{ \left| \frac{\mathrm{e}^{-\mathrm{j}2\pi/3} \cdot y}{(x+a)^2 + y^2} + \frac{\mathrm{e}^{\mathrm{j}0} \cdot y}{x^2 + y^2} + \frac{\mathrm{e}^{\mathrm{j}2\pi/3} \cdot y}{(x-a)^2 + y^2} \right|^2 + \left| \frac{\mathrm{e}^{-\mathrm{j}2\pi/3} \cdot (x+a)}{(x+a)^2 + y^2} + \frac{\mathrm{e}^{\mathrm{j}0} \cdot x}{x^2 + y^2} + \frac{\mathrm{e}^{\mathrm{j}2\pi/3} \cdot (x-a)}{(x-a)^2 + y^2} \right|^2 } \\
&= \frac{\sqrt{3}\mu_0 I_m}{2\pi} \cdot \frac{a}{x^2 + y^2} \cdot \frac{1}{\sqrt{1 + \dfrac{3a^4 + 5y^2 a^2 - 7x^2 a^2}{(x^2 + y^2)(3x^2 + 3y^2 + a^2)}}}
\end{aligned}
\tag{3-141}
$$

当 $\rho = \sqrt{x^2 + y^2} \gg 2a$ 时，上式可以近似为

$$
B_m \approx \frac{\sqrt{3}\mu_0 I_m}{2\pi} \cdot \frac{a}{x^2 + y^2} = \frac{\sqrt{3}\mu_0 I_m}{2\pi} \cdot \frac{a}{\rho^2}
\tag{3-142}
$$

设 ρ 与 $2a$ 的比值为 Ratio $= \rho/(2a)$，并定义式（3-142）近似值与式（3-141）精确值以 dB 为单位的差值为 DIFF，则有

$$
\mathrm{DIFF} = 20\lg\left(\frac{近似值}{精确值} \right) = 20\lg\left(\sqrt{1 + \frac{3a^4 + 5y^2 a^2 - 7x^2 a^2}{(x^2 + y^2)(3x^2 + 3y^2 + a^2)}} \right)
\tag{3-143}
$$

进而，可以分析 DIFF 与 Ratio 的关系，以确定式（3-143）的适用范围，不难看出：

$$\begin{cases} \sqrt{1+\dfrac{3a^4+5y^2a^2-7x^2a^2}{(x^2+y^2)(3x^2+3y^2+a^2)}} \geqslant \sqrt{1+\dfrac{3a^4-7(x^2+y^2)a^2}{(x^2+y^2)(3x^2+3y^2+a^2)}} \\ \sqrt{1+\dfrac{3a^4+5y^2a^2-7x^2a^2}{(x^2+y^2)(3x^2+3y^2+a^2)}} \leqslant \sqrt{1+\dfrac{3a^4+5(x^2+y^2)a^2}{(x^2+y^2)(3x^2+3y^2+a^2)}} \end{cases} \tag{3-144}$$

因此，DIFF 可能的最小值和最大值分别为

$$\begin{cases} \mathrm{DIFF}_{min}=20\lg\left(\sqrt{1+\dfrac{3a^4-7\rho^2a^2}{\rho^2(3\rho^2+a^2)}}\right) \\ \mathrm{DIFF}_{max}=20\lg\left(\sqrt{1+\dfrac{3a^4+5\rho^2a^2}{\rho^2(3\rho^2+a^2)}}\right) \end{cases} \tag{3-145}$$

图 3-52 所示为近似公式误差分析，描述了 DIFF_{min}、DIFF_{max} 与 Ratio 的关系曲线。当 Ratio $\geqslant 2$，即 $\rho \geqslant 2a$ 时，近似值与精确值的差值小于 2.8dB；当 Ratio $\geqslant 4$，即 $\rho \geqslant 4a$ 时，近似值与精确值的差值小于 0.65dB。因此，当 $\rho \geqslant 2a$ 时，可以用式（3-142）求解一字型三相电缆的磁场辐射。

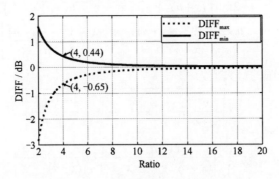

图 3-52　近似公式误差分析

为了验证式（3-142）的准确性，在 Maxwell 2D 中建立三相电缆一字型布局的仿真模型。其中，电缆导体半径 $R=14\mathrm{mm}$，相邻电缆的导体间距 $a=40\mathrm{mm}$，通电电流 $I_m=1\mathrm{kA}$，通电频率分别为 50Hz、1kHz、10kHz 和 100kHz，导体类型设为实心导体。

将仿真结果与式（3-142）的计算结果进行对比，如图 3-53 所示。在距离电缆组 10cm～300cm 的范围内，计算结果略大于仿真结果。其中，通电频率为 50Hz 时，最大误差为 0.3dB；通电频率为 1kHz 时，最大误差为 1.8dB；通电频率为 10kHz 时，最大误差为 2.1dB；通电频率为 100kHz 时，最大误差为 2.1dB。

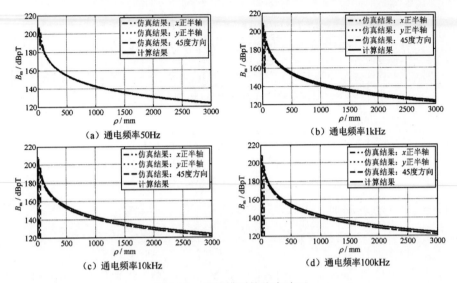

（a）通电频率50Hz　　　　　　（b）通电频率1kHz

（c）通电频率10kHz　　　　　　（d）通电频率100kHz

图 3-53　计算模型的仿真验证

图 3-54 所示为三相电缆品字型布局示意图，相邻电缆的导体间距为 $2a$，三根电缆上的电流分别为 $I_A = I_m \cdot e^{j0}$、$I_B = I_m \cdot e^{j2\pi/3}$ 和 $I_C = I_m \cdot e^{-j2\pi/3}$，在不考虑临近效应的情况下，计算外部磁场时可以认为电流集中在导体中心。

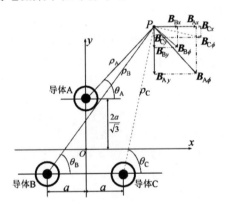

图 3-54　三相电缆品字型布局示意图

采用与单相电缆磁场辐射计算类似的矢量叠加方法，可以求得观察点上总的磁感应强度为

$$
\begin{aligned}
\boldsymbol{B} &= \hat{\mathbf{x}} \cdot (\boldsymbol{B}_{Ax} + \boldsymbol{B}_{Bx} + \boldsymbol{B}_{Cx}) + \hat{\mathbf{y}} \cdot (\boldsymbol{B}_{Ay} + \boldsymbol{B}_{By} + \boldsymbol{B}_{Cy}) \\
&= \hat{\mathbf{x}} \cdot \frac{\mu_0 I_m}{2\pi} \cdot \left[\frac{e^{j0} \cdot (y - 2a/\sqrt{3})}{x^2 + (y - 2a/\sqrt{3})^2} + \frac{e^{j2\pi/3} \cdot (y + a/\sqrt{3})}{(x+a)^2 + (y + a/\sqrt{3})^2} + \frac{e^{-j2\pi/3} \cdot (y + a/\sqrt{3})}{(x-D)^2 + (y + a/\sqrt{3})^2} \right] \\
&\quad + \hat{\mathbf{y}} \cdot \frac{\mu_0 I_m}{2\pi} \cdot \left[\frac{e^{j0} \cdot x}{x^2 + (y - 2a/\sqrt{3})^2} + \frac{e^{j2\pi/3} \cdot (x+a)}{(x+a)^2 + (y + a/\sqrt{3})^2} + \frac{e^{-j2\pi/3} \cdot (x-a)}{(x-a)^2 + (y + a/\sqrt{3})^2} \right]
\end{aligned} \tag{3-146}
$$

其在空间合成场强的最大值为

$$B_{\mathrm{m}} = \frac{\mu_0 I_{\mathrm{m}}}{2\pi} \cdot \sqrt{\left|\frac{\mathrm{e}^{\mathrm{j}0} \cdot (y - 2a/\sqrt{3})}{x^2 + (y - 2a/\sqrt{3})^2} + \frac{\mathrm{e}^{\mathrm{j}2\pi/3} \cdot (y + a/\sqrt{3})}{(x+a)^2 + (y + a/\sqrt{3})^2} + \frac{\mathrm{e}^{-\mathrm{j}2\pi/3} \cdot (y + a/\sqrt{3})}{(x-a)^2 + (y + a/\sqrt{3})^2}\right|^2 + \left|\frac{\mathrm{e}^{\mathrm{j}0} \cdot x}{x^2 + (y - 2a/\sqrt{3})^2} + \frac{\mathrm{e}^{\mathrm{j}2\pi/3} \cdot (x+a)}{(x+D)^2 + (y + a/\sqrt{3})^2} + \frac{\mathrm{e}^{-\mathrm{j}2\pi/3} \cdot (x-a)}{(x-a)^2 + (y + a/\sqrt{3})^2}\right|^2}$$

$$= \frac{\mu_0 I_{\mathrm{m}}}{2\pi} \cdot \frac{\sqrt{6}a}{x^2 + y^2} \cdot \frac{1}{\sqrt{1 + \dfrac{16a^4}{9(x^2 + y^2)^2} - \dfrac{4a^2}{3(x^2 + y^2)} - \dfrac{16\sqrt{3}a^3 y(y^2 - 3x^2)}{3(3x^2 + 3y^2 + 4a^2)(x^2 + y^2)^2}}}$$

$$\tag{3-147}$$

当 $\rho = \sqrt{x^2 + y^2} \gg 2a$ 时，上式可以近似为

$$B_{\mathrm{m}} \approx \frac{\sqrt{6}\mu_0 I_{\mathrm{m}}}{2\pi} \cdot \frac{a}{x^2 + y^2} = \frac{\sqrt{6}\mu_0 I_{\mathrm{m}}}{2\pi} \cdot \frac{a}{\rho^2} \tag{3-148}$$

设 ρ 与 $2a$ 的比值为 Ratio $= \rho/(2a)$，并定义式（3-148）近似值与式（3-147）精确值以 dB 为单位的差值为 DIFF，则有

$$\mathrm{DIFF} = 20\lg\left(\frac{\text{近似值}}{\text{精确值}}\right)$$

$$= 20\lg\left(\sqrt{1 + \frac{16a^4}{9(x^2 + y^2)^2} - \frac{4a^2}{3(x^2 + y^2)} - \frac{16\sqrt{3}a^3 y(y^2 - 3x^2)}{3(3x^2 + 3y^2 + 4a^2)(x^2 + y^2)^2}}\right) \tag{3-149}$$

进而，可以分析 DIFF 与 Ratio 的关系，以便确定式（3-149）的适用范围，考虑到：

$$\left|4\sqrt{3}ay(y^2 - 3x^2)\right| = 8 \cdot \left|ay \cdot [-\sqrt{3}(y^2 + x^2)/2] + 2ay \cdot [\sqrt{3}(y^2 - x^2)/2]\right|$$

$$\leqslant 8 \cdot \left|ay \cdot [-\sqrt{3}(y^2 + x^2)/2]\right| + 16 \cdot \left|ay \cdot [\sqrt{3}(y^2 - x^2)/2]\right|$$

$$\leqslant 4 \cdot \{a^2 y^2 + [-\sqrt{3}(y^2 + x^2)/2]^2\} + 8 \cdot \{a^2 y^2 + [\sqrt{3}(y^2 - x^2)/2]^2\} \tag{3-150}$$

$$= 3(4a^2 y^2 + 3x^4 + 3y^4 - 6x^2 y^2)$$

$$\leqslant 3(4a^2 x^2 + 4a^2 y^2 + 3x^4 + 3y^4 + 6x^2 y^2)$$

$$= 3(4a^2 + 3x^2 + 3y^2)(x^2 + y^2)$$

则有

$$\left|\frac{16\sqrt{3}a^3 y(y^2 - 3x^2)}{3(3x^2 + 3y^2 + 4a^2)(x^2 + y^2)^2}\right| = \frac{4a^2}{3(x^2 + y^2)} \cdot \left|\frac{4\sqrt{3}ay(y^2 - 3x^2)}{(x^2 + y^2 + 4a^2)(x^2 + y^2)}\right| \leqslant 3 \cdot \frac{4a^2}{3(x^2 + y^2)}$$

$$\tag{3-151}$$

进而有

$$\begin{cases} \sqrt{1 + \dfrac{16a^4}{9(x^2 + y^2)^2} - \dfrac{4a^2}{3(x^2 + y^2)} - \dfrac{16\sqrt{3}a^3 y(y^2 - 3x^2)}{3(3x^2 + 3y^2 + 4a^2)(x^2 + y^2)^2}} \geqslant \sqrt{1 + \dfrac{16a^4}{9(x^2 + y^2)^2} - \dfrac{16a^2}{3(x^2 + y^2)}} \\[3ex] \sqrt{1 + \dfrac{16a^4}{9(x^2 + y^2)^2} - \dfrac{4a^2}{3(x^2 + y^2)} - \dfrac{16\sqrt{3}a^3 y(y^2 - 3x^2)}{3(3x^2 + 3y^2 + 4a^2)(x^2 + y^2)^2}} \leqslant \sqrt{1 + \dfrac{16a^4}{9(x^2 + y^2)^2} + \dfrac{8a^2}{3(x^2 + y^2)}} \end{cases}$$

$$\tag{3-152}$$

因此，DIFF 可能的最小值和最大值分别为

$$
\begin{cases}
\text{DIFF}_{\text{min}} = 20\lg\left(\sqrt{1 + \dfrac{16a^4}{9\rho^4} - \dfrac{16a^2}{3\rho^2}}\right) \\[3mm]
\text{DIFF}_{\text{max}} = 20\lg\left(\sqrt{1 + \dfrac{16a^4}{9\rho^4} + \dfrac{8a^2}{3\rho^2}}\right)
\end{cases}
\tag{3-153}
$$

图 3-55 所示为近似公式误差分析。可以看出，当 Ratio $\geqslant 2$，即 $\rho \geqslant 2\times(2a)$ 时，近似值与精确值的差值小于 1.7dB。因此，当 $\rho \geqslant 2\times(2a)$ 时，可以根据式（3-148）求解三相电缆品字型布局的磁场辐射。

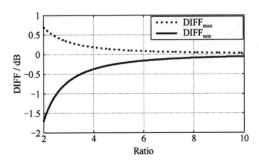

图 3-55　近似公式误差分析

为验证式（3-148）的准确性，在 Maxwell 2D 中建立三相电缆品字型布局的仿真模型。在此模型中，电缆导体半径 R=14mm，相邻电缆的导体间距 $2a$=40mm，通电电流 I_{m} =1kA，通电频率分别为 50Hz、1kHz、10kHz 和 100kHz，导体类型设为实心导体。

将仿真结果与式（3-148）的计算结果进行对比，如图 3-56 所示。从图中可以看出，在距离电缆组 30cm～300cm 的范围内，计算结果略大于仿真结果。其中，通电频率为 50Hz 时，最大误差为 0.5dB；通电频率为 1kHz 时，最大误差为 2.8dB；通电频率为 10kHz 时，最大误差为 3.6dB；通电频率为 100kHz 时，最大误差为 3.8dB。

5．三相系统多根并联电缆的磁场辐射

本书主要分析两组三相电缆单平面或双平面布局的磁场辐射。经分析可知，两组三相电缆单平面布局时主要有 12 种布局方式，如图 3-57（a）所示；双平面布局时主要有 10 种布局方式，如图 3-57（b）所示。仿真计算各种方式的磁场辐射，如图 3-58 所示。

从图 3-58 中可以看出，单平面布局时，AABBCC 布局方式的磁场辐射最大，ABCCBA 布局方式的磁场辐射最小；双平面布局时，ABC/ABC 布局方式的磁场辐射最大，ABC/CBA 布局方式的磁场辐射最小。因此，预测上述四种布局方式下的磁场辐射具有典型意义。其中，在单平面 AABBCC 和双平面 ABC/ABC 布局方式下，

两组三相电缆的排列次序相同，从左到右依次为 A、B、C，本书定义这种布局方式为同次序布局；在单平面 ABCCBA 和双平面 ABC/CBA 布局方式下，两组三相电缆的排列次序相反，从左到右依次为 A、B、C 和 C、B、A，本书定义这种布局方式为反次序布局。

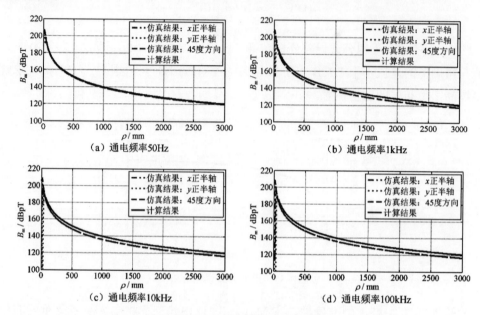

　　（a）通电频率50Hz　　　　　　　　　　　（b）通电频率1kHz

　　（c）通电频率10kHz　　　　　　　　　　　（d）通电频率100kHz

图 3-56　计算模型的仿真验证

（a）单平面布局的12种布局方式

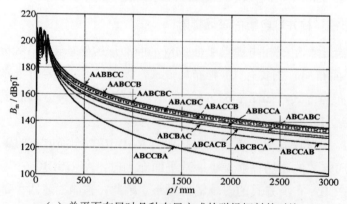

（b）双平面布局的10种布局方式

图 3-57　两组三相电缆并联的布局方式

（a）单平面布局时几种布局方式的磁场辐射的对比

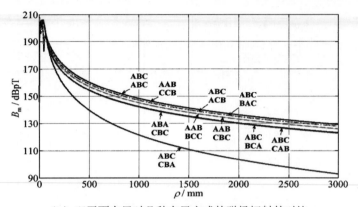

（b）双平面布局时几种布局方式的磁场辐射的对比

图 3-58　两组三相电缆不同布局方式的磁场辐射的对比

1）两组三相电缆同次序布局的磁场辐射

图 3-59 所示为两组三相电缆同次序布局。当观察点与并联电缆的距离较远时，可以忽略两组三相电缆的位置差，近似认为两组三相电缆在观测点上的磁场辐射方向一致，则观察点上磁场辐射的幅值等于两组三相电缆磁场辐射幅值的直接叠加。其中，每组三相电缆的磁场辐射为式（3-142），则两组三相电缆的磁场辐射为

$$B_{\mathrm{m}} \approx 2 \cdot B_{\mathrm{m}}' \approx 2 \cdot \frac{\sqrt{3}\mu_0 I_{\mathrm{m}}}{2\pi} \cdot \frac{a}{\rho^2} \tag{3-154}$$

式中，B_{m}' 为每组三相电缆的磁场辐射幅值，a 为同一组三相电缆相邻两导体的间距，ρ 为观察点到电缆组中心点的距离，I_{m} 为三相电缆上的电流幅值。

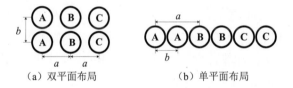

（a）双平面布局　　　　　　　（b）单平面布局

图 3-59　两组三相电缆同次序布局

为验证式（3-154）的准确性，在 Maxwell 2D 中建立两组三相电缆双平面和单平面同次序布局的仿真模型。在此模型中，电缆导体半径 $R=14\mathrm{mm}$，通电电流为 1kA/50Hz，导体类型设为实心导体，相邻两根电缆的导体间距为 40mm。即双平面布局时，同一组三相电缆相邻两导体的间距 $a=40\mathrm{mm}$，两组三相电缆的组间距离 $b=40\mathrm{mm}$；单平面布局时，同一组三相电缆相邻两导体的间距 $a'=80\mathrm{mm}$，两组三相电缆的组间距离 $b'=40\mathrm{mm}$。

将仿真结果与式（3-154）的计算结果进行对比，如图 3-60 所示。从图中可以看出，计算结果与仿真结果基本吻合，说明可以用式（3-154）计算两组三相电缆同次序布局的磁场辐射。

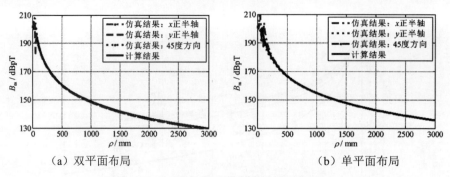

（a）双平面布局   （b）单平面布局

图 3-60   同次序计算模型的仿真验证

2）两组三相电缆反次序布局的磁场辐射

图 3-61 所示为两组三相电缆反次序布局。其中，同一组三相电缆相邻两导体的间距为 a，两组三相电缆的组间距离为 b。在不考虑临近效应的情况下，通过分析可以得到两组三相电缆反次序布局的磁场辐射公式为

$$B_{\mathrm{m}} \approx \frac{\sqrt{3}\mu_0 I_{\mathrm{m}}}{\pi} \cdot \frac{ab}{\rho^3} \qquad (3\text{-}155)$$

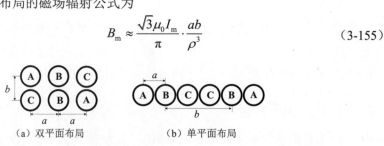

（a）双平面布局   （b）单平面布局

图 3-61   两组三相电缆反次序布局

为验证式（3-155）的准确性，在 Maxwell 2D 中建立两组三相电缆在双平面和单平面反次序布局的仿真模型。将仿真结果与式（3-155）的计算结果进行对比，如图 3-62 所示。从图中可以看出，计算结果与仿真结果基本吻合，说明可以用式（3-155）计算两组三相电缆反次序布局的磁场辐射。

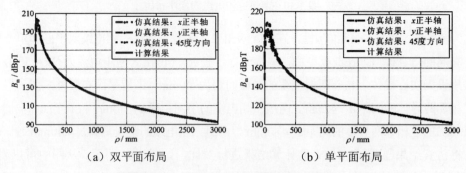

（a）双平面布局   （b）单平面布局

图 3-62   反次序布局计算模型的仿真验证

3）布局方式对磁场辐射的影响分析

在图 3-60 中，基于数值仿真对比了两组三相电缆各种布局方式下的磁场辐射，并得

出了同次序布局磁场辐射最大、反次序布局磁场辐射最小的结论。基于推导的磁场辐射计算模型，可以进一步分析同次序布局和反次序布局对磁场辐射的影响规律。

对于如图 3-59（a）和 3-61（a）所示的双平面布局的情况，在电缆组物理结构相同（电缆导体半径相等，相邻两根电缆的间距相等）的前提条件下，对比式（3-154）和式（3-155）可得，两组三相电缆双平面反次序布局和同次序布局的磁场辐射的差为

$$E = 20\lg\left[\left(\frac{\sqrt{3}\mu_0 I_{\mathrm{m}}}{\pi}\cdot\frac{ab}{\rho^3}\right)\bigg/\left(\frac{\sqrt{3}\mu_0 I_{\mathrm{m}}}{\pi}\cdot\frac{a}{\rho^2}\right)\right] = 20\lg\left(\frac{b}{\rho}\right) \qquad (3\text{-}156)$$

式中，ρ 为观察点到电缆组中心点的距离，b 为两组三相电缆的组间距离，如图 3-61（a）所示。设 Ratio $= \rho/b$，可以给出 E 和 Ratio 的关系曲线，如图 3-63 所示。

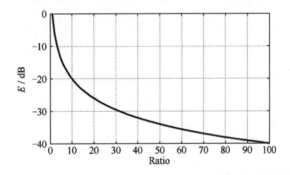

图 3-63　两组三相电缆双平面反次序布局和同次序布局的磁场辐射的差值

从图 3-63 中可以看出，随着观察点到电缆组中心点的距离的增加，反次序布局与同次序布局的磁场辐射差值逐渐增大。以两组三相电缆的组间距离 $b = 5\mathrm{cm}$ 为例，当 $\rho = 50\mathrm{cm}$，即 Ratio $= 10$ 时，反次序布局的磁场辐射比同次序布局的磁场辐射小 20dB；当 $\rho = 100\mathrm{cm}$，即 Ratio $= 20$ 时，反次序布局的磁场辐射比同次序布局的磁场辐射小 26dB。

对于如图 3-59（b）和图 3-61（b）所示的单平面布局的情况，在电缆组物理结构相同（电缆导体半径相等，相邻两根电缆的间距相等）的前提条件下，结合图 3-59（b）和图 3-61（b）可以看出，式（3-154）和式（3-155）中的 a 并不相等。设两组布局方式下相邻电缆的间距均为 d，分别代入式（3-154）和式（3-155），可得两组三相电缆单平面反次序布局和同次序布局的磁场辐射的差为

$$\begin{aligned}
E &= 20\lg\left[\left(\frac{\sqrt{3}\mu_0 I_{\mathrm{m}}}{\pi}\cdot\frac{a_{\text{反}}b_{\text{反}}}{\rho^3}\right)\bigg/\left(\frac{\sqrt{3}\mu_0 I_{\mathrm{m}}}{\pi}\cdot\frac{a_{\text{同}}}{\rho^2}\right)\right] \\
&= 20\lg\left[\left(\frac{\sqrt{3}\mu_0 I_{\mathrm{m}}}{\pi}\cdot\frac{d\cdot 3d}{\rho^3}\right)\bigg/\left(\frac{\sqrt{3}\mu_0 I_{\mathrm{m}}}{\pi}\cdot\frac{2d}{\rho^2}\right)\right] \qquad (3\text{-}157) \\
&= 20\lg\left(\frac{3}{2}\cdot\frac{d}{\rho}\right)
\end{aligned}$$

式中，ρ 为观察点到电缆组中心点的距离，d 为相邻两根电缆的间距。设 $\mathrm{Ratio} = \rho / d$，可以得出 E 和 Ratio 的关系曲线，如图 3-64 所示。

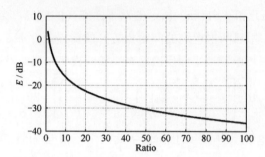

图 3-64　两组三相电缆单平面反次序布局和同次序布局的磁场辐射差值

从图 3-64 中可以看出，随着观察点到电缆组中心点距离的增加，反次序布局与同次序布局的磁场辐射差值逐渐增大。以相邻两根电缆的间距 d=5cm 为例，当ρ=50cm，即 Ratio=10 时，反次序布局的磁场辐射比同次序布局的磁场辐射小 16.5dB；当ρ=100cm，即 Ratio=20 时，反次序布局的磁场辐射比同次序布局的磁场辐射小 23.5dB。

综合上述，为了减少供电电缆的磁场辐射，两组三相电缆并联时，应采用反次序布局的方式，尽量不采用同次序布局的方式。

6．六相系统电缆的磁场辐射

在大功率电磁发射系统中，较为典型的配电方式是三组相位互差 120° 的单相交流电独立供电，如图 3-65 所示。在三组独立单相电缆对称的情况下，六根电缆上的电流大小相等，相位互差 60°，因此，可以称为六相电缆。不考虑临近效应，通过分析，可以得到六相电缆的磁场辐射公式为

$$B_{\mathrm{m}} \approx \frac{\sqrt{3} \mu_0 I_{\mathrm{m}}}{\pi} \cdot \frac{ab}{\rho^3} \tag{3-158}$$

式中，a、b 为图 3-65 中的标示，ρ 为观察点到电缆组中心点的距离，I_{m} 为通电电流的幅值。

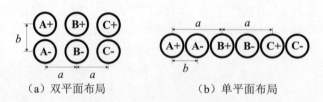

（a）双平面布局　　　　　　（b）单平面布局

图 3-65　六相电缆布局示意图

为了验证式（3-158）的准确性，分别给出六相电缆双平面和单平面布局的计算实例。

1）双平面布局

六相电缆按照如图 3-65（a）所示的双平面布局。在仿真软件中建立双平面布局的

仿真模型，$a=b=40\text{mm}$，电缆导体半径 $R=14\text{mm}$，通电电流 $I_\text{m}=1\text{kA}$，导体类型设为实心导体。将仿真结果与式（3-158）的计算结果进行对比，如图 3-66 所示，可以看出，计算结果与仿真结果基本吻合，说明可以用式（3-158）计算六相电缆双平面布局的磁场辐射。

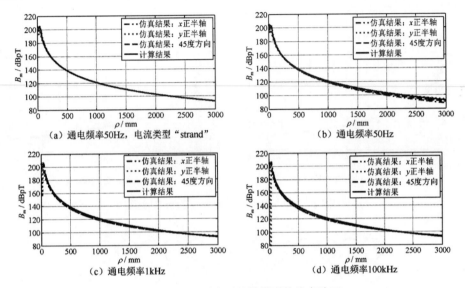

图 3-66　双平面布局计算模型的仿真验证

2）单平面布局

六相电缆按照如图 3-65（b）所示的单平面布局，按此建立单平面布局仿真模型，$a=80\text{mm}$，$b=40\text{mm}$，电缆导体半径 $R=14\text{mm}$，通电电流 $I_\text{m}=1\text{kA}$，导体类型设为实心导体。将仿真结果与式（3-158）的计算结果进行对比，如图 3-67 所示。从图中可以看出，计算结果与仿真结果基本吻合，说明可以用式（3-180）计算六相电缆单平面布局的磁场辐射。

7．六相系统多根并联电缆的磁场辐射

根据实际应用情况，主要分析两组六相电缆并联时的磁场辐射。按照类似单相电缆的分类方法，可以将两组六相电缆的布局方式分为同向布局和反向布局，如图 3-68 所示。图 3-68（a）所示为同向布局，可以将其看作由上平面六相电缆和下平面六相电缆同向组合而成，判断方法是，设想将下平面六相电缆移动到上平面，则两组六相电缆电流的大小相同，方向相同；而图 3-68（b）所示为反向布局，可以将其看作由上平面六相电缆和下平面六相电缆反向组合而成，判断方法是，设想将下平面六相电缆移动到上平面，则两组六相电缆的电流大小相同，方向相反，磁场相互抵消。

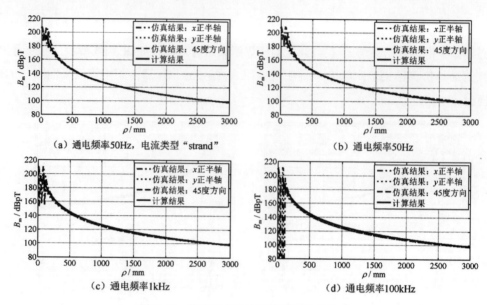

图 3-67 单平面布局计算模型的仿真验证

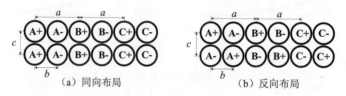

图 3-68 两组六相电缆并联方式

1）两组六相电缆同向布局的磁场辐射

图 3-68（a）所示为同向布局。当观察点与并联电缆中心点的距离较远时，可以忽略两组六相电缆的位置差，近似认为两组六相电缆在观察点上的磁场辐射方向一致，则观察点上磁场辐射的幅值等于两组电缆磁场辐射幅值的直接叠加。其中，每组六相电缆的磁场辐射如式（3-180）所示，则两组六相电缆的磁场辐射为

$$B_{\mathrm{m}} \approx 2 \cdot B_{\mathrm{m}}' \approx 2 \cdot \frac{\sqrt{3}\mu_0 I_{\mathrm{m}}}{\pi} \cdot \frac{ab}{\rho^3} \tag{3-159}$$

式中，B_{m}' 为每组六相电缆的磁场辐射幅值，a、b 为图 3-68（a）中的标示，ρ 为观察点到电缆组中心点的距离，I_{m} 为电缆上的电流幅值。

为验证式（3-159）的准确性，在 Maxwell 2D 中建立两组六相电缆同向布局的磁场辐射仿真模型。在此模型中，两组六相电缆按照如图 3-68（a）所示的同向布局，电缆导体半径 $R=14\mathrm{mm}$，通电电流 $I_{\mathrm{m}}=1\mathrm{kA}$，导体类型设为实心导体，$a=80\mathrm{mm}$，$b=c=40\mathrm{mm}$。将仿真结果与式（3-159）的计算结果进行对比，如图 3-69 所示。从图中可以看出，计算结果与仿真结果基本吻合，说明可以用式（3-159）计算两组六相电缆同向布局时的磁场辐射。

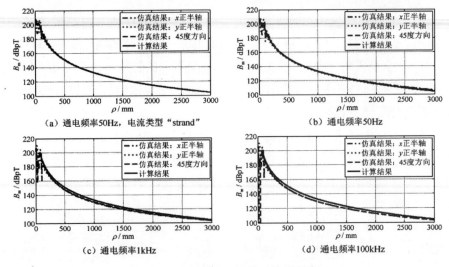

（a）通电频率50Hz，电流类型"strand"　　（b）通电频率50Hz

（c）通电频率1kHz　　（d）通电频率100kHz

图 3-69　同向布局计算模型的仿真验证

2）两组六相电缆反向布局的磁场辐射

图 3-68（b）所示为反向布局。在不考虑临近效应的情况下，通过分析，可以得到两组六相电缆反向布局的磁场辐射公式为

$$B_{\mathrm{m}} \approx \frac{3\sqrt{3}\mu_0 I_{\mathrm{m}}}{\pi} \cdot \frac{abc}{\rho^4} \tag{3-160}$$

式中，a、b、c 为图 3-68（b）中的标示，I_{m} 为电缆电流幅值，ρ 为观察点到电缆组中心点的距离。

为了验证式（3-160）的准确性，给出以下计算实例。图 3-70 所示为反向布局仿真模型，两组六相电缆双平面反向布局。在模型 1 中，$a=80\text{mm}$，$b=40\text{mm}$，$c=40\text{mm}$，导体类型设为多匝导线，此种情况下，进行仿真计算时不考虑导体的涡流效应和临近效应，导体上的电流均匀分布；模型 2 的结构尺寸和模型 1 完全一致，不同的是模型 2 的导体类型设为实心导体，此种情况下，进行仿真计算时需要考虑涡流效应和临近效应的影响，导体上的电流分布不均匀；在模型 3 中，$a'=160\text{mm}$，$b'=40\text{mm}$，$c'=40\text{mm}$，导体类型设为实心导体；在模型 4 中，$a''=160\text{mm}$，$b''=80\text{mm}$，$c''=80\text{mm}$，导体类型设为实心导体。在上述 4 个模型中，电缆通电电流为 1kA/50Hz，电缆导体半径均为 $R=14\text{mm}$。

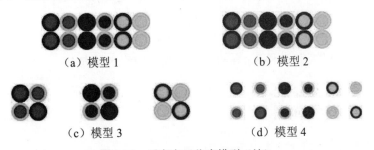

（a）模型 1　　（b）模型 2

（c）模型 3　　（d）模型 4

图 3-70　反向布局仿真模型（续）

　　将如图 3-70 所示的反向布局仿真模型结果与式（3-160）的计算结果进行对比，如图 3-71 所示。从图 3-71（a）中可以看出，若仿真时不考虑导体的临近效应，则式（3-160）的计算结果与仿真结果完全吻合，说明在不考虑临近效应的前提下，式（3-160）的推导准确。但是，从图 3-71（b）中可以看出，若仿真时考虑了导体的临近效应，则式（3-160）的计算结果与仿真结果有很大的差异，说明式（3-160）在不能忽略临近效应的场合并不适用。从图 3-71（c）和图 3-71（d）中可以看出，随着电缆间距的增加，临近效应的影响逐渐减弱，式（3-160）的计算结果与仿真结果的误差逐渐变小。当电缆间距大于 2 倍电缆直径或电缆间距大于 4 倍电缆直径时，可以用式（3-160）估算两组六相电缆反向布局的磁场辐射。

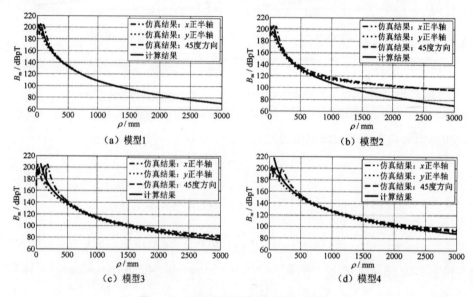

图 3-71　反向布局计算模型的仿真验证

3）布局方式对磁场辐射的影响分析

　　在临近效应可以忽略的情况下，对比式（3-159）和式（3-160）可得，两组六相电缆反向布局和同向布局的磁场辐射差值为

$$E = 20\lg\left[\left(\frac{3\sqrt{3}\mu_0 I_{\mathrm{m}}}{\pi} \cdot \frac{abc}{\rho^4}\right)\bigg/\left(\frac{2\sqrt{3}\mu_0 I_{\mathrm{m}}}{\pi} \cdot \frac{ab}{\rho^3}\right)\right] = 20\lg\left(\frac{3}{2} \cdot \frac{c}{\rho}\right) \tag{3-161}$$

式中，ρ 为观察点到电缆组中心点的距离，c 为两组六相电缆的间距，如图 3-93 所示。设 Ratio $= \rho/c$，可以给出 E 和 Ratio 的关系曲线，如图 3-72 所示。

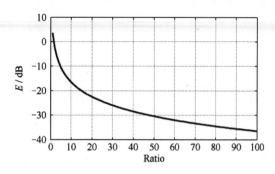

图 3-72 两组六相电缆反向布局的磁场辐射和同向布局的磁场辐射的差值

从图 3-72 中可以看出,由于观察点到电缆组中心点的距离 ρ 一般远大于两组六相电缆的间距 c,两组六相电缆反向布局的磁场辐射要小于同向布局的磁场辐射。以两组六相电缆的间距为 $c=5cm$ 为例,当观察点到电缆组中心点的距离为 $\rho=50cm$,即 Ratio $=10$ 时,反向布局的磁场辐射比同向布局的磁场辐射小 16.5dB;当观察点到电缆组的距离为 $\rho=100cm$,即 Ratio $=20$ 时,反向布局的磁场辐射比同向布局的磁场辐射小 22.5dB。

在不能忽略临近效应的情况下,受临近效应的影响,不能按照式(3-160)计算两组六相电缆反向布局的磁场辐射,但是,对比图 3-69(b)和图 3-71(b)的仿真结果可以看出,两组六相电缆反向布局的磁场辐射小于同向布局的磁场辐射。

综合上述,为了减小两组并联六相电缆的磁场辐射,应采用反向布局的方式进行布局。

3.3 舰船通信系统辐射电磁干扰

3.3.1 舰船通信系统辐射电磁干扰源

舰船上有通信设备、雷达设备、导航、电子对抗设备等众多类型的电子设备,工作频段从甚低频到极高频,范围较广。虽然在进行舰船总体设计时对舰面天线布置进行了优化设计,采取了诸如收发天线分区、分散布置,雷达天线、卫通天线、电子战天线在高度上尽量错开,统一触发和匿影等技术措施,但是有限的舰船平台同不断扩展的使命任务要求之间的矛盾决定了在同一个平台通信系统内和不同系统间,各设备自身特性所导致的干扰问题不可能全部得到解决。

随着舰船通信要求的不断提升,多频段、多业务和多电台同时通信成为对舰船通信系统的基本要求。舰船作为一种特殊的通信载体,舰面空间有限,而通信天线的数量不断增加,工作频带越来越宽,天线的近场耦合干扰、辐射电磁干扰等问题日益严峻。就舰船通信系统而言,通信发射机在发射信号的同时,可能干扰共址接收机,通信系统本身的发射机就是通信系统的一种辐射电磁干扰源。当舰船上的短波/超短波电台发射信号时，可对短波/超短波电台的接收机形成阻塞干扰和宽带噪声干扰，如图 3-73 所示。阻塞干扰通常是由于收发天线耦合强，发射机干扰信号进入接收机前端，其主频信号强度超出了接收机的阻塞电平，从而导致接收机容易出现阻塞等现象，无法正常工作，甚至烧毁器件。同时由于接收机前端器件的非线性特性的影响，接收到强干扰信号产生的谐波、互调、交调，也会影响接收机进行正常解调。宽带噪声干扰通常是干扰信号主频率与有用信号频率距离较远造成的，但是干扰信号的宽带噪声进入有用信号频带内，由于宽带噪声强度通常高于有用信号，有用信号被宽带噪声淹没，会导致接收信号的信噪比过低，接收机无法正常解调，从而降低通信质量，甚至导致通信中断。

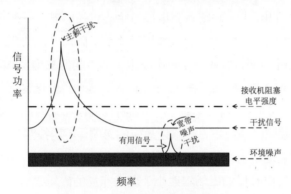

图 3-73　阻塞干扰和宽带噪声干扰

3.3.2　舰船通信系统辐射电磁干扰传播途径

辐射电磁干扰耦合的传播途径主要以空间传播为主，根据干扰源与敏感设备的距离可分为近场耦合模式（系统内部）和远场耦合模式（系统之间）。辐射电磁干扰耦合途径不只存在于两天线之间，设备的机壳、机壳的孔缝、传输电缆及元件之间也可能存在辐射电磁干扰耦合途径。干扰源及敏感设备之间有 3 类不同的辐射电磁干扰耦合途径，如图 3-74 所示。

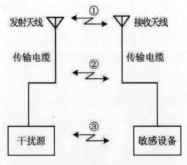

图 3-74　辐射电磁干扰耦合途径

① 发射天线与接收天线间的辐射电磁干扰耦合途径。

② 元件或机壳间的辐射电磁干扰耦合途径。

③ 传输电缆间的辐射电磁干扰耦合途径。

这三类辐射电磁干扰耦合途径将产生九种不同的组合：天线之间、天线对机壳、天线对传输电缆、机壳对天线、机壳之间、机壳对传输电缆、传输电缆对天线、传输电缆对机壳、传输电缆对传输电缆。每种干扰组合都含有干扰源、辐射电磁干扰耦合途径及敏感设备。上述各辐射电磁干扰耦合途径的影响是不同的，若设备含有天线且信号以载波输送，则天线对天线的辐射电磁干扰耦合为主要的干扰传播途径；若干扰源设备含有天线而敏感设备不含天线，则主要的辐射电磁干扰耦合途径为天线对传输电缆；若设备间距离很近，导线间距离很近，则主要的辐射电磁干扰耦合途径为传输电缆对传输电缆。

3.3.3　舰船通信系统辐射电磁干扰作用机理

当大功率干扰信号和微弱有用信号同时进入接收机时，如果干扰信号功率过大，会导致接收机射频前端电路处于非线性工作区，造成微弱有用信号对应的音频输出显著下降，这种现象称为干扰。在短波频段，一般规定干扰信号频率和有用信号载频的偏差为 20kHz，当干扰信号使规定的有用信号输入电平（如 $40\text{dB}\mu\text{V}$）产生的音频输出下降 3dB 时，此时的干扰信号输入电平称为阻塞电平。

1．接收机射频前端电路

图 3-75 所示为典型超外差接收机射频前端电路框图。接收天线将接收到的射频信号通过限幅、滤波、放大后输送至混频器，经过二次混频，转换成中频信号输送至中频处理电路。限幅器、放大器、混频器等器件是非线性器件，当输入信号较大时，非线性失真显著。此时，输出信号中不仅包含输入信号，还包括各种谐波、互调及交调分量。如果这些频率的分量落入接收机通频带内，就会干扰有用信号的接收。尤其是当干扰信号较大、信干比小于期望值时，会严重影响有用信号的检测及识别。

2．接收机的非线性干扰特性

一般接收机的非线性干扰特性可用泰勒级数模型进行描述和分析，若忽略三阶以上的分量，接收机的输入信号与输出信号的关系可表示为

$$V_{\text{out}} = a_1 V_{\text{in}} + a_2 V_{\text{in}}^2 + a_3 V_{\text{in}}^3 \tag{3-162}$$

式中，V_{in}、V_{out} 分别为输入信号、输出信号，a_1、a_2、a_3 是由接收机非线性特性决定的系数。假设输入信号由 3 个正弦波组成，即

$$V_{\text{in}} = V_{\text{S}} \cos \omega_{\text{S}} t + V_1 \cos \omega_1 t + V_2 \cos \omega_2 t \tag{3-163}$$

式中，ω_{S}、V_{S} 分别代表有用信号的频率和幅值，ω_1、ω_2 和 V_1、V_2 分别代表两个干扰信号的频率和幅值。将式（3-163）带入式（3-162），考虑到接收机射频前端电路 a_2 较小

且干扰信号幅值较大，对接收机有用信号 V_S 的主要干扰为三阶互调分量 V_{IM3} 和三阶交调分量 V_{CM3}。

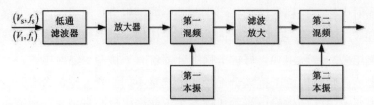

图 3-75　典型超外差接收机射频前端电路框图

$$V_S(t) = a_1 V_S \cos \omega_S t + 1.5 a_3 V_S (V_S^2 + V_1^2 + V_2^2) \cos \omega_S t \qquad (3-164)$$

$$V_{IM3}(t) = 0.75 a_3 V_1^2 V_2 \cos(2\omega_1 \pm \omega_2)t + 0.75 a_3 V_2^2 V_1 \cos(2\omega_2 \pm \omega_1)t \qquad (3-165)$$

$$V_{CM3}(t) = 1.5 a_3 V_S V_1 V_2 \cos[\omega_S \pm (\omega_1 - \omega_2)]t + 1.5 a_3 V_S V_1 V_2 \cos[\omega_S \pm (\omega_1 + \omega_2)]t$$
$$+ 0.75 a_3 V_S V_1^2 \cos(2\omega_1 \pm \omega_S)t + 0.75 a_3 V_S V_2^2 \cos(2\omega_2 \pm \omega_S)t \qquad (3-166)$$

当三阶互调分量或三阶交调分量的信号频率落入接收机接收信号带宽内时，会干扰接收机正常接收信号，并且随着干扰分量的增加，有用信号的分量会相对压缩，当有用信号的音频幅值下降 3dB 时会形成接收机阻塞干扰。

比较式（3-165）和式（3-166），可以看出：

① 三阶互调干扰幅值为干扰幅值的立方，而三阶交调干扰幅值为干扰幅值的平方，因此，一般情况下，三阶互调干扰幅值大于三阶交调干扰幅值。

② 三阶互调干扰频率 $(2\omega_1 \pm \omega_2)$ 或 $(2\omega_2 \pm \omega_1)$ 落在有用信号 ω_S 的接收机接收信号带宽内，就会干扰有用信号 ω_S 的信号接收；而当 $(\omega_1 - \omega_2)$ 小于接收机接收信号带宽时，三阶交调分量中的 $1.5 a_3 V_S V_1 V_2 \cos[\omega_S \pm (\omega_1 - \omega_2)]t$ 会干扰所有有用信号 ω_S 的信号接收。

③ 三阶互调干扰和三阶交调干扰的大小及影响可以用信干比 V_S / V_{IM3} 或 V_S / V_{CM3} 进行描述。

第4章　舰船壳体地电流干扰分析

地电位是电气电子设备或系统作为零电位的公共参考基准点。金属舰船壳体及搭接到舰船壳体上的设备、机架等大型金属件可认为是地电位，非金属舰船壳体外侧与海水直接连接的铜板（一般设置在船底龙骨左右舷壳上）为地电位。本章主要从电磁干扰分析的角度介绍舰船接地系统的模型和参数提取方法，分析邻近效应对地电流阻抗的影响，最后通过一个实例验证利用共地耦合阻抗分析和预测舰船系统中通过舰船壳体钢板形成的共模传导电磁干扰的正确性。

4.1　舰船接地系统

接地是抑制电磁噪声和防止电磁干扰的重要方法之一，舰船接地系统是设备或部件与地电位参考点之间相连接的所有接地导体的总称。

4.1.1　设备的信号地与安全地

为保证人员和设备安全，舰船上供电电压大于 30V 的电气电子设备金属壳体均应接地，机壳接地称为安全地，一般采用就近的方式接地。设备或系统之间的信号传递也需要一个公共零电位参考点，该公共零电位参考点称为信号地，尤其是在计算机等数字信号互联系统中，信号地十分重要。设备的信号地有如图 4-1 所示的两种设置方式：一种是信号地与安全地共接地点，即信号地在设备内部互连后，与设备机壳单点连接，并通过安全地与接地系统相连；另一种是信号地与安全地绝缘，即信号地在设备内部互连后与设备机壳绝缘，而与系统中提供的专用信号地系统相连。在舰船上，对于敏感的数字信号互联系统，要求设置与设备机壳绝缘的专用信号地系统。

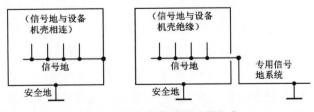

图 4-1　设备的信号地设置方式

4.1.2　设备和系统的接地方式

在舰船的多个设备之间，尤其是多个设备间的数字信号互联系统中，信号地有悬浮地、单点接地、多点接地及混合式接地等多种接地方式，三种基本接地方式的示意图如图4-2所示。

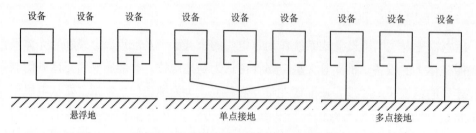

图4-2　三种基本接地方式的示意图

1．悬浮地

在悬浮地系统中，设备地线在电气上与大地系统及其他导电结构绝缘，以避免接地系统的电磁干扰影响设备。在一些电子设备中，为了防止设备机壳上的干扰电流直接耦合到信号电路中，要使电路单元的信号地与设备机壳绝缘。

采用悬浮地接地方式，设备容易产生静电积累，当电荷达到一定程度后会产生静电放电现象。在雷电环境下，由静电感应产生的高压会在设备机壳与其内部其他部件间产生飞弧，甚至会使操作人员遭到电击。当电网相线与设备机壳短路时，操作人员有触电的危险。另外，由于导体间分布电容的作用，在高频情况下悬浮地与设备机壳仍存在耦合现象，所以悬浮地接地方式不宜用在通信系统和一般的电子设备中。

2．单点接地

在单点接地系统中，信号电路先接于一个参考点，然后把该参考点接至系统的接地极。单点接地系统中应尽量避免地线构成回路，在配置上经常使地线呈树权状；在结构上有独立接线排的单点接地系统、公共母线的单点接地系统及采用主接地板和支路接地板的多级单点接地系统三种形式。单点接地系统一般适用于低频设备与系统，在地线设计中应注意下列几点。

（1）为防止工频电流及其他杂散电流在信号地线上产生电位差，信号地线与电源地线及安全地线之间应绝缘。信号地线的走线应避免与电源地线等载有大电流的导体平行。

（2）信号地线不能用作从负载到信号源之间的信号电流返回通路，最好使用对称馈线传输低频信号，使信号的进入线和返回线相对于信号地线对称。

（3）从接地端子引出的接地导体应接到电子系统接地网络的一个连接点上，该连接点同时应该是这个低频设备的安全地线及电源地线与接地极的连接点。

（4）应尽量减小信号地线的敷设长度，为了保证足够的机械强度和低阻抗通路，应选用长宽比小的搭接条。

3．多点接地

在多点接地系统中，各设备通过多条导电通路与系统的多个接地极相连，设备和电路多处与接地网络连接，在接地网络上的任意两点之间都存在几条并联通路。多点接地能简化设备内的电路结构，是高频信号电路唯一实用的接地方式。

多点接地系统在射频时会呈现出传输电缆特性，为了使多点接地有效，当接地导体长度超过最高频率信号波长的 1/8 时，多点接地系统需要一个等电位接地平面。等电位接地平面阻抗较低，一般含有截面较大的导电材料，如连续的实心金属板或夹在地板中的铜格栅等。

4．混合式接地

一般电子系统中既有低频电路又有高频电路，低频电路部分宜采用单点接地方式，而高频电路部分则须采用多点接地方式，因此需要采用混合式接地方式。可以把设备的地线分成电源地与信号地两大类。设备中各部分的电源地都接到电源总地线上，所有信号地都接到信号总地线上，最后两根总地线汇总到一个公共接地点。

在信号地中，可根据不同的工作频率采用相应的接地方式。一般单点接地方式的适用工作频率为 30kHz 以下（或 300kHz 以下，特殊场合亦可为 3MHz），多点接地方式的适用工作频率为 30kHz 以上（或 300kHz 以上），各种接地方式的适用工作频率范围应根据设备或系统的具体情况来选择。

4.1.3　地电流干扰及抑制措施

在电磁兼容性分析中，地线并不是等电位的，地电流干扰是造成设备或系统内部各单元之间耦合的重要因素之一。由于任何实际地线均有阻抗，所以当地电流通过地线时必然会产生电压降，并且地线还可能与信号线、电源线等形成地环路，交变磁场会在地环路中产生感应电势。地电流在地线上产生的电压降以及地环路中的感应电势都有可能对共用该地线的各电路单元产生电磁干扰（称为地电流干扰）。

由地电流干扰形成的机理可知，减小地线阻抗和地环路面积可抑制地电流干扰。常用的抑制地电流干扰的措施有以下几种。

（1）采用变压器耦合，隔断两电路单元之间的地电流干扰回路，其地电流干扰抑制效果与变压器绕组间的分布电容有关，减小变压器绕组间的分布电容可提高变压器的地电流干扰抑制能力。变压器主要用于抑制低频地电流干扰。

（2）变压器不能传输直流信号，当传输信号以直流分量为主时，可采用共模扼流圈（中和变压器）抑制地电流干扰，其对直流信号几乎无损耗。

（3）当采用同轴电缆传输信号时，使屏蔽层两端接地可抑制地电流干扰，其作用类似于共模扼流圈，对高频地电流干扰的抑制作用较强。在同轴电缆上套装高磁导率的磁环，可增大屏蔽层电感，从而增强地电流干扰抑制效果。

（4）采用光耦合器是隔离地环路干扰最有效的方法，但其发光强度与电流的线性度较差，主要应用于数字信号传输系统，传输模拟信号时会产生较大的失真。

（5）地线中的地电流会在两接地点之间产生电位差，即干扰电压，非平衡输入放大器会放大该干扰电压。采用具有平衡输入特性的差分放大器可以有效抑制地电流干扰。对于交流信号，采用变压器可使非平衡输入放大器具有平衡输入特性。

4.2　舰船壳体地回路耦合阻抗模型

在舰船系统的有限空间内，同时存在动力、导航、雷达和通信等多种设备或系统，各种设备或系统对电源的要求不同，所以舰船供电系统需要同时提供各种电压等级的DC、AC50Hz 和 AC400Hz 的电源。随着电力电子器件技术的发展，舰船供电系统中大量采用大功率电力电子变流设备（见图 4-3）来实现各种电制之间的电能变换。在舰船供电系统中，各种电力电子变流设备和敏感电子设备以舰船壳体钢板为公共地。由电力电子变流设备开关工作方式产生的电磁骚扰可能会对舰船系统中的敏感电子设备产生电磁干扰，从而致使设备或系统的可靠性下降。

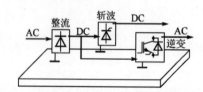

图 4-3　舰船供电系统中的电力电子变流设备

4.2.1　共模回路耦合阻抗模型

舰船供电系统在舰船壳体钢板中产生的共模地电流会通过共地耦合阻抗对敏感系统形成共模传导电磁干扰（见图 4-4）。舰船壳体钢板不仅是电力系统共模地电流回路的重要组成部分，而且是不同系统之间共地耦合干扰的主要途径。

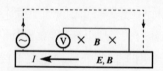

图 4-4　对敏感系统形成共模传导电磁干扰

对于 10MHz 以下的传导电磁干扰分析，相应电磁波的波长大于 30m，对于数米尺度的舰船舱室而言，可以忽略电磁场的辐射效应。舰船接地系统的共模传导电磁干扰分析一般采用准静态电磁场近似方法，两个电路之间通过共地耦合阻抗形成的传导电磁干扰可以用地回路耦合阻抗（或转移阻抗）描述。舰船壳体钢板对地回路的阻抗贡献在系统共模干扰分析中有两种作用。

（1）确定舰船供电系统（图 4-4 中虚线）在舰船壳体钢板中产生的共模地电流：

$$I_{CM} = V_{CM} / (Z_{Ground} + Z_{Line}) \tag{4-1}$$

式中，I_{CM} 为舰船供电系统在舰船壳体钢板中产生的共模地电流；V_{CM} 为舰船供电系统产生的共模干扰电压；Z_{Line} 为供电系统电缆和对地电容（对地分布电容及共模滤波电容）的等效阻抗；Z_{Ground} 为舰船壳体钢板对地回路的阻抗贡献。由于舰船壳体钢板为良导体且尺寸很大，所以 I_{CM} 主要由 Z_{Line} 决定。式（4-1）中，电流、电压和阻抗均为复数形式。在电磁兼容领域，广泛采用频域分析方法，一般省略公式中复矢量上方的圆点标记。

（2）预测敏感系统（图 4-4 中实线）受到的共模干扰电压：

$$V_{CM\text{-}EMI} = I_{CM} \times (Z_{Ground} + Z_{Mutual}) \tag{4-2}$$

式中，$V_{CM\text{-}EMI}$ 为敏感系统受到的共模干扰电压；I_{CM} 为舰船供电系统在舰船壳体钢板中产生的共模地电流；Z_{Mutual} 为供电系统电缆与敏感系统电缆之间互感耦合的等效阻抗；Z_{Ground} 为舰船壳体钢板对系统耦合阻抗的贡献。舰船系统中强电和弱电电缆分组布置，距离较远，一般 Z_{Mutual} 较小，故 Z_{Ground} 是不同系统之间共模干扰的重要耦合途径。

当地电流为直流信号时，干扰电压主要由舰船壳体钢板的形状和电导率决定，一般舰船壳体钢板的直流地回路阻抗较小，干扰电压也较小。当地电流为交流信号时，由于舰船壳体钢板内电磁场的集肤效应，地回路阻抗会变大，干扰电压也随之变大；空间中的交变磁场也会在电路中产生感应电压，当地回路几何尺寸较大时，地回路耦合干扰也较大。

在舰船接地系统的阻抗分析中，由于舰船壳体钢板的厚度较大且电磁干扰频带较宽（0～10MHz），舰船壳体中的地电流分布与以下三种因素有关。

（1）交流集肤效应（Eddy Effect）：在高频情况下，导体内部的电磁场指数衰减，电流和电磁场集中分布在导体表面，使导体的有效导电截面积减小。

（2）电流集中效应（Striction Effect）：地电流主要通过接地点注入舰船壳体钢板，在注入点附近舰船壳体钢板中电流分布比较集中，而在两个接地点之间舰船壳体钢板中电流分布逐渐趋于均匀。

（3）交流邻近效应（Proximity Effect）：在高频情况下，外部线路中电流产生的交变磁场会在舰船壳体钢板内部产生感应电流，从而影响舰船壳体钢板内部电流和电磁场的分布。

4.2.2 孤立钢板内部的电流分布

在由电缆和钢板构成的共模回路中，共模电流产生的电磁场如图 4-5 所示，共模回路的等效阻抗就是共模电流的电磁场贡献。在忽略位移电流和辐射效应的情况下，电缆和钢板内部电场（电流）形成的焦耳损耗可等效为共模回路中的电阻，而钢板内部和空间的磁场储能可等效为共模回路中的电感，即共模回路阻抗=共模电流在钢板内部及外部产生的电磁场的等效阻抗。

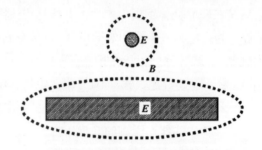

图 4-5　共模电流产生的电磁场

从图 4-5 中的电磁场分布来看，电缆中电流产生的电磁场主要集中在电缆附近，钢板中电流产生的电磁场主要集中在钢板附近。当电缆距离钢板较远时（孤立钢板模型），可以忽略两者外部磁场的耦合作用，共模回路阻抗可分解为钢板中共模电流（也称为地电流）产生的电磁场的贡献和电缆中共模电流产生的电磁场的贡献，其中前一项为钢板地回路阻抗，后一项为外部线路对共模回路阻抗的贡献。还可进一步将与钢板中地电流产生的电磁场相关的钢板地回路阻抗分解为钢板内部电磁场的贡献和钢板外部磁场的贡献，其中前一项为钢板中地电流在钢板内部产生的电磁场的等效电阻和等效电抗，称为钢板的内部阻抗，后一项为钢板中地电流在钢板外部产生的磁场的等效电抗，称为钢板地回路的外部阻抗。

由于外部线路中电流集中分布，在忽略辐射效应的情况下，可以采用毕奥-萨伐尔定律计算电缆中电流在空间产生的磁场分布，从而获得电缆中共模电流产生的电磁场对共模回路的阻抗贡献。而钢板地回阻抗可以分解为两部分：一部分是由于舰船壳体钢板的有限电导率在舰船壳体内部形成的内部阻抗，主要由钢板内部的电流分布或电磁场分布决定，包括内电阻和内电感，其中内电阻由钢板内电流或电场引起的欧姆损耗决定，内电感由钢板内电流或磁场引起的磁场储能决定；另一部分是舰船壳体钢板与其外部电路耦合形成的外部阻抗，主要由钢板内部电流在外部产生的磁场分布决定，一般为电感（外部电感），外部电感由空间的磁场分布和磁场储能决定，与钢板内部电流分布和外部线路的几何形状有关。

1. 舰船壳体钢板地回路阻抗的三维电磁场模型

用长方体钢板建立舰船壳体钢板地回路阻抗的三维电磁场模型,如图 4-6 所示。其中,钢板的电导率 σ 和磁导率 μ 可视为常数,钢板的长度为 $2L$,宽度为 $2a$,厚度为 $2D$(一般舰船壳体钢板的厚度远小于其长度和宽度)。在两个矩形端面中部沿长度方向注入角频率为 ω 的交流电流 I,电流注入点的宽度为 $2b$,一般电流注入点的宽度远小于钢板的宽度。$A_1A_2A_3A_4$ 为干扰电压的测量回路,A_1、A_4 连接在钢板两个端面的中部(电流注入点),导线 A_2A_3 与钢板之间的距离为 H。

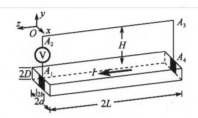

图 4-6　舰船壳体钢板地回路阻抗的三维电磁场模型

以钢板的中心为坐标原点建立直角坐标系,以宽度方向为 x 轴,以厚度方向为 y 轴,以长度方向为 z 轴。要计算钢板内部的欧姆损耗(内部电阻)、内部的磁场储能(内部电感)和外部的磁场分布(外部电感),首先必须分析钢板内部的电场分布,从而了解钢板内部的电流分布规律。

由麦克斯韦方程组可知,对角频率为 ω 的交变电磁场,采用复数表示方法,时间因子取 $\exp(\mathrm{j}\omega t)$,电磁场的分布满足:

$$\nabla \times \boldsymbol{E} = -\mathrm{j}\omega \boldsymbol{B}, \quad \nabla \times \boldsymbol{H} = \boldsymbol{J} + \mathrm{j}\omega \boldsymbol{D}, \quad \nabla \cdot \boldsymbol{E} = 0, \quad \nabla \cdot \boldsymbol{B} = 0 \tag{4-3}$$

对于 10MHz 以下的交流信号,钢板可近似为良导体,若忽略钢板内部的位移电流,则由式(4-3)可得

$$\begin{aligned}
\nabla^2 \boldsymbol{E} &= \nabla(\nabla \cdot \boldsymbol{E}) - \nabla \times (\nabla \times \boldsymbol{E}) = -\nabla \times (\nabla \times \boldsymbol{E}) \\
&= \mathrm{j}\omega(\nabla \times \boldsymbol{B}) = \mathrm{j}\omega\mu(\nabla \times \boldsymbol{H}) = \mathrm{j}\omega\mu\sigma \boldsymbol{E} \\
&= K^2 \boldsymbol{E}
\end{aligned} \tag{4-4}$$

$$K = \sqrt{\mathrm{j}\omega\mu\sigma} = (1+\mathrm{j})/\delta$$
$$\delta = \sqrt{2/(\omega\mu\sigma)} = \sqrt{1/(\pi f \mu\sigma)} \tag{4-5}$$

式中,δ 为钢板中交流电磁场的集肤深度。

在钢板内部,电场的分布满足下列微分方程:

$$\nabla^2 \boldsymbol{E} = K^2 \boldsymbol{E}, \quad \nabla \cdot \boldsymbol{E} = 0 \tag{4-6}$$

由电流的连续性条件可知,在钢板的外边界上,上、下表面上电场强度的 y 轴分量为零,两个侧面上电场强度的 x 轴分量为零,两个端面上由于有电流 I 注入,所以电场强度的 z 轴分量满足:

$$E_z = \begin{cases} E_{\text{In}}(x,y), & |x| < b, |y| < D \\ 0, & \text{other} \end{cases} \quad \text{且} \quad \iint \sigma E_{\text{In}}(x,y)\mathrm{d}x\mathrm{d}y = I \qquad (4\text{-}7)$$

求解出钢板内部的电场分布后，由式（4-3）即可得出钢板内部的电流分布和磁场分布：

$$\boldsymbol{J} = \sigma \boldsymbol{E}, \quad \boldsymbol{B} = -(\nabla \times \boldsymbol{E})/(\mathrm{j}\omega) = -\mu\sigma(\nabla \times \boldsymbol{E})/K^2 \qquad (4\text{-}8)$$

根据钢板内部的磁场分布就可以计算钢板的内部阻抗（内部电阻和内部电感），并且根据钢板内部的电流分布可以计算钢板中的电流在外部空间产生的磁场分布，从而得出钢板地回路的外部阻抗（外部电感）。

钢板内部的磁场分布由多种因素决定，不仅与信号频率及钢板的电导率和磁导率有关，还与钢板的几何形状、电流注入点的大小及外部线路位置等有关。钢板内部电场分布的计算本质上是一个开域问题，仅根据式（4-6）和式（4-7）并不能严格求解该问题。但对于扁平钢板，考虑到其对称性，再基于一些物理概念，可以近似求解其内部的电场分布。

一般地，钢板地回路阻抗的大小受交流集肤效应、电流集中效应和交流邻近效应的影响。实验测试结果表明，当外部线路与钢板之间的距离大于钢板宽度的 1/2 时，交流邻近效应对钢板地回路阻抗的影响小于 10%。因此，当注入电流的外部线路远离钢板时，交流集肤效应和电流集中效应对钢板内部电流分布的影响起主要作用，交流邻近效应对钢板内部电流分布的影响可以忽略，钢板内部电流分布可以采用孤立钢板的近似条件求解。

2．二维孤立钢板内部的电场分布规律

当钢板长度远大于钢板宽度或注入点宽度接近钢板宽度时，可以忽略钢板两个端面附近电流集中效应的影响，近似认为钢板内部的电流分布沿长度方向不发生变化。此时可以建立无限长的二维孤立钢板模型（见图 4-7），该孤立钢板的内部电磁场分布仅由宽度和厚度两个方向的交流集肤效应决定。

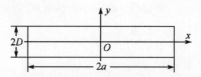

图 4-7　无限长的二维孤立钢板模型

对于无限长的二维孤立钢板，如果其宽度远大于其厚度（扁平钢板），则在钢板上、下表面的中部电流分布基本不随 x 的变化而变化，仅在两个侧面附近（距离侧面小于 $2D$）电流分布才会有明显的变化。就钢板阻抗而言，两个侧面附近的电流分布对整体阻抗影响较小，可以采用整个钢板边界上电场强度（对二维问题仅存在 z 轴分量）相同的近似边界条件，此时钢板内部电场分布的二维问题可以表达为

$$\begin{cases} \dfrac{\partial^2 E_z}{\partial^2 x} + \dfrac{\partial^2 E_z}{\partial^2 y} = K^2 E_z \\ E_z(\text{在边界上}) = \text{常量}, \quad \iint \sigma E_z \mathrm{d}x \mathrm{d}y = I \end{cases} \tag{4-9}$$

式中，I 为钢板中的总电流强度。由于电场强度只存在 z 轴分量且该分量在钢板边界上为常数（第一类边界条件），所以该二维问题存在唯一解。考虑到该模型在 x 轴、y 轴方向具有偶对称性，采用分离变量法可得钢板内部的电场分布：

$$E_z(x, y) = \frac{E_0}{S_K} \cdot \sum_l \frac{2\sin(l\pi/2)}{l\pi/2} \left(\cos(K_{xl} x) \frac{\cosh\left(\sqrt{K^2 + K_{xl}^2}\, y\right)}{\cosh\left(\sqrt{K^2 + K_{xl}^2}\, D\right)} \right.$$
$$\left. + \cos(K_{yl} y) \frac{\cosh\left(\sqrt{K^2 + K_{yl}^2}\, x\right)}{\cosh\left(\sqrt{K^2 + K_{yl}^2}\, a\right)} \right) \tag{4-10}$$

式中，$K_{xl} = \dfrac{l\pi}{2a}$，$K_{yl} = \dfrac{l\pi}{2D}$，$l = 1, 3, 5, \cdots$；$E_0$ 为直流情况下钢体内部的电场强度，

$$E_0 = \frac{I}{\sigma \cdot 2a \cdot 2D}, \qquad S_K = \sum_l \frac{2}{(l\pi/2)^2} \left[\frac{\tanh\left(\sqrt{K^2 + K_{xl}^2}\, D\right)}{\sqrt{K^2 + K_{xl}^2}\, D} + \frac{\tanh\left(\sqrt{K^2 + K_{yl}^2}\, a\right)}{\sqrt{K^2 + K_{yl}^2}\, a} \right].$$

在式（4-10）中，第一项为沿厚度方向透入钢板的电场，高频情况下主要分布在钢板的上、下表面附近；第二项为沿宽度方向透入钢板的电场，高频情况下主要分布在钢板的两个侧面附近。S_K 反映了这两部分电场在钢板内部所占的比例。对于扁平钢板（$D \ll a$）而言，式（4-10）的主要贡献为第一项（沿厚度方向的交流集肤效应）。当频率较高（$|KD| \gg 1$）时，可忽略第二项的作用，钢板内部电场强度近似为

$$E_z(x, y) \approx E_0 \cdot KD \cdot \frac{\cosh(Ky)}{\sinh(KD)} \tag{4-11}$$

由此可见，在高频情况下，扁平钢板内部的电场分布主要由沿厚度方向的交流集肤效应决定，其电场分布与厚度方向的一维涡流问题中的电场分布相同。当频率很低（$|KD| \ll 1$）时，式（4-11）近似为 $E_z(x, y) \approx E_0$，其电场近似均匀分布，与直流稳态下的电场分布相同。所以对于扁平钢板而言，无论是在高频区域还是在低频区域，式（4-11）均是很好的钢板内部电场的近似公式，其虽然不能准确反映钢板两个侧面附近的电场分布，但不会使阻抗计算产生明显的误差。

3. 电流集中效应对钢板内部电场分布的影响

当钢板长度接近钢板宽度且注入点宽度远小于钢板宽度时，钢板两个端面附近的电流集中效应会使钢板内部的电流分布沿长度和宽度方向发生变化，此时必须采用三维模型进行分析。由 4.2.1 节的分析可知，钢板内部电场的交流集肤效应主要发生在厚度方向，因此可以将扁平钢板内部的电场分布表示为

$$E_i(x, y, z) = \alpha_i(y) \cdot \beta_i(x, z) \tag{4-12}$$

式中，$i = x, y, z$ 分别对应电场强度沿 x 轴、y 轴和 z 轴的三个分量；$\alpha_i(y)$ 反映交流集肤效应的影响；而 $\beta_i(x, z)$ 反映电流集中效应的作用。此时，可以将式（4-6）简化为

$$\begin{cases} \dfrac{\partial^2 \boldsymbol{\alpha}(y)}{\partial^2 y} = K^2 \boldsymbol{\alpha}(y) \\ \dfrac{\partial^2 \boldsymbol{\beta}(x, z)}{\partial^2 x} + \dfrac{\partial^2 \boldsymbol{\beta}(x, z)}{\partial^2 z} = 0 \end{cases} \tag{4-13}$$

即可将一个三维交流问题分解为一个一维涡流问题（对应交流集肤效应）和一个二维直流问题（对应电流集中效应），从而可以对该问题进行近似解析分析。

从钢板两个端面处注入的总电流为 I，当钢板宽度远大于注入点宽度时，钢板两个端面附近的电场分布与钢板中部的不同，主要由注入点的宽度决定，所以表达式（4-7）可近似为

$$E_{\mathrm{In}}(x, y) = \frac{I \cdot KD}{\sigma \cdot 2b \cdot 2D} \frac{\cosh(Ky)}{\sinh(KD)} = E_0 \cdot \frac{a}{b} \cdot KD \frac{\cosh(Ky)}{\sinh(KD)} \tag{4-14}$$

由式（4-13）采用分离变量法，并考虑到电场的对称性（E_x 关于 x 轴奇对称，关于 y 轴、z 轴偶对称；E_y 关于 y 轴奇对称，关于 x 轴、z 轴偶对称；E_z 关于 x 轴、y 轴、z 轴偶对称）、边界条件（上、下表面处 $E_y=0$，两个侧面处 $E_x=0$）和注入条件［式（4-14）］，可得钢板内部电场强度的各分量分别为

$$\begin{cases} E_x = -E_0 \cdot KD \dfrac{\cosh(Ky)}{\sinh(KD)} \cdot \displaystyle\sum_{m=1}^{\infty} C_m \sin(K_m x) \dfrac{\sinh(K_m z)}{\cosh(K_m L)} \\ E_y = 0 \\ E_z = E_0 \cdot KD \dfrac{\cosh(Ky)}{\sinh(KD)} \cdot \left[1 + \displaystyle\sum_{m=1}^{\infty} C_m \cos(K_m x) \dfrac{\cosh(K_m z)}{\cosh(K_m L)} \right], \quad m = 1, 2, 3, \cdots \end{cases} \tag{4-15}$$

式中，$K_m = m\pi / a$，$C_m = 2 \cdot \sin(K_m b) / (K_m b)$。

4．钢板内部电流分布规律的简化形式

1）二维孤立钢板内部的电流分布规律

由式（4-10）可知，在直流和低频情况下，钢板内部的电流密度基本为常数：

$$J_z(x, y) = \sigma E_0 = I / (2a \cdot 2D) \tag{4-16}$$

在高频情况下，钢板中的电流主要分布在钢板的上、下表面附近，如图 4-8 所示。在钢板上、下表面附近的电流可以等价为两个面电流，面电流密度为 $J_{S1} = I / (2a + 2D)$；在钢板为扁平钢板的情况下，钢板两个侧面附近的电流可以近似为两个线电流，电流强度 $I_2 = I \cdot D / (2a + 2D)$，一般情况下这两个线电流较小，对钢板内部阻抗的贡献也较小。

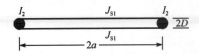

图 4-8　高频情况下二维孤立钢板内部的电流分布

2）电流集中效应对钢板内部电流分布的影响

由式（4-15）可知，电流在 y 轴方向的分布基本不受电流集中效应的影响。电流集中效应主要表现为直流的约束，导致钢板内部电流在 xOz 平面上的分布出现不均匀现象，这种不均匀分布基本与频率无关。

在钢板的两个端面处，z 轴方向的电流仅存在于注入宽度 $2b$ 内，单位宽度上的电流为 $I/2b$，并且在注入点两侧附近存在较大的 x 轴方向的电流。在钢板的中部，由于双曲函数的指数衰减特性，式（4-15）中级数项基本为零，z 轴方向的电流在单位宽度上等于 $I/2a$，x 轴方向的电流近似为 0，即远离端面的钢板区域电流分布与二维钢板中的电流分布基本相同；而在端面附近，电流集中效应会使钢板的有效导电区域减小。

通过对式（4-15）进行计算和分析，电流集中效应的作用可以采用钢板的有效导电宽度来描述，即认为在有效导电宽度内电流在宽度方向上均匀分布，而在有效导电宽度外电流分布为零。在电流的注入端面处，钢板的有效导电宽度为注入点宽度 $2b$；在逐渐远离注入点的区域内，钢板的有效导电宽度逐渐增加。当 $|z| \leqslant L - 2a/\pi$ 时，整个钢板内的电流分布基本与二维钢板中的电流分布相同，钢板的有效导电宽度等于钢板宽度 $2a$。钢板的有效导电区域近似为双曲函数区域，如图 4-9 所示，在钢板两个端面附近 $|z| \geqslant L - (2/\pi)\sqrt{a^2 - b^2}$ 的区域内，钢板的有效导电宽度近似为

$$2W = 2 \cdot \sqrt{b^2 + \frac{\pi^2}{4}(L - |z|)^2} = 2b \cdot \sqrt{1 + \frac{\pi^2}{4}\left(\frac{L - |z|}{b}\right)^2} \tag{4-17}$$

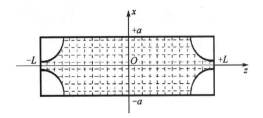

图 4-9　钢板的有效导电区域

钢板有效导电宽度的描述方式采用了宽度方向上电流均匀分布的假设，而实际的电流分布是不均匀的连续分布形式，如图 4-9 中阴影区域外部附近的实际电流密度大于钢板中部的电流密度。由于阻抗是关于电流分布的一种积分效果，当采用有效导电宽度来计算钢板的内部阻抗和外部磁场分布时，其结果与实际电流分布基本相同，所以有效导电宽度是实际电流分布的一种积分等价描述方式。

4.2.3　孤立钢板地回路阻抗

根据钢板中电流的分布情况可以分析钢板地回路阻抗特性。

1. 二维孤立钢板内部阻抗

由式（4-10）可以看出，钢板上、下表面和两个侧面处电场强度相等。因此，对于二维孤立钢板而言，可以采用电压法计算其内部阻抗：

$$Z_i = R_i + jX_i = \frac{(E_0 / S_K) \cdot 2L}{I} = \frac{R_0}{S_K} \tag{4-18}$$

式中，R_0 为钢板的直流电阻，$R_0 = 2L / (\sigma \cdot 2a \cdot 2D)$；$R_i$ 为钢板内部阻抗的电阻部分；X_i 为钢板内部阻抗的电抗部分；S_K 为由交流集肤效应引起的钢板内部阻抗在 x 轴和 y 轴两个方向上的增加。

对于扁平钢板（$D \ll a$）而言，$S_K \approx \tanh(KD)/(KD)$，其内部阻抗可以近似表达为

$$Z_i \approx R_0 \cdot \frac{KD}{\tanh(KD)} \tag{4-19}$$

由此可见，扁平钢板内部阻抗主要由厚度方向的交流集肤效应决定。在低频区域，$|KD| \to 0$，因此钢板内部阻抗近似为钢板的直流电阻（$Z_i \approx R_0$）。在低频情况下，$X_i \ll R_i$，钢板内部阻抗基本为纯电阻性质且阻抗值基本不随频率变化。在高频区域，$|KD| \gg 1$，因此钢板内部阻抗随 $\sqrt{\omega}$ 线性增加 [$Z_i \approx (KD) \cdot R_0$]。在高频情况下，$X_i \approx R_i$，钢板内部阻抗的阻抗角 ϕ 近似为 45°。

2. 二维孤立钢板地回路外部电感

为了计算钢板内部电流在如图 4-6 所示的测量回路中产生的外部电感，需要计算钢板内部电流在外部空间产生的磁感应强度 $\boldsymbol{B} = \nabla \times \boldsymbol{A}$（其中 $\boldsymbol{A}$ 为磁矢势）。虽然钢板内部的电流分布可以采用二维模型近似分析，但由于钢板的长度有限，钢板两个端面附近测量回路中的磁场会小于钢板中部的磁场，所以必须采用三维电磁场模型计算钢板外部的磁矢势。当钢板的长度远小于信号的波长时，钢板中的电流在外部空间产生的磁矢势为

$$A_z(x,y,z) = \frac{\mu_0}{4\pi} \iiint_{V'} \frac{\sigma E_z \cdot (\mathrm{d}x'\mathrm{d}y'\mathrm{d}z')}{\sqrt{(x'-x)^2 + (y'-y)^2 + (z'-z)^2}} \tag{4-20}$$

式中，积分区域 V' 为钢板的体积。

由于无限长钢板的内部电流仅存在 z 轴方向的分量，所以产生的磁矢势也只存在 z 轴方向的分量。钢板内部电流在如图 4-6 所示的测量回路中产生的外部电感为

$$\begin{aligned}
L_e &= \frac{1}{I} \iint_S \boldsymbol{B} \cdot \mathrm{d}\boldsymbol{S} = \frac{1}{I} \oint_L \boldsymbol{A} \cdot \mathrm{d}\boldsymbol{l} = \frac{1}{I} \int_{A4}^{A1} \boldsymbol{A} \cdot \mathrm{d}\boldsymbol{l} + \frac{1}{I} \int_{A2}^{A3} \boldsymbol{A} \cdot \mathrm{d}\boldsymbol{l} \\
&= \frac{1}{I} \int_{-L}^{+L} A_z(0, D, z) \cdot \mathrm{d}z - \frac{1}{I} \int_{-L}^{+L} A_z(0, D+H, z) \cdot \mathrm{d}z \\
&= F(D) - F(D+H)
\end{aligned} \tag{4-21}$$

式中，面积分区域 S 为测量回路所围起的区域的面积；环流积分路径 L 为测量回路 $A_1A_2A_3A_4$ 的长度。

$$F(y) = \frac{\mu_0}{4\pi} \int_{-L}^{L} \mathrm{d}z \cdot \frac{A(0,y,z)}{I} \tag{4-22}$$

对于扁平钢板，在计算外部磁场时如果忽略钢板的厚度，则可把式（4-11）的电流分布视为集中于 $y=0$ 平面的面电流，面电流密度 $J_S = \int_{-D}^{D} \sigma E_z \cdot \mathrm{d}y = \frac{I}{2a}$。在 $L \gg a, y$ 的条件下，式（4-22）近似为

$$\begin{aligned}
F_{\text{flat0}}(y) &= \frac{\mu_0}{4\pi} \int_{-L}^{L} \frac{\mathrm{d}z}{2a} \int_{-L}^{+L} \int_{-a}^{+a} \frac{\mathrm{d}x'\mathrm{d}z'}{\sqrt{x'^2+y^2+(z'-z)^2}} \\
&\approx \frac{\mu_0}{4\pi}(2L)\left[\ln\left(\frac{\sqrt{(2L)^2+a^2+y^2}+2L}{\sqrt{(2L)^2+a^2+y^2}-2L} \right) - \frac{2y}{a}\cdot\left(\frac{\pi}{2}-\tan^{-1}\frac{y}{a} \right) \right]
\end{aligned} \tag{4-23}$$

外部电感在钢板地回路中所形成的外部阻抗 $Z_e = \mathrm{j}\omega L_e$，该外部阻抗虽然在低频情况下很小，但会随着频率的增加而线性增加，因而在频率较高时，外部电感对钢板地回路阻抗的贡献将会超过钢板内部阻抗对钢板地回路阻抗的贡献。当钢板厚度不可以忽略时，式（4-22）很难计算。考虑到外部电感主要在高频情况下才起作用，而在高频情况下电流主要分布在钢板的上、下表面，可以近似采用如图 4-8 所示的电流分布形式，即两个面电流和两个线电流。此时，钢板内部电流在测量回路中产生的外部电感近似为

$$\begin{aligned}
L_e &\approx \frac{a}{a+D}\frac{[F_{\text{flat0}}(0)-F_{\text{flat0}}(H)]+[F_{\text{flat0}}(2D)-F_{\text{flat0}}(H+2D)]}{2} \\
&\quad + \frac{D}{a+D}\left[F_{\text{circle}}\left(\sqrt{a^2+D^2}\right) - F_{\text{circle}}\left(\sqrt{a^2+(H+D)^2}\right) \right]
\end{aligned} \tag{4-24}$$

$$F_{\text{circle}}(r) = \frac{\mu_0}{4\pi}(2L)\left[\ln\left(\frac{\sqrt{(2L)^2+r^2}+2L}{\sqrt{(2L)^2+r^2}-2L} \right) - 2\cdot\frac{\sqrt{(2L)^2+r^2}-r}{2L} \right] \tag{4-25}$$

式（4-25）用于计算钢板两侧等效线电流对外部电感的贡献。

3．二维孤立钢板地回路阻抗

综上所述，钢板地回路总阻抗应为钢板内部阻抗 Z_i 与钢板地回路的外部阻抗 Z_e 之和，即

$$Z = Z_i + Z_e = R + \mathrm{j}X \tag{4-26}$$

式中，电阻部分仅由钢板内部阻抗的电阻部分构成，即 $R=R_i$；电抗部分由钢板内部阻抗的电抗部分和外部电感的电抗两个部分构成，即 $X=X_i+\omega L_e$。

取钢板的电导率 $\sigma = 3.264\times10^6\,\text{S/m}$，相对磁导率 $\mu_r = 90$，钢板的几何尺寸 $2a=40\text{mm}$、$2D=6\text{mm}$、$2L=1000\text{mm}$，测量回路高度 $H=200\text{mm}$。二维孤立钢板地回路阻抗的频率特性曲线如图 4-10 所示。对于钢板内部阻抗 R_i，实线对应级数解式，即式（4-18），圆点为近似公式，即式（4-19）。可见，式（4-19）是扁平钢板内部阻抗很好的近似计算公式。

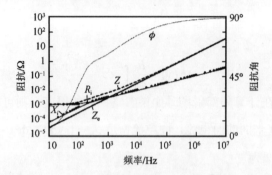

图 4-10　二维孤立钢板地回路阻抗的频率特性曲线

从图 4-10 中可以看出，在低频情况下，钢板地回路总阻抗基本为常数，主要由钢板内部阻抗的电阻部分构成。随着频率的增加，钢板地回路总阻抗逐渐由纯电阻向电感性阻抗转化。当频率达到 200Hz 时，钢板内部阻抗的电抗部分近似等于其电阻部分。当频率达到 10^3Hz 时，钢板地回路外部阻抗超过钢板内部阻抗。在高频情况下，钢板地回路总阻抗基本为纯电感性质，其值随频率升高线性增加，主要由钢板地回路外部电感决定。

4. 三维孤立钢板内部阻抗

从式（4-15）中可以看出，由于电流集中效应的作用，钢板上、下表面的电场强度不相等，不能采用二维模型的电压法［式（4-18）］计算钢板内部阻抗。根据钢板内部的电场分布，由式（4-8）可知，钢板内部的磁场分布为

$$
\begin{cases}
B_x = -\mu\sigma DE_0 \cdot \dfrac{\sinh(Ky)}{\sinh(KD)} \cdot \left[1 + \sum_{m=1}^{\infty} C_m \cos(K_m x)\dfrac{\cosh(K_m z)}{\cosh(K_m L)}\right] \\[4mm]
B_y = 0 \\[4mm]
B_z = \mu\sigma DE_0 \cdot \dfrac{\sinh(Ky)}{\sinh(KD)} \cdot \sum_{m=1}^{\infty} C_m \sin(K_m x)\dfrac{\sinh(K_m z)}{\cosh(K_m L)}
\end{cases}
\tag{4-27}
$$

根据式（4-15）和式（4-27），以及坡印亭矢量计算出流入钢板的电磁场能量，从而可采用能流法计算钢板内部阻抗：

$$
Z_i = R_i + jX_i = -\frac{1}{I^2}\oiint_S \frac{1}{\mu}\cdot(\boldsymbol{E}\times\boldsymbol{B}^*)\cdot \mathrm{d}\boldsymbol{S}
\tag{4-28}
$$

式中，R_i 为钢板内部电阻；X_i 为钢板内部电抗；S 为整个钢板边界面积（以外法线方向为正方向）；*表示取共轭复数。

将式（4-15）和式（4-27）代入式（4-28），对整个钢板的外表面进行积分，整理后可得钢板内部阻抗为

$$
Z_i = R_0 \cdot \frac{KD}{\tanh(KD)} + R_0 \cdot \frac{KD}{\tanh(KD)} \cdot \frac{1}{2}\sum_{m=1}^{\infty}\frac{\tanh(K_m L)}{K_m L}C_m^2
\tag{4-29}
$$

式中，第一项为二维钢板模厚度方向的交流集肤效应；第二项为电流集中效应产生的附

加阻抗。在 $L > a \gg b$ 的条件下，对无穷级数采用积分近似，可得

$$Z_{\mathrm{i}} \approx R_0 \cdot \frac{KD}{\tanh(KD)} \cdot \left\{ 1 + \frac{2a}{\pi L} \cdot \left[\ln\left(\frac{a}{2\pi b}\right) + \frac{3}{2} \right] \right\} \tag{4-30}$$

与式（4-19）比较，式（4-30）中电流集中效应的作用与频率无关，完全由钢板的形状和电流注入点的几何尺寸决定。三维孤立钢板内部阻抗的频率特性与二维孤立钢板的相同，仅阻抗值放大了一定倍数。电流集中效应的上述近似方式仅适用于扁平钢板，对于钢板截面近似正方形的情况，须考虑两个方向的交流集肤效应。

5. 三维孤立钢板地回路外部电感

在计算二维孤立钢板地回路外部电感时，可忽略钢板的厚度，钢板内部的电流分布近似为 $y=0$ 平面处的面电流分布。在电流集中效应的作用下，对式（4-15）进行积分，可得面电流的分布为

$$\begin{cases} J_{\mathrm{S}x} = -\dfrac{I}{2a} \cdot \displaystyle\sum_{m=1}^{\infty} C_m \sin(K_m x) \dfrac{\sinh(K_m z)}{\cosh(K_m L)} \\[2mm] J_{\mathrm{S}y} = 0 \\[2mm] J_{\mathrm{S}z} = \dfrac{I}{2a} \cdot \left[1 + \displaystyle\sum_{m=1}^{\infty} C_m \cos(K_m x) \dfrac{\cosh(K_m z)}{\cosh(K_m L)} \right] \end{cases} \tag{4-31}$$

由于如图 4-6 所示的测量回路位于 yOz 平面内，所以电流在 x 轴的分量对地回路外部电感没有贡献，在外部电感计算中仅需要考虑式（4-31）中面电流在 z 轴的分量，可得

$$\begin{aligned} F_{\mathrm{flat}}(y) &= \frac{\mu_0}{4\pi} \int_{-L}^{L} \frac{\mathrm{d}z}{2a} \int_{-L}^{L} \int_{-a}^{+a} \left[1 + \sum_{m=1}^{\infty} C_m \cos(K_m x') \frac{\cosh(K_m z')}{\cosh(K_m L)} \right] \frac{\mathrm{d}x' \mathrm{d}z'}{\sqrt{x'^2 + y^2 + (z'-z)^2}} \\[2mm] &= \frac{\mu_0}{4\pi} \int_{-L}^{L} \frac{\mathrm{d}z}{2a} \int_{-L}^{L} \int_{-a}^{+a} \frac{\mathrm{d}x' \mathrm{d}z'}{\sqrt{x'^2 + y^2 + (z'-z)^2}} \\[2mm] &\quad + \frac{\mu_0}{4\pi} \sum_{m=1}^{\infty} \left[C_m \cdot \int_{-L}^{L} \frac{\mathrm{d}z}{2a} \int_{-L}^{L} \int_{-a}^{+a} \cos(K_m x') \frac{\cosh(K_m z')}{\cosh(K_m L)} \frac{\mathrm{d}x' \mathrm{d}z'}{\sqrt{x'^2 + y^2 + (z'-z)^2}} \right] \\[2mm] &= F_{\mathrm{flat}0}(y) + F_{\mathrm{flat}1}(y) \end{aligned} \tag{4-32}$$

式中，第一项与式（4-23）相同；第二项为电流集中效应对电感的贡献。在 $L > a \gg b$ 的条件下，第二项可近似为

$$F_{\mathrm{flat}1}(y) \approx \frac{\mu_0}{4\pi} \frac{2a}{\pi^2} \left(1 - \frac{\pi^2 b}{4a} \right) \cdot \ln\left(\frac{\sqrt{(2L)^2 + y^2} + 2L}{\sqrt{(2L)^2 + y^2} - 2L} \cdot \frac{\sqrt{(2L)^2 + (a/2)^2 + y^2} - 2L}{\sqrt{(2L)^2 + (a/2)^2 + y^2} + 2L} \right) \tag{4-33}$$

所以，在电流集中效应的作用下，三维孤立钢板地回路外部阻抗 $Z_{\mathrm{e}} = \mathrm{j}\omega L_{\mathrm{e}}$，其中外部电感为

$$\begin{aligned} L_{\mathrm{e}} &= F_{\mathrm{flat}}(D) - F_{\mathrm{flat}}(D+H) \\ &= F_{\mathrm{flat}0}(D) - F_{\mathrm{flat}0}(D+H) + F_{\mathrm{flat}1}(D) - F_{\mathrm{flat}1}(D+H) \end{aligned} \tag{4-34}$$

6. 三维孤立钢板地回路阻抗特性

取钢板的电导率 $\sigma = 3.264\times10^6\,\mathrm{S/m}$，钢板的相对磁导率 $\mu_r = 90$，钢板的几何尺寸 $2a$=1220mm、$2b$=15.0mm、$2D$=5.0mm、$2L$=2975mm，测量回路高度 H=500mm。三维孤立钢板地回路阻抗的频率特性曲线如图 4-11 所示。

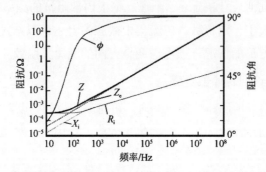

图 4-11　三维孤立钢板地回路阻抗的频率特性曲线

从图 4-11 中可以看出，三维孤立钢板地回路阻抗的频率特性与二维孤立钢板地回路阻抗的频率特性基本相同，但阻抗值及频率特性拐点均有变化。在低频情况下，钢板地回路总阻抗基本为常数，主要由钢板内部阻抗的电阻部分构成。随频率的增加，钢板地回路总阻抗逐渐由纯电阻向电感性阻抗转化。当频率达到 200Hz 时，钢板内部阻抗的电抗部分近似等于其电阻部分。但由于测量回路面积较大，当频率达到 100Hz 时钢板地回路外部阻抗超过钢板内部阻抗。在高频情况下，钢板地回路总阻抗基本为纯电感性质，其值随频率升高线性增加，主要由钢板地回路外部电感决定。

与图 4-10 对应的钢板相比，图 4-11 对应的钢板的电流集中效应使其内部阻抗增加为 2.06 倍，使钢板地回路的外部电感增加为 1.22 倍。由此可见，电流集中效应导致钢板内部阻抗的增加较大，而对钢板地回路外部电感的影响相对较小。

由式（4-30）可知，当钢板长度是钢板宽度的 10 倍以上或注入点宽度达到钢板宽度的 1/2 以上时，电流集中效应对钢板地回路阻抗的贡献小于 10%，可以采用二维孤立钢板模型近似计算钢板地回路阻抗。

4.3　钢板地回路阻抗测量方法

钢板地回路阻抗的测量电路如图 4-12 所示，在左侧的阻抗分析仪中，H_C 端的 V_S 为信号源，H_P 端的 V_0 为电压表，L_P 端的 0 为参考电位点，L_C 端的 I_0 为电流表。在低频情况下，该电路可以很好地消除测量线路的影响，阻抗分析仪测得的阻抗（$Z_0=V_0/I_0$）基本等于钢板地回路阻抗 Z_X。但在高频情况下，阻抗分析仪 H_C 端的电流线路（图 4-12

中虚线 $B_1B_2B_3B_4$）中电流产生的外部磁场会在 H_P 端的电压测量回路（图 4-12 中实线 $A_1A_2A_3A_4$）中产生一定的感应电压，此时 H_P 端测量的电压除钢板地回路阻抗的贡献以外，还有 H_C 端电流线路提供的互感电压。因此，在高频情况下，阻抗分析仪实际测得的阻抗为

$$Z_0 = V_0 / I_0 = (Z_i + Z_e) + \mathrm{j}\omega M \tag{4-35}$$

式中，M 为电流线路对电压测量回路的互感系数；$Z_X = Z_i + Z_e$，是需要测量的钢板地回路阻抗，其中 Z_i 为钢板内部阻抗，Z_e 为钢板地回路外部阻抗。

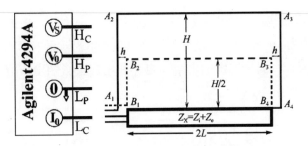

图 4-12　钢板地回路阻抗的测量电路

4.3.1　测量线路互感的补偿修正方法

为了减小测量线路之间的互感对钢板地回路阻抗测量的影响，将 H_C 端的电流线路放置在 H_P 端的电压测量回路和待测钢板中间。此时，电流线路的 B_2B_3 段在电压测量回路中产生的总感应电压基本为 0，仅电流线路的 B_1B_2 段和 B_3B_4 段在电压测量回路中产生感应电压。此时，电流线路对电压测量线路的互感系数近似为

$$M \approx \frac{\mu_0}{2\pi} \cdot H \cdot \ln\left(\frac{2L}{h}\right) \tag{4-36}$$

式中，H 为电压测量回路距离钢板的高度；$2L$ 为钢板的长度；h 为钢板两端电压测量回路和电流回路之间的距离。采用如图 4-12 所示的测量布置方式，可消除 B_2B_3 段的互感，从而有效提高钢板地回路阻抗的测量精度。

因为钢板地回路外部电感和电流线路的互感对阻抗的贡献均为纯电抗性质，所以测量阻抗的电阻部分就等于钢板内部阻抗的电阻部分，即 $\mathrm{Re}(Z_0)=R_i$。在高频情况下，钢板内部阻抗的电抗部分 $[\mathrm{Im}(Z_i)=X_i]$ 近似等于钢板内部阻抗的电阻部分，也就近似等于测量阻抗的电阻部分，即 $X_i \approx R_i = \mathrm{Re}(Z_0)$。因此，钢板地回路外部电感可以采用高频的测量数据计算：

$$L_e = \frac{\mathrm{Im}(Z_0) - \mathrm{Re}(Z_0)}{\omega} - M \tag{4-37}$$

式中，$\mathrm{Im}(Z_0)$ 为高频测量阻抗的电抗部分；$\mathrm{Re}(Z_0)$ 为高频测量阻抗的电阻部分（高频时，近似等于钢板内部阻抗的电抗部分）；M 为电流线路对电压测量回路的互感系数。

　　考虑到式（4-36）中的互感系数 M 仅由电流线路和电压测量回路的相对位置决定，基本与测量样品无关，可以通过测量已知外部电感的样品（如长直细导线）的阻抗，再根据式（4-37）计算出互感系数 M 的数值。采用这种方法测量实际线路之间的互感比利用式（4-36）近似计算更准确，但很难应用于大尺寸钢板阻抗的测量。所以，在实际测量中，通过合理布置测量线路尽量减小测量线路之间的互感十分重要。

4.3.2　测量电缆的补偿修正方法

　　图 4-12 中的测量线路均采用阻抗为 50Ω 的同轴屏蔽电缆，电流测量端（L_C 端）的连接电缆较短（约为 100mm），一般可以忽略电缆对电流测量的影响；电压测量端（H_P 端）的连接电缆较长，测量电缆的电阻、电感和电容会影响电压信号的传输。测量电缆的补偿修正方法如图 4-13 所示。

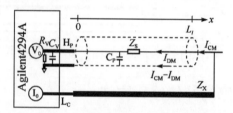

图 4-13　测量电缆的补偿修正方法

　　在低频情况下，由于测量电缆芯线与屏蔽层之间电容的阻抗很高，阻抗分析仪 H_P 端的输入阻抗也很高，所以测量电缆中的电流近似为 0。此时在阻抗分析仪 H_P 端测得的电压近似等于待测阻抗两端的电压，测量电缆基本不影响阻抗的测量。

　　在高频情况下，阻抗分析仪 H_P 端的输入阻抗和测量电缆芯线与屏蔽层之间电容的阻抗均会降低，并且测量电缆较长会导致信号延迟，此时在阻抗分析仪 H_P 端测得电压并不等于待测阻抗两端的电压。由于测量电缆的屏蔽层仅在阻抗分析仪一端接地，所以测量电缆中的电流呈不对称分布。在待测阻抗端，电流仅存在于测量电缆芯线中，而在阻抗分析仪 H_P 端，部分电流逐渐转移到测量电缆的屏蔽层。设在待测阻抗端，即 $x = L_i$ 处流入测量电缆芯线的电流为 I_{CM}，在任意 x 处测量电缆芯线中的电流为 I_{DM}，则测量电缆屏蔽层中的电流为 $I_{CM}-I_{DM}$（由差模电流 $-I_{DM}$ 和共模电流 I_{CM} 组成）。

　　测量电缆中的差模电流 $-I_{DM}$ 轴对称地分布于屏蔽层的内表面，在测量电缆芯线和屏蔽层之间形成差模电压 V_{DM}，差模电流和差模电压满足电报方程。如果电压测量电缆长度为 L_i，则差模电流在测量电缆两端引起的差模电压分别为

$$V_0 = \frac{I_{CM}Z_V}{\cosh(\gamma L_i) + (\gamma Z_V/Z_S)\sinh(\gamma L_i)} \tag{4-38}$$

$$V_{L_i} = \frac{I_{\mathrm{CM}}Z_{\mathrm{V}}\{\cosh(\gamma L_i) + [Z_{\mathrm{S}}/(\gamma Z_{\mathrm{V}})]\sinh(\gamma L_i)\}}{\cosh(\gamma L_i) + (\gamma Z_{\mathrm{V}}/Z_{\mathrm{S}})\sinh(\gamma L_i)} \tag{4-39}$$

式中，V_0 为 H_{P} 端测量电缆芯线和屏蔽层之间的差模电压，其值为阻抗分析仪测量到的电压；V_{L_i} 为 $x = L_i$ 处，即测量电缆右端（屏蔽层开路）芯线和屏蔽层之间的差模电压；$\gamma = \sqrt{(R_{\mathrm{S}} + \mathrm{j}\omega L_{\mathrm{S}}) \cdot \mathrm{j}\omega C_{\mathrm{P}}}$，为测量电缆的传播常数；$Z_{\mathrm{S}} = R_{\mathrm{S}} + \mathrm{j}\omega L_{\mathrm{S}}$，为测量电缆单位长度的阻抗；$G_{\mathrm{P}} = \mathrm{j}\omega C_{\mathrm{P}}$，为测量电缆单位长度的导纳；$R_{\mathrm{S}}$、$L_{\mathrm{S}}$ 和 C_{P} 分别为测量电缆单位长度的电阻、电感和电容；$Z_{\mathrm{V}} = R_{\mathrm{V}}/(1 + \mathrm{j}\omega C_{\mathrm{V}}R_{\mathrm{V}})$，为阻抗分析仪电压测量端的输入阻抗；$R_{\mathrm{V}}$ 和 C_{V} 分别为其输入端等效电阻和等效电容。

测量电缆中的共模电流 I_{CM} 分布于屏蔽层的外表面。当共模电流较大时，会在电压测量回路中形成共模电压，并且满足：

$$V_{\mathrm{CM}} = I_{\mathrm{CM}}Z_{\mathrm{CM}} = I_0 Z_{\mathrm{X}} - V_{L_i} \tag{4-40}$$

式中，$Z_{\mathrm{CM}} = \mathrm{j}\omega L_{\mathrm{CM}}$，为共模电流对电压测量回路的阻抗贡献；$L_{\mathrm{CM}} = \mu_0 L_i \ln(H/r_2)/(2\pi)$，为电缆屏蔽层的共模电感，其中 r_2 为电缆屏蔽层的半径。

由式（4-38）、式（4-39）和式（4-40）可得，在阻抗分析仪 H_{P} 端实际测得的电压为

$$V_0 = \frac{I_0 Z_{\mathrm{X}}}{\left(1 + \dfrac{Z_{\mathrm{C}}}{Z_{\mathrm{V}}}\right)\cosh(\gamma L_i) + \left(\dfrac{Z_{\mathrm{S}}}{\gamma Z_{\mathrm{V}}} + \dfrac{\gamma Z_{\mathrm{C}}}{Z_{\mathrm{S}}}\right)\sinh(\gamma L_i)} \tag{4-41}$$

在低频情况下，式（4-41）中分母近似为 1，可以忽略测量电缆的影响。在高频情况下，式（4-41）中分母将变小，当式（4-41）中分母的实数部分趋于 0 时，会出现谐振现象，严重影响测量结果。因此，对于高频测量，必须进行适当的测量电缆补偿修正。

4.3.3　钢板地回路阻抗的实验验证

当采用如图 4-12 所示的测量电路测量钢板地回路阻抗时，可以认为阻抗分析仪测得的电流基本等于流过钢板地回路的电流。在低频情况下，阻抗分析仪测得的电压基本等于钢板两端的电压；在高频情况下，由于阻抗分析仪 H_{P} 端输入阻抗、电流引线互感电压和测量电缆分布参数等多种因素的共同作用，阻抗分析仪测得的电压将偏离实际数值。综合考虑上述多种因素，阻抗分析仪实际测得的阻抗为

$$Z_0 = \frac{V_0}{I_0} = \frac{(Z_{\mathrm{i}} + Z_{\mathrm{e}}) + \mathrm{j}\omega M}{\left(1 + \dfrac{Z_{\mathrm{CM}}}{Z_{\mathrm{V}}}\right)\cosh(\gamma L_i) + \left(\dfrac{Z_{\mathrm{S}}}{\gamma Z_{\mathrm{V}}} + \dfrac{\gamma Z_{\mathrm{CM}}}{Z_{\mathrm{S}}}\right)\sinh(\gamma L_i)} \tag{4-42}$$

1. 二维孤立钢板地回路阻抗的实验验证

扁平钢板的尺寸 $2L$=983mm，$2a$=39.0mm，$2b$=20.0mm，$2D$=6.54mm，测量电缆长度 L_i=1350mm，测量电缆与测量样品的距离 H=200mm。利用如图 4-12 所示的测量电路

测量二维孤立钢板地回路阻抗，二维孤立钢板地回路阻抗的实验结果如图 4-14 所示，其中圆点表示钢板阻抗值和阻抗角的实测数据。

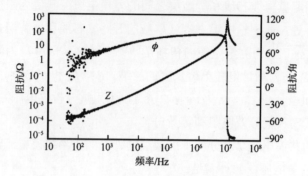

图 4-14 二维孤立钢板地回路阻抗的实验结果

根据钢板长度、宽度和注入点宽度，式（4-30）中电流集中效应对钢板内部阻抗的贡献小于 1%，所以可忽略电流集中效应的影响，采用二维孤立钢板计算钢板地回路阻抗。图 4-14 中的实线表示钢板阻抗值和阻抗角的理论计算值，即采用式（4-42）对实测数据进行修正后的值[其中，通过测量直径为 0.6～1.5mm 的铜导线的阻抗，根据式（4-37）可得测量线路的耦合互感系数 M=10nH]。可以看出，理论计算值与实测数据的大小和变化趋势吻合良好。

当式（4-42）中分母的实部为零时，可得谐振频率为 8.18MHz，实验测得的谐振频率约为 8.023MHz，理论计算值与实测数据的相对误差约为 2%，证明了钢板地回路阻抗理论计算方法和测量补偿修正方法的有效性。

2. 三维孤立钢板地回路阻抗的实验验证

同样采用如图 4-12 所示的测量电路测量三维孤立钢板地回路阻抗特性。测量电缆长度 L_t=4115m，与测量样品的距离 H=500mm；两端处电流线路与电压测量回路的间距 h=10～15mm（取 h=12.5mm），根据式（4-36）计算电流线路对电压测量回路的互感系数，得 M=332.3nH；电缆屏蔽层的共模电感 L_{CM}= 4.557μH。三维孤立钢板地回路阻抗的实验结果如图 4-15 所示，其中圆点和圆圈表示实测数据，实线表示理论计算值。可以看出，理论计算值与实测数据的大小和变化趋势吻合良好。理论计算得出的谐振频率为 3.06MHz，实验测得的谐振频率约为 3.12MHz，二者的相对误差约为 2%。

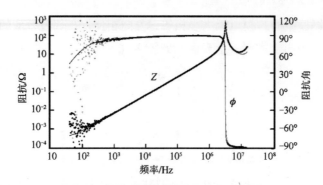

图 4-15　三维孤立钢板地回路阻抗的测试数据

4.3.4　舰船壳体地回路阻抗特性

在低频（DC1kHz）情况下，舰船接地系统的共地耦合阻抗主要由钢板内部阻抗构成，与钢板的几何尺寸和电磁特性（电导率和磁导率）关系密切，钢板地回路阻抗随着频率的增加逐渐由纯电阻性质转变为电感性质。就钢板内部阻抗而言，高频情况下阻抗角的极限值为 45°。在高频（1kHz～10MHz）情况下，舰船接地系统的共地耦合阻抗主要由钢板地回路外部电感构成，由钢板的几何尺寸和外部电路决定，与钢板的电磁特性基本无关，外部阻抗基本为纯电感性质，接地系统的共地耦合阻抗和阻抗角在高频情况下逐渐接近 90°。

4.4　邻近效应对地回路阻抗的影响

当外部线路距离钢板较远时，可忽略邻近效应对地电流分布的影响，钢板内部的电流分布近似为孤立钢板的电流分布。此时，可以将钢板看成一个独立的阻抗元件，采用一个公共地阻抗来描述两个回路之间通过公共地耦合形成的传导电磁干扰。

然而，舰船系统的空间狭小，各种线路均分布于舰船壳体附近，舰船壳体中的地电流分布必然会受到邻近效应的影响。

当外部线路靠近钢板时，外部线路的交流磁场会在钢板内部产生感应电流，从而外部线路的邻近效应会影响钢板内部的电磁场分布。此时，由于外部线路与钢板内部的磁场耦合（互感耦合）作用，钢板在不同回路中会呈现出不同的阻抗特性，钢板不再是一个独立的阻抗元件，其在两个回路之间耦合阻抗的贡献一般不等于其在单个回路中的阻抗。

当外部线路靠近钢板时，由于邻近效应的作用，电缆中的电流在钢板内部产生的交变磁场会在钢板内部产生感应电场，从而影响钢板内部的电流分布。假设钢板上方有一根电缆，电缆和钢板中的共模电流大小相等、方向相反，在邻近效应的作用下，钢板横截面的电流会集中分布于的钢板上表面，如图 4-16 所示。

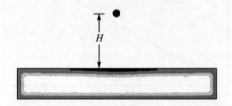

图 4-16　邻近效应对钢板电流分布的影响

4.4.1　邻近效应的共地耦合模型

电缆距离钢板越近或电流频率越高，邻近效应使钢板中电流分布越集中。在邻近效应的作用下，钢板内部的电流和电磁场分布与外部电缆的位置有关，钢板不再是一个独立的阻抗元件，必须建立合理的等效电路模型才能正确描述钢板在共地耦合中的作用。

1. 磁场耦合的简化等效电路

受邻近效应的影响，交流电流在钢板上、下表面的分布不同，因此钢板上、下两个部分的等效阻抗特性也不同，可采用上、下两个并联支路来简化描述钢板这一特性，如图 4-17 所示。图 4-17（a）中，Z_1 和 Z_2 分别对应钢板上、下两个部分的等效支路阻抗，Z_L 为外部电缆的等效阻抗，电缆与钢板上、下支路的耦合互感系数分别为 M_1 和 M_2。设外部电缆支路的电流为 I_L，钢板上、下支路的电流分别为 I_1 和 I_2，钢板中总电流为 I_G，电缆和钢板两端的电压分别为 V_L 和 V_G。

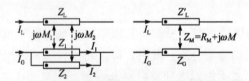

（a）简化原理模型　（b）等效电路模型

图 4-17　钢板与外部电缆磁场耦合的简化等效电路模型

由如图 4-17（a）所示的简化原理模型可得

$$\begin{cases} I_G = I_1 + I_2 \\ V_G = I_1 Z_1 + I_L j\omega M_1 \\ V_G = I_2 Z_2 + I_L j\omega M_2 \\ V_L = I_L Z_L + I_1 j\omega M_1 + I_2 j\omega M_2 \end{cases} \tag{4-43}$$

消去式（4-43）中电流 I_1 和 I_2，可得

$$\begin{cases} V_G = I_G Z_G + I_L Z_M \\ V_L = I_G Z_M + I_L Z_L' \end{cases} \tag{4-44}$$

式中,

$$Z_G = Z_1 Z_2 / (Z_1 + Z_2) \tag{4-45a}$$

$$Z'_L = Z_L + (\omega M_1 + \omega M_2)^2 / (Z_1 + Z_2) \tag{4-45b}$$

$$Z_M = (Z_1 j\omega M_2 + Z_2 j\omega M_1)/(Z_1 + Z_2) = R_M + j\omega M \tag{4-45c}$$

由式(4-44)可得如图 4-17(b)所示的等效电路模型。当电缆距离钢板较近时,钢板上、下支路阻抗与电缆至钢板的距离有关。因此,图 4-17(b)中阻抗也与电缆距离有关。

2. 钢板共地耦合的等效电路模型

当电缆距离钢板较近时,电缆与钢板磁场耦合的邻近效应也较强。此时,不仅钢板地回路的外部阻抗(主要表现为电感和互感)与电缆的位置有关,而且钢板的内部阻抗(包括内电阻)也与电缆的位置有关。考虑邻近效应的耦合作用,两个共地回路的磁场耦合等效电路模型如图 4-18 所示。图 4-18 中圆点为两个回路与钢板上的连接点,Z_a 和 Z_b 分别为两个共地回路的外部阻抗,$j\omega M$ 为两个共地回路电缆之间的互感耦合,Z_{Ma} 和 Z_{Mb} 分别为两个共地回路与钢板磁场耦合的等效互阻抗。

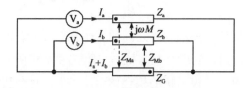

图 4-18　两个共地回路的磁场耦合等效电路模型

以钢板为公共支路的两个共地回路的电压方程为

$$\begin{cases} V_a = I_a(Z_a + Z_{Ma}) + I_b(j\omega M + Z_{Mb}) + (I_a + I_b)(Z_G + Z_{Ma}) \\ V_b = I_a(j\omega M + Z_{Ma}) + I_b(Z_b + Z_{Mb}) + (I_a + I_b)(Z_G + Z_{Mb}) \end{cases} \tag{4-46}$$

式(4-46)可整理为下列矩阵形式:

$$\begin{pmatrix} V_a \\ V_b \end{pmatrix} = \begin{bmatrix} Z_a & j\omega M \\ j\omega M & Z_b \end{bmatrix} \begin{pmatrix} I_a \\ I_b \end{pmatrix} + \begin{bmatrix} Z_{Gaa} & Z_{Gab} \\ Z_{Gab} & Z_{Gbb} \end{bmatrix} \begin{pmatrix} I_a \\ I_b \end{pmatrix} \tag{4-47}$$

式中,

$$\begin{cases} Z_{Gaa} = Z_G + 2Z_{Ma} \\ Z_{Gbb} = Z_G + 2Z_{Mb} \\ Z_{Gab} = Z_G + Z_{Ma} + Z_{Mb} \end{cases} \tag{4-48}$$

式(4-47)中第一项反映两个共地回路电缆之间的耦合作用,第二项反映钢板在两个共地回路之间的耦合作用。由式(4-47)和式(4-48)可以得到消除互阻抗 Z_{Ma} 和 Z_{Mb} 后的钢板地回路等效电路模型,如图 4-19 所示。

在图 4-18 中,两个共地回路连接在钢板的两个端点上,而在图 4-19 中这两个共地回路与钢板有四个连接点。钢板的耦合作用等效为图 4-19 中虚线框内的电路，消除外部线路与钢板的磁场耦合互阻抗后，必须采用四个端点才能正确描述钢板在两个共地回路之间的耦合作用。由式（4-47）可定义三个与钢板有关的等效阻抗：a、b 回路中的自阻抗 Z_{Gaa}、Z_{Gbb}，以及 a、b 回路之间的耦合互阻抗 Z_{Gab}。

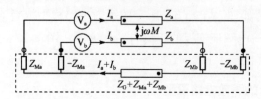

图 4-19　消除互阻抗后的钢板地回路等效电路模型

在 a 回路中钢板的阻抗作用等价为自阻抗 Z_{Gaa}，在 b 回路中钢板的阻抗作用等价为自阻抗 Z_{Gbb}，两个共地回路之间的耦合则等价为互阻抗 Z_{Gab}，互阻抗 Z_{Gab} 决定了两个共地回路通过钢板耦合的传导电磁干扰的强弱。采用四端测量法进行钢板地回路阻抗测量时，设注入 a 回路中电流为 I_a，b 回路中电流 $I_b \approx 0$，则阻抗分析仪测得的阻抗为

$$Z = \left. \frac{V_b}{I_a} \right|_{I_b=0} = j\omega M + Z_{Gab} \tag{4-49}$$

即两个共地回路的互阻抗包括外部线路之间的互感耦合贡献，以及钢板地回路的耦合阻抗。在邻近效应作用下，钢板的耦合互阻抗与自阻抗并不相同，必须采用三个等效阻抗的耦合电路模型描述钢板对共模干扰的耦合作用。其中，两个共地回路之间的耦合互阻抗决定了两个共地回路之间共地耦合干扰特性。

4.4.2　邻近效应的近似分析

假设钢板为扁平钢板（$2a \gg 2D$）且长度较大（$2L \gg 2a$），钢板的电导率和相对磁导率为常数，则可采用如图 4-20 所示的二维模型对邻近效应进行分析。从两个矩形端面沿 z 轴正方向注入共模电流 I_0，该电流沿 z 轴负方向从钢板上方 H 高度的细导线返回信号源。该共模回路的等效阻抗由三个部分构成：钢板内部阻抗 Z_i、导线内部阻抗 Z_H 和回路外部阻抗 Z_e。当导线靠近钢板时，由于邻近效应的影响，导线和钢板内部的电流分布均会发生变化。由于一般导线较细，可忽略导线内部电流分布的变化，认为导线内部阻抗 Z_H 和导线产生的磁场不受邻近效应影响。

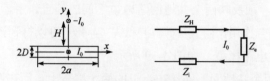

图 4-20　钢板地回路的共模阻抗模型

1. 邻近效应对钢板电流分布的影响

钢板中的共模电流 I_0 可分解为两个部分，即 $I_0 = I_1 + I_2$，如图 4-21 所示，从而可将电磁场问题分解为交流集肤效应和交流邻近效应两个独立电磁场问题，近似分析邻近效应对钢板内部电流分布的影响。

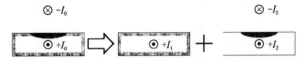

图 4-21　邻近效应对钢板内部电流分布影响的分解方法

对于较长的扁平钢板，可忽略钢板两端注入点处电流集中效应的影响，建立二维孤立钢板模型对图 4-21 中电流 I_1 的分布进行分析，其电流密度分布近似为

$$J_1(x,y) = \frac{KI_1}{4a} \cdot \frac{\cosh(Ky)}{\sinh(KD)} \tag{4-50}$$

式中，I_1 为钢板中的电流；$K = \sqrt{\mathrm{j}\omega\mu\sigma}$。当频率较低时，该部分电流在钢板中的电流密度分布近似为常数，即 $J_1 \approx I_1 / (4aD)$。而邻近效应在钢板内部感应电流 I_2 的值和分布会随频率及导线与钢板的距离的变化而变化；电流 I_1 的分布保持为式（4-50），但其值也随导线与钢板的距离的变化而变化。

邻近效应在钢板内引起的感应电流主要集中在钢板上表面附近，采用反对称周期延拓方法，将有限宽度的钢板扩展为无限宽度的周期结构。当导线靠近钢板时，忽略左、右相邻导线对中间钢板的影响，可采用图 4-22 中钢板的感应电流分布近似描述图 4-21 中钢板中感应电流 I_2 的分布。

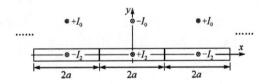

图 4-22　邻近效应的周期延拓近似模型

采用傅里叶展开方法，将图 4-22 中外部导线的电流展开为 $y=H+D$ 处的一系列面电流：

$$J_S(x) = -\sum_{l=1,3,5,\cdots} (I_0 / a)\cos(K_l x) \tag{4-51}$$

则导线电流和钢板中感应电流在钢板上方、钢板内部和钢板下方产生的磁矢势 A_1、A_2 和 A_3（由于电流沿 z 轴方向，所以磁矢势仅含 z 轴分量）分别为

$$\begin{cases} A_1 = \sum_{l=1,3,5,\cdots} \frac{\mu_0 I_0}{2q_l a}[-e^{-q_l|y-D-H|} + D_1 e^{-q_l y}]\cos(q_l x) \\ A_2 = \sum_{l=1,3,5,\cdots} \frac{\mu_0 I_0}{2q_l a}[C_2 e^{\gamma y} + D_2 e^{-\gamma y}]\cos(q_l x) \\ A_3 = \sum_{l=1,3,5,\cdots} \frac{\mu_0 I_0}{2q_l a}[C_3 e^{q_l y}]\cos(q_l x) \end{cases} \quad (4\text{-}52)$$

式中，$q_l = l\pi/2a$；$\gamma = \sqrt{K^2 + q_l^2}$；$A_1$ 中的第一项为导线中电流产生的磁矢势；D_1、C_2、D_2 和 C_3 为常数，由钢板上、下表面处的边界条件（磁矢势 A 和磁场强度的 x 轴分量）可解出这些常数。由此可以得出钢板内部感应电流的分布为

$$J_2(x,y) = -j\omega\sigma A_2 = \frac{K^2 I_0}{a} \sum_{l=1,3,5,\cdots} \frac{(\gamma + \mu_r q_l)e^{\gamma(y+D)} + (\gamma - \mu_r q_l)e^{-\gamma(y+D)}}{(\gamma + \mu_r q_l)^2 e^{2\gamma D} - (\gamma - \mu_r q_l)^2 e^{-2\gamma D}} e^{-q_l H}\cos(q_l x) \quad (4\text{-}53)$$

由式（4-53）可以看出，当频率较低（$K = \sqrt{j\omega\mu\sigma} \to 0$）时，$J_2 \approx 0$，可以忽略邻近效应的影响。仅在频率较高（$\gamma \approx K$，$|KD| \gg 1$）且导线靠近钢板（$H < a$）时，邻近效应才会在钢板中产生显著的感应电流。在高频情况下，式（4-53）可以近似表达为

$$J_2 \approx \frac{KI_0}{2a}\left[\frac{\cosh(Ky)}{\sinh(KD)} + \frac{\sinh(Ky)}{\cosh(KD)}\right]\sum_{l=1,3,5,\cdots} \frac{K}{K + \mu_r q_l} e^{-q_l H}\cos(q_l x) \quad (4\text{-}54)$$

邻近效应在钢板中产生的感应电流 $I_2 = \eta I_0$，其中比例系数 η 为

$$\eta = \frac{1}{I_0}\iint J_2 \mathrm{d}x\mathrm{d}y = \sum_l \frac{2\sin(q_l a)}{q_l a} \frac{K \cdot e^{-q_l H}}{K + \mu_r q_l} = \sum_{l=1,3,5,\cdots} \eta_l \quad (4\text{-}55)$$

由此可见，在低频情况下，$\eta \approx 0$，$I_1 = I_0 - I_2 \approx I_0$，钢板内部电流基本按照式（4-50）分布。随着频率的增加，邻近效应磁场耦合在钢板内感应电流也逐渐增加。当频率很高（$|Ka| \gg \mu_r$）时，式（4-55）达到饱和状态，$\eta \approx (4/\pi) \cdot \tan^{-1}[\exp(-\pi H/2a)]$，$\eta$ 基本不再随频率变化而变化。如果此时导线距离钢板很近（$H \ll a$），则 $\eta \approx 1$，$I_1 = I_0 - I_2 \approx 0$，钢板中全部电流将按照式（4-54）分布，主要集中在导线附近的钢板上表面。一般情况下，钢板内部电流分布可以表达为

$$J(x,y) = J_1(x,y) + J_2(x,y) \quad (4\text{-}56)$$

式中，$J_2(x,y)$ 为邻近效应感应电流的分布，即式（4-54），感应电流 $I_2 = \eta \cdot I_0$，η 可由式（4-55）求得；$J_1(x,y)$ 为钢板中的电流分布，即式（4-50），电流 $I_1 = (1-\eta)I_0$，I_0 为共模回路中的电流。

2. 共模回路的阻抗

1）钢板内部阻抗

根据钢板内部电流分布，采用坡印亭矢量可计算流入钢体内部的电磁场功率：

$$P_i = \oiint_S \left(\frac{\boldsymbol{J}}{\sigma} \times \frac{\boldsymbol{B}^*}{\mu}\right) \cdot \mathrm{d}\boldsymbol{S} = |I_0|^2 \cdot Z_i \quad (4\text{-}57)$$

式中，$\boldsymbol{S}$ 为整个钢板边界面积（以内法线方向为正方向）；*为取共轭复数；Z_i 为钢板内

部阻抗。对于扁平钢板，电磁能主要由上、下两个表面流入钢板，忽略从侧面流入钢板的电磁能，仅取上、下两个表面的积分，钢板内部阻抗近似为

$$Z_i = \frac{2L}{\sigma \cdot 4aD} \frac{KD}{\tanh(KD)} \left[1 - |\eta|^2 + \frac{1 + \tanh^2(KD)}{2} \sum_l (q_l a)^2 |\eta_l|^2 \right] \tag{4-58}$$

式中，$Z_0 = \dfrac{2L}{\sigma \cdot 4aD} \dfrac{KD}{\tanh(KD)}$，为孤立钢板的内部阻抗；方括号中的后两项反映了邻近效应产生的附加阻抗。由式（4-58）可见，当频率较低时，$\eta \to 0$，钢板内部阻抗基本等于孤立钢板内部阻抗；当频率较高时，邻近效应使钢板内部阻抗增加；当频率很高时，$\tanh(KD) \approx 1$，钢板内部阻抗的阻抗角接近 45°。

2）地回路的外部电感

在高频情况下，钢板内部电流 I_1 均匀分布于钢板上、下表面，邻近效应感应电流 I_2 主要分布于钢板上表面。由于外部电感仅在频率较高时才对地回路阻抗有贡献，所以计算外部磁场时可以将式（4-56）近似为钢板上、下表面的两个面电流，即

$$\begin{cases} J_S^{\text{Top}}(x) = \int_0^{+D} J_1(x, y)\mathrm{d}y + \int_0^{+D} J_2(x, y)\mathrm{d}y \\ \qquad\quad = \frac{(1-\eta)I_0}{4a} + \frac{I_0}{a} \sum_l \frac{K \cdot \mathrm{e}^{-q_l H}}{K + \mu_r q_l} \cos(q_l x) \\ J_S^{\text{Bottom}}(x) = \int_{-D}^{0} J_1(x, y)\mathrm{d}y = \frac{(1-\eta)I_0}{4a} \end{cases} \tag{4-59}$$

仍然采用式（4-52）的形式表示钢板上方和钢板上方的磁矢势 A_1 和 A_3，由钢板上、下表面处的边界条件（磁场强度的切向分量等于钢板的表面电流）可解出常数 D_1 和 C_3，从而可得钢板外部空间的磁矢势分别为

$$A_1 = \sum_{l=1,3,5,\cdots} \frac{\mu_0 I_0}{2 q_l a} \cos(q_l x) \times \left[-\mathrm{e}^{-q_l |y-D-H|} + \mathrm{e}^{-q_l(y-D+H)} \right. \tag{4-60a}$$
$$\left. - \frac{2\mu_r q_l \mathrm{e}^{-q_l(y-D+H)}}{K + \mu_r q_l} + (1-\eta) \frac{\sin(q_l a)}{q_l a} \mathrm{e}^{-q_l(y-D)} \right]$$

$$A_3 = \sum_{l=1,3,5,\cdots} \frac{\mu_0 I_0}{2 q_l a} \cos(q_l x) \left[(1-\eta) \frac{\sin(q_l a)}{q_l a} \mathrm{e}^{q_l(y+D)} \right] \tag{4-60b}$$

式（4-60a）中第一项为导线中电流 $-I_0$ 产生的磁矢势；第二项相当于位于 $x=0$、$y=-H+D$ 处的高频"零磁"镜像电流 $+I_0$ 产生的磁矢势；最后两项是对"零磁"镜像电流磁矢势的修正。由于钢板对高频电磁场的屏蔽作用，式（4-60b）中仅包含钢板中电流的贡献。

忽略位移电流和电磁场辐射效应，在导线和钢板的外部空间有 $\nabla \times \boldsymbol{H} = \varepsilon_0 \partial \boldsymbol{E} / \partial t \approx 0$，则地回路的外部电感 L_e 相关的外部磁场储能满足：

$$W_e = \frac{1}{2} L_e |I_0|^2 = \text{Re}\left\{ \frac{1}{2} \iiint_V (\boldsymbol{H} \cdot \boldsymbol{B}^*) \mathrm{d}V \right\}$$

$$= \text{Re}\left\{ \frac{1}{2} \iiint_V [(\nabla \times \boldsymbol{H}) \cdot \boldsymbol{B}^* - \nabla \cdot (\boldsymbol{H} \times \boldsymbol{A}^*)] \mathrm{d}V \right\} \qquad (4\text{-}61)$$

$$\approx \text{Re}\left\{ \frac{1}{2} \oiint_S (\boldsymbol{A}^* \times \boldsymbol{H}) \cdot \mathrm{d}\boldsymbol{S} \right\}$$

式中，$\text{Re}\{\}$ 为取实部，V 为钢板外部空间的体积，$\boldsymbol{S}$ 为导线和钢板的整个边界表面积（以内法线方向为正方向）。

将式（4-61）沿导线表面、钢板上表面和钢板下表面三个部分积分，可得外部电感导致的地回路外部阻抗为

$$Z_e = \mathrm{j}\omega L_e = \mathrm{j}\omega(2L)\mu_0 \left\{ \frac{1}{2\pi} \ln\left(\frac{2H}{r}\right) \right.$$

$$\left. + \sum_{l=1,3,5,\cdots} \frac{q_l a}{4} \left| \frac{\mu_r q_l}{K} \eta_l \right|^2 + \sum_l \frac{|1-\eta|^2}{2(q_l a)^3} - \mu_r \text{Re}\left[\frac{\eta(1-\eta^*)}{2Ka} \right] \right\} \qquad (4\text{-}62)$$

3）共模地回路阻抗特性

设导线单位长度的电阻为 R_H，对于细导线，可忽略交流集肤效应的影响，则导线内部阻抗对地回路阻抗的贡献为

$$Z_H = 2L \cdot \left(R_H + \mathrm{j}\omega \frac{\mu_0}{8\pi} \right) \qquad (4\text{-}63)$$

综上所述，图 4-20 中共模地回路的阻抗为

$$Z = Z_i + Z_e + Z_H \qquad (4\text{-}64)$$

式中，Z_i 为钢板内部阻抗［见式（4-58）］，Z_e 为共模回路的外部阻抗［见式（4-63）］，Z_H 为导线的内部阻抗［见式（4-64）］。

3. 数值算例

取钢板几何尺寸 $2L$=983mm，$2a$=39.0mm，$2D$=6.54mm；钢板的电磁特性参数 $\sigma = 3.264 \times 10^6 \text{S/m}$，$\mu_r = 90$；导线半径 r=0.39mm，单位长度的电阻 $R_H = 0.0384\Omega$，导线到钢板的距离 H=1.0mm。钢板中邻近效应感应电流的比例系数的频率特性如图 4-23 所示。其中，实线、虚线和点线分别对应该系数的幅值、实部和虚部，该系数反映了邻近效应感应电流占钢板中总电流的比例。

共模地回路阻抗的频率特性如图 4-24 所示。其中，粗实线为共模地回路阻抗 Z；虚线为钢板内部阻抗 Z_i；点线为地回路外部阻抗 Z_e；点画线为导线内部阻抗 Z_H；细实线为孤立钢板内部阻抗 Z_0。

从图 4-23 和图 4-24 中可以看出：①当频率大于 1kHz、集肤深度小于钢板厚度、邻近效应的感应系数模值大于 10%时，钢板内部阻抗明显大于孤立钢板内部阻抗。②当频

率为 1kHz～1MHz 时，感应系数的虚部较大，此时钢板中电流 I_1 和 I_2 与共模电流 I_0 存在较大的相位差，磁场耦合会产生等效互电阻。③当频率小于 1kHz，共模地回路阻抗基本由导线内部阻抗决定；当频率大于 1MHz 时，共模地回路阻抗主要由外部阻抗决定；当频率为 1kHz～1MHz 时，邻近效应对共模地回路阻抗的影响较复杂。④当频率为 10MHz 时，邻近效应使钢板内部阻抗比孤立钢板内部阻抗约大 5 倍。理论分析表明，随着频率的增加，钢板对共模地回路外部阻抗的贡献逐渐接近"零磁"镜像作用。

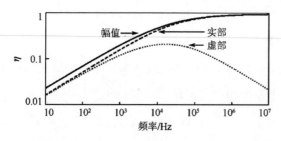

图 4-23　钢板中邻近效应感应电流的比例系数的频率特性

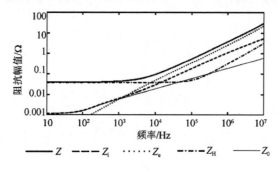

图 4-24　共模地回路阻抗的频率特性

4.4.3　邻近效应对钢板耦合阻抗的影响

当回路 a 和回路 b 通过钢板形成共地回路时，如果两根导线距离钢板均较近，则邻近效应会影响两个共地回路之间的耦合阻抗，可以建立如图 4-25 所示的两个共地回路耦合模型。

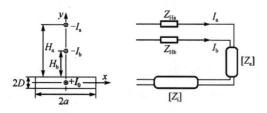

图 4-25　两个共地回路耦合模型

1. 钢板中电流分布

设两根导线均位于钢板上方，导线与钢板的距离分别为 H_a 和 H_b，且 $H_a>H_b$；两个共地回路导线中电流分别为 $-I_a$ 和 $-I_b$，钢板中电流 $I_0 = I_a + I_b$。根据 4.4.2 节的分析，由于导线邻近效应在钢板中产生的感应电流分别 $I_{2a} = \eta_a I_a$ 和 $I_{2b} = \eta_b I_b$，其在钢板内部按照式（4-54）分布，且比例系数如式（4-55）所示。钢板中剩余电流 $I_1 = I_0 - (I_{2a} + I_{2b})$，仍按照式（4-50）分布。所以，钢板中总电流分布为

$$J(x,y) = J_1(x,y) + J_{2a}(x,y) + J_{2b}(x,y) \tag{4-65}$$

2. 钢板内部耦合阻抗

由式（4-65）可以获得钢板内部的磁场分布，并根据流入钢体内部的电磁场功率计算钢板内部电磁场对共地回路耦合阻抗的贡献：

$$P_i = \oiint_S (\frac{\boldsymbol{J}}{\sigma} \times \frac{\boldsymbol{B}^*}{\mu}) \cdot d\boldsymbol{S} = |I_a|^2 \cdot Z_{iaa} + |I_b|^2 \cdot Z_{ibb} + (I_a^* I_b + I_a I_b^*) \cdot Z_{iab} \tag{4-66}$$

对于扁平钢板，仅取钢板上、下两个表面的积分近似，可得钢体内部三个耦合阻抗分别为

$$Z_{iaa} = Z_0 \left[1 - |\eta_a|^2 + \frac{1+\tanh^2(KD)}{2} \sum_{l=1,3,5,\cdots} (q_l a)^2 |\eta_{al}|^2 \right] \tag{4-67a}$$

$$Z_{ibb} = Z_0 \left[1 - |\eta_b|^2 + \frac{1+\tanh^2(KD)}{2} \sum_{l=1,3,5,\cdots} (q_l a)^2 |\eta_{bl}|^2 \right] \tag{4-67b}$$

$$Z_{iab} = Z_0 \left\{ 1 - \text{Re}[\eta_a^* \eta_b] + \frac{1+\tanh^2(KD)}{2} \sum_{l=1,3,5,\cdots} (q_l a)^2 \text{Re}[\eta_{al}^* \eta_{bl}] \right\} \tag{4-67c}$$

由于导线与钢板邻近效应的磁场耦合作用，式（4-67）中三个耦合阻抗（两个自阻抗 Z_{iaa}、Z_{ibb} 和一个互阻抗 Z_{iab}）一般不相等。两个电路通过钢板地回路耦合时，不能将钢板视为一个简单的公共阻抗，必须采用三阻抗模型来描述钢板内部阻抗在电路中的耦合作用。只有当两根导线与钢板距离相等（$H_a = H_b$）时，式（4-67）中三个耦合阻抗才完全相同，此时才可以用一个公共阻抗描述钢板内部阻抗在两个电路中的耦合作用，但其阻抗值也不同于孤立钢板内部阻抗 Z_0。如果其中一根导线 a 距离钢板很远（$H_a \gg a$），则 $\eta_a \approx 0$，此时可以采用两个阻抗描述钢板内部阻抗的耦合作用：自阻抗 Z_{ibb} 大于孤立钢板的内部阻抗，自阻抗 Z_{iaa} 和互阻抗 Z_{iab} 近似为孤立钢板的内部阻抗 Z_0。

当两个回路的导线分别处于钢板的上方和下方侧时，采用类似的方法也可以得到相应的三个耦合阻抗。此时，两个自阻抗 Z_{iaa} 和 Z_{ibb} 与式（4-67a）式（4-67b）相同，但两个电路之间的互阻抗会小于孤立钢板内部阻抗：

$$Z_{iab} = Z_0 \left[1 - \text{Re}(\eta_a^* \eta_b) + \frac{1-\tanh^2(KD)}{2} \sum_{l=1,3,5,\cdots} (q_l a)^2 \text{Re}(\eta_{al}^* \eta_{bl}) \right] \tag{4-68}$$

3. 地回路外部耦合电感

若忽略空间的位移电流，则地回路外部耦合电感相关的磁场储能满足：

$$W_e = \frac{1}{2} \oiint_S (\boldsymbol{A}^* \times \boldsymbol{H}) \cdot \mathrm{d}\boldsymbol{S} = \frac{1}{2} L_{eaa} |I_a|^2 + \frac{1}{2} L_{ebb} |I_b|^2 + \frac{1}{2} M_{eab} (I_a^* I_b + I_a I_b^*) \tag{4-69}$$

设两根导线的半径分别为 r_a 和 r_b，如果两根导线均处于钢板上方，则可得与地回路外部耦合电感相关的三个外部阻抗分别为

$$Z_{eaa} = \mathrm{j}\omega L_{eaa} = \mathrm{j}\omega(2L)\mu_0 \left\{ \frac{1}{2\pi} \ln\left(\frac{2H_a}{r_a} \right) + \right.$$
$$\left. + \sum_{l=1,3,5,\cdots} \frac{q_l a}{4} \left| \frac{\mu_r q_l}{K} \eta_{al} \right|^2 + \sum_{l=1,3,5,\cdots} \frac{|1-\eta_a|^2}{2(q_l a)^3} - \mu_r \mathrm{Re}\left[\frac{\eta_a(1-\eta_a^*)}{2Ka} \right] \right\} \tag{4-70a}$$

$$Z_{ebb} = \mathrm{j}\omega L_{ebb} = \mathrm{j}\omega(2L)\mu_0 \left\{ \frac{1}{2\pi} \ln\left(\frac{2H_b}{r_b} \right) + \right.$$
$$\left. + \sum_{l=1,3,5,\cdots} \frac{q_l a}{4} \left| \frac{\mu_r q_l}{K} \eta_{bl} \right|^2 + \sum_{l=1,3,5,\cdots} \frac{|1-\eta_b|^2}{2(q_l a)^3} - \mu_r \mathrm{Re}\left[\frac{\eta_b(1-\eta_b^*)}{2Ka} \right] \right\} \tag{4-70b}$$

$$Z_{eab} = \mathrm{j}\omega M_{eab} = \mathrm{j}\omega(2L)\mu_0 \left\{ \frac{1}{2\pi} \ln\left(\frac{H_a + H_b}{H_a - H_b} \right) + \right.$$
$$+ \sum_{l=1,3,5,\cdots} \frac{K_l a}{4} \left| \frac{\mu_r q_l}{K} \right|^2 \mathrm{Re}[\eta_{al}^* \eta_{bl}] + \sum_{l=1,3,5,\cdots} \frac{\mathrm{Re}[(1-\eta_a)(1-\eta_b^*)]}{2(q_l a)^3} -$$
$$\left. - \mu_r \mathrm{Re}\left[\frac{\eta_a(1-\eta_b^*) + (1-\eta_a^*)\eta_b}{4Ka} \right] \right\} \tag{4-70c}$$

当两根导线分别处于钢板的上方和下方时，地回路外部阻抗的两个自阻抗 Z_{eaa} 和 Z_{ebb} 与式（4-70a）和式（4-70b）相同，但两个电路之间的外部互阻抗为

$$Z_{eab} = \mathrm{j}\omega M_{eab}$$
$$= \mathrm{j}\omega(2L)\mu_0 \left\{ \sum_{l=1,3,5,\cdots} \frac{\mathrm{Re}[(1-\eta_a)(1-\eta_b^*)]}{2(q_l a)^3} - \mu_r \mathrm{Re}\left[\frac{\eta_a(1-\eta_b^*) + (1-\eta_a^*)\eta_b}{4Ka} \right] \right\} \tag{4-71}$$

4. 邻近效应对共地回路耦合阻抗的影响

若忽略邻近效应对导线内部电流分布的影响，则不论两根导线处于钢板的同侧还是异侧，导线内部阻抗对地回路耦合阻抗的贡献均为

$$\begin{cases} Z_{Haa} = 2L \cdot (R_{Ha} + \mathrm{j}\omega \dfrac{\mu_0}{8\pi}) \\[2mm] Z_{Hbb} = 2L \cdot (R_{Hb} + \mathrm{j}\omega \dfrac{\mu_0}{8\pi}) \\[2mm] Z_{Hab} = 0 \end{cases} \tag{4-72}$$

综上所述，受邻近效应的影响，图 4-25 中两个共地回路之间的三个耦合阻抗分别为

$$\begin{cases} Z_{aa} = Z_{iaa} + Z_{eaa} + Z_{Haa} \\ Z_{bb} = Z_{ibb} + Z_{ebb} + Z_{Hbb} \\ Z_{ab} = Z_{iab} + Z_{eab} \end{cases} \tag{4-73}$$

式中，钢板内部阻抗满足式（4-67）和式（4-68）；共模地回路外部阻抗满足式（4-70）和式（4-71）；导线内部阻抗满足式（4-72）。可以看出，虽然导线较细，其内部阻抗也较大，但决定共模干扰的耦合互阻抗仅与钢板内部阻抗和地回路外部电感有关，而与导线内部阻抗无关。所以分析共模耦合干扰时，必须准确分析钢板对共地回路的耦合作用。

钢板共地回路耦合阻抗的频率特性如图 4-26 所示。导线到钢板的距离分别为 H_a=6mm 和 H_b=1mm，钢板尺寸及电磁特性参数与 4.4.2 节算例中的相同。图 4-26 中粗实线为回路 a 的自阻抗 Z_{aa}；虚线为回路 b 的自阻抗 Z_{bb}；点线为两根导线位于钢板同侧时的耦合互阻抗 Z_{ab1}；点画线为两根导线位于钢板异侧时的耦合互阻抗 Z_{ab2}；细实线为孤立钢板内部阻抗 Z_0。

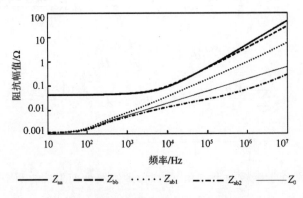

图 4-26　钢板共地回路耦合阻抗的频率特性

从图 4-26 中可以看出，钢板共地回路耦合阻抗特性的频率比较复杂，导线的位置不仅影响地回路外部电感，还影响钢板内部阻抗。当两根导线位于钢板同侧时，邻近效应使回路耦合互阻抗增大；当两根导线位于钢板异侧时，邻近效应使回路耦合互阻抗减小。需要说明的是，图 4-22 可以较准确地描述邻近效应感应电流在钢板上表面附近的分布特性，但由于无限宽度钢板的屏蔽作用，当钢板宽度较小时，对钢板下方感应电流分布的近似描述误差较大。

5. 钢板共地回路耦合阻抗的实验验证

钢板共地回路耦合阻抗的实验结果如图 4-27 所示。其中，实线和虚线为回路的自阻抗 Z_{aa} 和 Z_{bb}；点线为两根导线位于钢板同侧时的耦合互阻抗 Z_{ab1}；点画线为两根导线位于钢板异侧时的耦合互阻抗 Z_{ab2}。测试时，导线采用 60 芯绝缘 Litz 线，考虑端部连接，导线实际长度约为 1060mm。

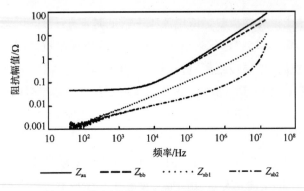

图 4-27　钢板共地回路耦合阻抗的实验结果

比较图 4-26 和图 4-27 可以看出，在很宽的频率范围内，解析计算的结果与实测数据吻合良好。两个回路自阻抗的误差均小于 1dB（约 10%）。在 40Hz~1MHz 的频率范围内，两个互阻抗的误差小于 2dB（约 25%）和 5dB（约 75%）。造成误差的原因有窄条钢板周期延拓近似的误差、实验布置中导线距离的误差（互阻抗比自阻抗对距离更敏感）和端部连线对测量的影响等。当频率大于 1MHz 时，互阻抗测量值快速增加，主要原因是分布电容引起并联谐振现象。

4.5　共模传导电磁干扰分析实例

计算共地耦合阻抗是为了分析和预测舰船系统中通过舰船壳体钢板形成的共模传导电磁干扰，可以通过模拟实验检验理论分析的正确性。

采用大尺寸钢板模拟舰船壳体的地平面，钢板长度 $2L$=2975mm，宽度 $2a$=1220mm，厚度 $2D$=5.0mm，两端电流注入点宽度 $2b$=15.0mm，钢板电导率 $\sigma=3.264\times10^6\text{S/m}$，相对磁导率 $\mu_r=90$。根据 4.2 节的分析，钢板内部阻抗［见式（4-30）］和外部电感［式（4-34）］均会受到注入点电流集中效应的影响，内部阻抗和外部电感比二维模型分别增加 106% 和 22%。根据 4.4 节的分析，由邻近效应产生的感应电流 $I_2=\eta I_0$，其集中分布于导线下方的钢板上表面附近，该部分电流分布宽度较窄，基本不受集中效应的影响，电流集中效应只影响钢板中剩余电流的分布，即 $I_1=I_0-I_2=(1-\eta)I_0$。所以，可以采用式（4-74）和式（4-75）描述交流集肤效应、交流邻近效应和电流集中效应对共地回路中钢板耦合互阻抗的综合影响：

$$Z_{\text{iab}} = ZP_{\text{iab}} \times [1+1.06(1-\eta_a)] \tag{4-74}$$

$$Z_{\text{eab}} = ZP_{\text{eab}} \times [1+0.22(1-\eta_a)] \tag{4-75}$$

式中，前一因子 ZP_{iab} 和 ZP_{eab} 可分别由式（4-67c）和式（4-70c）得出，反映了邻近效应的影响；后一因子反映了电流集中效应的影响；η_a 满足式（4-55），由干扰电流的导线位置决定。当导线距离钢板较远或电流频率较低时，$\eta_a \approx 0$，可忽略交流邻近效应的影响，式（4-74）和（4-75）退化为 4.2 节中的孤立钢板阻抗，即只有交流集肤效应和电流集中效应的贡献。当导线距离钢板很近且电流频率较高时，$\eta_a \approx 1$，可忽略电流集中效应的影响，式（4-74）和（4-75）退化为 4.4 节中的二维模型耦合阻抗，即只有交流集肤效应和交流邻近效应的贡献。而一般情况下，式（4-74）和（4-75）反映交流集肤效应、交流邻近效应和电流集中效应的综合作用。

采用如图 4-28 所示的方式模拟电力系统共模电流对敏感系统形成的共模传导电磁干扰。由信号源产生的交流信号经功率放大器和隔离变压器通过 a 回路向钢板注入共模干扰电流 I_{CM}，模拟电力系统产生的共模电流；b 回路模拟敏感系统共模回路，通过 EMI 接收机测量敏感系统受到的共模干扰电压 V_{CM}。

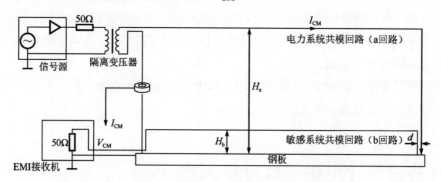

图 4-28　地电流对敏感系统形成的共模传导电磁干扰

理论计算和实验测量结果表明，当 b 回路到钢板的距离 $H_b<300\text{mm}$ 时，在 500kHz 以下，回路的自阻抗仅为 50mΩ～10Ω，可以近似认为 EMI 接收机内部 50Ω 电阻上电压近似等于敏感系统的共模干扰电压 V_{CM}（误差小于 1.6dB，约为 20%）。从而可以采用式（4-76）计算敏感系统受到的共模干扰电压

$$V_{CM} = I_{CM} \times (Z_{iab} + Z_{eab} + Z_{Hab}) \tag{4-76}$$

式中，I_{CM} 为共模电流的测量值；Z_{iab} 和 Z_{eab} 按照式（4-74）和式（4-75）计算的耦合阻抗；Z_{Hab} 为端部导线的互感耦合阻抗，等效电感可采用式（4-77）计算（图 4-28 中 $d=20\text{mm}$）：

$$L_{Hab} = \frac{\mu_0}{2\pi}\left\{ H_a \ln\left[\frac{2L\left(\sqrt{H_a^2 + d^2} + H_a\right)}{d\left(\sqrt{H_a^2 + (2L)^2} + H_a\right)}\right] + H_b \ln\left[\frac{2L\left(\sqrt{H_b^2 + d^2} + H_b\right)}{d\left(\sqrt{H_b^2 + (2L)^2} + H_b\right)}\right] + \right.$$

$$+ (H_a - H_b)\ln\left[\frac{d\left[\sqrt{(H_a - H_b)^2 + (2L)^2} + H_a - H_b\right]}{2L\left(\sqrt{(H_a - H_b)^2 + d^2} + H_a - H_b\right)}\right] +$$

$$+ \left[\sqrt{H_a^2 + (2L)^2} + \sqrt{H_b^2 + (2L)^2} - \sqrt{(H_a - H_b)^2 + (2L)^2} - 2L\right]$$

$$\left. + \left[d + \sqrt{(H_a - H_b)^2 + d^2} - \sqrt{H_a^2 + d^2} - \sqrt{H_b^2 + d^2}\right]\right\}$$

$$(4-77)$$

　　邻近效应较强时的共模传导电磁干扰如图 4-29 所示，邻近效应较弱时的共模传导电磁干扰如图 4-30 所示。图 4-29 对应的 H_a=100mm，H_b=2mm，邻近效应作用较强；图 4-30 对应的 H_a=500mm，H_b=300mm，邻近效应影响较弱。

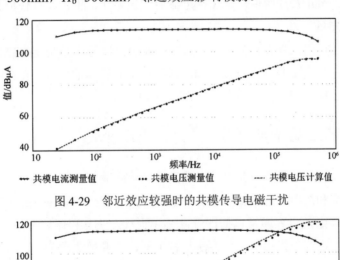

图 4-29　邻近效应较强时的共模传导电磁干扰

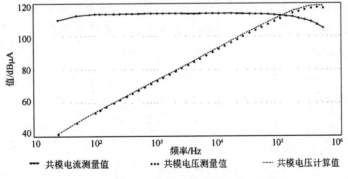

图 4-30　邻近效应较弱时的共模传导电磁干扰

　　从图 4-29 和图 4-30 中可以看出，计算值与测量值的大小和变化趋势吻合良好，误差均小于 2dB（约 25%）。图 4-29 和图 4-30 验证了地阻抗计算方法的正确性和有效性。

第 5 章　传导电磁干扰测量

5.1　电磁兼容测量基础

电磁兼容测量的核心就是电磁干扰测量，而电磁干扰是与设备结构、工艺、布线、工作状态等诸多因素相关的电磁现象，其产生与作用机理非常复杂，理论分析结果往往与实际情况相差较大，因而在测量中准确获取电磁干扰特征十分重要，正如前美国肯塔基大学的 C. R. Paul 教授所说，"在判定最后结果方面，也许没有任何其他学科比电磁兼容更依赖于测量"。

电磁兼容是一门工程性很强的学科，电磁兼容测试技术是制定电磁兼容标准与规范的基础，也是评判电磁兼容设计效果和电磁干扰抑制措施的依据。在介绍电磁兼容测量之前，需要先了解电磁兼容测量的一些基础知识。

5.1.1　电磁兼容标准与规范

为了确定系统中各设备或分系统必须满足的电磁兼容工作特性，各国都制定了相应的电磁兼容标准和规范。电磁兼容标准和规范需要对各类产品的电磁兼容特性给出合理的评价指标或准则，内容通常包括评价方法（测量方法）和评价指标（干扰限值）。在电磁兼容测试中，评价指标和评价方法是相关的，二者都非常重要，不合理的评价方法会导致错误的评判结果，而不合理的评价指标则会导致产品的欠设计或过设计，这些都会导致系统出现电磁兼容问题。因此，各国都对电磁兼容标准十分重视，随着世界贸易的发展，各国的电磁兼容标准都需要与国际标准接轨。

民用设备的国际电磁兼容标准主要由两个国际组织，即 IEC（国际电工委员会）和 CISPR（国际无线电干扰特别委员会）制定。IEC 下设多个技术委员会（TC）及分技术委员会（SC），主要由 TC77 负责电磁兼容标准的制定工作。TC77 的研究覆盖整个频段的抗扰度和低频范围内（≤9kHz，有时是 150kHz 以下）的骚扰现象，TC77 下设三个分技术委员会：SC77A（研究低频现象）、SC77B（研究高频现象）、SC77C（研究大功率脉冲现象）。TC77 发布的 IEC 61000 系列标准包括以下内容：

- IEC 61000-1-X　总则
- IEC 61000-2-X　环境

- IEC 61000-3-X　限值
- IEC 61000-4-X　试验和测量技术
- IEC 61000-5-X　安装和调试导则
- IEC 61000-6-X　通用标准

CISPR 主要负责无线电接收装置的保护。规定各种电气电子设备的干扰测量要求和测量方法，目前包括一个指导委员会（CISPR/S）和六个分技术委员会，以 CISPR 出版物形式发布标准。

这些电磁兼容标准又可以分为基础标准、通用标准、产品标准等，我国的电磁兼容国家标准 GB 系列和欧盟的电磁兼容标准 EN 系列都是参照 IEC 标准和 CISPR 标准制定的。在这些标准中，通常会将设备分为 A 类与 B 类，这是根据设备面临的电磁环境进行分类的，A 类指的是面临的电磁环境为"工业环境"的设备，B 类指的面临的电磁环境为"居民区、商业区及轻工业环境"的设备。

军用设备面临的电磁环境较为特殊，因此有其特别对应的军用电磁兼容标准。我国军用电磁兼容标准主要是依据美国军用电磁兼容标准 MIL-STD-461 系列制定的。MIL-STD-461 系列标准最早颁布于 1967 年，当时颁布了三个标准，即 MIL-STD-461（限值要求）、MIL-STD-462（测量方法）、MIL-STD-463（术语），这三个标准组成了一套完整的电磁兼容标准体系，标志着军用电磁兼容进入系统管理阶段，该标准体系迅速成为世界各国制定本国电磁兼容标准的重要参考依据。半个多世纪以来，根据标准在实际使用中总结的经验，MIL-STD-461 系列标准经过多次修订和改进，已经从当初的 A 版本发布到了 F 版本，内容也随着技术发展进行了相应的改进。我国自 20 世纪 80 年代起开始编制国家军用电磁兼容标准 GJB 151 系列，在 1986 年颁布了 GJB 151/152—86，对应于 MIL-STD-461C；在 1997 年颁布了 GJB 151A/152A—97，对应于 MIL-STD-461D；在 2013 年颁布了 GJB 151B—2013，对应于 MIL-STD-461F。这些标准既跟踪了国际最新标准，又结合我国军用装备的实际情况进行了改进，在我国军用装备建设方面发挥了重要作用。

电磁兼容标准和规范的制定是为了指导系统或设备的电磁兼容设计，其基本的概念是如果每个部件都满足规范的要求，则系统或设备的电磁兼容性就能得到保证。这种电磁兼容设计方法被称为标准规范法，标准和规范的区别在于，标准是一般性导则，由它可以导出各种更详细的规范，而规范则是一个包含详细数据的、必须遵守的文件。

标准规范法的不足在于容易引起电磁兼容过设计，即电磁兼容设计时解决的问题可能不是实际存在的问题，只是为了满足规范要求而已。此外，标准规范法是建立在已有的电磁兼容标准的基础上的，也依赖于以往的电磁兼容设计经验，对于同类设备而言，这些经验可能很有效，但若将之盲目照搬用于新型设备研制中出现的新型干扰分析，可能导致解决问题的代价变得非常高。

5.1.2　电磁兼容测量分类

所有电磁兼容测试标准都包括发射标准和抗扰度标准，在军用电磁兼容标准中，由于更关注设备的使用极限，所以以敏感度标准代替抗扰度标准。

在舰船电磁兼容测试中，按测试对象的不同，电磁兼容测试可以分为系统级测试和设备级测试；按测试信号和测量方法的不同，电磁兼容测量可以分为传导发射（CE）测量、传导敏感度（CS）（抗扰度）测量、辐射发射（RE）测量和辐射敏感度（RS）测量，对于一个待测设备来说，以上各种测量可以用图 5-1 来表示。

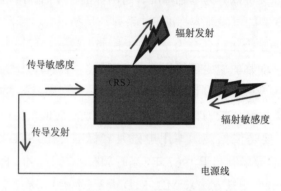

图 5-1　电磁兼容测量分类

电磁兼容测量与一般的电气测量不同，它主要针对的是干扰信号，考察的是设备与其周围电磁环境之间的相互影响作用，因此电磁兼容测试对环境有严格的要求。

电磁发射（包括传导发射和辐射发射）测试针对的是待测设备向周围电磁环境发出的干扰信号，相对于设备的工作信号而言，干扰信号幅值较小。在进行电磁发射测试时要尽可能排除外界干扰，以精确测量待测设备产生的干扰。在进行电磁敏感度（包括传导敏感度和辐射敏感度）测试时同样需要尽可能排除外界干扰，以得出当待测设备面对所施加的特定干扰时能正常工作的准确阈值。

设备从制造完成到投入使用，往往会经过多轮电磁兼容测试，待测设备面临的工作环境也会发生变化，为了有效评估待测设备在实际工作环境下的电磁兼容性，电磁兼容测试既要保证结果的精确性，还要保证测试的可重复性。

电磁兼容测量的有效性主要取决于以下两个因素：①设备精度：电磁兼容测试中需要采用高精度的测量接收设备获取微小信号，以保证测量结果的准确性。②测量环境：进行电磁兼容测试必须尽可能排除外界（电网环境、空间环境）干扰，以确保测试的可重复性。

常见的电磁兼容测试场地有以下几类。①电磁屏蔽室：侧壁、天花板和地板均为金属钢板，以避免外界干扰进入电磁屏蔽室从而影响测量结果，进入电磁屏蔽室的电源也需要经过滤波，以排除来自电网的干扰，但由于墙面对电磁波具有反射作用，所以电磁屏蔽室不太适合用于辐射电磁干扰标准测试。②电波暗室：在电磁屏蔽室的侧壁和天花板上铺设吸波材料后，电磁屏蔽室即成为电波暗室。若此时地板为导电金属平面，则该电波暗室称为电波半暗室；若在地板上也铺设吸波材料，则该电波暗室称为全电波暗室。③CISPR 16.1 和 GB 6113.1 也允许利用开阔场地测量，开阔场地中的电磁环境电平要比标准限值电平低 6～10dB（个别项目要求低 20dB）。

近年来，电磁混响室已被许多军用电磁兼容标准和民用电磁兼容标准接受作为电磁兼容的测试环境，此外常用的电磁兼容测试场地还有 TEM 小室与 GTEM 小室等。这些测试场地主要针对辐射电磁干扰测试，其适用的频率、测试区尺寸等都有所不同，使用时需要根据待测设备的特点选择合适的测试场地。

针对如图 5-1 所示的电磁兼容测量分类，电磁兼容标准规定的相关测试环境如下：①传导发射测量，在电磁屏蔽室内进行；②传导敏感度测量，大部分没有特殊要求，少数要求在屏蔽室内进行；③辐射发射测量，在电波暗室内进行；④辐射敏感度测量，在电波暗室内进行。

在实际操作过程中，应尽可能在电磁兼容标准规定的环境下进行测试，如果无法提供标准测试环境，则需要在电磁兼容试验报告中说明测试时的环境条件。

5.2　传导电磁干扰发射测量

5.2.1　传导电磁干扰

按 GJB 72 A—2002 中的定义，传导干扰是指沿着导体传输的不需要的电磁能量，通常用电压和电流来定义。这里的导体既可以是导线或地线，也可以是柜体、舰船壳体等导电平面，传导电磁干扰通常是设备工作中的非线性环节导致的电网上的电流或电压畸变。此外，外界辐射的电磁干扰也会在导体上感应出电压和电流，从而在电网上引起传导电磁干扰。

传导电磁干扰会以电压或电流的形式在电网上进行传播，两个电路间的传导电磁干扰耦合如图 5-2 所示，当两个设备共用同一个电网时，如果设备 1 产生了干扰，则其干扰不仅会返回电源 1，还会通过电网连接线对设备 2 产生干扰。在计算时，可以忽略互连线的阻抗 Z_{i1} 和 Z_{i2}，其中公共阻抗 Z_c 是阻抗 Z_{1N} 和 Z_{2N} 的并联，阻抗 Z_{1P} 和 Z_{2P} 相对于电力用户的阻抗 Z_1 和 Z_2 很小，可以忽略，故传导电磁干扰耦合的等效电路如图 5-3 所示。公共阻抗既可以是电源线阻抗，也可以是接地线阻抗，公共阻抗越大，流经公共阻抗源的电流越高，公共耦合阻抗的干扰就越大。

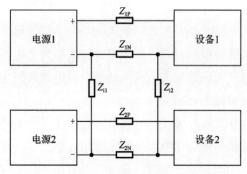

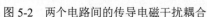

图 5-2 两个电路间的传导电磁干扰耦合

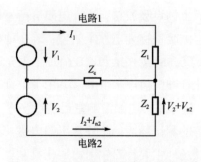

图 5-3 传导电磁干扰耦合的等效电路

传导电磁干扰有电压和电流两种表示方式，当考虑设备的电磁兼容性能时，为了简化分析，往往会把待测设备看作发射干扰的电流源或电压源，这是一种等效概念，与一般电路分析中的电压源和电流源的概念是不一样的，测量电磁干扰源的等效电路如图 5-4 所示。图 5-4 中的电磁干扰源就是待测的电子设备，用电压源或电流源表示，对应的传导电磁干扰测量也可以分为传导电磁干扰电压测量和传导电磁干扰电流测量两类。

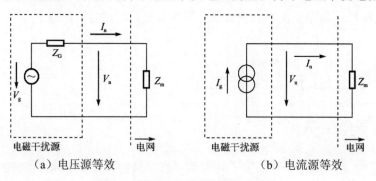

（a）电压源等效　　　　　　　　（b）电流源等效

图 5-4 测量电磁干扰源的等效电路

从图 5-4 中可以看出，当在电网端测量电磁干扰源电压 V_n 时，测量结果不仅与干扰源的参数有关，还与电网阻抗 Z_m 有关。电网的高频阻抗并不是一个常数，它会随时间、地点和频率的变化而变化。为了确保电磁干扰测试的可重复性和电磁干扰测试结果的准确性，需要在电磁干扰源（待测设备）与电网之间插入 LISN 以形成标准的接口阻抗。当 LISN 的阻抗 Z_s 足够大时，从电磁干扰源中看进去的阻抗 Z_{in} 基本与电网阻抗 Z_m 无关，如图 5-5 所示。尽管不同的电磁兼容标准中规定了不同的 LISN 结构，但是 LISN 的作用都是一样的。图 5-5 中 R 为测量取样电阻的阻值，Z_s、Z_p 为匹配阻抗，通常用 RL 和 RC 网络实现，因此在测量时需要注意，LISN 的频率通常要在 10kHz 以上才有阻抗稳定作用，由于参数不同，不同标准中 LISN 的有效频段也有所区别。

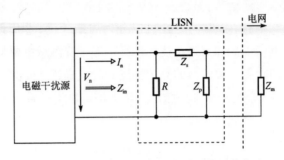

图 5-5　接入 LISN 后的传导电磁干扰测量电路

　　传导电磁干扰可以以电压或电流的共模（不对称）和差模（对称）形式出现。共模干扰为载流导体与参考地之间的不希望有的噪声；差模干扰为两个载流导体之间的不希望有的无线电噪声。

　　电磁干扰电压和电流的差模和共模分量如图 5-6 所示，其中 P 为相线，N 为中线，G 为参考地线；V_{DM}、V_{CM} 分别为差模电压和共模电压；Z_{DM} 为差模等效阻抗；Z_{LISN} 为 LISN 的阻抗；Z_1、Z_2 分别为 P、N 相对地的阻抗。

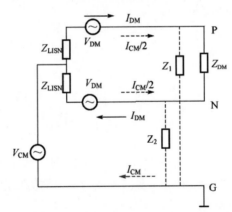

图 5-6　电磁干扰电压和电流的差模和共模分量

　　差模电流在相线及中线中流动，共模电流则在相线/中线、地线之间流动。测量相线之间的电压可以得到差模电压，但共模电压不容易测量。因为共模干扰的回路需要通过阻抗 Z_{CM} 形成闭合回路，而 Z_{CM} 是 Z_1、Z_2 的并联阻抗，代表的是电路与地平面之间的杂散参数，主要是一些寄生电容，所以共模干扰的大小不仅与共模电压有关，还受电网阻抗和系统中各种寄生参数的影响。

5.2.2　测量原理与测量设备

1. 信号的频域描述

干扰信号根据不同的指标可以分为不同的类型，如按幅度分布特性可以分为脉冲干扰、热噪声干扰和交叉干扰；按时间特性可以分为周期干扰、非周期干扰和随机干扰；按频率特性可以分为宽带干扰和窄带干扰。传导电磁干扰测量主要是测量信号的频谱，故在进行干扰测量之前，要了解信号的频域描述和时域描述之间的关系。

首先考虑周期信号，任何一个非正弦周期函数都可以用一系列频率呈整数倍关系的正弦函数来表示。假设一个周期函数为 $f(t)$，其周期为 $T = \dfrac{1}{f}$，则有

$$f(t) = a_0 + \sum_{n=1}^{\infty}(a_n \cos n\omega t + b_n \sin n\omega t)$$

$$= c_0 + \sum_{n=1}^{\infty} c_n \cos(n\omega t - \varphi_n) \tag{5-1}$$

式中，$\omega = 2\pi f$，为基波频率；$n\omega$ 为 n 次谐波频率；a_0, a_n, b_n 为傅里叶系数；c_n 为第 n 次谐波的幅值，$c_n = \sqrt{a_n^2 + b_n^2}$；$\varphi_n$ 为第 n 次谐波的初相位，$\varphi_n = \arctan\left(\dfrac{a_n}{b_n}\right)$。

由于 c_n 和 φ_n 都是关于 $n\omega$ 的函数，把 c_n 和 $n\omega$ 的函数关系绘成线图就是 $f(t)$ 的幅值频谱，如图 5-7 所示。由高等数学知识可知，任何一个满足 Dirichlet 条件的周期信号，其时域描述和频域描述之间的关系如下。

时域—频域：

$$f(t) = \sum_{n=-\infty}^{\infty} A_n \mathrm{e}^{-\mathrm{j}n\omega t} \tag{5-2}$$

频域—时域：

$$A_n = \frac{1}{T}\int_{-\frac{T}{2}}^{\frac{T}{2}} f(t)\mathrm{e}^{-\mathrm{j}n\omega t}\mathrm{d}t \tag{5-3}$$

式中，A_n 是周期信号的频率特性函数，其谱线是离散的，只存在于 $n\omega$ 的位置上，此时干扰显示为窄带干扰。当 $T \to \infty$ 时，周期信号变为非周期信号，干扰成为宽带干扰，频谱变成连续谱，式（5-3）变为

$$F(\mathrm{j}\omega) = \int_{-\infty}^{\infty} f(t)\mathrm{e}^{-\mathrm{j}\omega t}\mathrm{d}t \tag{5-4}$$

式中，$F(\mathrm{j}\omega)$ 称为 $f(t)$ 的傅里叶变换或傅里叶积分，也称为频谱密度。

电磁干扰测量的目的是获取信号的频域特征，对于窄带干扰需要测量干扰的频谱峰值，对于宽带干扰则需要获取干扰的频谱密度，最终得到所关心频段的频谱包络，并将其与标准限值进行比对。

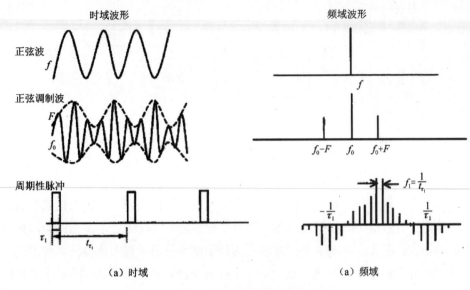

图 5-7　信号的时域与频域描述

2. 电磁干扰接收机

如前文所述，电磁兼容测试中需要采用高精度的测量接收设备获取微小信号，以保证测量结果的准确性，电磁干扰接收机就是其中的一个重要仪器。实际上，可以把电磁干扰接收机看作一个可调谐、可改变频率、可精密测量幅度的电压计，典型的无线电传导电磁干扰测试仪器原理框图如图 5-8 所示。

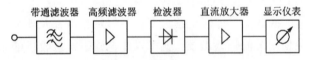

图 5-8　典型的无线电传导电磁干扰测试仪器原理框图

由于电磁干扰接收机测量的对象既可能是连续的微弱信号，也可能是幅值很强的脉冲信号，因此要求电磁干扰接收机本身噪声极低、灵敏度很高、检波器的动态范围大、前级过载能力强，而且在整个频段范围内都要满足测量精度要求。目前应用较为广泛的是超外差式接收机，其原理框图如图 5-9 所示。

对于电磁干扰测试来说，电磁干扰接收机检波器的设置很重要，检波器工作方式将直接影响测量结果。不同标准中检波器的设置要求也有所不同，为了能够有效比较电磁干扰测量结果，下面详细介绍一下电磁干扰接收机的检波器。

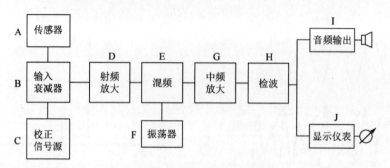

图 5-9　超外差式接收机原理框图

在电磁干扰测量技术中有不同种类的检波器，如峰值检波器、偏压补偿式检波器、平均值检波器、有效值（RMS）检波器及准峰值检波器等。在电磁干扰测试中，有效值检波器用得最少，尽管许多电磁干扰接收机的显示读数是通过有效值检波器校准的，但并不能说明这时电磁干扰接收机能测出电磁干扰真正的有效值。通常电磁干扰接收机的读数只是相对某一频率正弦信号的等效有效值。还有不少系统受到的影响与干扰的平均值有关，因此也有电磁干扰接收机可提供平均值检波功能。平均值检波器，又称场强探测器，它的积分时间是很长的，可以达到秒级。

峰值检波器和准峰值检波器在电磁兼容测试中应用较多。由于目前脉冲性质的电磁干扰源越来越多，而且许多系统对于这类干扰非常敏感，所以检测干扰的峰值非常重要，通常军用电磁兼容标准中给出的就是基于峰值的限制指标。峰值检波器的充电时间较短（约为 100ns），放电时间较长（可以达到 100s）。

CISPR 推荐使用的检波器是准峰值检波器，准峰值检波器是相对于人耳设计的。电磁干扰接收机中如果使用准峰值检波器，就可以在电磁干扰接收机的读数与人耳听到的广播干扰大小之间建立一个较好的对应关系。准峰值检波器的充电时间约为 1ms，放电时间约为 160ms。准峰值检波器虽然不能准确测量干扰的平均值或峰值，但很适合描述无线电干扰噪声的特性。CISPR 之所以推荐使用准峰值检波器，主要是因为早期 CISPR 研究的干扰就是广播系统中的干扰，准峰值检波器可以比较好地描述广播系统中的噪声特性。目前 CISPR 并没有局限于准峰值检波器，其也在关注着其他的检波方法。

对于非正弦信号，电磁干扰接收机采用准峰值检波器检波和采用峰值检波器检波会得到不同的读数，二者之间的关系比较复杂，该读数既与电磁干扰接收机的参数有关，也与被测干扰的性质有关。

由于电磁干扰接收机的读数与所使用的检波器有很大关系，所以在进行电磁兼容标准测试时，必须使用符合相关标准规定的电磁干扰接收机，如民用电磁兼容标准中通常要求使用具有准峰值检波器的电磁干扰接收机，而军用电磁兼容标准中常要求使用具有峰值检波器的电磁干扰接收机。

电磁干扰接收机中一个重要参数就是测量带宽，在大多数情况下，设备产生的干扰是宽带的连续频谱，此时电磁干扰接收机的读数取决于电磁干扰接收机的测量带宽。对于宽带干扰，当测量带宽小于被测电磁干扰的带宽时，电磁干扰接收机所接收到的噪声成分可以叠加如下：

$$U_m = \int_{f_0 - \frac{B_m}{2}}^{f_0 + \frac{B_m}{2}} a(f)\mathrm{d}f = A_0 \cdot B_m \tag{5-5}$$

式中，B_m 为测量带宽；f_0 为测量处的中心频率；$a(f)$ 为幅值密度函数；A_0 为 $a(f)$ 在 f_0 处的数值，通常认为 $a(f)$ 在积分频段内都是常数 A_0。

式（5-5）表明，当测量一个连续的宽带干扰时，电磁干扰接收机的读数与电磁干扰接收机的测量带宽成正比。利用这一性质可以确定所测电磁干扰的带宽。在比较不同测试中电磁干扰的测量结果时，必须说明测量带宽。

3. 电源线 LISN

电源线 LISN，又称人工电源网络，它是传导电磁干扰测试中相当重要的一个附件。GJB 152A—97 中规定的 LISN 的电路结构与阻抗特性如图 5-10 所示，其中 EUT 指待测设备。从 LISN 的电路结构中可以看出，50μH 电感和 8μF 电容共同构成低通滤波器，将由电网产生的高频干扰隔离开，而待测设备产生的高频干扰则可以通过 0.25μF 电容进入测量接收机（如电磁干扰接收机、频谱仪等），从而可以保证测量接收机测得的干扰确实是待测设备产生的干扰。

LISN 除能隔离由电网产生的干扰以外，还能提供标准的阻抗界面，从而避免电网阻抗对待测设备干扰的影响，图 5-10（b）中画出了电网阻抗变化时图 5-10（a）中 A、B 两点间的阻抗。从图 5-10（b）中可以看出，当接入 LISN 后，LISN 可以提供一个稳定的测试阻抗，避免电网端阻抗的波动，故在不同的时间将测量接收机接入电网测量都可以得到相同的结果，这对于干扰发射的研究是很有必要的。

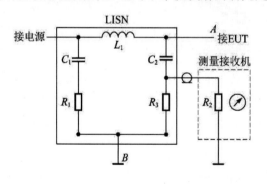

（a）LISN 的电路结构

元件	数值	元件	数值
L_1	50μH	R_2	50Ω
R_1	5Ω	C_2	0.25μF
C_1	8μF	R_3	1kΩ

各元件取值

图 5-10　GJB 152A—97 中规定的 LISN 的电路结构与阻抗特性

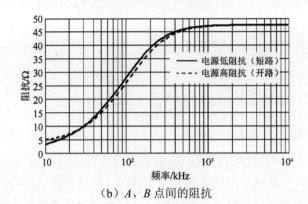

（b）A、B 点间的阻抗

图 5-10　GJB 152A—97 中规定的 LISN 的电路结构与阻抗特性（续）

4. 电流探头

从理论上来讲可以给待测设备串联一个小电阻，通过测量小电阻上的电压来获得干扰电流，但实际上极少采用这种方法，因为：①串联电阻会干扰设备的工作；②测试时没有隔离电网干扰；③不适合测量多根电缆上的干扰。所以现场采用电流探头作为传感装置，通常还会使用去耦电容隔离干扰。

目前在标准电磁兼容测量中常采用电流探头测量电流干扰，常规的电磁兼容测试用电流探头实际上就是一个电流互感器，其结构示意图如图 5-11 所示。

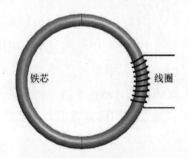

图 5-11　电磁兼容测试用电流探头的结构示意图

可以把待测导线看作初级，把缠绕在铁芯上的线圈看作次级，线圈输出电压和待测导线电流之间的关系可以用电流探头的转移阻抗来描述。对于一个给定的输入电流 I_m，可以在 50Ω 的输出电阻上得到一个相应的电压 V_m，二者的比值就是 50Ω 系统下电流探头的转移阻抗：

$$Z_T = \frac{V_m}{I_m}\tag{5-6}$$

将式（5-6）转换为 dB 系统，可表示为

$$Z_T(\mathrm{dB}\Omega) = U_m(\mathrm{dB}\mu\mathrm{V}) - I_m(\mathrm{dB}\mu\mathrm{A})\tag{5-7}$$

转移阻抗与干扰电流频率及系统输出电阻有关，常用测量仪器的输出电阻是 50Ω，

生产商一般会给出 50Ω 系统条件下电流探头的转移阻抗,一般以曲线或表格形式给出以方便使用。用于测量电磁干扰的电流探头一般都具有较宽的频率响应范围,如德国 Rohde & Schwarz 公司的 EZ-17 电流探头可用于测量 20Hz～100MHz 的高频干扰电流,美国 Solar 公司的 9207 电流探头可用于测量 20Hz～150MHz 的高频干扰电流。

为方便使用,电流探头通常被做成卡钳式的,由两个半环组成,这样就能在不断开电源线的情况下测量,只要打开卡钳就可以使导线穿过电流探头,当有多根导线穿过电流探头时,测量的是这些导线上的总干扰电流。当所有的相线都穿过电流探头时,实际上就是在测量共模干扰电流。

在 CISPR 推荐的通用标准中,是不要求测量干扰电流的。但在一些专用标准(如军用标准、航空和交通工业标准等)中,是以干扰电流的大小来考核设备的电磁兼容性能的,在这些标准中,只规定了可接受的干扰电流强度,因此在用这些标准考核设备的电磁兼容性时必须测量设备产生的干扰电流。实际上,即使标准中不要求测量干扰电流,在解决设备的电磁兼容问题时,往往也需要测量高频干扰电流。

5.2.3　测量方法与相关标准

1. 标准测量方法

自 20 世纪 80 年代以来,我国已先后制定了一系列与国际标准接轨的电磁兼容标准。然而,由于考核舰船设备的电磁兼容性时常会遇到一些大功率设备,其工况较为特殊,在测量时无法完全按照标准规定进行,往往需要根据实际情况采用一些等效方法进行测量,因此目前舰船设备的电磁兼容测量处于多个标准并存的状态。目前国内使用的电磁兼容军用标准包括以下几个。

GJB 151－86:《军用设备和分系统电磁发射和敏感度要求》

GJB 152－86:《军用设备和分系统电磁发射和敏感度测量》

GJB 151A－97:《军用设备和分系统电磁发射和敏感度要求》

GJB 152A－97:《军用设备和分系统电磁发射和敏感度测量》。

GJB 151B－2013:《军用设备和分系统电磁发射和敏感度要求与测量》。

这些标准都中规定了相应的传导电磁干扰考核项目和试验方法,简介如下。

1)GJB 151－86 包括以下两个测试项目。

CE01:25Hz～15kHz 电源线\互连线传导发射。

CE03:15kHz～50MHz 电源线\互连线传导发射。

在 CE01 与 CE03 测量中,主要的测试附件是 10μF 穿心电容(退耦电容),使用穿心电容测试的原理图如图 5-12 所示。待测设备产生的干扰电流通过穿心电容流入地平面,接收机在穿心电容与待测设备之间测得干扰电流。

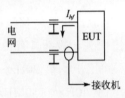

图 5-12　使用穿心电容测试的原理图

容值为 $10\mu F$ 的穿心电容在频率为 60Hz 的条件下阻抗约为 265Ω，在频率为 50Hz 的条件下阻抗约为 320Ω，可见穿心电容的退耦效应是有频率下限的，并且穿心电容的使用频率下限与待测设备的功率有关。

对于常用的 $10\mu F$ 穿心电容的频率下限，可以用式（5-8）和式（5-9）估算：

$$Vn=220V \qquad f_1=75I_n \qquad (5\text{-}8)$$

$$Vn=127V \qquad f_1=125I_n \qquad (5\text{-}9)$$

式中，I_n 为待测设备的电流（单位为 A）的数值。

若要精确测量，就不能使用式（5-8）和式（5-9）来计算穿心电容的频率下限，若要求穿心电容提供的并联阻抗小于 1Ω，则对于 $10\mu F$ 穿心电容来说，其使用的频率下限为 16kHz。为了在更低频率上测量，需要在电网与穿心电容之间串联一个扼流圈。串联的扼流圈可以这样选择：在频率为下限值时，扼流圈的阻抗应等于 $10\mu F$ 穿心电容的阻抗。根据这一原则，扼流圈的电感值可以按式（5-10）计算：

$$L=\frac{2500}{f_1^2} \qquad (5\text{-}10)$$

由式（5-10）可见，当频率较低时，需要串联的扼流圈的阻抗会很高，此时扼流圈两端的电压降也会很高，为此需要限制待测设备的工作电流。利用 $10\mu F$ 穿心电容和扼流圈测量电磁干扰电流时对负载电流的限制如表 5-1 所示。

表 5-1　利用 $10\mu F$ 穿心电容和扼流圈测量电磁干扰电流时对负载电流的限制

测量频率	扼流圈的电感	扼流圈的阻抗（50~60Hz）	允许的最大负载电流
100Hz	250mH	78～93Ω	150mA
400Hz	16mH	5～6Ω	2A
1kHz	2.5mH	0.8～1Ω	15A
3kHz	250μH	忽略	150A
10kHz	25μH	忽略	无限制

$10\mu F$ 穿心电容是电磁兼容测试系统中的一个附件。用于电磁干扰电流测量的 $10\mu F$ 穿心电容必须能承受均方值为 230V 的交流电压和至少 50A 的峰值电流，并且从 0～50MHz 内都不应当出现寄生效应。

2）GJB 151B－2013 与 GJB 151A/152A－97 包括以下两个测试项目。

CE101：25Hz～10kHz 电源线传导发射。

CE102：10kHz～10MHz 电源线传导发射。

对比 GJB 151－86，这里的传导电磁干扰测量删除了互连线测量，并且用 LISN 替代了穿心电容来提取系统中的干扰。GJB 151B－2013 测试方法与 GJB 151A/152A－97 测试方法基本一致，只是强调测试时应确保在测试端口接入 50　匹配负载。

CE101、CE102 的测试配置分别如图 5-13 和图 5-14 所示。由于 LISN 需要串接入电路中，其使用场合受到负载电流的限制，通常商用 LISN 的电流只有 50A，而穿心电容则可以通过较大的电流（可达 1000A），因此目前在大功率设备的电磁干扰测量中，也经常参照 GJB 151－86 标准进行测量和考核。

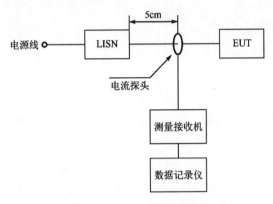

图 5-13　CE101 的测试配置

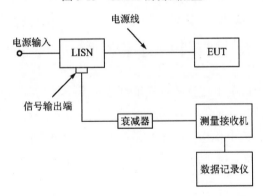

图 5-14　CE102 的测试配置

如前文所述，尽管已经颁布了新标准，但由于受 LISN 允许通过的电流的限制，在大功率设备测试时往往还需要使用 GJB 151－86 标准的 CE01、CE03。对于大电流的发电机组，规定使用穿心电容代替 LISN 进行测量，发电机组干扰电流测试配置如图 5-15 所示。

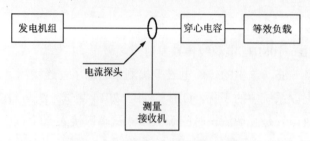

图 5-15　发电机组干扰电流测试配置

2．共模、差模干扰分离测量

在实际系统中，传导共模、差模干扰往往是耦合在一起的，但在进行电磁兼容设计、故障诊断、干扰排查时，往往需要分别了解系统产生的共模、差模干扰的大小，这时就需要对干扰进行分离测量。

目前较常用的分离测量方法大致有以下四种。

1）电流探头

电流探头的操作方法简单，只需要用电流探头卡住待测导线，就可以测出导线上的电流。单相系统电流探头测量法如图 5-16 所示，其中共模干扰电流测量示意图如图 5-16（a）所示。在理想情况下，相线 P 和中线 N 上的差模干扰电流幅值相同、方向相反，故此时电流探头只会测试出 P、N 上总的共模干扰电流。差模干扰电流测量示意图如图 5-16（b）所示。同样，在理想情况下，通过电流探头的共模干扰电流幅值相等、方向相反，可以完全抵消。用电流探头测出来的差模干扰为实际差模干扰的 2 倍，即要在测试结果中减去 6dB 才能得到实际的差模干扰。对于三相系统而言，电流探头同时套住 A、B、C 三相即可测量共模干扰电流；将一根导线按一定方式绕圈后即可测量差模干扰电流，如图 5-17 所示。

上述测量是在理想情况下进行的，在非理想情况下，相线上的干扰电流并不对称，此时无法保证通过电流探头的共模干扰电流或差模干扰电流能完全抵消，也就无法准确测量差模干扰电流或共模干扰电流。尤其是在共模干扰电流较大的情况下，通过绕线法测量差模干扰电流，共模干扰电流很难完全抵消，其测试结果中明显有较大的共模成分。

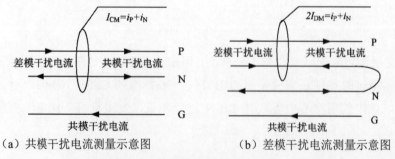

（a）共模干扰电流测量示意图　　　　（b）差模干扰电流测量示意图

图 5-16　单相系统电流探头测量法

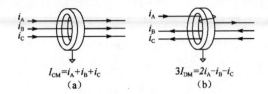

$$I_{CM}=i_A+i_B+i_C$$ $$3I_{DM}=2i_A-i_B-i_C$$
（a）　　　　　　　　（b）

图 5-17　三相系统电流探头测量法

2）差模抑制网络

差模抑制网络（DMRN）能够有效地抑制差模干扰，直接提取出共模干扰，单相差模抑制网络如图 5-18 所示。

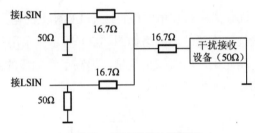

图 5-18　单相差模抑制网络

差模抑制网络的等效电路如图 5-19 所示。由电路原理可知，在理想情况下，差模信号经过差模抑制网络后，其在 B 点的电位为 0，故差模信号会被完全抑制。干扰接收设备所测得的干扰就是共模电压。

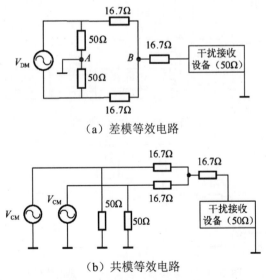

（a）差模等效电路

（b）共模等效电路

图 5-19　差模抑制网络的等效电路

3）软件分离技术

由于利用差模抑制网络只能测量共模干扰，无法测量差模干扰，所以有学者提出采

用软件分离技术测量，其原理为

$$V_{\mathrm{P}}(\omega) = 50[I_{\mathrm{CM}}(\omega) + I_{\mathrm{DM}}(\omega)] = V_{\mathrm{CM}}(\omega) + V_{\mathrm{DM}}(\omega) \tag{5-11}$$

$$V_{\mathrm{N}}(\omega) = 50[I_{\mathrm{CM}}(\omega) - I_{\mathrm{DM}}(\omega)] = V_{\mathrm{CM}}(\omega) - V_{\mathrm{DM}}(\omega) \tag{5-12}$$

$$|V_{\mathrm{P}}|^2 + |V_{\mathrm{N}}|^2 = 2\left(|V_{\mathrm{CM}}|^2 + |V_{\mathrm{DM}}|^2\right) \tag{5-13}$$

由式（5-11）、式（5-12）、式（5-13）可知，测得 V_{P} 和 V_{N} 后，就可以通过计算得出差模干扰或共模干扰。但这种方法必须保证 V_{P}、V_{N} 是同时测得的，这一点在实际测试时很难做到，同时其计算也过于烦琐，误差较大。

4）干扰分离网络

有学者提出采用干扰分离网络利用硬件将两个 LISN 上的电压 V_{P}、V_{N} 相加或相减，从而得出共模、差模干扰，干扰分离网络如图 5-20 所示。采用干扰分离网络可以同时测量共模、差模干扰，相比采用电流探头测量，提高了高频段的测量精度，传导共模、差模干扰分离网络结构如图 5-21 所示。

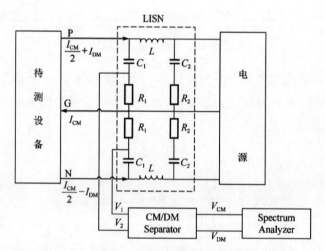

图 5-20　干扰分离网络

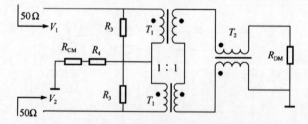

图 5-21　传导共模、差模干扰分离网络结构

5.3　传导敏感度测量

电磁兼容测量可以分为两大类：电磁发射测量和电磁敏感度测量。电磁发射测量考核设备工作时对外部环境产生的电磁干扰，电磁敏感度测量则考核设备承受外部环境中特定电磁干扰的能力。一个设备不符合电磁兼容标准，既可能是因为该设备产生了过高的电磁干扰，也可能是该设备对它预期的工作环境呈现了过度的敏感度。

5.3.1　敏感度测量与电磁发射测量

电磁敏感度规定实际上是一种折中要求，因为不可能要求电子设备去承受任意强度的干扰，所以必须在设备的抗扰度和干扰的发射强度之间找到一个折中值。实际上，如果一个电子设备在被施加了规定强度的干扰后仍能正常工作，它就可以被认为是符合电磁敏感度规定的设备。因此与电磁干扰发射测试不同，电磁敏感度的测试标准不是按照设备来分类的，而是按照干扰信号波形来分类的。简单地说，电磁干扰的研究是一种基于设备的研究，重点在于研究不同的设备会产生怎样的干扰；而电磁敏感度的研究则是一种基于现象的研究，即研究设备对于一种电磁干扰现象会有怎样的反应。

与干扰发射研究一样，电磁敏感度的研究也是逐步发展起来的，最早人们面临的干扰问题是通信对广播的干扰和电力线对通信的干扰，当时人们认为只要控制干扰源的发射就可以解决电磁干扰问题。但到了 20 世纪 60 年代后期，随着晶体管和集成电路的大量应用，民用设备不断向小型化和集成化方向发展，人们认识到不能仅靠控制干扰源的发射来达到电磁兼容要求，还必须要求设备具有一定的抗干扰能力，即设备必须达到电磁敏感度要求，为此 IEC 中的 TC65（工业过程测量与控制设备专业委员会）工作组从 1979 年开始研究工业过程测量与控制设备的电磁敏感度要求及测试方法，并在 1984 年提出了 IEC 801 标准。并在 20 世纪 90 年代与 TC77 委员会合作，在 IEC 801 标准基础上建立了 IEC 61000-4 标准。早期电网上的电子设备对于高频干扰并不十分敏感，当时只需要防止天电噪声和开关瞬变即可，但随着各种电子电气设备的增加，尤其是各种数字化电子设备的应用，电网上的干扰种类和敏感设备种类都增加了许多，如今设备面临的电磁环境已非常复杂，因此对设备的电磁敏感度也提出了更高的要求。

敏感度测量与抗扰度测量在测量方法上是一致的，但关注点有所不同。民用设备常使用抗扰度衡量，主要关注待测设备在何种干扰环境下可以正常使用；军用设备更关注设备性能受外界干扰影响的程度，故常使用敏感度测量。

5.3.2　常见传导敏感度测量项目

由于各类设备所处的电磁环境不同，故不同标准中规定的干扰波形也有所区别，不同敏感度项目注入的干扰信号实际上都代表了电网上不同的干扰现象。因此，在敏感度测量中，首先需要了解注入的干扰信号，其次需要在测试时选择正确的干扰注入方式，这样才能有效地评判待测设备的电磁敏感度。

1. IEC 规定的电磁敏感度测试信号

IEC 规定的电磁敏感度测试标准中主要包括以下几项试验：抗雷击浪涌试验（IEC 61000-4-5）、振荡波抗扰度试验（IEC 61000-4-12）、静电放电抗扰度试验（IEC 61000-4-2）及快速瞬变脉冲群抗扰度试验（IEC 61000-4-4）等，下面分别对这些试验中所采用的信号及相应的测试方法进行简要说明。

1）抗雷击浪涌试验

雷击和浪涌都是在电子设备使用过程中经常遇到的问题，抗扰度试验中信号发生器必须提供一定的能量以判断电路中的敏感元件是否能承受高幅值的瞬变干扰。

IEC 61000-4-5 中规定了两种不同的波形发生器：一种是符合 CCITT（Consultative Committee International Telegraph and Telephone，国际电话和电报咨询委员会）中规定的 10/700μs 信号发生器，可以产生如图 5-22 所示的 10/700μs 开路电压脉冲波形，该信号发生器主要用于检查长距离传输电路端口的抗扰度；另一种则是组合波浪涌信号发生器（CWG），可以产生如图 5-23 所示的组合波浪涌信号，在对电力电子设备进行抗扰度试验时通常使用这种信号发生器，组合波浪涌信号发生器的结构简图如图 5-24 所示。

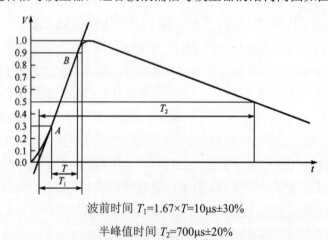

波前时间 $T_1=1.67×T=10μs±30\%$

半峰值时间 $T_2=700μs±20\%$

图 5-22　10/700μs 开路电压波形（按 CCITT 波形规定）

在进行试验时应根据设备的不同使用场合选取相应的试验等级，试验等级如表 5-2 所示。有关试验场合和试验等级之间的对应关系在电磁兼容标准中有规定。

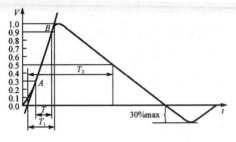 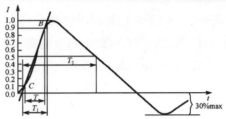

波前时间 $T_1=1.67\times T=1.0\mu s\pm30\%$　　　　波前时间 $T_1=1.25\times T=8\mu s\pm30\%$

半峰值时间 $T_2=50\mu s\pm20\%$　　　　　　　半峰值时间 $T_2=20\mu s\pm20\%$

（a）1.2/50μs 开路电压波形　　　　　　（b）8/20μs 短路电流波形

图 5-23　组合波浪涌信号（按 IEC60-1 波形规定）

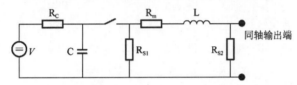

V—高压电源；R_C—充电电阻；R_{S1}、R_{S2}—脉冲持续期形成电阻；

R_m—阻抗匹配电阻；C—储能电容；L—线圈

图 5-24　组合波浪涌信号发生器的结构简图

表 5-2　试验等级

试验等级	开路试验电压（±10%）/kV
1	0.5
2	1.0
3	2.0
4	4.0
X	特定

在进行浪涌抗扰度试验时，试验配置与试验种类有关，在对不同线路进行试验时需要选取不同的耦合/去耦方法。例如，在进行电源线试验时选用电容耦合/去耦，在进行非屏蔽连接线实验时可以使用气体放电管耦合，有关试验配置的详细说明参见相关电磁兼容标准。

2）振荡波抗扰度试验

在振荡波抗扰度试验中，振荡波包括非重复性的振铃波和重复性的阻尼振荡波两种形式。振铃波是一种典型的瞬态振荡波，电网及无功负载的开关切换、电力系统绝缘故障或低压电缆的雷击感应等都会产生振铃波。

在电网和控制线路中，振铃波是一种很普遍的现象，振铃波的初始上升时间为 10ns

至零点几微秒，持续时间则可以从 10μs 到 100μs，这些参数均与线路的传播特性有关。研究表明，在设备端口处出现的最典型的瞬态振荡波就是上升时间为 0.5μs、振荡频率为 100kHz 的振铃波，因此在进行电磁敏感度试验时也使用这种振铃波作为干扰信号。振铃波试验信号发生器的电路原理图如图 5-25 所示，振铃波的波形如图 5-26 所示。

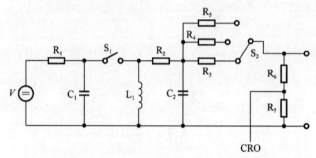

V—高压电源；R_1—充电电阻；C_1—储能电容；S_1—高压开关；L_1—振荡电路线圈；R_2—滤波电阻；

C_2—滤波电容；R_3、R_4、R—电阻（阻值分别为 200Ω、30Ω、12Ω）；S_2—输出阻抗选择开关；

R_6、R_7—分压器电阻；CRO—监视信号

图 5-25　振铃波试验信号发生器的电路原理图

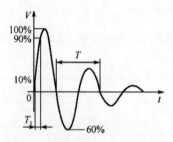

T_1=上升时间（开路电压上升时间为 0.5μs；短路电流上升时间为 1μs）

T=振荡周期（10μs）

图 5-26　振铃波的波形

在进行振荡波抗扰度试验时，需要使用耦合/去耦网络（CDN）。耦合/去耦网络中耦合电路一般是由电容器、气体放电管或雪崩二极管构成的，用来把干扰信号耦合给待测设备；去耦电路则是简单的 LC 滤波器，用来滤除干扰信号，防止干扰信号影响待测设备。图 5-27 和图 5-28 给出了两个利用耦合/去耦网络进行测试的典型电路图，有关测试配置的详细情况参见相关的电磁兼容标准。

根据测试端口的不同，振荡波抗扰度试验可以分为线对地共模试验和线对线差模试验两种。在进行线对地共模试验时，要求试验电压应经过耦合网络加在每根线与参考地之间，具体来说就是信号发生器的一个端子与参考地相连，而另一个端子则经过耦合网络与待测设备的所有端口相连，即对于多回路设备的试验，试验电压要同时加在设备的

所有端子和参考地之间。

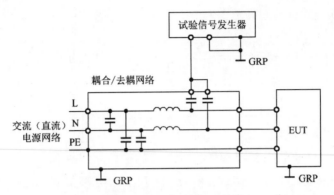

图 5-27　通过参考接地板实现的振荡波共模实验配置

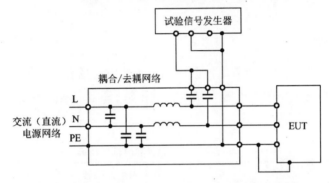

图 5-28　通过专用接地线实现的振荡波共模实验配置

　　在进行线对线差模试验时，试验电压通过耦合网络加在设备两线之间，故试验信号发生器的输出端不应接地，若信号发生器的输出端与地线相接，则信号发生器、待测设备及辅助测量设备（如监视示波器等）应分别由低分布电容（≤10pF）的隔离变压器来供电。

　　振荡波抗扰度试验中另一种振荡波是阻尼振荡波，阻尼振荡波是由电厂、高中压变电站及重工业设备的电弧再放电或切换引起的。

　　阻尼振荡波的频率与线路长度及干扰传播时间有关，为 100kHz 至几兆赫，用 1MHz的振荡频率可以代表大多数情况，但对于大型高压变电站来说，优先选择 100kHz 的振荡频率。阻尼振荡波的重复频率在几赫兹至几千赫兹之间变化，其大小取决于开关触点之间的距离，考虑开关触点距离对重复频率的影响后，100kHz 和 1MHz 的阻尼振荡波的重复频率可分别取 ≥40 次/s 和 ≥400 次/s。

　　阻尼振荡波试验信号发生器的电路原理图如图 5-29 所示，阻尼振荡波的波形如图 5-30 所示。

　　阻尼振荡波的试验配置与振铃波发生器的相同，但试验时有以下几点不同：阻尼振荡波的优选频率为 100kHz 和 1MHz；应用正、负极性试验；无须与电源同步；持续时间大于 2s；两次连续试验间隔至少为 1s。

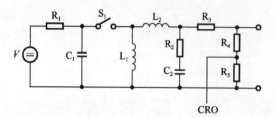

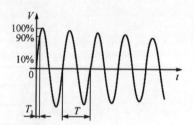

V 为高压电源；R_1 为充电电阻；C_1 为储能电容；S_1 为高压开关；L_1 为振荡电路线圈；L_2 为滤波线圈；R_2 为滤波电阻；C_2 为滤波电容；R_3 为源电阻；R_4、R_5 为分压器电阻；CRO 为监视信号

T_1=上升时间（75ns）

T=振荡周期（10μs 对应 100kHz；1μs 对应 1MHz）

图 5-29　阻尼振荡波试验信号发生器的电路原理图　　　图 5-30　阻尼振荡波的波形

在阻尼振荡波试验中同样需要根据待测设备的应用场合选取振荡波试验的电压等级，具体对应关系参见相关的电磁兼容标准。振铃波和阻尼振荡波抗扰度试验等级如表 5-3 所示。

表 5-3　振铃波和阻尼振荡波抗扰度试验等级

等级	振铃波		阻尼振荡波	
	共模电压/kV	差模电压/kV	共模电压/kV	差模电压/kV
1	0.5	0.25	0.5	0.25
2	1	0.5	1	0.5
3	2	1	2②	1
4	4	2	—	—
X①	特定	特定	特定	特定

注：① X 是开放等级，根据具体产品标准确定电压。
　　② 对于变电站设备取 2.5kV。

3）静电放电抗扰度试验

带静电的物体进行放电时会产生放电电流，这个放电电流会产生短暂的强度很大的电磁场。操作者与设备接触就可能发生静电放电现象，放电时产生的放电电流和相应的电磁场可能引起电气电子设备的敏感电路发生故障，甚至损坏。静电放电抗扰度试验的目的就是检验电气电子设备在这类静电放电条件下的抗干扰性能。

静电放电可分为接触放电和空气放电，在试验中首选的放电方式是接触放电，标准规定对待测设备的导电表面和耦合平面进行接触放电试验；对待测设备的绝缘表面可进行空气放电试验。

　　静电放电抗扰度试验的等级应根据不同的测试环境和设备安装条件来选择，静电放电试验等级如表 5-4 所示，试验等级选取原则如表 5-5 所示。

表 5-4　静电放电试验等级

接触放电		空气放电	
等级	试验电压/kV	等级	试验电压/kV
1	2	1	2
2	4	2	4
3	6	3	8
4	8	4	15
X	特定	X	特定

注：X 是开放等级，根据具体产品标准确定电压。

表 5-5　试验等级选取原则

级别	最低相对湿度	抗静电材料	合成材料	最大电压/kV
1	35%	X		2
2	10%	X		4
3	50%		X	8
4	10%		X	15

　　静电发生器电路简图如图 5-31 所示，其中放电电极的形状和体积由 IEC 标准规定。静电放电的典型电流波形如图 5-32 所示，静电放电电流波形参数如表 5-6 所示。

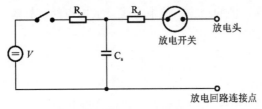

V—高压电源；R_c、R_d—电阻（阻值分别为 50～1000MΩ、330Ω）；C_s—电容（电容值为 150pF）

图 5-31　静电发生器电路简图

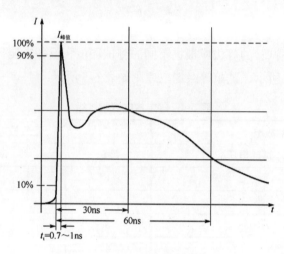

图 5-32 静电放电的典型电流波形

表 5-6 静电放电电流波形参数

等级	指示电压/kV	放电的第一个电流峰值/A	放电开关操作时的上升时间tr/ns	在30ns处的电流/A	在60ns处的电流/A
1	2	7.5	0.7～1	4	2
2	4	15	0.7～1	8	4
3	6	22.5	0.7～1	12	6
4	8	30	0.7～1	6	8

注：电流误差应小于±10%。

　　静电放电试验需要在规定的条件下进行：环境温度为 15℃～35℃；相对湿度为 30%～60%；大气压为 86kPa（860 毫巴）～106kPa（1060 毫巴）。电磁环境应当不影响试验结果，并且在进行静电放电试验时应先做好试验计划，在计划中需要考虑待测设备的典型工作条件、待测设备的结构、放电方式及放电点的选择等。

　　4）快速瞬变脉冲群抗扰度试验

　　当电感性负载（如继电器、接触器等）断开时，由于开关触点间隙的绝缘击穿或触点弹跳等，会在断开点处产生瞬态干扰。这类干扰具有上升时间短、重复率高和能量较低的特点，因此可以把这类干扰归结为一种快速瞬变脉冲群干扰。这种瞬态干扰能量较小，一般不会引起设备的损坏，但由于其频谱分布较宽，常常会引起设备的误动作。快速瞬变脉冲群抗扰度试验的目的是检验电气电子设备在遭受这类瞬态干扰时的性能。

　　在快速瞬变脉冲群抗扰度试验中同样需要根据待测设备的预期使用环境来选择试验等级，各试验等级对应的参数如表 5-7 所示，使用环境与试验等级的对应关系参见相关的电磁兼容标准。

表 5-7　各试验等级对应的参数

等级	开路输出试验电压（±10%）和脉冲的重复频率（±20%）			
	电源端口、保护接地端口		I/O 端口和控制端口	
	电压峰值/kV	重复频率/kHz	电压峰值/kV	重复频率/kHz
1	0.5	5	0.25	5
2	1	5	0.5	5
3	2	5	1	5
4	4	2.5	2	5
X	特定	特定	特定	特定

注：X 是开放等级，根据具体产品标准确定参数。

　　快速瞬变脉冲群信号发生器的电路原理图如图 5-33 所示，接 50Ω 负载时产生的单个脉冲波形如图 5-34 所示，快速瞬变脉冲群概略图如图 5-35 所示。

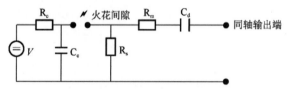

V—高压电源；R_c—充电电阻；C_c—储能电容；

R_s—脉冲持续时间形成电阻；R_m—阻抗匹配电阻；C_d—隔直电容

图 5-33　快速瞬变脉冲群信号发生器的电路原理图

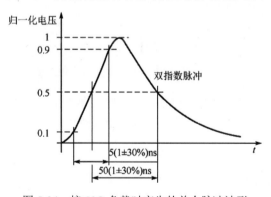

图 5-34　接 50Ω 负载时产生的单个脉冲波形

　　快速瞬变脉冲群中使用的耦合装置有两种：耦合/去耦网络和容性耦合夹。在一般情况下，耦合/去耦网络用于电源端口试验，容性耦合夹用于 I/O 端口和控制端口试验，但这并不是绝对的。用于电源端口的耦合/去耦网络如图 5-36 所示。IEC 电磁兼容标准中规定了容性耦合夹的结构和尺寸。具体的试验布置图参见有关的电磁兼容标准。

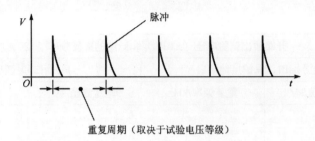

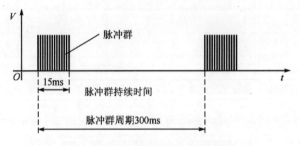

图 5-35　快速瞬变脉冲群概略图

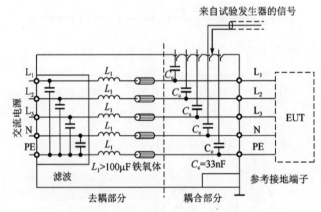

图 5-36　用于电源端口的耦合/去耦网络

用于三相交流电路的耦合/去耦网络的结构示例，直流线路/端子应以类似方式处理。

警告：耦合/去耦网络的结构及应用不应违背现行的国家安全规则。

2．GJB 中规定的电磁敏感度测试信号

目前我国所使用的 GJB 151B—2013 标准是参照 MIL-STD-461F 制定的，在 GJB 151B—2013 所规定的 CS 测试项目中，与设备有关的主要有以下几项。

CS101：25Hz～150kHz 电源线传导敏感度。

CS102：25Hz～50kHz 地线传导敏感度。

CS103：15kHz～10GHz 天线端口互调传导敏感度。

CS104：25Hz～20GHz 天线端口无用信号抑制传导敏感度。

CS106：电源线尖峰信号传导敏感度。

CS109：50Hz～100kHz 壳体电流传导敏感度。

CS112：静电放电敏感度。

CS114：4kHz～400MHz 电缆束注入传导敏感度。

CS115：电缆束注入脉冲激励传导敏感度。

CS116：10kHz～100MHz 电缆和电源线阻尼正弦瞬变传导敏感度。

在这些测试项目中，CS101、CS102、CS109 使用正弦信号发生器，将模拟干扰信号通过耦合变压器注入待测设备；CS103、CS104 也使用正弦信号发生器，但其频段较高，通过三端口网络耦合到设备天线端口；CS112 的干扰信号与放电方式基本与 IEC 标准一致；CS114 使用脉冲调制正弦信号模拟干扰并通过电流探头将模拟干扰信号注入待测设备，通常只需要普通的扫频信号发生器配合功率放大器即可满足要求。其他几项测试使用的波形比较特殊，需要使用专门的信号发生器，下面对此做一个简单介绍。

（1）CS106 使用尖峰信号来检验待测设备电源线的敏感度，CS106-1 的尖峰信号波形如图 5-37 所示。根据待测设备的应用场合不同，图 5-37 中 V 和 t 的取值也不同，具体数值参见 GJB 151B—2013。

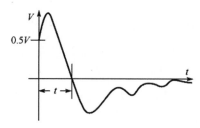

图 5-37　CS106-1 的尖峰信号波形

（2）CS115 使用脉冲串检验待测设备电缆承受脉冲信号的能力，适用于飞机和空间系统的所有互连电缆和电源线，CS115-1 的脉冲信号波形如图 5-38 所示。要求脉冲上升和下降时间≤2ns，脉冲宽度≥30ns，重复频率=30Hz。

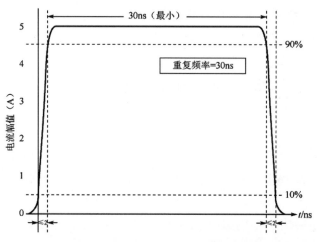

图 5-38　CS115-1 的脉冲信号波形

（3）CS116 使用阻尼正弦波形来模拟外部激励源（如雷电、核电磁脉冲及平台电气开关等）在电缆上引发的干扰信号，阻尼正弦波形按 $i = I_{\max} \mathrm{e}^{-\pi f t / Q} \sin(2\pi f t)$ 规律变化，其中 Q 为阻尼因子（$Q = 15 \pm 5$），CS116-1 的阻尼正弦波形如图 5-39 所示。

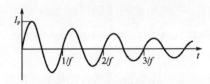

图 5-39　CS116-1 的阻尼正弦波形

军用设备和民用设备面临的电磁环境不同，因此所应用的电磁敏感度测试方法也不同，军用标准和 IEC 标准之间并没有一一对应的关系。通常来说，军用设备面临的电磁环境要恶劣很多，因此其限值更严格，并且军用标准所关注的频段也要更广一些。

5.3.3　提高设备传导抗扰度的方法

干扰可以传导到用电设备，也可以通过辐射耦合到用电设备，由于电磁兼容测试考核的往往是设备设计功能之外的性能，所以在抗扰度测试中经常会有设备由于没有注意电磁兼容防护而无法通过测试的情况。实际上通过一些简单的设计就可以有效提高设备传导抗扰度，与设备传导抗扰度相关的方面主要有两点：接地与布线。

1. 接地

接地在电磁兼容中为干扰提供了重要的泄放通道，在理想情况下，干扰会全部被导入地平面，但实际上由于地阻抗的存在，干扰并不会被完全吸收，而会在系统间形成共模干扰源。

电路设计中的接地可分为两类：①安全地；②信号地。安全地用于防止人员触电，一般不考虑其电磁兼容性；信号地系统则与产品类型、运行频率、所用的逻辑设备、输入输出互连线、模拟或数字电路、产品安全性等有关。二者差别的主要在于考虑的阻抗不同，安全地通常只考虑低频直流阻抗，高频情况下安全地阻抗较高；信号地则需要考虑高频干扰路径，必须考虑接地路径中电感的作用。

不同的产品需要选择不同的接地方式，具体如下。

（1）单点接地：是指在产品设计中，接地线路与单独一个参考点相连。该接地方式可以防止不同子系统的干扰电流经过同样的返回路径，避免共地回路耦合引起的相互干扰。通常工作频率在 1MHz 以下时，可以采用单点接地方式，单点接地可以分为串联接地和并联接地。

单点接地的主要缺点：①接地线路与分布电容会产生谐振；②接地导线间、接地回路、接地线与机壳间会产生辐射耦合。

（2）多点接地：是指在高频设计时为使地阻抗最小，使用多个连接点并将其连接到一个公共的地平面上。该接地方式使干扰电流的回流路径成为多条路径的并联回路。地平面的低阻抗则是由接地平板的低电感特性或机座参考点的低阻抗接地连接来保证的。接地平面的公共阻抗可以通过在材料表面采用不同的电镀工艺来减小，但增加接地平板厚度对减小阻抗是毫无用处的，因为高频电流只流经表层。

多点接地的主要缺点：存在接地环路，可能会产生感应磁场能量或产生电磁干扰辐射。为此需要控制各接地线长度及接地点间的距离，接地线长度及接地点间的距离不能超过最高干扰频率波长的 1/20。

（3）混合式接地：是指结合单点接地和多点接地的混合式接地方式。当系统中同时存在高频、低频混合频率时使用该接地方式。

电容耦合型接地（混和式接地）：各子系统在串联单点接地的基础上使用电容多点接地，这样在低频时为单点接地，高频时为多点接地。

电感耦合型接地（选择接地）：各子系统在串联单点接地的基础上使用电感多点接地，这样可以避免高频干扰进入机壳，从而控制干扰的传播范围。

使用混合式接地方式必须清楚干扰的频率和流向，只有信号的高、低频率差别足够大才有效果。

通过接地控制系统间的干扰耦合，主要需要控制以下两点。

（1）降低地线阻抗。减小接地线的长度：对于圆形导体，电感 L 随着导体长度 l 线性增加，而与直径 d 成自然对数反比关系；在相同截面积情况下，使用扁平带状线或接地平板比使用圆形导线有更小的电感。

（2）避免使用同一路径。最好的办法是使不同功能电路的参考地都通过专用的隔离路径与一个接地点进行连接，也可以使用隔离变压器、共模扼流圈、光隔离器等。

2．走线

设备内部布线不当是造成设备被干扰的首要原因，大多数的干扰是发生在同一线束的电缆与电缆之间，正确的布线是设备可靠运行的基本保证之一。由于传导抗扰度测试信号通常都是宽带信号，所以即使是传导抗扰度测试，也需要考虑线间的耦合问题。

线间耦合分为低频下的磁场耦合和高电压下的电容耦合，线间距离越近，线间的互感和静电容就越大。

降低磁场耦合的方法：①减小干扰源和敏感电路的环路面积，最好的办法是使用双绞线和屏蔽线，信号线和载流回线（接地线）扭绞在一起。②增大线间的距离，把可能的干扰源与受感线路之间距离尽量拉开，以减小线路互感。③使带干扰的线路与受感线路之间呈直角（或接近直角）。

降低电容耦合的方法：①增大线路间距离。②采用屏蔽层，屏蔽层要接地。③降低敏感电路的输入阻抗（在电路入口端并联一个电容或小电阻）。④若有可能，敏感电路使用平衡线路输入（差分对称输入），平衡线路不接地。

在设备内部，常用电缆有三种基本形式：双绞线、（同轴）电缆和扁平带状电缆，它们的特点如下。

（1）双绞线在频率低于 100kHz 时非常有用，但频率高于 1MHz 后，双绞线的损耗明显增大，因此频率更高时需要考虑线缆的特性阻抗及反射等问题，需要使用同轴电缆。双绞线有屏蔽双绞线和非屏蔽双绞线两种。

屏蔽双绞线：信号电流在芯线中流动，噪声电流在屏蔽层上流动，具有较好的抗电场耦合（静电容）能力。穿透屏蔽层的外界干扰会同时感应在屏蔽双绞线的两根导线上，故屏蔽双绞线具备较好的抗共模干扰能力。

非屏蔽双绞线对防止磁场感应有很好的作用，低频时磁场感应是主要问题，非屏蔽双绞线对低频磁场具有最佳的屏蔽效果，其屏蔽效果与单位长度内的扭绞次数成正比。相比屏蔽双绞线，非屏蔽双绞线抵御静电容耦合能力弱一些。

（2）电缆中抗干扰效果最好的是同轴电缆，从直流到甚高频（上百兆赫）都有很好的性能。

一般屏蔽电缆的屏蔽层为金属编织层，金属编织层较为柔软耐用，但由于存在缝隙，其屏蔽效果比金属箔的屏蔽效果差，其磁场屏蔽效率低 5～30dB，且高频时屏蔽效果（取决于屏蔽层孔隙大小与干扰波长之比）下降明显。

有的电缆的屏蔽层为薄铝箔，芯线全在屏蔽范围内，具有较好的电场屏蔽效果，缺点是强度不如金属编织层，屏蔽电流集中在接地线上，不适合用于磁场屏蔽，薄铝箔容易破裂，不容易与外部地线端接。

更好的屏蔽电缆是双层屏蔽电缆，其是由金属箔和金属编织层组合而成的，金属箔提供屏蔽功能，金属编织层与外部地线端接。

（3）扁平带状电缆（排线）主要用于电子计算机、仪器仪表及其他电控设备，为信号连接用电缆，一般无屏蔽功能，优点是成本低，使用方便。

使用扁平带状电缆的主要问题在于地线的分配，通常只使用其中一根线作为地线，这时会导致信号线与地线之间出现大面积的接地环路，接收到的外部干扰会较大，可能会导致出现辐射敏感度问题。同时由于共用地线，会出现公共地耦合阻抗的情况；信号线挨得太近，也可能出现信号串扰情况。

一根信号线配一根地线交错排列可以有效解决上述问题，但可能导致线路数目过多，对于排线中较重要且敏感的线路可以按照这一原则来考虑。

5.4 大功率设备的传导电磁干扰测量

5.4.1 大功率设备的传导电磁干扰及其危害

随着电力电子技术的发展，舰船电力系统已经从单纯的发电系统成为综合电力系统，舰船综合电力系统是将发电、日常用电、推进供电、高能武器发射供电、大功率探测供电综合为一体的新一代舰船电力系统。目前综合电力系统已经从第一代交流综合电力系统发展为第二代中压直流综合电力系统，为了高效地完成电能变换，综合电力系统采用了整流、斩波、逆变等多种电力电子变换环节，这些电力电子器件都工作在开关方式，在完成电能变换的同时，也不可避免地会带来一些高次谐波干扰。这些干扰是伴随着电力电子器件的开关过程产生的，其本质是一种脉冲类干扰，其干扰频谱范围很广，可以从工频 50Hz 附近一直延伸到数十兆赫。在综合电力系统中大功率设备无论是电压等级还是电流等级都较大，如大型舰船中主电源设备和推进设备的功率都已达到数十兆瓦级，电压可达数千伏，电流亦可达数千安。由于通常的测试设备（如 LISN、穿心电容等）所能承受的电压、电流有限，这时已无法按照通常的电磁兼容标准对这些设备产生的干扰进行测量，因此只能根据实际情况采用一些变通的方法进行测量，这样获得的结果无论是用于设备的电磁兼容性考核还是用于系统的电磁兼容性设计都不够准确。目前，对于这种大功率的综合电力系统中的传导电磁干扰测量，无论是测量方法还是考核标准都缺乏依据，因此有必要研究适用于综合电力系统的传导电磁干扰测量方法，进而为制定控制综合电力系统电磁干扰的合理标准提供支持。

从前面的介绍中可以看出，中压大功率设备电磁干扰测量的困难在于如何在保证安全的前提下从千伏、千安级的系统中准确提取毫伏甚至微伏级的信号。一方面，现有的 LISN、穿心电容、0.25μF 耦合网络均无法直接接入大功率系统，缺少合适的干扰提取手段。另一方面，这些大功率设备又是系统的主要干扰源。尽管目前的电磁兼容标准在应用于中压电力系统时有不足，并且低压系统的标准无论是测试方法还是干扰限值都难以直接应用于中压系统，但是中压大功率设备产生的干扰并不可忽视。美国军用电磁兼容标准 MIL-STD-461F 针对这一问题的描述为"强制大设备满足电磁干扰发射要求是阻止电磁干扰问题的基础。因此，对大设备的电磁干扰要求不能因为无法满足设备的特殊工况或体积限制而取消。典型的具备特殊要求的设备或分系统如下：空气处理设备（加热、通风、空调）、大型 UPS、装备车/移动车辆、脱盐设备、大的电机/发电机/驱动/电力分配系统、大型雷达、轨道炮及其电源、弹射器及其电源、多级控制子系统等"。

从以上这段话中可以看出，尽管测试这些中压大功率设备会有很多困难，但这些设备往往是主要的干扰源，因此为保证系统的电磁兼容性，仍然需要通过测试得到这些干扰源的干扰特性。为此必须研究适合中压大功率设备的干扰测量装置和测量方法。

5.4.2 大功率设备的传导电磁干扰测量现状

在进行兆瓦级大功率设备的传导电磁干扰测量时，由于输出电流较大，所以必须分线输出。由于缺少合适的 LISN，中压大功率设备目前还没有合适的测量方法，对于低压大功率设备（如发电机组、大功率变频器等），目前采用的测量方法有如下三种。

第一种，沿用 GJB 151—86，不使用穿心电容，直接测量待测设备输出干扰电流。其优点在于测量方便、适用性广。缺点在于：①缺少与外界干扰的隔离，②作为 30 多年前的标准，其制定限值时没有考虑到如今各类高频开关的发展，故其高频限值较严，并不完全适合当今的设备。同时缺少了共模干扰耦合路径，对于主要产生共模干扰的设备，其测量结果会出现较大偏差。依此测量结果设计就可能会导致设备滤波欠设计，以致设备通过了电磁兼容试验，却无法保证系统正常工作。

第二种，采用 LISN 分线测量方法，将待测设备输出的大电流通过多路电缆并联分流，将每路电缆的电流降低到 LISN 可承受电流之下，然后在输出的某一根线上串入 LISN 进行测量。其优点在于可以按照 GJB 151B/151A—97 的方法进行测试，设备工况选择较为灵活，从而获得较全面的干扰特性；缺点在于只有一根线串入 LISN，LISN 改变了待测设备与电网之间的界面阻抗，对输出干扰的分布影响还有待研究。

第三种，采用降额测量方法，根据现有 LISN 容量，降低待测设备的输出功率，只用一根输出线串联 LISN 即可。其优点在于不用考虑分线的影响；缺点在于此时设备功率往往只有额定功率的 10%～20%，并不工作在正常工作点上，也不是设备的常用工作状态，所以并不能真正反映设备实际的干扰特性。同时电力电子设备各参数取值往往都是按额定工况设计的，只有在额定工况下才能获得较好的波形，在小负载工况下，波形较差，干扰测试结果偏大，此时往往会导致电力电子设备滤波过设计，从而造成不必要的浪费。

以上三种方法在目前的设备测量中都有应用，但都有其局限性，相比低压系统，综合电力系统采用的中压直流大功率设备的电压更高、电流更大，无论是穿心电容还是 LISN 都难以使用，因此有必要针对综合电力系统的特点发展新的传导电磁干扰测量方法。

5.4.3 大功率设备的传导电磁干扰测量方法

1. 基于电压探头的干扰电压测量方法

在综合电力系统中，按标准方法进行电磁干扰测量存在的主要问题是设备电压高、电流大，普通的干扰耦合网络（如 LISN 和穿心电容等）无法接入线路。根据前面的分析，即使制作出了能够耐高压的 LISN，由于实际设备需要多根电缆分流输出，也无法使用 LISN 达到标准规定的测试要求。在这种情况下，可以参照 ANSI C63.4 和 GB 4824 等多项标准中针对大电流情况下使用电压探头的方法进行测量。电压探头原理图如图 5-40 所示，电压探头由电阻、电容和电感构成，其中电阻和电容构成高压隔离的分压网络，而电感则与干扰接收机并联，为高压漏电流提供一个低阻通道，从而保护干扰接收机。

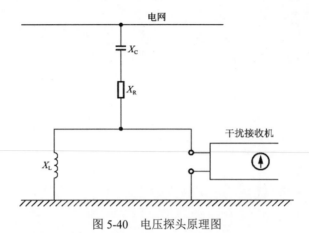

图 5-40　电压探头原理图

电压探头取消了 LISN 中的串联电感，仅使用了一路 RC 容阻分压电路对干扰进行分压。测量时，电压探头并联在相线与地线之间，这样可以使装置避免承受大电流，并且不会受到线路分路输出的影响。在 ANSI C63.4 标准中，并没有给出分压电容、保护电感的具体参数值，只是从仪器安全的考虑规定了对各元件的阻抗要求，给出的要求为：电容的阻抗 $Z_C<1500\Omega$，电感的阻抗 $Z_L>50\Omega$，电阻 $R=1500-R_m$（Ω），其中 R_m 为干扰接收机的输入电阻。

相比使用 LISN 测量，使用电压探头测量不受电流大小和现场安装条件的限制，比较适用于大功率设备的现场测量。但此时测量结果会因为缺少了前端的隔离电路而受到电源阻抗的影响。下面对这一问题进行简单的说明，假设电网阻抗为 Z_S，干扰噪声源阻抗为 Z_n，干扰源电压为 V_n，则使用 LISN 和使用电压探头测量的等效电路如图 5-41 所示。

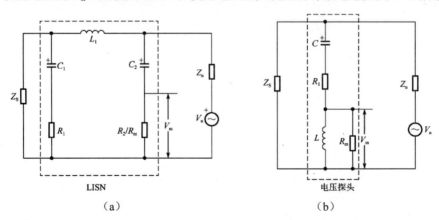

（a）　　　　　　　　　　　　　　（b）

图 5-41　使用 LISN 和使用电压探头测量的等效电路

根据图 5-41 可以推导出使用不同干扰耦合网络时，从设备端看进去的电网阻抗，并可以进一步得出干扰接收机的读数 V_m 与干扰源电压 V_n 的关系。

当使用 LISN 时，从设备端看进去的阻抗推导如下。

记

$$Z_1 = R_1 + \frac{1}{j\omega C_1} = \frac{1 + j\omega R_1 C_1}{j\omega C_1} \tag{5-14}$$

$$Z_2 = R_2 + \frac{1}{j\omega C_2} = \frac{1 + j\omega R_2 C_2}{j\omega C_2} \tag{5-15}$$

$$Z_L = j\omega L_1 \tag{5-16}$$

式中，R_1、R_2、C_1、C_2、L_1 为 LISN 的各元件参数，其中 R_2 是 LISN 中 1kΩ 电阻与测量仪器输入电阻的并联。

从设备端（干扰源端）看进去的阻抗 Z_X 为

$$Z_X = \frac{Z_2 \cdot \left(\dfrac{Z_S \cdot Z_1}{Z_S + Z_1} + Z_L \right)}{Z_2 + \left(\dfrac{Z_S \cdot Z_1}{Z_S + Z_1} + Z_L \right)} = \frac{Z_2 \cdot \left(Z_S Z_1 + Z_S Z_L + Z_1 Z_L \right)}{Z_2 Z_S + Z_2 Z_1 + Z_S Z_1 + Z_S Z_L + Z_1 Z_L} \tag{5-17}$$

则在 LISN 测量端测得的干扰电压可以按式（5-18）计算：

$$V_m = \frac{V_n Z_X}{Z_n + Z_X} \cdot \frac{R_2}{R_2 + j\omega C_2} \tag{5-18}$$

假设干扰源电压 $V_n = 1V$，干扰源阻抗 $Z_n = 50Ω$，则可以分别计算电源阻抗为 1mΩ、50Ω、1kΩ，使用 LISN 测量时，$10^4 \sim 10^7$Hz 频段 Z_X 与 V_m 的变化情况，如图 5-42 和图 5-43 所示。可以看出，虽然电网阻抗变化较大，但从设备端看过去的阻抗基本保持稳定，这也正是 LISN 的作用，因此使用 LISN 测得的干扰电压也基本保持恒定，并不会受到电网阻抗波动的影响。使用 LISN 可以确保测量的可重复性，因此 LISN 可以用作标准测试方法。

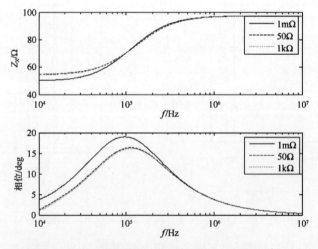

图 5-42　电网阻抗变化时从设备端看进去的阻抗（一）

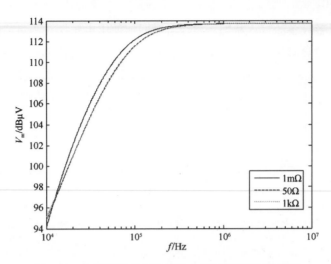

图 5-43　电网阻抗变化时使用 LISN 测得的干扰电压

同样可以计算使用电压探头时从设备端看进去的阻抗。

此时记

$$Z_1 = R + \frac{1}{\mathrm{j}\omega C_1} = \frac{1 + \mathrm{j}\omega R C_1}{\mathrm{j}\omega C_1} \tag{5-19}$$

$$Z_2 = R_2 \tag{5-20}$$

$$Z_L = \mathrm{j}\omega L \tag{5-21}$$

从设备端（干扰源端）看进去的阻抗 Z_X 为

$$Z_X = \frac{Z_S \cdot \left(\dfrac{Z_L \cdot Z_2}{Z_L + Z_2} + Z_1 \right)}{Z_S + \left(\dfrac{Z_L \cdot Z_2}{Z_L + Z_2} + Z_1 \right)} = \frac{Z_S \cdot (Z_L Z_2 + Z_1 Z_L + Z_1 Z_2)}{Z_2 Z_S + Z_L Z_S + Z_L Z_2 + Z_1 Z_L + Z_1 Z_2} \tag{5-22}$$

此时 Z_X 实际上是电网阻抗与电压探头阻抗的并联阻抗，显然会受到电网阻抗的影响。

则在 LISN 测量端测得的干扰电压可以按式（5-23）计算：

$$V_m = \frac{V_n Z_X}{Z_n + Z_X} \cdot \frac{Z_L Z_2}{Z_L Z_2 + Z_1 Z_L + Z_1 Z_2} \tag{5-23}$$

设干扰源电压 $V_n=1\mathrm{V}$，干扰源阻抗 $Z_n=50\Omega$，电压探头元件取值分别为 $C=0.2\mu\mathrm{F}$，$R_1=1450\Omega$，$L=2.4\mathrm{mH}$，计算电源阻抗为 $1\mathrm{m}\Omega$、50Ω、$1\mathrm{k}\Omega$，使用电压探头测量时，$10^4\sim 10^7\mathrm{Hz}$ 频段 Z_X 与 V_m 的变化情况（见图 5-44 和图 5-45）。

显然，与使用 LISN 测量相比，使用电压探头测量因为缺少了隔离电路，测试结果与电网阻抗有关。即使干扰源保持不变，在不同电网阻抗下，测试结果也会有较大差异。尤其当电网阻抗相对于干扰源阻抗很小时，电压探头上获得的电压也非常小，所以不太适用于使用公用电网供电的设备，因为很难保证每次测量时同一电网上其他设备工作状态是一致的。但对于综合电力系统而言，由于发电、配电、用电设备均在系统内，可以保证每次测试时各设备的接入状态一致，所以即使使用电压探头测量，也能保证测量的可重复性。但若要将测量结果与标准限值比较，还需要结合电网阻抗仔细分析。

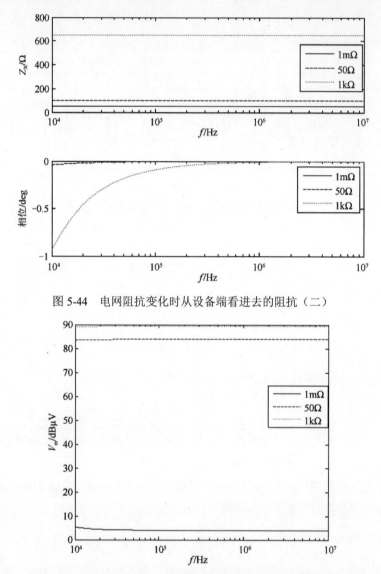

图 5-44　电网阻抗变化时从设备端看进去的阻抗（二）

图 5-45　电网阻抗变化时使用电压探头测得的干扰电压

由于标准中并未规定电压探头各元件参数的具体取值，因此在使用电压探头时需要使用者根据测量的场合、对象特点及频率范围确定元件的具体参数值，这也会影响到电压探头测量干扰的大小。

2. 基于电流探头的传导电磁干扰电流测量方法

从前面的分析中可以看出，传导电磁干扰电压的测量结果与电网阻抗有关，即使使用了 LISN，也只能在高频段保持阻抗的相对稳定，而要全面掌握设备的干扰特性，低频段的干扰也同样重要。尤其对于大功率电力电子设备，数千赫兹到数万赫兹的开关频率谐波是组成其干扰的重要成分，也是评价电力电子装置电磁干扰特性的一项核心指标，在此频段范围内，测量干扰电流更为直接和有效。使用电流探头测量干扰电流的示意图如图 5-46 所示。

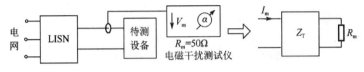

图 5-46　使用电流探头测量干扰电流的示意图

从理论上来说，对于大功率系统和小功率系统，电流探头的使用方法没有太大区别，只要电流探头内径可以卡住被测电缆且保证电流探头量程足够即可。但在实际使用中，即使不考虑 LISN 与穿心电容的接入问题（低频段 LISN 与穿心电容影响较小），常规电流探头在测量大功率设备时也存在以下两个方面的问题。

（1）饱和问题。常规的电流探头为了探测高频的微小电流，使用了高磁导率的铁芯，当装置输出的工频电流较大时会出现磁饱和问题，限制了它们在综合电力系统等大功率设备中的应用，如前述 EZ-17 电流探头可承受的最大工频电流为 300A，9207 电流探头只能承受 800A 的工频电流，如果超过了电流限制，就会导致铁芯饱和，测量结果会明显偏小，若电流过大，甚至会损坏电流探头。

（2）内径限制。通常的电流探头为了屏蔽外界电磁干扰，都使用了金属外壳，这就限制了探头的内径，而大功率设备的输出电缆往往直径较粗，且在很多情况下为多根电缆输出，此时电流探头也无法使用。

在综合电力系统中，大功率设备的工作电流可达 5kA，尽管已有诸多改进技术不断应用于电流探头设计，如闭环霍尔、混合有源补偿技术等，但其电磁式互感器本质未改变，常规的电磁兼容测试用电流探头在这种环境下使用仍存在以上两个问题。

在大功率系统中，电磁式互感器受制于多种因素：测量低频电流受限于探头量程，测量高频电流受限于磁芯的非线性磁化特性。此外因绝缘和屏蔽需要导致的体积重量过大、安全问题突出及成本过高也是大功率系统中干扰电流检测难以承受的缺陷。因此现有的电流探头难以用于大功率系统中高幅值、宽频带的干扰电流的测量，故可以利用现有的低频大功率电流探头，通过设计合适的外围电路提高其高频性能以完成大功率系统中的干扰电流测量。

很多传感器技术可用于大电流系统的测量，在电力电子系统中常采用两类大电流传感器：一类是基于 Hall 检测技术的 LEM 电流传感器，其测量原理示意图如图 5-47（a）所示，如 LEM LT10000-S，其量程为 10kA（有效值），转换系数为 1:100 00，测量带宽为 DC100kHz（1dB）；另一类是基于罗氏（Rogowski）线圈的 PEM 电流传感器，其测量原理示意图如图 5-46（b）所示，如 PEM CWT60B-700，其可测量的峰值电流为 12.0kA，转换系数为 0.5mV/A，测量带宽为 0.4Hz～10MHz（3dB）。

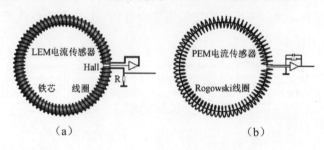

图 5-47　LEM 和 PEM 电流传感器测量原理示意图

这两类电流传感器均可以用于工频大电流测量，但当用于高频干扰电流测量时都存在缺陷，主要问题在于这两类电流传感器的线圈输出均接有有源放大器，这就不可避免地会引入高频噪声。当电流传感器输出噪声过高时，很容易将待测干扰电流淹没在噪声中，因此就限制了这些电流传感器的高频应用范围。

从工作原理上看，在基于 Hall 检测技术的 LEM 电流传感器中，有源放大器是用于提供平衡补偿电流的，在测量中必须要和线圈配合使用，无法取消，所以这类传感器不适用于高频干扰电流测量；而基于罗氏线圈的 PEM 电流传感器中的有源放大器只是用于对线圈测得的信号进行积分放大处理，可以针对有源放大电路进行改进或取消，以获得适用于大功率系统下的电流探头。

根据前述分析，在大功率系统测量中，常规电流探头首先受限于铁芯的饱和电流限制，若要摒弃磁芯的束缚，可引入不含磁芯的空心线圈。典型的空心线圈为罗氏线圈，又称磁位计，是 1912 年由俄国人 Rogowski 与 Steinhaus 共同发明的特殊结构空心线圈，是将导线（漆包线）均匀密绕在环形非导磁材料的骨架上形成的空心螺线管，目前已被广泛用作电流测量传感器。罗氏线圈具有线性度好、测量动态范围宽、输入输出隔离、无磁饱和、插入损耗小及结构简单等诸多优异性能，在各种电流测量方面备受关注。

罗氏线圈不含铁芯，互感值较小，一般用于高压系统中的大电流测量，不存在饱和问题，因此可用于大功率系统中的干扰电流提取。测量时载流导线从线圈轴心穿过，被测电流不与罗氏线圈直接接触。罗氏线圈的构造及基本工作原理如图 5-48 所示。

在理想情况下，被测载流导体穿过线圈轴心，根据安培环路定律可得

$$\oint_c H \mathrm{d}l = i \tag{5-24}$$

式中，c 为线圈圆周长度；$\mathrm{d}l$ 为线圈圆周上的小段线元长度；H 为线元处的磁场强度；i 为被测电流。

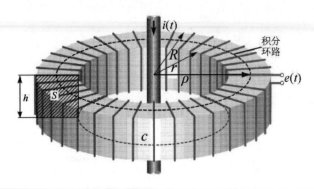

图 5-48　罗氏线圈构造及基本工作原理

被测电流在线圈中距轴心 ρ 处的磁场强度为

$$H = \frac{i}{2\pi\rho} \tag{5-25}$$

对应的磁感应强度 $B = \mu_0 H$ ，其中 μ_0 为真空磁导率， $\mu_0 = 4\pi \times 10^{-7} H/m$ 。若线圈绕线匝数为 N ，绕线紧密、均匀且骨架横截面积处处相等，则可以推导出线圈输出端的感应电动势为

$$e(t) = -\frac{d\phi}{dt} = -\frac{\mu_0 Nh}{2\pi} \ln\left(\frac{R}{r}\right) \cdot \frac{di}{dt} = -M\frac{di}{dt} \tag{5-26}$$

式中， M 为载流导线与线圈之间的互感系数，是决定电流探头灵敏度和精确度的重要参数， $M = \frac{\mu_0 Nh}{2\pi} \cdot \ln\left(\frac{R}{r}\right)$ ，对于理想空心线圈， M 只取决于线圈结构及其几何参数。

由式（5-26）可知，线圈输出的感应电动势与被测电流呈微分关系，因此在使用罗氏线圈测量电流时，往往需要在线圈输出端增加积分环节将输出电压转换成与被测电流 $i(t)$ 同相的输出信号，这也是图 5-47 中有源放大器的功能之一。但在测量干扰电流时，我们主要关注的是幅值而不是相位，因此可以去掉后续的有源放大器，只进行简单的系数转换即可获得电流频谱，下面对此进行简要推导。

在传导电磁干扰电流测量所关心的频段范围内（10Hz～50MHz），可以采用集总参数模型等效电路来分析罗氏线圈的测量原理，罗氏线圈等效电路模型如图 5-49 所示。其中， R_0 、 L_0 和 C_0 分别表示线圈的等效内阻、自感和分布电容； M 为线圈与被测载流导体间的互感； R_S 为外接采样电阻的阻值； $i(t)$ 和 $i_R(t)$ 分别为被测电流和感应电流； $e(t)$ 为感应电动势； $i_C(t)$ 和 $i_S(t)$ 分别为流过分布电容和采样电阻的电流。

罗氏线圈的主要电磁参数包括线圈与被测载流导体间互感、等效自感、内阻及分布电容。根据线圈布线结构，等效自感近似计算为

$$L_0 \approx NM = \frac{\mu_0 N^2 h}{2\pi} \ln\left(\frac{R}{r}\right) \tag{5-27}$$

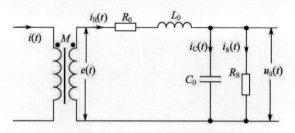

图 5-49 罗氏线圈等效电路模型

若考虑高频条件下的交流集肤效应，则线圈内阻可表示为

$$R_0 = \sqrt{{R_{0DC}}^2 + {R_{0AC}}^2}$$ （5-28）

式中，R_{0DC} 和 R_{0AC} 分别表示线圈的直流电阻和交流电阻。

交流电阻主要是由交流集肤效应引起的，随着信号频率 f 的增加，集肤深度减小，当集肤深度为导体厚度的一半时，交流集肤效应使得线圈交流电阻正比于 $\sqrt{f}$。实际上，在罗氏线圈的测量频率范围内（一般在 10MHz 以内），交流集肤效应可以忽略，线圈的等效内阻可直接按直流电阻计算，即

$$R \approx R_{0DC} = \rho_c \frac{l_{wire}}{S_c}$$ （5-29）

式中，$\rho_c = 1.68 \times 10^{-8} \Omega \cdot m$，表示铜的电阻率；$l_{wire}$ 为线圈铜线总长度；S_c 表示铜线的横截面积。

线圈分布电容主要由线圈匝间电容和对地电容组成，一般与线圈具体构造有关，难以进行理论分析和解析计算，实际中分布电容可以通过数值计算或测量得到。

由罗氏线圈基本原理及如图 5-49 所示的罗氏线圈等效电路模型可得感应电压与待测电流关系式：

$$\begin{cases} e(t) = M \dfrac{di(t)}{dt} = R_0 i_R(t) + L_0 \dfrac{di_R(t)}{dt} + u_0(t) \\ u_0(t) = R_S[i_R(t) - i_C(t)] \end{cases}$$ （5-30）

根据被测电流特性及线圈电磁参数和采样电阻不同，可以对式（5-30）进行一些简化。罗氏线圈通常有自积分和外积分两种工作状态。

对于干扰电流的频谱测量，需要采用较小的采样电阻，一般来说被测电流角频率 ω 满足 $\dfrac{1}{\omega C_0} \gg R_S$，可忽略分布电容影响，式（5-30）可简化为

$$M \frac{di(t)}{dt} = L_0 \frac{di_R(t)}{dt} + (R_0 + R_S) i_R(t)$$ （5-31）

当对高频干扰电流测量进行时，通常有 $\omega L_0 \gg (R_0 + R_S)$，此时式（5-31）中的电感分量起主要作用，即

$$\frac{L_0}{R_0 + R_S} \cdot \frac{di_R(t)}{dt} \gg i_R(t)$$ （5-32）

式（3-22）可进一步近似简化为

$$M\frac{\mathrm{d}i(t)}{\mathrm{d}t}=L_0\cdot\frac{\mathrm{d}i_{R(t)}}{\mathrm{d}t} \tag{5-33}$$

则采样电阻上的输出电压为

$$u_0(t)\approx R_\mathrm{S}i_\mathrm{R}(t)=\frac{M}{L_0}R_\mathrm{S}i(t) \tag{5-34}$$

由式（5-34）可知，在高频情况下，采样电阻上的输出电压与被测电流成正比，无须外加积分电路即可还原被测电流，此时称罗氏线圈工作于自积分状态。

记罗氏线圈的传递函数为 $G(s)=V_0(s)/I(s)$，则当进一步考虑分布电容影响时，可以推导出自积分工作状态下罗氏线圈的幅频特性曲线，如图 5-50 所示，图 5-50 中+20dB/dec 代表每十倍频程 $G(s)$ 的幅值增加 20dB。

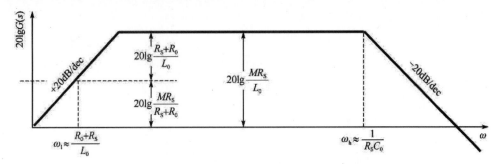

图 5-50　自积分状态下罗氏线圈的幅频特性曲线

记

$$\xi=\frac{1}{2L_0C_0}(\frac{L_0}{R_\mathrm{S}}+R_0C_0)=\frac{1}{2R_\mathrm{S}C_0}+\frac{R_0}{2L_0} \tag{5-35}$$

$$\omega_0=\frac{1}{\sqrt{L_0C_0}}\sqrt{\frac{R_\mathrm{S}+R_0}{R_\mathrm{S}}} \tag{5-36}$$

可计算出自积分状态下的上、下限截止频率分别为

$$\omega_\mathrm{h}=\xi+\sqrt{\xi^2-\omega_0^2}\approx2\xi=\frac{L_0+R_0R_\mathrm{S}C_0}{R_\mathrm{S}L_0C_0}\approx\frac{1}{R_\mathrm{S}C_0} \tag{5-37}$$

$$\omega_\mathrm{l}=\xi\left[1-\sqrt{1-(\omega_0/\xi)^2}\right]\approx\xi\cdot\frac{1}{2}\left(\frac{\omega_0}{\xi}\right)^2=\frac{R_0+R_\mathrm{S}}{L_0+R_0R_\mathrm{S}C_0}\approx\frac{R_0+R_\mathrm{S}}{L_0} \tag{5-38}$$

在有效工作频带范围内，理论上可计算出测量线圈的灵敏度：

$$S=\frac{MR_\mathrm{S}}{L_0}\frac{1}{\sqrt{\left(1+\frac{R_0+R_\mathrm{S}}{\omega L_0}-\omega R_\mathrm{S}C_0\right)^2+\left(1+\frac{R_0R_\mathrm{S}C_0}{L_0}\right)^2}}\approx\frac{MR_\mathrm{S}}{L_0} \tag{5-39}$$

由式（5-37）和（5-38）可知，工作于自积分状态的罗氏线圈需要使自感 L_0 尽量大、采样电阻值 R_S 尽量小以增大测量带宽。但由式（5-39）可知，R_S 过小则会使线圈灵敏度降低。因此需要折中考虑测量带宽和灵敏度，根据实际情况选取合适的采样电阻值。

　　由于罗氏线圈内没有铁芯，很容易做成柔性结构，探头内径仅受限于线圈长度，故很适用于综合电力系统中的大直径电缆测量，并且这种柔性电流探头不仅可以用于测量单根电缆上的电流，还可以用于测量多根电缆上的电流，从而可以方便地对系统中的干扰电流进行差模、共模鉴别分析。

　　综上所述，采用罗氏线圈，设计合适的绕线布置和选取合适的采样电阻值，即可制作适用于大电流系统的电流探头，进而可以为综合电力系统复杂电磁环境中的传导电磁干扰电流测量、分析提供有效手段。

第6章　辐射电磁干扰测量

时变电磁场的能量可以脱离场源，以电磁波的形式在空间传向远处，形成辐射电磁波。天线是辐射或接收电磁波的电子装置。本章首先介绍辐射电磁干扰的测量基础，其次介绍辐射电磁干扰测量的场地、设备、项目及方法，最后介绍非周期瞬态辐射电磁干扰的测量及分析方法。

6.1　辐射电磁干扰的测量基础

辐射电磁干扰是敏感设备与干扰源之间的辐射耦合干扰现象。

6.1.1　天线测量的近场与远场

根据干扰源与敏感设备之间的距离和干扰源辐射电磁波的频率（波长）不同，辐射耦合可分为近场耦合和远场耦合。

对于偶极子天线的辐射，若测量点距离 r 满足远场条件：

$$r \gg \frac{\lambda}{2\pi} \tag{6-1}$$

式中，λ 为干扰源辐射电磁波的波长。则干扰源产生的电场强度和磁场强度都与距离成反比，偶极子天线远场区的波阻抗等于空气波阻抗 Z_0（$Z_0=120\pi\approx377\Omega$）。若测量点距离满足近场条件：

$$r \ll \frac{\lambda}{2\pi} \tag{6-2}$$

则干扰源产生的电场强度与 r^3 成反比，磁场强度与 r^2 成反比，偶极子天线近场区的波阻抗 $Z \approx Z_0\lambda/(2\pi r) > Z_0$（称为高阻抗场），偶极子天线的近场区以电场为主。

若干扰源是一个电流环天线，当测量点距离满足远场条件［式（6-1）］时，干扰源产生的电场强度和磁场强度均与距离成反比，电流环天线远场区的波阻抗等于空气波阻抗 Z_0；当测量点距离满足近场条件［式（6-2）］时，干扰源产生的电场强度与 r^2 成反比，磁场强度与 r^3 成反比，电流环天线近场区的波阻抗 $Z\approx Z_0(2\pi r)/\lambda < Z_0$（称为低阻抗场），电流环天线的近场区以磁场为主。

在实际的电力电子系统中，干扰源多产生宽频谱电磁噪声，具有不同的波长，并且包含多种结构的辐射天线，所以需要综合分析近场耦合与远场耦合的辐射电磁干扰特性。

6.1.2 舰船系统辐射电磁干扰控制

随着电子技术的高速发展，现代舰船系统中通常配置了通信、导航、警戒、武器控制等多种射频系统，并且电力系统中大量采用电力电子变流设备，这些设备均是舰船系统中的潜在辐射电磁干扰源。因此，为保证舰船系统具有良好的电磁兼容性，必须控制干扰源的辐射，并控制辐射电磁干扰对敏感设备的耦合。

1. 合理布局

舰船系统应根据各设备和分系统的工作特性和兼容性要求进行合理布局。

（1）电磁发射和电磁敏感设备应分舱或分区布置，并满足一定的隔离度要求。一般来说，发射天线布置在发射区域，接收天线布置在弱场区域。此外，要尽量减少在强场区内布置电气电子设备和分系统，以确保舰船系统能兼容工作。

（2）通信天线应布置在适当高度处，减少天线间以及天线与其他大金属件的耦合，以保证全方向性通信和多网络收发同时工作。通信天线布局应考虑与雷达系统的兼容性，其工作频率的谐波应避开雷达工作频段，并应避免对军械系统、燃油系统、人员及电子设备等造成危害。

（3）雷达系统应保证其探测、预警和跟踪的方位和仰角范围不被遮挡或遮蔽，不同雷达系统的工作频率应错开，主波束不能直接照射到其他雷达，并应避免对军械系统、燃油系统、人员及电子设备等造成危害。

（4）设备应按功能和电磁特性合理布置；设备应尽可能布置在舱室内，对于必须布置在露天辐射场区的设备，应采取防护措施；发射和接收设备尽可能靠近各自的天线，以减少馈线的损耗；高敏感设备舱室（如接收机室、作战指挥室等）应布置在弱场区，如果环境电平较高则须采用屏蔽室结构。

（5）在舰船系统中，燃油舱、加注孔、燃油库及军械系统应布置在弱场区，电缆和馈线的选择及敷设也应符合相关要求。

2. 减少散射电磁干扰

舰船系统的电磁环境主要由主动源形成，但被动源的二次辐射影响亦不容忽视，减小强场区的散射电磁干扰是改善电磁环境的重要措施之一。

（1）强场区不应堆放或使用铁磁材料，金属构件应有良好的焊接结构，避免尖锐边缘、孔洞和网眼等，应消除金属构件的活动接点或采用跨接线消除其影响。不同频率的互调现象主要与金属材料的电磁特性、构件形状、孔洞数量、边缘锐度、表面平滑度及射频功率和频率等有关，减小强场区的非线性效应是抑制辐射电磁干扰的一种重要措施。采用玻璃钢增强塑料封装部件，可有效避免锈蚀螺栓效应。

（2）强场区金属构件对电磁波的反射和散射可能影响雷达探测、跟踪精度，若接触或搭接不良，还会产生宽带干扰频谱，导致通信和雷达性能下降。改善电磁环境，应最大限度地减少辐射场中金属构件的数目，尽量用非金属材料制作索具、栏杆、扶手、拉杆和不需要具备屏蔽作用的建筑物。

（3）在大功率辐射源周围的金属构件表面涂覆吸波涂料可减少其对电磁波的反射和散射。吸波材料多采用高吸波性能的铁氧体材料复合制成，其吸收效率高、频带宽、可靠性高且使用方便，常用于各种装置和设施的"隐身"和屏蔽。

3. 兼容性设计

对于复杂的舰船系统，良好的兼容性设计可以消除不兼容隐患。

（1）干扰源控制。对功能性干扰源，如无线电和雷达发射机，要限制无意发射；对非功能性干扰源，如开关、转换器、电力电子设备等，要限制发射频谱能量；要减小方向性天线的副瓣增益，并减小宽带电磁发射设备的泄漏电平。

（2）接收设备控制。接收设备应对频带外信号进行衰减，抑制镜像干扰、中频干扰和寄生干扰等，并且接收设备应有适当的动态范围，以确保其工作在非线性区域。

（3）回避处理。回避处理是指当干扰可能造成系统功能失效时，立即中断信号的处理方法。对瞬态干扰常采用的回避处理为，当检测到干扰强度可能引起功能失效时，闭锁设备输入端，待干扰降低后再恢复系统工作。

（4）同步与匿隐。当两部雷达工作在同一频段时，若一部雷达发射探测脉冲，应同步关闭另一部雷达的接收机（匿隐），以保护其接收机不受干扰。

（5）空域控制。对于带有天线的射频系统，要分析其天线型式、天线数量、工作频段、波束宽度、扫描或跟踪速度，以及天线俯、仰角范围，使各系统在空域范围内合理分配，要绘制空域覆盖分布图，建立空域使用细则和空域闭锁准则。

（6）频域控制。频域控制的目的是保护有用频率、抑制无用频率。需要制定频率使用细则，确定频率共用原则和状态，并且要限制发射系统的功率，避免其他系统工作在非线性状态。

（7）时域控制。同时工作的设备或分系统，应错开频率、限制功率，并协调配置位置。

（8）功率控制。在控制空域、频域、时域的基础上，还需要明确各系统的功率与空域、频域、时域的关系。

6.1.3　电磁屏蔽基础

屏蔽是利用屏蔽体阻止或减少电磁能量传输的一种抑制干扰的措施，按屏蔽机理可分为电屏蔽、磁屏蔽和电磁屏蔽三种。屏蔽效能为屏蔽体安放前后电场强度或磁场强度的比值：

$$SE_{dB} = 20\lg(A_0 / A_1) \tag{6-3}$$

式中，SE_{dB} 为屏蔽效能；A_0 为屏蔽体安放前某一点的电场强度或磁场强度；A_1 为屏蔽体安放后同一点的电场强度或磁场强度。屏蔽效能与屏蔽材料的电导率、磁导率，屏蔽体的结构，被屏蔽电磁场的频率和强度等因素有关，在近场区屏蔽效能还与场源距离和性质有关。

1. 电场屏蔽

电场屏蔽的基本原理如图 6-1 所示。设干扰源 A 的电位为 V_A，其与敏感设备 B 之间的分布电容为 C_1；敏感设备 B 对地分布电容为 C_2。当未进行屏蔽时，敏感设备获得的感应电压 V_B 为

$$V_B = \frac{C_1}{C_1 + C_2} V_A \tag{6-4}$$

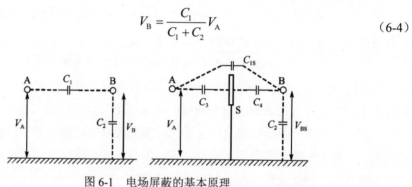

图 6-1　电场屏蔽的基本原理

电场屏蔽是指在干扰源和敏感设备之间加入屏蔽体以减小两者间的电场耦合。加入屏蔽体后，干扰源与敏感设备之间的剩余电容为 C_{1S}，$C_{1S} < C_1$，敏感设备上的感应电压为

$$V_{BS} = \frac{C_{1S}}{C_{1S} + C_2 + C_4} V_A < V_B \tag{6-5}$$

为了起到有效的电场屏蔽作用，屏蔽体应选用铜、铝等良导体（屏蔽体表面镀银可提高高频屏蔽效能），且应靠近敏感设备良好接地。实际的屏蔽作用主要取决于屏蔽后干扰源与敏感设备之间剩余电容的大小。盒形屏蔽体比板状或线状屏蔽体有更小的剩余电容，全封闭屏蔽体比带窗孔或缝隙的屏蔽体更为有效。虽然电场屏蔽对屏蔽体厚度无要求，但其结构强度和电阻应满足要求。

2. 磁场屏蔽

磁场屏蔽通常是指对直流或低频磁场的屏蔽，主要是利用高磁导率材料低磁阻特性的磁分路作用，其屏蔽效能不仅与屏蔽体材料特性相关，还与屏蔽体结构形式和被屏蔽对象特性有关。一般而言，其屏蔽效能远小于电场屏蔽和电磁屏蔽的屏蔽效能，在工程上抑制低频磁场干扰是一个十分棘手的问题。

为提高磁场屏蔽效能，可选用高磁导率的材料或适当增加屏蔽体壁厚（一般不超过2.5mm），并且被屏蔽元件不应紧靠屏蔽体壁。采用多层屏蔽可以降低屏蔽体重量，增加各层屏蔽体间隙可显著提高屏蔽效能；强磁场侧宜选用不易饱和的硅钢，弱磁场侧可选用高磁导率的坡莫合金。屏蔽体上的孔缝长边应平行于磁通方向，孔洞排列应使磁路长度增加量最小。

3. 电磁屏蔽

电磁屏蔽是指对高频电磁波的抑制，是利用屏蔽体对电磁波的吸收和反射作用衰减电磁场。电磁屏蔽效能与屏蔽体材料及电磁场特性有关，根据屏蔽体的电气特性不同，电磁屏蔽可分为实心屏蔽和非实心屏蔽两类。

（1）实心屏蔽。实心屏蔽体是一个结构连续均匀、尺寸远大于波长的金属板或壳体，是不存在孔洞和缝隙等电气不连续因素的理想屏蔽体（见图 6-2）。在金属板与空气的两个分界面上，由于波阻抗的突变，一部分电磁波被反射，称为反射损耗 R；电磁波在金属板内传播时，金属板会消耗电磁波的能量，称为吸收损耗 A。两个分界面处电磁波的多次反射和透射也影响实际透过金属板的电磁波强度，体现为屏蔽效能的多次反射修正因子 B。金属板的电磁屏蔽效能可表示为

$$SE_{dB} = A_{dB} + R_{dB} + B_{dB} \tag{6-6}$$

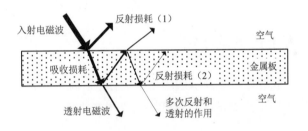

图 6-2　实心屏蔽体（金属板）的电磁屏蔽机理

（2）非实心屏蔽。理想的实心屏蔽体是不存在的。在实际的电子系统和设备中，机箱通常有电源线、信号线和控制线等穿入和引出，且存在通风、调节、显示等机箱开孔，箱体和面板组合也存在缝隙，非实心屏蔽体的电磁场泄漏会降低机箱的屏蔽效能。

减小缝隙长度、增加缝隙深度、提高接合面加工精度及在缝隙中加导电衬垫或涂导电涂料，可提高缝隙屏蔽效能；覆盖金属网、用许多小孔代替大口径通风孔及采用截止波导窗，可提高通风孔屏蔽效能；背面采用附加屏蔽结构或表面覆盖导电玻璃，可提高电子设备面板指示表头的屏蔽效能。对电子设备机箱上的调控轴，可加装接地簧片或采用截止波导技术；显示器屏蔽罩应与机箱连成一个整体，并保持电气连续性，其屏幕需要覆盖导电玻璃或金属丝网进行屏蔽；开关和指示灯也需要采用附加屏蔽罩并覆盖导电玻璃；当屏蔽电缆穿出或引入屏蔽机箱时，应采用带屏蔽功能的电缆连接器，以保证屏

蔽体的连续性。实际电子设备的机箱屏蔽体不同程度地存在各种电磁能量泄漏途径，其实际屏蔽效能为

$$SE_\Sigma = -20\lg \sum_{p=1}^{n} 10^{-SE_p/20} \tag{6-7}$$

式中，SE_Σ 为实际屏蔽体的屏蔽效能；SE_p 为实芯屏蔽及各种孔缝结构因素的屏蔽效能，SE_Σ 和 SE_p 均以 dB 为单位。当实际屏蔽体的屏蔽效能受到多种因素影响时，对总屏蔽效能起决定性作用的是电磁能量泄漏最大（屏蔽效能最小）的那个因素。

4. 舰船屏蔽舱室

舰船屏蔽舱室是保护电子设备或分系统免受干扰危害的金属封闭体，不仅可以防止外部电磁干扰进入舰船屏蔽舱室，而且可以防止室内大功率装置向外泄漏干扰场或信息处理设备向外泄漏有效信息。舰船屏蔽舱室应采用不可拆的焊接式结构，并应设置在舰船上电磁环境电平较低的区域，必须安装的门、窗及开孔应尽量面向弱场区方向。

6.2 辐射电磁干扰测量的场地、设备、项目及方法

实验与测试是研究和解决电磁兼容问题的重要手段，为保证测量结果的准确性和一致性，对测试场地、测量设备、测量项目及测试方法有严格的要求。

6.2.1 辐射电磁干扰测试场地

电磁兼容试验一般应在符合要求的场地下进行，以减小外界电磁环境对测量结果的影响。尤其是辐射电磁干扰测试，对测试场地有严格要求。

1. 开阔试验场

开阔试验场的基本结构为椭圆形（见图6-3），要求远离公路，周围空旷，上方无架空线，附近无反射物，地面平坦且铺设导电率均匀的金属接地面。要求场地的长度不小于椭圆焦点间距的2倍，宽度不小于椭圆焦点间距的1.73倍，具体尺寸根据测试频率下限对应的波长确定。在开阔试验场，一般能进行辐射电磁干扰的3米法、10米法和30米法试验。

2. 屏蔽室

屏蔽室是用金属平板制成的大型六面体，有两种作用：一是减小外部干扰对屏蔽室内环境的影响，保证屏蔽室内设备的正常工作；二是限制屏蔽室内大功率高频设备向外泄漏干扰，避免影响屏蔽室外设备的正常工作，并阻止屏蔽室内电子设备的信息泄露。

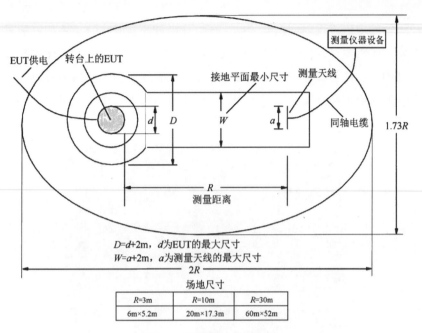

D=d+2m, d为EUT的最大尺寸

W=a+2m, a为测量天线的最大尺寸

场地尺寸

R=3m	R=10m	R=30m
6m×5.2m	20m×17.3m	60m×52m

图 6-3　开阔试验场示意图

屏蔽室利用金属材料对电磁波的反射和吸收作用,实现隔离屏蔽室内、外电磁环境的目的,其四壁、天花板和地板都由金属材料构成。屏蔽室的屏蔽效果应按照使用要求和周围电磁环境来确定,一般屏蔽室的屏蔽效能为 60～80dB,高效能屏蔽室的屏蔽效能要大于 100dB。为确保屏蔽室的屏蔽效能,不仅要在屏蔽室的进出电缆上加装滤波器,而且其门、窗、通风孔、框架结构、接地电阻等都需要特别设计。

在屏蔽室内进行电磁兼容测量时,需要注意屏蔽室金属墙壁对电磁波的反射叠加效应及腔体谐振问题;在屏蔽室内进行辐射电磁干扰测试会有较大的误差,测量可重复性差。因此,屏蔽室并不是标准的辐射电磁干扰测试场地,仅可用于对测试精度要求不高的场合。

3. 电波暗室

对于辐射电磁干扰测量,开阔试验场是一种理想的测试场地,随着广播、通信技术的迅速发展以及电气电子设备的广泛应用,在城市附近已很难找到符合要求的开阔试验场,于是人们设计出电波暗室用于替代开阔试验场。电波暗室是通过在屏蔽室内部贴敷吸波材料构成的,分为全电波暗室和半电波暗室两种结构。全电波暗室在屏蔽室内部六个面均贴敷吸波材料,模拟电磁波在自由空间的传播,通常用于微波频段的仿真试验和天线测量;半电波暗室只在屏蔽室内部五个面敷设吸波材料,而保留地面为金属反射面,模拟电磁波在开阔试验场的传播,通常用于电磁兼容研究和试验。

相对于开阔试验场而言,电波暗室不受气候条件的限制及背景噪声的影响,但其内壁仍存在一定的电磁波反射问题。因此，在设计电波暗室时，除了要和屏蔽室一样考虑屏蔽效果外，还需要对其尺寸、结构、吸波材料、敷设工艺等进行优化选择，以保证测试结果的准确性。目前，半电波暗室已替代开阔试验场成为主要的辐射电磁干扰测试场地。标准 3 米法电波暗室及其测量天线如图 6-4 所示，可用于传导电磁干扰测试、静电测试及辐射电磁干扰测试等。

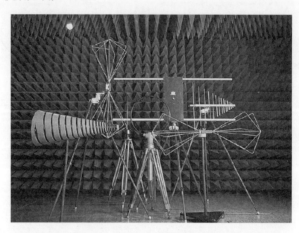

图 6-4　标准 3 米法半电波暗室及其测量天线

4．TEM 室及 GTEM 室

TEM 室由内、外两个导体组成，内、外导体是一种外形为矩形、特征阻抗为 50Ω 的传输电缆，内部可以传输均匀的横电磁波以模拟自由空间的平面波。TEM 室结构简单、造价低，主要用于辐射敏感度测试实验，也可以用于辐射发射测量。但 TEM 室测试空间较小、上限频率较低，且两者相互制约，提高上限频率会使测试空间更小，TEM 室一般用于 9kHz～200MHz 频段测试。GTEM 室采用四棱锥的外形，大幅提高了频率使用范围，可用于 9kHz～1GHz 频段测试。

5．混响室

混响室是近年迅速发展起来的一种辐射敏感度和辐射电磁干扰测试设备。混响室一般采用在高品质因数屏蔽室内配备机械搅拌器的方式构成，用以连续地改变混响室内部电磁场分布，从而产生一个统计意义上各向同性的均匀场。混响室较好地解决了高场强的辐射敏感度测试问题，还可以用于辐射发射和屏蔽效能的测试。混响室的造价比电波暗室的低，测试空间比 TEM 室的大，已广泛用于电磁兼容相关的测试。

6.2.2　辐射电磁干扰测量设备

为保证电磁兼容测量的准确性和一致性，电磁兼容试验除对测试场地有要求以外，对测量设备也有严格要求。电磁兼容测量设备分为两类：一类为接收设备，通过适当的传感器可进行电磁干扰的发射测量；另一类为模拟干扰源，通过适当的耦合网络、传感器或天线将干扰施加于被测设备，以进行辐射敏感度或抗扰度测量。

在电磁兼容研究中，电磁干扰测量技术主要分为时域测量和频域测量两大类。时域与频域是相互关联的，选择哪类方法测量，由待测信号的特性决定。常用的时域测量仪器有示波器、峰值记忆电压表、瞬态波形记录仪及数据采集系统等，常用的频域测量仪器有干扰接收机、频谱分析仪、干扰场强计等。随着电子技术的发展，一些传统的时域测量仪器也可以通过内置的时频变换模块（如 Tek5054 示波器等）获得信号频谱，但专业频域测量仪器通常比时域测量仪器灵敏度高、频率范围宽、动态范围大，电磁兼容测量常采用频域测量仪器直接测量频谱。

1．干扰接收机

干扰接收机与常规通信接收机有很大的不同，常规通信接收机用于再现通信信号，接收灵敏度和响应速度十分重要；而干扰接收机用来测试干扰信号的幅度和频率，信号可能是宽带噪声，也可能是窄带信号，要求测量准确度高、互调特性小、动态范围大。干扰接收机广泛采用超外差式接收方式，前端配备频率预选器，在频域采用逐点扫描测量方式。

2．频谱分析仪

频谱分析仪是测试信号频谱结构的仪器，主要功能是在频域显示输入信号的频谱特性，常用于测量放大器和滤波器等电路系统的参数，是一种多用途的电子测量仪器，也常用于电磁兼容测试。频谱分析仪的基本结构也是超外差式接收机，采用锯齿波发生器连续改变本振频率，可实现快速扫频测量。由于频谱分析仪可快速显示测量频率范围内的信号特性，常用于电磁兼容故障诊断和预测试。频谱分析仪使用灵活、测量速度快，但其缺少频率预选器，一般其噪声高于干扰接收机，而其灵敏度低于干扰接收机。

3．示波器

示波器是一种用途广泛的电子测量仪器，凡是能转化为电压信号的电学量和非电学量都可以用示波器来测量。示波器一般具有多个通道，可同步显示多路信号的时域波形。在电磁兼容测量中通常用示波器测量电压信号的幅度、周期、频率等参数，以及各信号间时间差或相位差。

高性能的数字示波器还可以直接显示频谱，但时域数据经 FFT（快速傅里叶变换）获得的频谱通常受采样位数的限制，数字示波器的精度低于干扰接收机和频谱分析仪的精度，影响数字示波器频谱计算的主要参数有带宽、采样频率和存储深度等。

4．测量天线

在电磁兼容测试中，除需要时域和频域信号的测试仪器以外，还需要将待测量转换为电压信号的各种辅助设备。一般采用天线接收和辐射电磁能量，根据待测电场、磁场及电磁波的频段及特性不同，选用不同结构的天线对辐射电磁干扰进行测试。常用的辐射电磁干扰测量天线如表 6-1 所示，常用的辐射电磁干扰测量天线的外形如图 6-5 所示。

表 6-1　常用的辐射电磁干扰测量天线

序号	天线种类	使用频率范围	用途
1	环形天线	<30MHz	磁场能量接收和发射
2	鞭状天线	10kHz～30MHz	电场能量接收
3	双锥天线	20MHz～300MHz	电场能量接收
4	对数周期天线	200MHz～1GHz	电场能量接收和发射
		1GHz～18GHz	电场能量接收
5	螺旋天线	200MHz～1GHz	电场能量接收和发射
		1GHz～10GHz	电场能量接收
6	双脊喇叭天线	200MHz～1GHz	电场能量接收和发射
		1GHz～18GHz	电场能量接收和发射
7	喇叭天线	18GHz～40GHz	电场能量接收和发射

（a）环形天线

（b）鞭状天线

（c）对数周期天线

（d）喇叭天线

图 6-5　常用的辐射电磁干扰测量天线的外形

根据测试项目和测试频段不同，需要选择相应的测量天线。其中，磁场辐射测试一般使用环形天线，即感应线圈；电场辐射测试通常需要采用多个天线共同完成，如实现 10kHz~18GHz 频段的电场辐射测试，需要选用表 6-1 中的鞭状天线、双锥天线及对数周期天线（或螺旋天线、双脊喇叭天线）三副天线共同完成。

6.2.3 辐射电磁干扰测量项目

根据 GJB 151B—2013，军用舰船设备和分系统要求的相关电磁辐射测试项目如表 6-2 所示，其中 RE 为辐射发射测试项目，RS 为辐射敏感度测试项目。

表 6-2 军用舰船设备和分系统要求的相关电磁辐射测试项目

序号	测试项目	项目名称
1	RE101	25Hz～100kHz 磁场辐射发射
2	RE102	10kHz～18GHz 电场辐射发射
3	RE103	10kHz～40GHz 天线谐波和乱真输出辐射发射
4	RS101	25Hz～100kHz 磁场辐射敏感度
5	RS103	10kHz～40GHz 电场辐射敏感度
6	RS105	瞬变电磁场辐射敏感度

1. RE101 测试项目

RE101 测试项目适用于设备及分系统壳体和电缆接口的磁场辐射发射测试，但不适用于天线辐射测试。

在测试距离为 7cm 时，磁场辐射发射不应超过如图 6-6 所示的 RE101 限值。

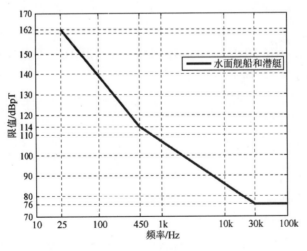

图 6-6 RE101 限值

2. RE102 测试项目

RE102 测试项目适用于设备及分系统壳体和所有互连电缆，以及一体化天线设备（接收机和处于待发状态的发射机）的电场辐射发射测试，但不适用于发射机的基频发射信号带宽和基频±5%频率范围。

在测试距离为 1m 时，电场辐射发射不应超过如图 6-7 所示的 RE102 限值。当频率在 30MHz 以下时，应满足垂直极化场限值要求；当频率在 30MHz 以上时，应同时满足垂直极化场和水平极化场限值要求。

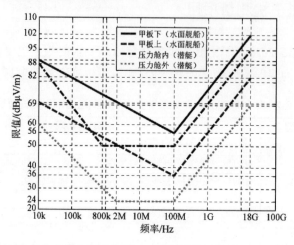

图 6-7　RE102 限值

3．RE103 测试项目

RE103 测试项目适用于天线不可拆卸的发射机的电场辐射发射测试（对于可拆卸天线的发射机应选用 CE106 测试项目"10kHz～40GHz 天线端口传导发射"），但不适用于发射机的基频发射信号带宽和基频±5%频率范围。测试的起止频率应根据发射机的工作频率确定。当发射机的最低工作频率分别为 10kHz、3MHz、300MHz 和 3GHz 时，测量的起始频率应分别选择 10kHz、100kHz、1MHz 和 10MHz；测量的最高频率应取发射机最高工作频率的 20 倍，但不超过 40GHz。

RE103 限值要求工作频率的二次和三次谐波不大于-20dBm 或低于基波电平 80dB，其他谐波和乱真发射应低于电平 80dB，且发射机的谐波和乱真发射低于 RE102 限值，也视为满足 RE103 测试项目要求。

4．RS101 测试项目

RS101 测试项目适用于设备及分系统壳体和所有互连电缆的磁场辐射敏感度测试，但不适用于被测试设备的天线。

在距离被测设备表面 5cm 施加如图 6-8 所示的 RS101 限值时，被测设备不应出现任何故障、性能降低、偏离规定指标值或超出规定指标允差的情况。

5．RS103 测试项目

RS103 测试项目适用于设备及分系统的壳体和互连电缆的电场辐射敏感度测试，但不适用于连接天线的接收机的调谐频率。

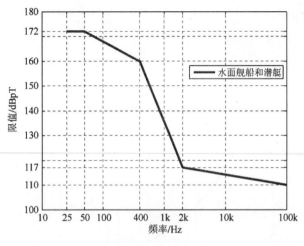

图 6-8　RS101 限值

辐射电场须进行 1kHz 频率 50%占比的脉冲调制，在被测设备 1m 外施加如图 6-9 所示的 RS103 限值时，被测设备不应出现任何故障、性能降低、偏离规定指标值或超出规定指标允差的情况。当频率在 30MHz 以下时，应满足垂直极化场限值要求；当频率在 30MHz 以上时，应同时满足垂直极化场和水平极化场限值要求。

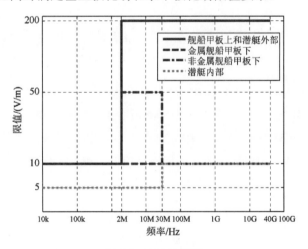

图 6-9　RS103 限值

6. RS105 测试项目

当设备及分系统安装在加固（屏蔽）平台或设施的外部时，RS105 测试项目适用于设备及分系统的壳体的电磁场辐射敏感度测试。

当施加如图 6-10 所示的 RS105 的脉冲电场时（至少施加 5 个脉冲，脉冲间隔不小于 1min），被测设备不应出现任何故障、性能降低、偏离规定指标值或超出规定指标允

差的情况。图 6-10 中的双指数脉冲波形为

$$E(t) = E_0 \times k(e^{-\alpha t} - e^{-\beta t}) \tag{6-8}$$

式中，E_0=50kV/m；α=40MHz；β=600MHz；k=1.3。

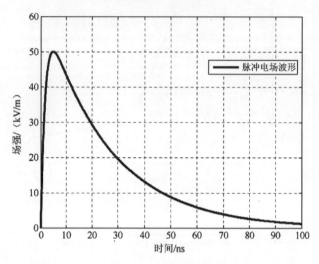

图 6-10 RS105 的脉冲电场

6.2.4 辐射电磁干扰测量方法

在电磁兼容测试中，为了保证测试结果的准确性和一致性，对测量方法有严格的要求。

1. 环境电平

根据 GJB 151B—2013，为降低环境对测量结果的影响，要求电波暗室的吸波材料在频率为 8MHz～250MHz 的环境下吸收损耗应大于 6dB，在频率大于 250MHz 的环境下吸收损耗应大于 10dB；测量场地的环境电平应低于标准限值 6dB。

2. 测试设备

GJB 151B—2013 要求频域测试应使用峰值检波方式，测量选择性曲线为 6dB 带宽。对于扫频测试设备，不应使用视频滤波器限制响应，一般视频带宽应调至最大。发射测试应在规定频段扫描，频率步长不大于测量带宽的 50%，发射测试的测量带宽及测量时间要求如表 6-3 所示。敏感度测试要求步进式扫描在每个调谐频率 f_0 的驻留时间应大于设备响应时间，至少应驻留 3s，敏感度测试的扫描参数要求如表 6-4 所示。

表 6-3　发射测试的测量带宽及测量时间要求

频率范围	6dB测量带宽	驻留时间/s	最小测量时间
25Hz~1kHz	10Hz	0.15	0.015s/Hz
1kHz~10kHz	100Hz	0.02	0.2s/kHz
10kHz~150kHz	1kHz	0.02	0.02s/kHz
150kHz~30MHz	10kHz	0.02	2s/MHz
30MHz~1GHz	100kHz	0.02	0.2s/MHz
1GHz~40GHz	1MHz	0.02	20s/GHz

表 6-4　敏感度测试的扫描参数要求

频率范围	步进式扫描最大步长	模拟式扫描最大扫描速率
25Hz~1MHz	$0.05f_0$	$0.0333f_0/s$
1MHz~30MHz	$0.01f_0$	$0.006\ 67f_0/s$
30MHz~1GHz	$0.005f_0$	$0.003\ 33f_0/s$
1GHz~40GHz	$0.0025f_0$	$0.001\ 67f_0/s$

3．校验与测试

GJB 151B—2013 要求，测试开始前应通过注入适当的已知信号校验测试系统，对各测试项目的测试设备及测试方法均有严格要求，辐射电磁干扰测试的相关要求如下。

1）RE101 测试项目

RE101 测试项目要求使用 36 匝、直径为 13.3cm 的磁场接收环形天线，其直流电阻为 5Ω～10Ω，并且要对线圈进行静电屏蔽。

测试前采用 50kHz 信号校验测试系统，幅值至少比限值场强下环形天线输出电平低 6dB，若测量信号电平偏差超过±3dB，则应找出原因并纠正。

环形天线平行于被测设备表面，两者相距 7cm，在设备最大干扰位置进行扫描测试。

2）RE102 测试项目

RE101 测试项目可分四个频段测试：10kHz～30MHz 频段，使用 104cm 有源杆天线；30MHz～200MHz 频段，使用双锥天线，两顶部间距为 137cm；200MHz～1GHz 频段，使用双脊喇叭天线，典型口径为 69.0cm×94.5cm、36 匝；1GHz～18GHz 频段，也使用双脊喇叭天线，典型口径为 24.2cm×13.6cm。

采用幅值至少比限值场强下天线输出电平低 6dB 的信号校验测试系统。对于 104cm 的有源杆天线，应卸掉拉杆，通过 10pF 电容从匹配网络施加校验信号，并在最低频率、中心频率及最高频率三个频点进行评估。其他天线从天线连接点施加校验信号，一般在最高使用频率进行评估。若测量信号电平偏差超过±3dB，则应找出原因并纠正。

测试时，天线参考点距离被测设备 1m，距接地平面高度 120cm；天线所有部位距离屏蔽室壁面应大小于 1m，距离天花板应不小于 0.5m。对于 200MHz 以下的测试，当被测设备宽度不大于 3m 时，天线应位于中部；当被测设备宽度大于 3m 时，应升高天线测量位置。对于 200MHz～1GHz 的测试，天线位置应足够多，并保证端接电缆的 35cm 线段处于天线 3dB 波瓣宽度内。对于 1GHz 以上的测试，应保证端接电缆的 7cm 线段处于天线 3dB 波瓣宽度内。

3）RE103 测试项目

RE103 测试项目应配置陷波滤波器（带阻滤波器）或高通滤波器，以及发生机输出功率检测设备。

测试前应在工作频段的中间频率校验测试系统，若测量信号电平偏差超过±3dB，则应找出原因并纠正。

RE103 测试应在远场条件下进行，接收天线与发射天线的距离应满足：

$$R = \begin{cases} \max\left\{\dfrac{2D^2}{\lambda}, 3\lambda\right\}, & f \leqslant 1.24\text{GHz} \\ \dfrac{2D^2}{\lambda}, & f > 1.24\text{GHz}, d > 2.5D \\ \dfrac{(D+d)^2}{\lambda}, & f > 1.24\text{GHz}, d \leqslant 2.5D \end{cases} \qquad (6\text{-}9)$$

式中，R 为发射天线与接收天线之间的距离；D 为发射天线的最大尺寸；d 为接收天线的最大尺寸；λ 为发射机发射信号的波长。

发射机输出功率与发射机天线增益的乘积称为有效辐射功率，有效辐射功率决定了发射天线最大方向的辐射电磁波强度。在远场条件下，有效辐射功率可以根据最大辐射方向接收天线的输出电压获得，即

$$\text{EPR} = V + \text{AF} + 20\lg R + 10\lg\left(4\pi \cdot \sqrt{\frac{\varepsilon_0}{\mu_0}} \cdot 10^{-12}\right) \qquad (6\text{-}10)$$

式中，EPR 为发射天线的有效辐射功率（单位为 dBW）；V 为接收天线的输出电压，即接收机测得电压（单位为 dBμV）；AF 为接收天线的天线系数（单位为 dB/m）；R 为接收天线和发射天线之间的距离（单位为 m）；最后常数项约为-135。

在不使用陷波滤波器和高通滤波器的情况下，调整接收天线和发射天线的方位，使接收机在基波频率 f_0 测得最大接收电压，在远场条件下，根据式（6-10）计算出的有效辐射功率，应与根据发射机输出功率和天线增益获得的发射天线的有效辐射功率相差不超过±3dB（否则应找出原因并纠正），并作为谐波和乱真发射比较的基波电平。然后，接入陷波或高通抑制网络，在整个测试频段扫描测量谐波及乱真发射。

4）RS101 测试项目

RS101 测试项目应配置辐射环形天线和监测环形天线，也可使用赫姆霍兹线圈产生辐射磁场。其中，辐射环形天线直径为 12cm，采用 20 匝外径为 2mm 的漆包线绕制而成，距离其 5cm 处辐射磁场的转换系数为 95μT/A；监测环形天线直径为 4cm，采用 51

匝外径为 0.071mm 的七股丝包漆包线绕制而成，并应进行静电屏蔽。

测试前采用 1kHz 的信号向辐射环形天线注入 70.5dBμA 电流，监测环形天线在 5cm 处应监测到 110dBpT 的磁场辐射，若测量信号电平偏差超过±3dB，则应找出原因并纠正。

首先，采用比 RS101 限值至少大 10dB 的辐射磁场（但电流不超过 19A，对应 185dBpT），按照表 6-4 的频率要求搜索设备敏感频率；辐射环形天线距离被测设备表面 5cm，每个区域面积为 30cm×30cm。其次，采用 RS101 标准限值的辐射磁场，保持辐射环形天线距离被测设备表面 5cm，测试被测设备的敏感现象；在前期搜索的敏感频率，每倍频程应选择 3 个频点，并应特别关注前期搜索到的敏感位置。若出现敏感现象，则应降低辐射强度，测试其敏感门限电平。

5）RS103 测试项目

RS103 测试项目应配置功率辐射系统，以及小尺寸的校验电场探头（1GHz 以上也选用双脊喇叭天线等小型天线）。此外，为避免辐射危害，应在屏蔽室内进行测试，也可采用混响室。

首先，采用连续波辐射，用电场探头或天线监测，逐渐增加信号电平直至被辐照区域达到 RS103 限值的辐射场强，并记录对应的信号电平。其次，采用 1kHz、50%占空比的脉冲调制信号辐照待测试设备，逐渐增至相应信号电平，测试其敏感现象。当频率在 30MHz 以下时，只施加垂直极化场；当频率在 30MHz 以上时，需要测试垂直极化场和水平极化场的敏感现象。若出现敏感现象，则应确定其敏感门限电平。

6）RS105 测试项目

RS105 测试项目应配置脉冲发射器、TEM 室、GTEM 室、平行板传输电缆或等效辐射装置，并应配置带宽不小于 1GHz 的场强探头和高压探头，以及带宽不小于 500MHz、采样率不小于 2.5GHz 的时域记录设备。若采用开放式辐射系统，则应注意辐射危害防护。

测试前应采用高压探头测试辐射系统的输入电压，并采用场强探头测试被辐照区域场强，以校验辐射系统和测试系统。RS105 脉冲波形的允差特性：上升时间为 1.8～2.8ns（对大型辐射装置可采用输入电压上升时间），半峰值宽度 23ns±5ns，被辐照区域峰值场强应高于限值 0～6dB。测试时应先施加限值 10%（限值的 0.1 倍）的脉冲幅值，再逐步增加至标准限值。若出现敏感现象，则应确定其敏感门限电平。

6.3　非周期瞬态辐射电磁干扰的测量及分析方法

根据表 6-3 中的最小测量时间，各频段所需的最短测量时间如表 6-5 所示。

表 6-5　各频段所需的最短测量时间

不同测量带宽的频率范围	25Hz~1kHz	1kHz~10kHz	10kHz~150kHz	150kHz~30MHz	30MHz~1GHz	1GHz~40GHz
最短测量时间/s	14.625	1.8	2.8	59.7	194	780

随着电磁发射系统的应用，标准电磁干扰测量方法已无法满足测试需求：一方面，典型电磁发射系统的工作时间约 3s，有的甚至只有 10ms，在设备工作时间内，基本无法完成测试频段的扫描测试，甚至无法满足单频点驻留时间要求；另一方面，典型电磁发射系统不同于常规电气设备，在发射过程中其工作频率会随时间不断变化，频域测试设备的常规扫频工作方法无法获得系统最大发射频谱。为了评估电磁发射系统对电磁环境的影响，需要改进电磁兼容测试方法。

针对电磁发射短时变频信号，采用 0-SPAN 逐个频点测试是一种准确获取其低频频谱最大值的直接测量方法。由于每次发射只能获得 1 个频点的频谱信息，获取整个频段的最大频谱需要进行成百上千次试验，不仅耗时长，而且代价过高。通过分析 0-SPAN 测试原理，可以采用时域测试数据进行时频分析，从而获得短时变频信号的最大频谱特性。

6.3.1　0-SPAN 测试方法

典型变频信号如图 6-11 所示。在 t =[1,3]区间内，该信号的幅值由 0 线性增加到 1，频率由 0 线性增加至 100Hz；在 t=[3,4]区间内，该信号的频率和幅值线性降至 0；在其他时段，该信号的幅值为 0，该变频信号的函数形式为

$$y(t) = \begin{cases} 0, & 0 < t < 1 \\ 0.5(t-1)\sqrt{2}\sin[50\pi(t-1)^2], & 1 < t < 3 \\ (4-t)\sqrt{2}\sin[200\pi - 100\pi(4-t)^2], & 3 < t < 4 \\ 0, & 4 < t < 5 \end{cases} \tag{6-11}$$

典型频域测试设备一般由低通滤波器（或频率预选器）、本振、混频器（乘法器）、中频带通滤波器及整流检波器 5 个部分构成。稳态信号首先经过低通滤波器以滤除高频分量，避免频谱混叠问题；其次本振频率以锯齿波形按照要求的扫描速度逐渐变化，并通过混频器（乘法器）将待测频率分量转移至中频带通滤波器；最后通过中频带通滤波和整流检波获得待测信号的频谱量值，通过一次扫描即可获得测量频段的频谱特性，如图 6-12 所示。但由于变频信号的频率时变特性（如图 6-11 所示，50Hz 频谱主要出现在 2s 和 3.5s 时刻），如果扫描测试 50Hz 频率分量的时刻与其出现时刻不同步，则测量频谱不能正确反映信号的最大频谱特性。

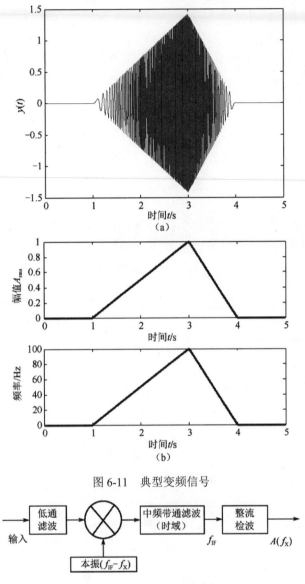

图 6-11　典型变频信号

图 6-12　0-SPAN 测试过程

　　频域的 0-SPAN 测量方式是固定本振频率，测量待测频率分量随时间的变化特性，从而可以获得待测频率分量的时变特性，并获得最大频谱，但每次扫描只能测量一个频率。如果能获得如图 6-11（a）所示的变频信号的时域波形，就可以用时频分析方法模拟如图 6-12 所示的 0-SPAN 测试过程，并通过改变分析频率获得不同频率的频谱时变特性及其最大频谱。

6.3.2 时频分析基础

针对如图 6-11 所示的典型变频信号，通过时域测量方法可得到发射过程的时域信号波形，时频分析就是采用数字信号处理方法实现如图 6-12 所示的各信号处理环节，核心为数字信号 FFT、时域滤波器和频域滤波器。

1．数字信号 FFT

若时域信号 $y(t)$ 的采样率为 f_s，共有 N 个等间隔数据点 $y(t_j)$，则其 FFT 算法为

$$F(f_k) = \sum_{j=1}^{N} y(t_j) \cdot \exp\left[-i \cdot \frac{(j-1)(k-1)}{N}\right], \quad k = 1, 2, \cdots, N \tag{6-12}$$

式中，i 表示复数的虚部。实函数 $F(f_{N+2-k}) = F^*(f_k)$ 为共轭复数，基波频率为 f_s/N，最高频率 $f_{N/2+1} = f_s/2$；频谱的直流分量为 $F(0)/N$，交流分量为 $2|F(f)|/N$。

通过 iFFT 可由式（6-13）完全恢复时域信号：

$$y(t_j) = \frac{1}{N} \sum_{k=1}^{N} F(f_k) \cdot \exp\left[i \cdot \frac{(j-1)(k-1)}{N}\right], \quad j = 1, 2, \cdots, N \tag{6-13}$$

2．时域滤波器

时域滤波器采用滑动加窗滤波，不同时域宽度时域滤波器的频谱如图 6-13 所示，其中中心频率为 50Hz（带宽 RBW=10Hz）。hamming 窗只分析 2 倍 RBW 滤波宽度，其频域滤波系数为

$$p(f) = 0.54 + 0.46 \cdot \cos\left(2\pi \frac{f - f_0}{2 \cdot \text{RBW}}\right), \quad |f - f_0| \leqslant \text{RBW} \tag{6-14}$$

式中，f_0 为滤波器的中心频率；RBW 为滤波带宽。

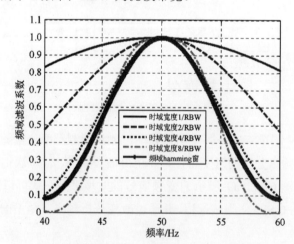

图 6-13　不同时域宽度时域滤波器的频谱

时域滤波器为卷积预算，时域宽度越大滤波效果越好，但计算量也越大，一般选用

四倍 RBW 宽度的时域滤波器，其频域滤波系数最接近 hamming 窗。四倍 RBW 宽度的时域滤波器的滤波系数如图 6-14 所示。

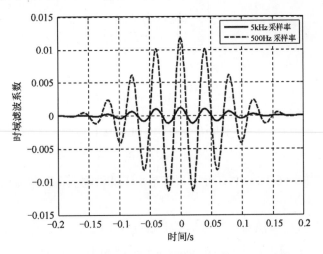

图 6-14　四倍 RBW 宽度的时域滤波器的滤波系数

3．混频与检波

在时频分析方法中，混频器等效为函数的乘法运算器。对于整流检波器，其整流对应取绝对值预算，检波则对应整流后数据的低通运算。

6.3.3　时频分析方法

对于变频信号，首先通过时域测试设备获取并存储其时域波形数据；其次对存储数据进行不同频谱分量的时频分析，从而通过一次时域测量获得全频段的信号频谱特性及信号最大频谱。以如图 6-11 所示的典型变频信号为例，不同时频分析方法说明如下。

1．时域滤波时频分析方法

时域滤波时频分析方法完整地模拟外插式频谱仪的 0-SPAN 工作模式，通过对时域测量数据不同频率的多次时频分析，可获得变频信号的完整频谱特性。

假设变频信号包含多种频谱分量，可表示为

$$y(t) = \sum_{f=0}^{\infty} A(f) \cdot \cos(2\pi f t + \varphi) \tag{6-15}$$

时域滤波时频分析方法包括时域低通滤波、混频（乘法器）、时域带通滤波和整流检波 4 步运算，其计算结果分别为

$$y_1(t) = \mathrm{LowPass}\{y(t)\} \approx \sum_{f=0}^{f_{\mathrm{Low}}} A(f) \cdot \cos(2\pi f t + \varphi) \tag{6-16}$$

$$y_2(t) = y_1(t) \cdot 2\cos[2\pi(f_{IF} - f_X)t]$$

$$= \sum_{f=0}^{f_{Low}} A(f) \cdot \cos[2\pi(f_{IF} - f_X + f)t + \varphi]$$

$$+ \sum_{f=0}^{f_{Low}} A(f) \cdot \cos[2\pi(f_{IF} - f_X - f)t + \varphi]$$

（6-17）

$$y_3(t) = \text{BandPass}\{y_2(t)\}$$

$$\approx \sum_{f=f_X - f_{RBW/2}}^{f_X + f_{RBW/2}} A(f) \cdot \cos[2\pi(f_{IF} - f_X + f)t + \varphi]$$

$$= A_X(t) \cdot \cos[2\pi f_{IF} t + \varphi_X(t)]$$

（6-18）

$$y_4(t) = A_X / \sqrt{2}$$

（6-19）

式（6-16）和式（6-18）中有近似相等是由于滤波器带外抑制能力有限，实际信号会包含一定的带外信号。

时域滤波时频分析方法对于时域信号需要进行 1 次时域低通滤波，并且每个频点分析均需要进行 1 次混频（乘法）、1 次时域带通滤波和 1 次整流检波。因此，对 N_X 个频点的时频进行分析需要的运算量为

$$T_1 = T_{low\_t} + N_X(T_{mixing} + T_{band\_t} + T_{detecter})$$

（6-20）

式中，T_{low_t}、T_{mixing}、T_{band_t} 和 $T_{detector}$ 分别为时域低通滤波、混频、时域带通滤波和整流检波需要的时间。时域低通滤波为卷积运算，需要 N 次乘法和 N 次加法，混频需要 N 次乘法，整流检波的耗时也主要在时域低通滤波环节。

对于式（6-11），采用 20kHz 的采样率（50 000 个时域数据），取低通频率 f_{Low}=1kHz，中频 f_{IF}=2kHz（RBW=10Hz），整流检波的低通频率为 10Hz，进行 20Hz～1kHz 频段（步进 5Hz，共 197 个频点）的频谱特性分析。当进行 50Hz 频率分析时，式（6-16）～式（6-16）对应的信号波形如图 6-15 所示。对于不同的频点取 0-SPAN 频谱的最大值，可以获得图 6-16 中实线所表示的变频信号最大频谱特性。不同时频分析方法的计算耗时和频谱误差如表 6-6 所示。

表 6-6　不同时频分析方法的计算耗时和频谱误差

序号	时频分析方法	计算耗时/s	主要频段（20～100Hz）误差/dB	全频段最大误差/dB
1	时域滤波	837	基准	基准
2	频域滤波	7.2	0.23	2.5
3	频域加窗	0.86	0.97	6.9
4	单边疏样	4.2	0.23	4.3

2. 频域滤波时频分析方法

时域滤波时频分析方法可以完整地模拟频谱仪的工作方式，对每个测量频率均需要对波形进行逐点滑动的时域滤波，因此计算耗时较长。如果将时域滤波器转换为频域滤

波器，可以有效提高运算速度，频域滤波时频分析方法的基本原理如图 6-17 所示。

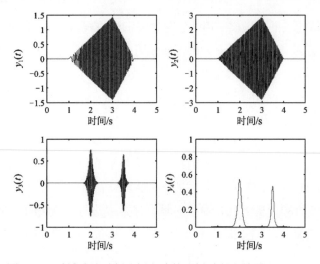

图 6-15　时域滤波时频分析方法的分析过程和结果（50Hz）

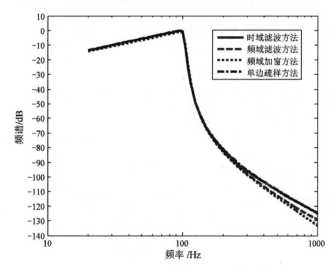

图 6-16　不同时频分析方法获得的最大频谱特性

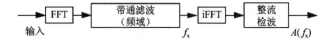

图 6-17　频域滤波时频分析方法的基本原理

采用频域滤波时频分析方法，首先对式（6-16）的变频信号进行 FFT 运算：

$$F_1(f) = \mathrm{FFT}[y_1(t)] = \{A(0), \cdots, A(f_{\max})\} \qquad (6\text{-}21)$$

式中，$f_{\max}$ 为时域数据采样频率 f_s 的 1/2。然后根据待分析频率 f_X 及带宽进行频域带通滤波，获得该频点带宽内的频谱：

$$F_2(f) = \text{BandPass}[F_1(f)] \approx \{\cdots, 0, A(f_X - \frac{f_{RBW}}{2}), \cdots, A(f_X + \frac{f_{RBW}}{2}), 0, \cdots\} \quad （6\text{-}22）$$

实际上最原始的频谱分析仪采用的就是这种滤波方式，由于中心频率可变的模拟器件带通滤波器很难实现，后来的频谱分析仪均采用中频 IF 滤波方法（见图 6-12）。而对于数字分析而言，不同中心频率的带通滤波的实现方法和运算量是相同的，因此，频域滤波时频分析方法是模拟原始频谱分析仪的工作方式，将耗时的时域滑动滤波改为频域滤波，再将式（6-22）通过 iFFT 返回时域：

$$y_3(t) = \text{iFFT}\{F_2(f)\} \approx A_X(t) \cdot \cos[2\pi f_X t + \varphi_X(t)] \quad （6\text{-}23）$$

其结果的信号幅值与式（6-18）的结果的信号幅值相同，但信号频率不同。最后通过整流检波获得与式（6-19）完全相同的 0-SPAN 频谱特性。

采用频域滤波时频分析方法，对于时域信号需要进行 1 次 FFT，并需要对每个频点进行 1 次频域带通滤波、1 次 iFFT 和 1 次整流检波，N_X 个频点的时频分析运算量为

$$T_2 = T_{FFT} + N_X(T_{band\_f} + T_{iFFT} + T_{detector}) \quad （6\text{-}24）$$

与式（6-22）相比，频域滤波法通过 1 次 FFT 和多次 iFFT，将 2 次时域滑动滤波改为 1 次频域带通滤波，大大节约了计算时间。

采用频域滤波时频分析方法对典型变频信号进行 50Hz 频率（10Hz 带宽）的 0-SPAN 分析，其分析结果如图 6-18 所示。对于不同频点取 0-SPAN 频谱的最大值，可以获得图 6-16 中虚线表示的变频信号最大频谱特性，20Hz～1kHz 频段频域滤波法的计算耗时见表 6-6，有效提高了运算速度。

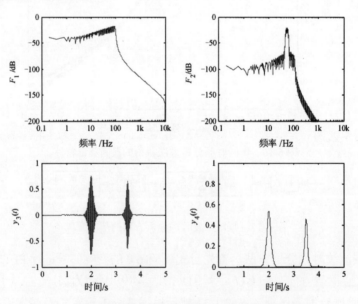

图 6-18　采用频域滤波时频分析方法的分析结果（50Hz）

3. 频域加窗时频分析方法

从图 6-18 可以看出，对于每个待测频点，经过频域带通滤波后的频谱分量主要集中在测量带宽内。基于此，采用频域加窗时频分析方法，只对频带内的有效频谱进行 iFFT，可在一定精度下进一步提高运算速度。

1）频域加窗滤波

在对原始时域波形进行 FFT 获得式（6-21）后，直接采用 hamming 窗进行频域滤波，仅提取有效带宽 $[f_X - f_{RBW}, f_X + f_{RBW}]$ 内的频谱分量，将式（6-22）近似为

$$F_{2G}(t) = F_1(f) \cdot p(f) \tag{6-25}$$

式中，$p(f)$ 为频域 hamming 窗函数，即式（6-14），其中中心频率为待测频率 f_X。

假设 hamming 窗截取的频率范围 $k = [K_1, K_2]$，则带通滤波后 iFFT 的时域输出为

$$
\begin{aligned}
y_3(t_j) &= \frac{1}{N} \sum_{k=1}^{N} F_{2G}(f_k) \cdot \exp\left[\mathrm{i} \cdot \frac{(j-1)(k-1)}{N} \right] \\
&= \frac{2}{N} \sum_{k=K_1}^{K_2} \mathrm{real}\left\{ F_{2G}(f_k) \cdot \exp\left[\mathrm{i} \cdot \frac{(j-1)(k-1)}{N} \right] \right\}
\end{aligned}
\tag{6-26}
$$

虽然式（6-26）的第二式可以简化计算，但在进行全频域 iFFT 时，采用的第一式中仍包含大量与零相乘的运算。为降低多次 iFFT 的运算量，可通过频谱搬移，只对非零频谱分量进行时域疏样的 iFFT。

2）双边疏样方法

双边疏样方法，取直流频谱为零，采用有效带宽内的频谱及其共轭分量，其 iFFT 时域输出为

$$
\begin{aligned}
y_{3A}(t_{jj}) &= \frac{2}{2(K_2 - K_1 + 1) + 1} \sum_{kk=2}^{(K_2 - K_1 + 1) + 1} \mathrm{real}\left\{ F_{2G}(f_{kk}) \cdot \exp\left[\mathrm{i} \cdot \frac{(jj-1)(kk-1)}{2(K_2 - K_1 + 1) + 1} \right] \right\} \\
&= \frac{2}{2(K_2 - K_1 + 1) + 1} \sum_{k=K_1}^{K_2} \mathrm{real}\left\{ F_{2G}(f_k) \cdot \exp\left[\mathrm{i} \cdot \frac{(jj-1)(k+2-K_1-1)}{2(K_2 - K_1 + 1) + 1} \right] \right\}
\end{aligned}
\tag{6-27}
$$

可见，其时域波形的幅值包络与式（6-26）呈线性比例关系，可表示为

$$
\{y_{3A}(t_{jj})\}_{\text{envelope}} = \frac{N}{2(K_2 - K_1 + 1) + 1} \left\{ y_3\left(t_{1 + \frac{N(jj-1)}{K_2 - K_1 + 1}} \right) \right\}_{\text{envelope}}
\tag{6-28}
$$

尤其，对于任意整数 m，当 $K_1 = m[2(K_2 - K_1 + 1) + 1] + 2$ 时，两者严格相等。

3）单边疏样方法

单边疏样方法，仅采用有效带宽内的频谱，而不使用共轭频谱分量，其 iFFT 的时域输出为复数：

$$y_{3B}(t_{jj}) = \frac{1}{K_2-K_1+1}\sum_{kk=1}^{K_2-K_1+1} F_{2G}(f_{kk})\cdot\exp\left[\mathrm{i}\cdot\frac{(jj-1)(kk-1)}{K_2-K_1+1}\right]$$
$$= \frac{1}{K_2-K_1+1}\sum_{k=K_1}^{K_2} F_{2G}(f_k)\cdot\exp\left[\mathrm{i}\cdot\frac{(jj-1)(k+2-K_1-1)}{K_2-K_1+1}\right] \tag{6-29}$$

可见，其时域波形的幅值包络也与式（6-26）呈线性比例关系，可表示为

$$\{y_{3B}(t_{jj})\}_{\text{envelope}} = \frac{N}{K_2-K_1+1}\left\{y_3\left(t_{1+\frac{N(jj-1)}{K_2-K_1+1}}\right)\right\}_{\text{envelope}} \tag{6-30}$$

尤其，对任意整数 m，当 $K_1=m(K_2-K_1+1)+2$ 时，两者实部严格相等。

4）两种疏样方法的比较

假设信号时长为 5s，FFT 的频率分辨率为 0.2Hz。当测量带宽 RBW=10Hz 时，hamming 窗频率宽度为 20Hz，对应 $K_2-K_1=100$。采用双边疏样方法可获得精确时域波形的频率点：

$$K_1 = m[2(K_2-K_1+1)+1]+2 = 203m+2 \tag{6-31}$$

对应的最低频率为 50Hz，频率间隔为 40.6Hz。采用单边疏样方法可获得精确时域波形的频率点：

$$K_1 = m(K_2-K_1+1)+2 = 101m+2 \tag{6-32}$$

对应的最低频率为 30.6Hz，频率间隔为 20.2Hz。

由此可见，单边疏样可精确计算的频谱间隔较小，且 iFFT 的运算量小。双边疏样的时域输出为实数，需要经过整流滤波才能获得信号幅值；而单边疏样的时域输出为复数，直接取模就可以获得信号幅值。所以，采用单边疏样方法是一种较准确的快速分析方法，但其时域波形的分辨率较低，仅为双边疏样方法的一半。

5）频域加窗单边疏样的快速时频分析方法

首先，对式（6-16）进行 FFT，获得式（6-21）；其次，根据待测频率和带宽对式（6.25）进行频域加窗滤波；再次，采用式（6-29）的单边疏样方法获得带通时域波形输出；最后，通过对式（6-29）的复数直接取模可完成检波输出：

$$y_{4B}(t) = \frac{N}{2(K_2-K_1+1)}\cdot\frac{|y_{3B}(t)|}{\sqrt{2}} \tag{6-33}$$

采用频域加窗单边疏样的快速时频分析方法，需要对时域信号进行 1 次 FFT，并需要对每个频点进行 1 次频域加窗带通滤波、1 次单边疏样和 1 次取模检波，N_x 个频点的时频分析运算量为

$$T_3 = T_{\text{FFT}} + N_X(T_{\text{band\_fG}} + T_{\text{iFFT\_B}} + T_{\text{detector\_B}}) \tag{6-34}$$

与式（6-24）相比，频域加窗单边疏样的快速时频分析方法降低了频域带通和 iFFT 的数据量，并且用取模运算代替了整流检波环节的低通滤波，极大地提高了运算速度。

采用频域加窗单边疏样方法的快速时频分析方法，对典型变频信号进行 50Hz 频率

（10Hz 带宽）的 0-SPAN 分析，其分析结果如图 6-19 所示。对于不同频点取 0-SPAN 频谱的最大值，可以获得图 6-16 中点线表示的变频信号最大频谱特性，20Hz~1kHz 频段频域滤波法的计算耗时见表 6-6。可以看出，快速算法极大地提高了运算速度，但分析结果的时域分辨率较差，频谱误差也较大。

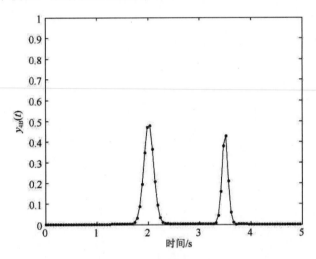

图 6-19　采用频域加窗单边疏样的快速时频分析方法的分析结果（50Hz）

4．单边疏样时频分析方法

从表 6-4 和图 6-16 中可以看出，虽然频域加窗时频分析方法的计算速度很快，但其输出频谱的精度较差，主要误差来源于频域加窗滤波后进行 iFFT 时域输出的分辨率较差；直接模拟频域测试设备的时域滤波时频分析方法耗时最长，主要是因为时域滑动滤波的卷积运算耗时长；频域滤波时频分析方法通过 FFT 和 iFFT，采用频域滤波取代时域滤波是最主要的加速技术。综合考虑时频分析的精度和速度，可以采用单边疏样时频分析方法，其计算步骤如下。

首先，对时域信号进行 FFT，获得信号频谱 $F_1(f)$，即式（6-21）。

其次，根据待测频率和带宽进行全频域滤波，获得带通频谱 $F_2(f)$，即式（6-22）；

再次，采用单边疏样 iFFT，获得类似式（6-29）的复数输出：

$$y_{3C}(t_{jj}) = \frac{1}{N/2} \sum_{k=1}^{N/2} F_2(f_k) \cdot \exp\left[\mathrm{i} \cdot \frac{(jj-1)k}{N/2} \right] \tag{6-35}$$

最后，采用类似式（6-33）的取模运算，获得检波输出：

$$y_{4C}(t) = \frac{|y_{3C}(t)|}{\sqrt{2}} \tag{6-36}$$

采用单边疏样 iFFT 的全频域滤波时频分析方法，对于时域信号需要进行 1 次 FFT，并需要对每个频点进行 1 次频域加窗带通滤波、1 次单边疏样 iFFT 和 1 次取模检波，Nx 个频点的时频分析运算量为

$$T_4 = T_{FFT} + N_X(T_{band\_f} + T_{iFFT\_C} + T_{detector\_C}) \tag{6-37}$$

其 0-SPAN 时域输出频率为采样率的一半，但用取模运算代替了检波环节的时域滑动滤波，不仅可以保证频谱输出精度，而且可以有效提高运算速度。

采用单边疏样 iFFT 全频域滤波的时频分析方法，对典型变频信号进行 50Hz 频率（10Hz 带宽）的 0-SPAN 分析，其分析结果如图 6-20 所示。对于不同频点取 0-SPAN 频谱的最大值，可以获得图 6-16 中点画线表示的变频信号最大频谱特性，20Hz～1kHz 频段频域滤波法的计算耗时见表 6-4。

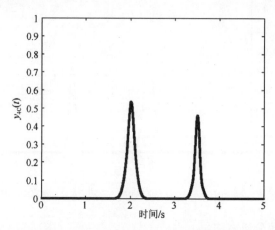

图 6-20　采用单边疏样 iFFF 全频滤波的时频分析方法的分析结果（50Hz）

虽然单边梳样时频分析方法的计算时间长于频域加窗时频分析方法的计算时间，但短于频谱滤波时频分析方法的计算时间，并且单边疏样时频分析方法主要频谱的分析精度远高于频域加窗时频分析方法主要频谱的分析精度，是一种兼顾运算速度和分析精度的时频分析方法。因此，对于大数据量的时域信号频谱分析，为提高分析速度，可采用频域加窗单边疏样的快速时频分析方法；而对于一般数据量的时域信号频谱分析，采用单边疏样 iFFT 全频谱滤波的时频分析方法，可较好兼顾运算速度和分析精度。

6.3.4　测试实例

采用 RE101 标准磁场环形天线测试的典型电磁发射装置的磁场辐射时域波形如图 6-21 所示，采样率为 1MHz，共 500 万个数据点。按照 20Hz～1kHz、1kHz～10kHz 和 10kHz～100kHz 三个频段（测量带宽依据标准分别取 10Hz、100Hz 和 1kHz，频率间隔分别取 5Hz、50Hz 和 500Hz，共 559 个频点），分别采用三种频域滤波计算分析方法（由于时域数据量较大，时域滤波分析方法耗时极大，10Hz 带宽单频点耗时约 4000s，未进行全频段的时域滤波方法分析）获得磁场辐射最大频谱，如图 6-22 所示（已进行磁场天线系数修正），不同时频分析方法的计算耗时及频谱误差如表 6-7 所示。

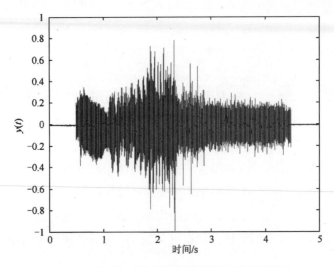

图 6-21　典型电磁发射装置的磁场辐射时域波形

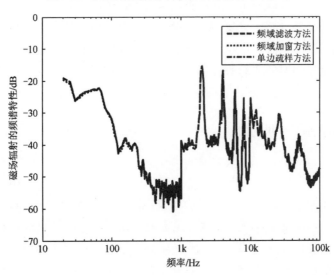

图 6-22　不同时频分析方法获得的磁场辐射最大频谱特性（三个结果近乎重合）

表 6-7　不同时频分析方法的计算耗时及频谱误差

序号	时频分析方法	计算耗时	最大误差
1	时域滤波	约 9 天	—
2	频域滤波	1355s	基准
3	频域加窗	2.1s	1.5dB
4	单边疏样	470s	0.4dB

第 7 章　舰船壳体地电流干扰测量

现代舰船配置了大量电气电子设备。为满足电磁发射标准限值要求，这些电气电子设备大都采用了接地、滤波等干扰抑制措施。这些措施虽然能够使设备自身满足电磁兼容标准，可是也将干扰引入了作为公共地的舰船壳体。地电流通过公共地耦合阻抗在不同电气电子设备之间形成电磁干扰的情况时有发生。舰船壳体地电流干扰研究也因此得到广泛关注。

由于各种电气电子设备遍布全舰、所采取的干扰抑制措施各异，因此使得舰船壳体地电流的产生机理及其分布十分复杂。舰船壳体地电流测试技术是进行地电流干扰机理及传播方式研究的重要手段，并为系统级电磁兼容分析中的地电流干扰源定位及地电流传播途径确定提供了必要的实验测试手段和验证方法。

7.1　地电流测量原理

常规电流测量方法可以分为两类。一类根据欧姆定律，在线路中串联采样电阻（阻值为 R）来测量电阻两端的电压 V，从而获得电路中的电流 $I=V/R$。其优点是输出电压正比于电流量值且与电流频率无关；缺点是需要串入采样电阻且可能使原电路电流发生变化。另一类根据安培环路定律，通过测量磁场反演计算线路中的电流，电磁兼容常用的电流卡钳利用的就是这种原理。其优点是不需要切断电路且对原电路电流影响较小；缺点是输出电压不仅正比于电流量值且与电流频率相关，低频电流的感应输出电压较低。由于舰船壳体的尺度较大且为连续结构，因此上述两种测试方法均不适合用来检测舰船壳体的地电流分布。

一般舰船壳体为良导体，其内部存在交流集肤效应（对于交流信号来说）。频率为 1kHz 时集肤深度约为 1mm，而舰船壳体厚度一般为十几到几十毫米，因此，可近似认为壳体地电流主要分布在导体表面。可以利用舰船壳体表面的磁场切向分量检测舰船壳体的地电流分布。舰船壳体的地电流测量基本原理示意图如图 7-1 所示。

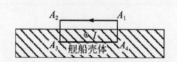

图 7-1　舰船壳体的地电流测量基本原理示意图

假设舰船壳体中穿过积分环路 $A_1A_2A_3A_4$ 的上半部导体中的电流为 I_{up}，根据安培环路定理可知，磁场强度 H 沿环路的积分满足

$$\oint \vec{H} \cdot \mathrm{d}\vec{l} = I_{\text{up}} \tag{7-1}$$

由于存在交流集肤效应，因此在舰船壳体中部，A_3A_4 的磁场积分基本为零。若 A_1A_2 位于舰船壳体表面，则可忽略 A_2A_3 和 A_4A_1 对环路积分的贡献，有

$$H_{\text{t}} = \frac{I_{\text{up}}}{l} = J_{\text{s}} \tag{7-2}$$

式中，H_{t} 为舰船壳体表面的磁场切向分量，l 为积分路径 A_1A_2 的长度，J_{s} 为舰船壳体中地电流的面密度。可见，舰船壳体中地电流的面密度在数值上等于舰船壳体表面磁场的切向分量的大小，因此舰船壳体地电流检测可转化为舰船壳体表面磁场测量。虽然式（7-2）来源于电流的交流集肤效应，但直流或低频电流一般均匀分布在导体截面，舰船壳体中部磁场也基本为零，表面磁场也可代表舰船壳体上半部分电流的等效面密度。

因此，只需要设计一种适用于舰船壳体表面磁场测量的磁场传感器，在测量时使磁场传感器紧贴舰船壳体，测量出舰船壳体表面的磁场切向分量，根据表面磁场切向分量与地电流的面密度近似相等的原理就可检测舰船壳体中的地电流分布。

利用舰船壳体表面磁场不仅可以测量舰船壳体中地电流的大小，还可以通过测量表面磁场方向确定舰船壳体中地电流的方向，如图 7-2 所示为其矢量合成示意图。

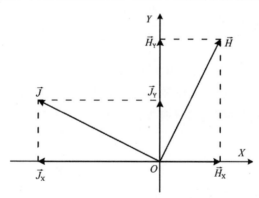

图 7-2 舰船壳体中地电流的矢量合成示意图

$$J_{\text{SX}} = -H_{\text{Y}}, \quad J_{\text{SY}} = +H_{\text{X}}, \quad J_{\text{S}} = \sqrt{J_{\text{SX}}^2 + J_{\text{SY}}^2} = \sqrt{H_{\text{X}}^2 + H_{\text{Y}}^2} \tag{7-3}$$

式中，J_{SX}、J_{SY} 和 J_{S} 分别为舰船壳体中 X 方向、Y 方向和总的地电流的面密度，而 H_{X} 和 H_{Y} 分别对应于舰船壳体表面 X 方向和舰船壳体表面 Y 方向的磁场强度。

半卡环式电流传感器（其基本结构见图 7-3）是另一种形式的舰船壳体地电流检测设备，其实质为电流互感器。舰船壳体为初级线圈，传感器的磁芯线圈为次级线圈。当传感器放在舰船壳体表面时，磁芯线圈与其覆盖的舰船壳体中的地电流产生电磁感应作用，进而感应输出电压（该电压可反映舰船壳体中电流的大小）。但由于传感器磁芯为

半圆环形，因此，漏磁较严重。感应输出电压不仅与舰船壳体中的地电流相关，还与舰船壳体材料电磁特性（磁导率和电导率）相关，传感器必须经过修正或定标才能使用。由于这种检测方法采用电磁感应原理，因此，不能有效检测直流或缓慢变化的电流。同时传感器磁环对金属局部的高频地电流分布有一定影响，且不易确定地电流的方向。

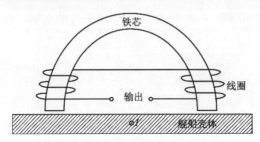

图 7-3　半卡环式电流传感器基本结构

7.2　地电流测量探头

采用舰船壳体表面磁场切向分量测量舰船壳体地电流分布的关键是研制合适的磁场探头，要求探头的体积小且满足一定的测量带宽和灵敏度要求。

7.2.1　磁场测试技术简介

磁场传感器在早期用来利用地球磁场辨识方向为舰船导航。随着科技的进步，磁场传感器的应用越来越广泛。磁场传感技术向着高灵敏度、高分辨率、小型化及和电子设备兼容的方向发展。常见的磁场传感器有如下几种。

1．超导量子干涉仪

超导量子干涉仪（SQUID）是灵敏度极高的低强度磁场传感器。其检测噪声极低，可测量的磁场范围从几 fT 到数 T，还可以测量直流到交流（频率可达几 MHz）的磁场变化。

2．感应线圈磁力计

感应线圈磁力计是一种基于法拉第电磁感应定律的磁场传感器，即感应电压与线圈中的磁场变化率成比例。其灵敏度取决于铁芯磁导率、线圈面积和线圈匝数。感应线圈磁力计多用于近距离探测，不适合探测静态或缓慢变化的磁场。

3．磁通门磁力计

磁通门磁力计在空间磁场测量及导航系统中应用较为广泛，也可用于潜艇探测。磁通门磁力计的基本结构为，铁芯上绕有激励线圈和收集线圈。测量时激励线圈加载足以使铁芯饱和的交流激励电流，通过铁芯磁导率的变化同时利用收集线圈可测量直流或缓慢变化的磁场。其测量带宽约为数千赫兹，分辨率可达 0.1nT，具有良好的温度稳定性。

4. 霍尔效应传感器

霍尔效应基于半导体材料中载流子的洛伦兹力。磁场使载流子偏移建立的电场力与洛伦兹力大小相等、方向相反。霍尔效应传感器的霍尔输出电压正比于磁场强度。霍尔效应传感器大多使用 N 型硅和砷化镓（GaAs）材料制成，其典型测量带宽为 20kHz，易与微电子电路集成。

5. 各向异性磁阻（AMR）传感器

各向异性磁阻传感器由铁磁金属或合金构成。在磁场中，其电阻率表现为各向异性。薄膜铁磁材料定向磁化后，其磁矩按照指定方向排列，被测磁场会使磁矩旋转，从而导致其电阻发生变化。线性化的各向异性磁阻传感器能够感应磁场的强度和方向，且在低磁场具有很高的灵敏度。各向异性磁阻传感器的灵敏度非常高，其典型测量带宽为 5MHz，广泛应用于高密度磁带与硬盘磁头、汽车速度传感、机轴感应、罗盘导航、车辆探测、电流测量。

6. 巨磁电阻（GMR）传感器

巨磁电阻效应是指某些磁性或合金材料的电阻在磁场作用下急剧减小。巨磁电阻的电阻变化率比常规磁性合金材料约高 10 倍。巨磁电阻效应只有在纳米尺度的薄膜中才能被观测到。巨磁电阻传感器的测量带宽约为 1MHz，主要用于数据读出磁头及存储器、弱磁检测和位置类传感器。

7. 其他磁场传感器

磁场传感器还有适合低强度磁场测量的光泵、核子运动磁力计，以及适合进行高强度磁场测量的光纤、簧片开关、磁敏二极管、磁敏晶体管、磁性 MOSFET 等。

7.2.2　表面磁场测量探头

通过对磁场测量的各种方法进行比较分析可知，感应线圈磁力计与各向异性磁阻传感器可用于舰船壳体的地电流检测。各向异性磁阻传感器测量范围较宽，能感应磁场的强度和方向，具有高带宽、高灵敏度、高分辨率、尺度小和性价比高等突出优点。因此，各向异性磁阻传感器适用于金属壳体地电流的检测。

由于舰船壳体地电流检测实际为对舰船壳体表面切向磁场的测量，故只需要设计适用于舰船壳体表面切向磁场的测量装置。表面磁场测量探头结构示意图如图 7-4 所示。图 7-4 中仅给出单通道示意图，另一个通道与该通道完全一样。

图 7-4　表面磁场测量探头结构示意图

　　磁场传感器将被测磁场转化为电压信号；放大电路将电压信号进行放大，以便进行数据采集；置位电路使传感器磁畴向易磁化轴正向排列，使磁场传感器受到强磁场干扰后重新恢复性能；地磁场及桥偏移电压基本为直流属性，可以通过隔直电路过滤其影响。

1. 磁场传感器

　　根据表面磁场测量的特点，选用霍尼韦尔（Honeywell）公司生产的 HMC1002 二维磁阻传感器。HMC1002 二维磁阻传感器的敏感元件由长而薄的坡莫合金（NiFe）薄膜制成，并利用半导体工艺将薄膜附着在硅片上；每维传感器由四个磁阻组成惠斯通电桥，输出电压采用差分输出方式。AMR 惠斯通电桥电路示意图如图 7-5 所示。四个磁阻元件呈菱形排列，各端部由金属相连，供电电源加在电桥的顶部和底部连接点之间，各磁阻元件中流过的电流为 I，左、右两侧面连接点用于差分电压的测量输出。

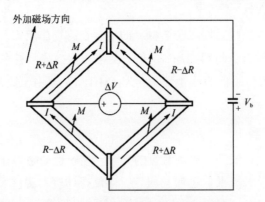

图 7-5　AMR 惠斯通电桥电路示意图

　　无外加磁场时，侧面两端点的电压值相同，差分输出信号电压为 0。测量外部磁场时，两个相对放置磁阻（左上和右下）的磁化方向朝着电流方向转动，引起电阻阻值增加；另外两个相对放置的磁阻（左下和右上）的磁化方向背向电流方向转动，引起电阻阻值减小。此时，差分输出电压为

$$\Delta V = \frac{R+\Delta R}{(R+\Delta R)+(R-\Delta R)} V_b - \frac{R-\Delta R}{(R-\Delta R)+(R+\Delta R)} V_b = \frac{\Delta R}{R} V_b \qquad (7\text{-}4)$$

　　HMC1002 二维磁阻传感器具有非常高的灵敏度，可测量 nT 级磁场；输出阻抗低，抗电磁干扰能力强；为全固态，可靠性高；易于在电路板集成，安装成本低。

2．测量放大器电路

测量放大器可采用常用的三运放测量放大器，其电路如图 7-6 所示。为提高测量放大器的电路抗共模干扰的能力并抑制漂移的影响，上、下电阻值应对称，即 $R_1=R_2=R_0$，$R_3=R_4=R$，$R_5=R_6=R_F$。

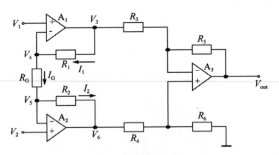

图 7-6　三运放测量放大器电路

根据虚短与虚断的概念，可得测量放大器闭环放大倍数为

$$G = -\frac{R_F}{R}\left(1+2\frac{R_0}{R_G}\right) \tag{7-5}$$

AD624 测量放大器是由美国 Analog Devices 公司生产的，属于典型的三运放结构，具有高精度、低噪声、低温度系数和高线性度的特性，特别适用于微弱输出信号的传感器和高分辨率数据采集系统。三运放测量放大器适用于表面磁场测量仪器。

3．置位脉冲电路

HMC1002 磁阻传感器的置位电流带电阻典型值为 1.5Ω，当通电电流为 3～5A（典型值为 3.2A）时，可产生使易磁化轴置位的磁场。磁阻传感器置位可用如图 7-7 所示的置位脉冲电路实现。

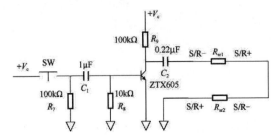

图 7-7　置位脉冲电路

电源 V_c=15V，两个通道的置位电流带电阻（阻值分别为 R_{sr1}、R_{sr2}）串联，以使不同通道的置位电流保持一致。首先，电源 V_c 通过电阻 R_9、电容 C_2 和置位电流带反向充电，使 C_2 电压充满为 V_c；当需要置位操作时，短时接通开关 SW，晶体管 ZTX605 饱和导通，电容 C_2 经晶体管和置位电流带迅速正向放电，完成磁阻传感器的置位。电阻 R_7 和电阻 R_8 完成对电容 C_1 的放电，从而为下次置位做好准备。

若脉冲电流峰值维持 95%的时间为 T=50ns，根据一阶系统的零输入响应可得

$$C_2 = -\frac{1}{\ln(0.95)}\frac{T}{R_{sr1}+R_{sr2}} \approx 0.271\mu F \tag{7-6}$$

考虑到晶体管 ZTX605 的饱和电阻约为 0.2Ω，可选用 C_2=0.22μF。此时，置位脉冲最大值约为 4.2A，电流脉冲保持 95%的时间为 36～43ns。如果置位脉冲波形不稳定，可采用整形电路对置位脉冲进行整形，使输出置位脉冲幅值稳定、波形陡峭，提高置位脉冲的质量。

4．隔直电路

隔直电路示意图如图 7-8 所示。图 7-8 中的电阻同时为第二级放大器提供直流偏置通路。

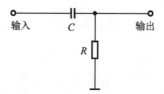

图 7-8　隔直电路示意图

隔直电路的高通频率为

$$f_0 = 1/(2\pi RC) \tag{7-7}$$

若高通频率 f_0=6Hz，电阻值 R=1.2kΩ，则 C=22 μF。隔直电路对交流信号的电压衰减量为

$$\frac{\Delta V}{V} = 1 - \frac{R}{\sqrt{1/(2\pi fC)^2 + R^2}} = 1 - \frac{f/f_0}{\sqrt{1+(f/f_0)^2}} \tag{7-8}$$

隔直电路对低频和直流分量衰减很大；对截止频率 f_0 的交流分量衰减约为 29.3%；对频率为 50Hz 以上的交流信号衰减小于 1%，基本可以忽略。如果增大隔直电路中的电容和电阻，将会减小交流电压的衰减量。但增大电阻会增加系统噪声；增大电容，其体积也将增大。因此，在设计隔直电路时，应对电容和电阻进行合理选取。

5．电源单元

电源输入为±18V 直流电，首先采用 W7815 和 W7915 等稳压电源为运算放大器及置位脉冲电路供电；再经过 W7805 和 W7905 等稳压电源为磁场传感器惠斯通电桥供电。图 7-9 为电源单元示意图。各电压调整器的输入与输出需要接对地去耦电容，以减小电压纹波、防止自激振荡，同时改善动态输出特性。

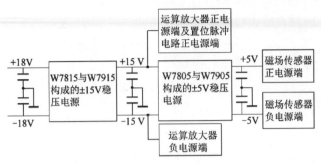

图 7-9　电源单元示意图

以上各部分电路均可根据需要选择不同的器件和参数，也可采用单级放大或多级放大。图 7-10 为表面磁场测量探头。为便于测量并提高精度，磁场测量装置印刷电路板应将磁阻敏感元件布置在电路板反面（图 7-10 中左侧突出部位），使磁阻敏感元件尽量接近被测舰船壳体表面。

图 7-10　表面磁场测量探头

6. 系统增益

测量放大器具有高输入阻抗、低输出阻抗、低噪声和较高的共模抑制比等优良性能。其被广泛应用于测量仪器的放大电路。但测量放大器在高增益时信号带宽较窄，所以在系统设计中应使用二级放大方案。若选用 AD624 测量放大器进行二级放大，每级测量放大器的增益可根据需要进行选择。二级组合放大电路示意图如图 7-11 所示。

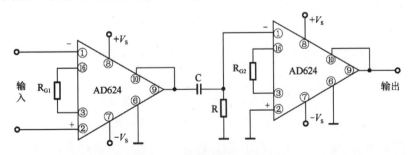

图 7-11　二级组合放大电路示意图

第一级 AD624 测量放大器的增益为

$$G_1 = -(1 + 40\text{k}\Omega / R_{\text{G1}}) \tag{7-9}$$

第二级 AD624 测量放大器的增益为

$$G_2 = -(1 + 40\text{k}\Omega / R_{\text{G2}}) \tag{7-10}$$

二级放大系统的总增益为

$$G = G_1 G_2 = (1 + 40\text{k}\Omega / R_{\text{G1}})(1 + 40\text{k}\Omega / R_{\text{G2}}) \tag{7-11}$$

在一般情况下，R_{G1} 和 R_{G2} 应选用 AD624 测量放大器自带的采用激光修正工艺制作的高精度薄膜电阻。此时，G_1 和 G_2 共有 14 种组合方式。在制作电路板时，每级增益的选择均由 4 位拨码开关来实现，均可选用 1、100、200 和 500 四种典型增益。考虑到系统饱和、测量带宽和噪声等因素的影响，一般可选用如表 7-1 所示的几种增益组合方式。

表 7-1　系统增益的选择

序号	第一级增益 G_1	第二级增益 G_2	二级放大系统的总增益 G_1G_2
1	100	1	100
2	200	1	200
3	500	1	500
4	100	100	10000
5	200	100	20000
6	200	200	40000
7	200	500	100000

7．探头系数

HMC1002 磁阻传感器的灵敏度典型值为 S=3.2mV/V/Gs。该磁阻传感器最大可测量 2Gs 的磁感应强度，对应的最大磁场强度和电流的面密度为 159A/m。若舰船壳体中地电流的面密度 J_{s} 对应的表面磁场强度切向分量 $H_{\text{t}} = J_{\text{s}}$，则表面磁场测量探头的输出电压为

$$V_{\text{out}} = GSV_{\text{b}}\mu_0 H_{\text{t}} = k_{\text{H}} H_{\text{t}} = k_{\text{H}} J_{\text{s}} \tag{7-12}$$

式中，k_{H} 为探头系数，单位为 V/(A/m)；G 为放大器增益；S 为磁阻传感器的灵敏度；V_{b} 为供电电压；μ_0 为真空磁导率；$H_{\text{t}}=J_{\text{s}}$，$H_{\text{t}}$ 为表面磁场强度切向分量，J_{s} 为地电流的面密度。根据探头系数 k_{H} 和探头输出电压 V_{out}，可得探头处舰船壳体中地电流的面密度 $J_{\text{s}}=V_{\text{out}}/k_{\text{H}}$。

若探头宽度为 W，则舰船壳体中探头宽度内地电流为 $I=J_{\text{s}}W$，此时，探头输出电压也可表示为

$$V_{\text{out}} = k_{\text{H}}J_{\text{s}} = k_{\text{H}}(I / W) = (k_{\text{H}} / W)I = k_{\text{I}}I \tag{7-13}$$

式中，$k_{\text{I}}=k_{\text{H}}/W$ 是另一种探头系数表达方式，等效于常规电流探头的转移阻抗，单位为 Ω。根据探头系数 k_{I} 和探头输出电压 V_{out}，可得舰船壳体中探头宽度 W 内地电流

$I=V_{\text{out}}/k_{\text{I}}$。

若探头中的 HMC1002 磁阻传感器供电电压 V_{b}=10V，二级放大系统总增益 G=100×1 和 G=100×100 对应的探头系数 k_{H} 典型值分别为 0.040V/(A/m) 和 4.021V/(A/m)；取探头的有效宽度 W=3.5mm，则探头系数 k_{I} 的典型值分别为 11.489Ω 和 1.149kΩ。由于在实际系统中，磁阻传感器灵敏度受到典型值的偏差，以及隔直电路、系统带宽和电路参数等的影响，因此应采用由标准磁场获得的探头系数 k_{H}（见表 7-2，表中同时给出了折算到探头有效宽度 3.5mm 的探头系数 k_{I}）。图 7-12 给出了探头系数的频率响应特性，增加增益可提高探头输出电压，但会降低其响应带宽。

表 7-2　探头系数

频率 f/kHz	探头系数 k_{H}/（V/(A/m)）		探头系数 k_{I}/Ω	
	G=100×1	G=100×100	G=100×1	G=100×100
0.05	0.0298	2.907	8.514	830.6
0.1	0.0315	3.041	9.000	868.8
0.5	0.0318	3.067	9.086	876.3
1	0.0317	3.054	9.057	872.6
5	0.0311	2.958	8.886	845.1
10	0.0314	2.973	8.971	849.4
25	0.0313	2.982	8.943	852.0
50	0.0312	2.857	8.914	816.3
75	0.0308	2.650	8.800	757.1
100	0.0302	2.517	8.629	719.1
125	0.0294	2.248	8.400	642.3
150	0.0273	1.965	7.800	561.4
175	0.0263	1.700	7.514	485.7
200	0.0250	1.428	7.143	408.0
250	0.0220	1.026	6.286	293.1
300	0.0198	0.757	5.657	216.3

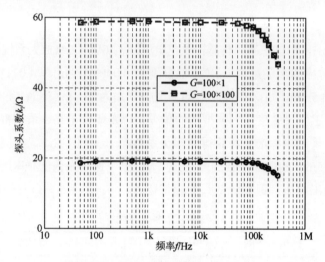

图 7-12　探头系数的频率响应特性

7.2.3　探头噪声

传感器的最大量程决定了测试系统可测量的最大值。而噪声限制了测试系统可正确处理的最小信号电平，决定了测试系统可测量的最小值。

1.　电阻的热噪声

虽然导体中电子随机热运动的平均电流为零，但电子随机热运动会引起导体两端电压的波动，这种电压波动称为热噪声。平带噪声（Flatband）是极常见的一种热噪声，也称为白噪声。电阻 R 的热噪声功率谱密度为

$$S_V(f)=4kTR \tag{7-14}$$

式中，$k=1.38\times10^{-23}$J/K 为玻尔兹曼常数；T 为开氏温度；热噪声功率谱密度 S_V 的单位为 V^2/Hz；f 为噪声频率。热噪声功率谱密度在 100THz 以下时，基本都是平坦的，在更高频率时会下降。

在测量带宽 Δf 内，电阻的热噪声电压和热噪声电流可表示为

$$\overline{V_n^2}=4kTR(\Delta f) \ , \quad \overline{I_n^2}=\frac{4kT}{R}(\Delta f) \tag{7-15}$$

式中，n 代表噪声，上画线表示随机噪声的平均值。任何非零电阻均会产生噪声，其噪声电压幅度与环境温度及测量带宽有关。电阻热噪声可用如图 7-13 所示的串联电压源或并联电流源表示。表 7-3 给出了开氏温度 T=297K（约为 24℃）时，几种典型电阻值对应的热噪声电压。

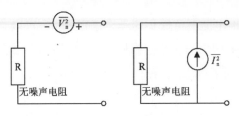

图 7-13　电阻的热噪声模型

表 7-3　电阻的热噪声电压（T=297K）

电阻值/	1	50	75	100	150	600	1k	4.7k
热噪声电压/（nV/$\sqrt{\text{Hz}}$）	0.128	0.905	1.109	1.280	1.568	3.136	4.049	8.778

2. 输入参考噪声

实际电路中存在多种噪声源，如图 7-14 所示。输出端噪声电平一般与电路增益有关。输入参考噪声是在输入端用一个信号源代表电路中所有噪声源的影响，使其输出噪声等于实际的输出噪声。

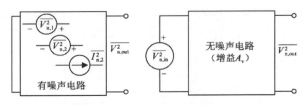

图 7-14　输入噪声与输出噪声

如果电路增益为 A_V，则有

$$\overline{V_\text{n,out}^2}=(A_\text{V})^2 \cdot \overline{V_\text{n,in}^2}$$

（7-16）

式中，$\overline{V_\text{n,out}^2}$ 为电路的输出噪声；$\overline{V_\text{n,in}^2}$ 为电路的输入参考噪声。输入参考噪声可用于评价输入信号的信噪比，并决定电路可检测的最小输入信号电平。输出噪声可短接电路输入信号，通过在电路输出端直接测量获得。而输入参考噪声是一个虚构量，不能在电路输入端直接测量，需要根据输出噪声及电路增益来确定。电路输入端一般同时存在电压噪声和电流噪声，可采用如图 7-15 所示的输入参考噪声模型描述。

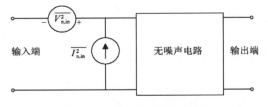

图 7-15　输入参考噪声模型

3. 探头输出噪声

电子器件具有多种噪声源机制，一般包括平带噪声、$1/f$ 噪声和 $1/f^2$ 噪声三种噪声谱

及其组合形式。通过对地电流测量探头的噪声进行分析，可以确定地电流测量探头的最小可测信号。地电流测量探头的电路结构如图 7-16 所示。器件噪声主要包括平带噪声和 1/f 噪声，并在噪声分析中假定各噪声源统计独立，可均方相加。

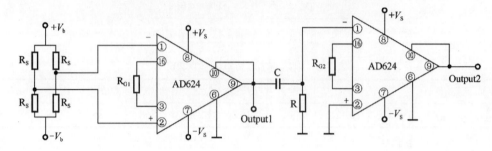

图 7-16　地电流测量探头的电路结构

HMC1002 磁阻传感器的典型噪声曲线如图 7-17 所示。该传感器在 1/f 噪声段具有约 10Hz 的转角频率，之后逐渐稳定在 $3.8\,\text{nV}/\sqrt{\text{Hz}}$（相当于 850Ω 电阻的平带热噪声）。

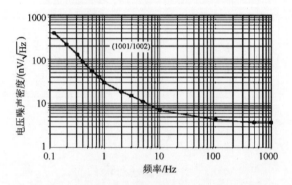

图 7-17　HMC1002 磁阻传感器的典型噪声曲线

AD624 测量放大器的输入电压噪声和输入电流噪声如图 7-18 所示。不同增益 G 对应的噪声数据可参考如表 7-4 所示内容。测量放大器技术指标中一般给出输入电压噪声与输出电压噪声两种电压噪声。输入电压噪声由测量放大器的差分输入级产生，输出电压噪声由测量放大器的输出放大器产生。这两种噪声会同时影响测量放大器的输入端和输出端。当考虑输入端噪声时，输入电压噪声保持不变，输出电压噪声除以闭环增益；当考虑输出端噪声时，输出电压噪声保持不变，输入电压噪声乘以闭环增益。通过折算后，两种电压噪声进行均方根相加来确定某一增益下表现在测量放大器输入端或输出端的噪声。

表 7-4　AD624 测量放大器噪声数据

频率为 1kHz 的电压噪声密度	RTI=4 $\text{nV}/\sqrt{\text{Hz}}$；RTO=75 $\text{nV}/\sqrt{\text{Hz}}$				
频率为 0.1～10Hz 的输入电压噪声（峰峰值）	G=1	G=100	G=200	G=500	G=1000
	10 V	0.3 V	0.2 V	0.2 V	0.2 V
频率为 0.1～10Hz 的输入电流噪声（峰峰值）	60pA				

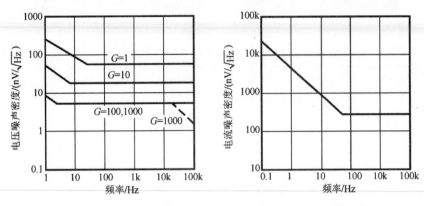

图 7-18　AD624 测量放大器的输入电压噪声和输入电流噪声

噪声包括低频和高频两个频段。低频段噪声主要为 $1/f$ 噪声，一般用峰峰值或有效值表示；高频段噪声基本为平带噪声，一般用频域噪声谱密度表示，在时域也可用峰峰值或有效值表示。由于磁场探头中包含隔直电路，其噪声分析只需要考虑高频段平带噪声。根据如图 7-16 所示内容可建立如图 7-19 所示的地电流测量探头的噪声模型。

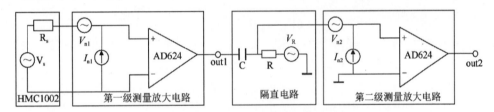

图 7-19　地电流测量探头的噪声模型

对于图 7-19 中的地电流测量探头的噪声模型，其第一级放大器的输入噪声电压谱密度为

$$V_{N1} = \sqrt{V_s^2 + V_{n1}^2 + (R_s I_{n1})^2 + (V_{n1,out} / G_1)^2} \tag{7-17}$$

第一级放大器的输出噪声电压谱密度为

$$V_{out1} = G_1 V_{N1} \tag{7-18}$$

第二级放大器的输入噪声电压谱密度为

$$V_{N2} = \sqrt{(V_{out1})^2 + V_R^2 + V_{n2}^2 + (R I_{n2})^2 + (V_{n2,out} / G_2)^2} \tag{7-19}$$

第二级放大器的输出噪声电压谱密度为

$$V_{out2} = G_2 V_{N2} \tag{7-20}$$

考虑到放大器的带宽有限，地电流测量探头输出噪声电压的有效值为

$$E_{out2} = V_{out2} \sqrt{B_n} \tag{7-21}$$

式中，G_1 和 G_2 分别为第一级放大器和第二级放大器的闭环增益，B_n 为系统增益确定的噪声带宽。图 7-19 中的电阻的阻值 $R_s=850\Omega$，$R=1.2\mathrm{k}\Omega$。地电流测量探头的噪声源特性

如表 7-5 所示。

表 7-5　地电流测量探头的噪声源特性

噪声源符号	V_s	V_{n1}, V_{n2}	I_{n1}, I_{n2}	$V_{n1,out}$, $V_{n2,out}$	V_R
噪声谱密度	3.8 nV/$\sqrt{Hz}$	4 nV/$\sqrt{Hz}$	0.3 pA/$\sqrt{Hz}$	75 nV/$\sqrt{Hz}$	4.5 nV/$\sqrt{Hz}$

AD624 测量放大器的闭环增益为 100 时，小信号响应带宽 f_{3dB}=150kHz，噪声带宽 B_n=($\pi/2$)f_{3dB} 约为 235.6kHz。根据式（7-17）～式（7-21）和表 7-5 可得如表 7-6 所示的不同增益地电流测量探头的输出噪声电压特性。实际地电流测量探头在增益 G=100×100 时，输出噪声电压有效值为 24.0mV，验证了上述噪声分析的正确性。

表 7-6　地电流测量探头的输出噪声电压特性

系统增益G=G_1G_2	输出噪声电压谱密度/（μV/$\sqrt{Hz}$）	输出噪声电压有效值/mV
100×1	0.5624	0.273
100×100	55.742	27.1

4．探头输入噪声

根据地电流测量探头的输出噪声电压谱密度，可得地电流测量探头的输入参考噪声为

$$V_{in2} = V_{out2}/(G_1 G_2) \tag{7-22}$$

考虑带宽的影响，可得输入参考噪声的有效值为

$$E_{in2} = V_{in2}\sqrt{B_n} \tag{7-23}$$

对于 G=100×100 的地电流测量探头，可得 V_{in2}=5.574 nV/$\sqrt{Hz}$，E_{in2}=2.706μV。

当舰船壳体地电流的面密度为 J_s 时，其表面的磁感应强度切向分量 B_t=$\mu_0 H_t$=$\mu_0 J_s$。此时磁阻传感器的输出电压为

$$V_s = SV_b B_t = SV_b \mu_0 J_s \tag{7-24}$$

取 HMC1002 的灵敏度典型值 S=3.2mV/V/Gs，供电电压 V_b=10V，可得对应的 V_{in2} 和 E_{in2} 的地电流量值分别为 0.0138 (mA/m)/$\sqrt{Hz}$ 和 6.7mA/m。

由于高斯分布噪声大于有效值 3.5 倍的概率小于 0.05%。因此，可取输入参考噪声有效值的 3.5 倍作为时域的最小可测量电流值；频域测量能有效滤除带外噪声影响，可取带内噪声值的 2 倍（6dB）作为不同带宽的频域最小可测量电流值。表 7-7 为 G=100×100 时地电流测量探头在时域和频域（不同带宽）的最小可测电流量值。

表 7-7　地电流测量探头在时域和频域的最小可测电流量值（G=100×100）

	时域	RBW=1Hz	RBW=10Hz	RBW=100Hz	RBW=1kHz
电流的面密度/（mA/m）	23.6	0.035	0.110	0.348	1.099
3.5mm 宽度电流/ A	82.4	0.122	0.385	1.216	3.846

从表 7-7 中可以看出，时域测量的最小电流由地电流测量探头的测量带宽（150kHz）决定，若要提高时域分辨率，须降低时域设备的测量带宽。电磁兼容常用的频域测试设备可以选择测量带宽，频域测量带宽 RBW 越窄，地电流测量探头的频域分辨率越高。窄带频域测试的分辨率高于宽带时域测试的分辨率。

7.3 地电流分布测量

由于舰船壳体为连续结构，常规测试方法无法获得舰船壳体地电流的分布特性。采用表面磁场切向分量测试技术，不仅可以获得不同位置地电流的面密度，还可以获得地电流的方向。

7.3.1 地电流的面密度测量

实验测试采用如图 7-20 所示的矩形截面窄条钢板，其长度为 $2L$=996mm，宽度为 $2a$=83.4mm，厚度为 $2D$=6.53mm。在钢板两端通入电流，并使电流回线远离钢板，通入钢板的地电流 I 可通过常规电流卡钳测量回线电流获得。当电流回线远离钢板时，可忽略邻近效应将钢板视为孤立导体，其上、下表面的电流分布相同；并且，在窄条钢板中部，可以忽略两端点电流集中效应的影响。因此，在集肤效应作用下，钢板中部电流近似均匀分布在钢板表面，其地电流的面密度为

$$J_{\mathrm{s}} = I / (4a + 4D) \tag{7-25}$$

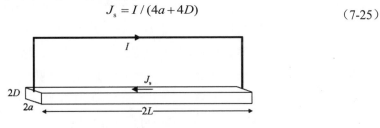

图 7-20 地电流的面密度测试检验方法

采用地电流测量探头，通过测量钢板表面磁场的切向分量可获得钢板的地电流。表 7-8 给出了通入电流测量值、式（7-25）计算的地电流的面密度，以及地电流测量探头在钢板中部实测的地电流的面密度。由表 7-8 可知，在 50～300kHz 频段，地电流测量探头测量误差小于 1.5dB。

表 7-8　钢板地电流的面密度的实验测试

电流频率 f/kHz	探头增益G=100×1				探头增益G=100×100			
	测量值 I/A	计算值 J_s/(A/m)	实测值 J_s/(A/m)	误差 /dB	测量值 I/A	计算值 Js/(A/m)	实测值 J_s/(A/m)	误差 /dB
0.05	2.68	14.9	16.39	0.83	0.512	2.85	2.858	0.03
0.1	2.70	15.0	16.33	0.73	0.51	2.84	2.646	-0.60
0.5	2.69	15.0	16.54	0.87	0.503	2.80	2.763	-0.10
1	2.68	14.9	16.53	0.90	0.615	3.42	3.436	0.04
5	2.68	14.9	16.50	0.89	0.612	3.40	3.414	0.03
10	2.63	14.6	16.05	0.81	0.619	3.44	3.386	-0.14
25	2.57	14.3	15.83	0.89	0.486	2.70	2.724	0.07
50	2.46	13.7	15.26	0.95	0.465	2.58	2.552	-0.11
75	2.20	12.2	14.27	1.34	0.429	2.38	2.368	-0.06
100	2.00	11.1	12.88	1.27	0.488	2.71	2.685	-0.09
125	1.81	10.1	11.39	1.07	0.436	2.42	2.180	-0.92
150	1.61	8.95	10.05	1.01	0.466	2.59	2.318	-0.96
175	1.44	8.01	9.03	1.05	0.481	2.67	2.335	-1.18
200	1.28	7.12	7.98	0.99	0.427	2.37	2.113	-1.01
250	1.03	5.73	5.92	0.29	0.44	2.45	2.202	-0.92
300	0.839	4.66	4.55	-0.21	0.434	2.41	2.374	-0.14

7.3.2　邻近效应的实验测试

当电流回线靠近钢板时，邻近效应会导致钢板中的高频电流集中在导线下方。实验测试选用矩形截面的宽钢板，其长度为 2L=2975mm，宽度为 2a=1220mm，厚度为 2D=5.0mm。在钢板两端通入电流，并使电流回线靠近钢板，测试点布置在钢板中部，如图 7-21 所示。图 7-21 中的黑实心圆点为电流回线，距离钢板上表高度为 H。图 7-21 中的圆圈为 6 个测试点，0#位于钢板中部上表面，其他各测试点间距 100mm。向钢板通入不同频率的1A 电流，根据式（7-25）可得孤立钢板地电流的面密度为112.2dBμA/m。电流回线靠近钢板，H=10cm 和 H=25cm 时测得的上表面电流的面密度如表 7-9 和图 7-22 所示。由图 7-22 可以明显看出频率越高、回线距离越近，受邻近效应影响的钢板地电流越向中心集中。

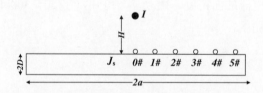

图 7-21　邻近效应的实验测试

表 7-9　邻近效应对地电流分布的影响（电流的面密度单位为dBμA/m）

测试点	H=10cm				H=25cm			
	100Hz	1kHz	10kHz	100kHz	100Hz	1kHz	10kHz	100kHz
0#	122.117	125.076	126.177	125.967	118.605	120.830	121.804	121.402
1#	120.423	122.136	123.018	122.457	118.715	120.549	121.481	121.047
2#	117.287	117.822	117.343	116.302	117.469	118.931	119.530	118.856
3#	114.043	112.832	111.631	110.798	115.107	115.779	116.005	115.255
4#	111.567	109.632	108.092	107.622	113.719	113.842	113.672	113.165
5#	109.965	107.916	106.170	105.877	112.468	112.729	112.440	111.894

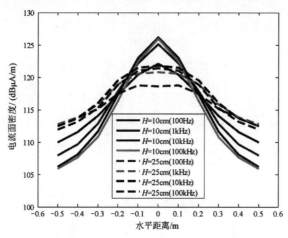

图 7-22　邻近效应对地电流分布的影响

7.3.3　地电流的方向测量

地电流的量值是地电流干扰的重要评价指标，而地电流的方向对于分析地电流干扰来源及地电流传播方式具有重要价值。对于简单的信号（如单频信号），可以通过旋转地电流测量探头方向进行测量，当测量值最大时就是地电流方向。但在实际舰船壳体中，同时存在多种频率的干扰源，不同频率的地电流方向可能不同，旋转探头法只能用于对主要干扰频率的电流方向的确定。

1. 三次测量定位法

地电流测量探头采用测量表面磁场切向分量的方法获得地电流分布。其输出信号与探头方向有关，实际测量值是地电流在探头方向的投影。由于常规电磁兼容频谱测试无相位信息，可通过三次不同方位的频谱测试获得地电流各干扰频率的方向。三次测量定位原理示意图如图 7-23 所示。在第一次测量时，使一维地电流测量探头沿 X 轴（参考方向0），测量值记为 J_{s0}；在第二次测量时，使探头指向第一象限（与 X 轴夹角为$+\theta_0$），测量值记为J_{s+}；在第三次测量时，使探头指向第四象限（与X轴夹角为$-\theta_0$），测量值记为J_{s-}。地电流方向角θ的取值范围为-90度~ 90度。θ_0的选取具有任意性，在实际测量时不宜取值过小，以利于地电流方向角的确定。由图7-23可知，三次测量值与实际地电流的量值满足

$$J_s = \frac{J_{s0}}{\cos(\theta)} = \frac{J_{s+}}{|\cos(\theta_0-\theta)|} = \frac{J_{s-}}{|\cos(\theta_0+\theta)|} \tag{7-26}$$

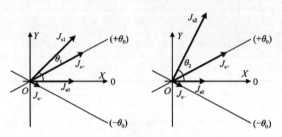

图 7-23　三次测量定位原理示意图

由于频谱测试无相位信息，因此只有两个方向的测试值不能唯一确定地电流的量值和方向。图7-23为由J_{s+}和J_{s-}确定的地电流的两个可能方位，其量值和方向角分别为

$$J_{s1,s2} = \frac{\sqrt{J_{s+}^2 + J_{s-}^2 \mp 2J_{s+}J_{s-}\cos(2\theta_0)}}{\sin(2\theta_0)} \tag{7-27}$$

$$\theta_{1,2} = \arctan\left[\frac{J_{s+} \mp J_{s-}}{(J_{s+} \pm J_{s-})\tan(\theta_0)}\right] \tag{7-28}$$

这两个可能方位地电流在第三个方向（0方向）的投影分别为

$$J_{s01,s02} = J_{s1,s2}\cos(\theta_{1,2}) = \frac{|J_{s+} \pm J_{s-}|}{2\cos(\theta_0)} \tag{7-29}$$

需要根据第三个方向（0方向）的测量值J_{s0}判断地电流的实际方位和量值。式（7-29）的两个投影中最接近测量值J_{s0}的就是地电流的真实方位和量值

$$(J_s,\theta) = \begin{cases} (J_{s1},\theta_1); & |J_{s01}-J_{s0}| < |J_{s02}-J_{s0}| \\ (J_{s2},\theta_2); & |J_{s01}-J_{s0}| > |J_{s02}-J_{s0}| \end{cases} \tag{7-30}$$

若测量值$J_{s+}>J_{s-}$，地电流方向在第一象限，$\theta>0$；若$J_{s+}<J_{s-}$，则地电流方向在第四象限，$\theta<0$；若$J_{s1}=J_{s2}$，则地电流可能沿X轴（$\theta=0$）或Y轴方向（$\theta=90$度）。实际地电流的量值及方向需要根据第三个方向的测量值同时依据式（7-30）确定。

同样地，利用J_{s+}和J_{s0}（或J_{s-}和J_{s0}）也可分别确定各种地电流的量值和方向角

$$J_{s1,s2} = \frac{\sqrt{J_{s0}^2 + J_{s+}^2 \mp 2J_{s0}J_{s+}\cos(\theta_0)}}{\sin(\theta_0)}, \quad \theta_{1,2} = \arctan\left[\frac{\pm J_{s+} - J_{s0}\cos(\theta_0)}{J_{s0}\sin(\theta_0)}\right] \tag{7-31}$$

$$J_{s1,s2} = \frac{\sqrt{J_{s0}^2 + J_{s-}^2 \mp 2J_{s0}J_{s-}\cos(\theta_0)}}{\sin(\theta_0)}, \quad \theta_{1,2} = \arctan\left[-\frac{\pm J_{s-} - J_{s0}\cos(\theta_0)}{J_{s0}\sin(\theta_0)}\right] \tag{7-32}$$

并根据第三个方向的测量值 J_{s-}（或 J_{s+}）确定地电流的真实方位和量值。三个不同方向的测量值，任意两个方向的测量值均可计算地电流的量值和方向，并用第三个方向测量值鉴别真实值。在实际测试时，可对三种不同组合的计算值取平均以减小测量误差。

当采用正交的二维地电流测量探头时，使用时域多通道测试设备，可以同时获得地电流在 X 轴和 Y 轴的投影大小及相位关系，因此，只需一次测量即可获得地电流的量值和方向。但由于常规频域测试设备只有一个通道且频谱不含相位信息，从式（7-27）和式（7-28）中可以看出，由 2 个正交通道（$2\theta_0=90$ 度）的频谱可确定地电流的量值，但确定地电流的方向需要进行 3 次频谱测试。

2. 通入点电流集中效应的实验测试

对于尺度较大的舰船壳体，在设备附近地电流干扰的传播方向较复杂，地电流方向测试有助于进行地电流干扰分析。地电流方向的实验测试选用矩形截面的宽钢板，其长度为 $2L$=2975mm，宽度为 $2a$=1220mm，厚度为 $2D$=5.0mm。通入点电流集中效应的实验测试如图 7-24 所示。在钢板两端中部通入电流。为检验通入点电流集中对地电流分布的影响，电流回线靠近钢板以避免邻近效应，测试点布置在钢板左侧端部附近的上表面。图 7-24 中的坐标原点在钢板左侧电流通入点，5 个圆圈测试点的坐标分别为 1#（12,-10）、2#（22,-20）、3#（32,-30）、4#（42,-40）和 5#（52,-50），单位为 cm。

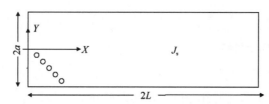

图 7-24　通入点电流集中效应的实验测试

在测量时，向钢板通入 245mA/1kHz 电流，使地电流测量探头沿 0 度、+30 度和-30 度进行测量。表 7-10 给出了 5 个测试点的电流的面密度测量值，并给出了 J_{s+} 和 J_{s-} 确定的实际地电流（J_{s0} 为判断依据）。

表 7-10　通入点电流集中效应的实验测试（电流的面密度单位为 dBμA/m，角度单位为度）

测试点	测量值（θ_0=30 度）			合成矢量 1			合成矢量 2			实际地电流	
	J_{s0}	J_{s+}	J_{s-}	J_{s1}	θ_1	J_{s01}	J_{s2}	θ_2	J_{s02}	J_s	θ
1#	103.5	95.3	105.8	106.0	-43.0	103.3	108.5	-72.7	97.9	106.0	-43.0
2#	100.0	94.5	101.4	101.4	-33.2	99.9	104.8	-77.7	91.4	101.4	-33.2
3#	98.6	94.5	99.7	99.7	-26.5	98.7	103.6	-80.6	87.9	99.7	-26.5
4#	99.9	96.8	99.2	99.6	-13.0	99.3	104.1	-85.6	81.9	99.6	-13.0
5#	101.9	99.9	100.3	101.4	-2.4	101.4	106.1	-89.2	69.2	101.4	-2.4

7.3.4 地电流干扰测试

利用地电流测量探头可以测量舰船壳体中的地电流干扰分布，为系统电磁兼容评估提供支撑。

1. 稳态设备的地电流特性

从舰用 50Hz 逆变装置附近的地电流测试数据中（见图 7-25）可以看到，地电流中不仅存在 150Hz 的低频谐波分量，还存在较大的逆变器开关频率（6.6kHz）及其谐波分量。

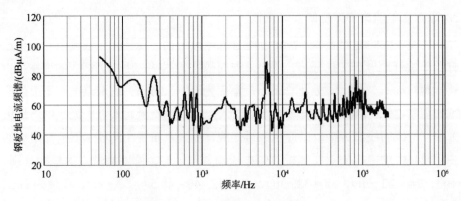

图 7-25 逆变器的地电流特性

2. 瞬态设备的地电流特性

图 7-26 为典型电磁发射装置附近的地电流特性。可以看到，地电流中包含 100Hz 以下的工频分量、2kHz 系列的开关频率及其谐波分量。

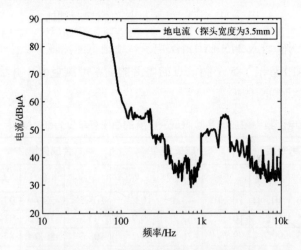

图 7-26 典型电磁发射装置附近的地电流特性

第 8 章 传导电磁干扰抑制

本章围绕舰船综合电力系统的大功率电力电子装置的传导电磁干扰抑制方法进行讲解。8.1 节介绍了舰船综合电力系统特有的回路耦合干扰的分析模型、抑制原理及方法；8.2 节给出了舰船综合电力系统应用的大功率电力电子装置传导电磁干扰的一种新的抑制方法，这些技术都已较好地用于工程实践；8.3 节则将干扰对消思想引入大功率容量滤波电感设计中，提出了基于变压器结构的选频滤波电感设计方法，该方法有望解决大功率电力电子系统中滤波电感容量与电能传输效率之间的矛盾。

8.1 舰船综合电力系统回路互感耦合干扰抑制

针对互感耦合这一典型的传导电磁干扰传播耦合模式，本节设计了能有效模拟舰船舱室内、外互感耦合干扰现象的模拟系统。同时研究了基于互感耦合的传导干扰对消技术解决互感耦合传导电磁干扰的基本原理和实现方法。对基于互感耦合的传导干扰对消技术抑制效果的分析表明：在互感耦合回路的敏感系统中利用基于互感耦合的传导干扰对消技术，既能对消干扰信号，又能保证有用信号的完整性。与传统的干扰抑制措施相比，基于互感耦合的传导干扰对消技术既能降低功耗，又能弥补滤波器低频和同频干扰无法被滤除的不足，它可以更好地解决电磁干扰问题，发挥各种武器的最大效能，且其实现简单，完全可以推广到共地耦合、电容性耦合等传导电磁干扰领域，应用于抑制舰船传导电磁干扰提高电磁兼容性工程中。

8.1.1 互感耦合的概念

互感耦合是传导电磁干扰常见的传播方式，其机理是电磁干扰能量通过场的传播方式相互干扰。互感耦合主要分为磁场性耦合和电场性耦合。当一个闭合回路中的电流产生磁通，磁通的变化在另外一个电路中感应产生电压时，就产生磁场耦合，也称为电感性耦合。

图 8-1 所示为平行导线间电感性耦合的模型和等效电路。其中，I_1 为干扰源电路中的电流；M 为两电路间的互感，它与电路形状及电路间的介质磁性有关。导体 1 在电路 2 中形成的互感耦合电压为

$$V_N = -\frac{d}{dt}\int_A \overline{S}\cdot\overline{B} = M\frac{dI_1}{dt} \qquad (8\text{-}1)$$

式中，$\overline{S}$ 为电路 2 的面积，$\overline{B}$ 为电流 I_1 在电路 2 中产生的磁通密度。

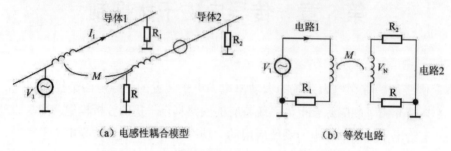

（a）电感性耦合模型　　　　　　　（b）等效电路

图 8-1　平行导线间电感性耦合的模型和等效电路

假设电路 2 的封闭回路是静止的，且磁通密度是正弦时变的，则由式（8-1）可得

$$V_N = j\omega\overline{B}\overline{S}\cos\theta = j\omega MI_1 \qquad (8\text{-}2)$$

式中，θ 为磁场方向与面积为 $\overline{S}$ 的回路之间的夹角。

式（8-2）表明，互感耦合电压的大小是由电路的几何特性决定的，也与干扰源电路中的电流大小及频率有关。互感大小代表电路几何特性，因此要准确计算互感耦合产生的互感耦合电压，必须首先计算互感的大小。

在实际电路中，由于电路几何尺寸的不规则性和空间磁介质的影响，互感很难准确进行计算。但经过一些简化和近似处理后，可以对互感进行保守计算。假设如图 8-1（b）所示电路处于自由空间，则两电路间的互感可表示为

$$M = \frac{1}{I_1}\int_{S_2} B_1\cdot dS_2 \qquad (8\text{-}3)$$

式中，B_1 为电路 1 中的电流 I_1 产生的磁通密度，将这个磁通在电路 2 围成的面积 S_2 上进行积分再除以电流 I_1 可以得到互感。

还有一种是基于磁场矢量位的方法可以计算互感，如图 8-2 所示，即沿两个电路的周长进行双重积分的诺埃曼形式：

$$M = \frac{\mu_0}{4\pi}\int_{C_1}\int_{C_2}\frac{dl_1\cdot dl_2}{r} \qquad (8\text{-}4)$$

对于较为理想的情况，如图 8-3 所示，两平行放置、长度相等的孤立导体之间的互感可表示为

$$M = \frac{\mu_0 l}{2\pi}\left\{\ln\left[\frac{l}{d}+\sqrt{\left(\frac{l}{d}\right)^2+1}\right]+\frac{d}{l}-\left[\sqrt{\left(\frac{d}{l}\right)^2+1}\right]\right\} \qquad (8\text{-}5)$$

由于两条任意长度的平行导体总可以通过增加或去掉部分段等效为几对平行导体的组合形式，所以其互感也可以用几对等长平行导线互感的代数和来表示。例如，若计算图 8-4 给出的回路耦合，所有垂直的边之间的互感为 0，而平行边之间的互感仍按

式（8-5）来计算。

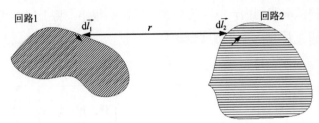

图 8-2　两个任意形状回路互感的计算

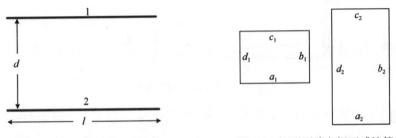

图 8-3　平行放置导体模型　　　　　　图 8-4　矩形回路之间互感计算

如果导体的长度不同，位置分别如图 8-5（a）和（b）所示，也可采用与求两根完全一样的平行直导线互感的方法来进行计算，其互感表达式分别为

$$M = \frac{\mu}{4\pi}\left[z\ln(z+\sqrt{z^2+d^2}) - \sqrt{z^2+d^2} \right]_{l_2+l_3-l_1,l_3}^{l_3-l_1,l_2+l_3}$$

$$M = \frac{\mu}{4\pi}\left[z\ln(z) - z \right]_{l_2+l_3-l_1,l_3}^{l_3+l_1,l_2+l_3}$$

（8-6）

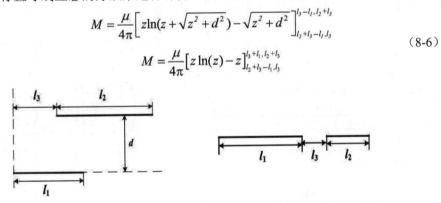

（a）两端不对齐平行放置导体模型　　　　　（b）同一直线放置不等长导体模型

图 8-5　两端不对齐平行放置导体模型和同一直线放置不等长导体模型

由式（8-5）和式（8-6）可知，互感 M 只与导线间的几何参数有关，而与导线中电流或其他变量无关。因此，一旦导线之间的相互位置关系固定，则导线之间的互感系数 M 也就固定，可认为是一个定值。

8.1.2　两个回路的互感耦合

考虑较为简单的情况，图 8-6 给出了实验室搭建的模拟电路。在图 8-6 给出的电路模型中，三相整流桥电源从隔离变压器引出，因此两个系统不会通过地阻抗相互影响，而且在实验研究的频率范围内，电路的分布电容影响很小，将上述电路作为独立的两个回路来处理是切实可行的，且准确度也较高。

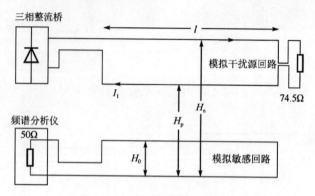

图 8-6　实验室搭建的模拟电路

只考虑平行导线部分的互感耦合，其他部分的影响忽略不计。可利用部分单元等效电路（PEEC）的部分电感的概念对研究对象进行建模。在建模前首先根据部分电感的概念将图 8-6 给出的电路抽象成如图 8-7 所示的几部分，然后用部分电感的概念得到如图 8-8 所示的模型。其中，L_i 表示自感部分，M_{ij} 表示互感部分。为了使图形更清晰，回路内部有部分互感没有在图中画出。

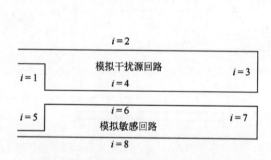

图 8-7　由图 8-6 抽象出来的互感回路

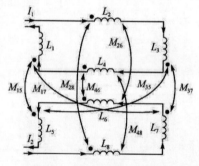

图 8-8　部分电感等效电路

设检测回路电流为 I_2，则 $V_E = 50I_2$（频谱分析仪显示值）。对于如图 8-8 所示敏感回路的等效电路，列写 KVL 方程得到

$$\left(50 + j\omega L_t\right)I_2 - j\omega M_t I_1 = 0 \tag{8-7}$$

式中，

$$L_t = L_5 + L_6 + L_7 + L_8 - 2M_{57} - 2M_{68} \tag{8-8}$$

$$M_t = M_{17} + M_{28} + M_{35} + M_{46} - M_{15} - M_{26} - M_{37} - M_{48} \tag{8-9}$$

由电路的对称性可得 $M_{17} = M_{35}$，$M_{15} = M_{37}$，式（8-9）变为

$$M_t = 2M_{17} + M_{28} + M_{46} - 2M_{15} - M_{26} - M_{48} \tag{8-10}$$

用阻抗分析仪测量敏感回路的阻抗在 100kHz 以下时小于 2Ω，所以可认为 $50 \gg \omega L_t$，则式（8-7）可近似为

$$50I_2 - \mathrm{j}\omega M_t I_1 = 0 \tag{8-11}$$

代入 $V_E = 50I_2$，整理得到干扰电压的表达式为

$$V_E = \mathrm{j}\omega M_t I_1 \tag{8-12}$$

在实验测试结果中，V_E 的单位为 dBμV，而 I_1 单位为 dBμA，则由式（8-12）可得回路耦合阻抗的表达式为

$$Z(\mathrm{dB}\Omega) = \omega M_t(\mathrm{dB}\Omega) = V_E(\mathrm{dB\mu V}) - I_1(\mathrm{dB\mu A}) \tag{8-13}$$

则可得到回路互感为

$$M_t = \frac{10^{\frac{V_E(\mathrm{dB\mu V}) - I_1(\mathrm{dB\mu A})}{20}}}{\omega} \tag{8-14}$$

计算互感的表达式分别如下：

$$M_{15} = \frac{\mu_0}{4\pi}\left[H_n \ln\left(\frac{H_n}{H_n - H_0} \right) + H_p \ln\left(\frac{H_p - H_0}{H_p} \right) + H_0 \ln\left(\frac{H_n - H_0}{H_p - H_0} \right) \right] \tag{8-15}$$

$$M_{17} = 0.5(M_{p1} + M_{p2} - M_{p3} - M_{p4}) \tag{8-16}$$

$$M_{26} = \frac{\mu_0 l}{2\pi}\left\{ \ln\left[\frac{l}{H_n - H_0} + \sqrt{\left(\frac{l}{H_n - H_0} \right)^2 + 1} \right] + \frac{H_n - H_0}{l} - \left[\sqrt{\left(\frac{H_n - H_0}{l} \right)^2 + 1} \right] \right\} \tag{8-17}$$

$$M_{28} = \frac{\mu_0 l}{2\pi}\left\{ \ln\left[\frac{l}{H_n} + \sqrt{\left(\frac{l}{H_n} \right)^2 + 1} \right] + \frac{H_n}{l} - \left[\sqrt{\left(\frac{H_n}{l} \right)^2 + 1} \right] \right\} \tag{8-18}$$

$$M_{46} = \frac{\mu_0 l}{2\pi}\left\{ \ln\left[\frac{l}{H_p - H_0} + \sqrt{\left(\frac{l}{H_p - H_0} \right)^2 + 1} \right] + \frac{H_p - H_0}{l} - \left[\sqrt{\left(\frac{H_p - H_0}{l} \right)^2 + 1} \right] \right\} \tag{8-19}$$

$$M_{48} = \frac{\mu_0 l}{2\pi}\left\{ \ln\left[\frac{l}{H_p} + \sqrt{\left(\frac{l}{H_p} \right)^2 + 1} \right] + \frac{H_p}{l} - \left[\sqrt{\left(\frac{H_p}{l} \right)^2 + 1} \right] \right\} \tag{8-20}$$

式（8-16）各项的计算式在下面给出

$$M_{p1} = \frac{\mu_0 H_n}{2\pi}\left\{ \ln\left[\frac{H_n}{l} + \left[\sqrt{\left(\frac{H_n}{l} \right)^2 + 1} \right] \right] + \frac{l}{H_n} - \sqrt{\left(\frac{l}{H_n} \right)^2 + 1} \right\} \tag{8-21}$$

$$M_{p2} = \frac{\mu_0\left(H_p - H_0 \right)}{2\pi}\left\{ \ln\left[\frac{\left(H_p - H_0 \right)}{l} + \left[\sqrt{\left(\frac{H_p - H_0}{l} \right)^2 + 1} \right] \right] \right\}$$

$$+\frac{l}{\left(H_p-H_0\right)}-\sqrt{\left(\frac{l}{\left(H_p-H_0\right)}\right)^2+1}\Biggr\} \tag{8-22}$$

$$M_{p3}=\frac{\mu_0\left(H_n-H_0\right)}{2\pi}\left\{\ln\left[\frac{\left(H_n-H_0\right)}{l}+\left[\sqrt{\left(\frac{H_n-H_0}{l}\right)^2+1}\right]\right]\right.$$

$$+\frac{l}{\left(H_n-H_0\right)}-\sqrt{\left(\frac{l}{\left(H_n-H_0\right)}\right)^2+1}\Biggr\} \tag{8-23}$$

$$M_{p4}=\frac{\mu_0 H_p}{2\pi}\left\{\ln\left[\frac{H_p}{l}+\left[\sqrt{\left(\frac{H_p}{l}\right)^2+1}\right]\right]+\frac{l}{H_p}-\sqrt{\left(\frac{l}{H_p}\right)^2+1}\right\} \tag{8-24}$$

实际模拟电路参数为：$l=190\text{cm}$，$H_n=45\text{cm}$，$H_p=15.5\text{cm}$，$H_0=15\text{cm}$。将这些参数值分别代入上面各式，则可以得到 $M_{15}=2.64343\times10^{-8}\text{H}$，$M_{26}=9.40785\times10^{-7}\text{H}$，$M_{28}=7.791235\times10^{-7}\text{H}$，$M_{46}=25.20160675\times10^{-7}\text{H}$，$M_{48}=11.97885226\times10^{-7}\text{H}$，$M_{p1}=1.22753\times10^{-7}\text{H}$，$M_{p2}\approx0$，$M_{p3}\approx0.0402\times10^{-7}\text{H}$，$M_{p4}\approx0.0133\times10^{-7}\text{H}$。

将上述各表达式的值代入式（8-10）和式（8-16）中，可得互感 $M_t\approx7.737393575\times10^{-7}\text{H}$。

8.1.3　回路耦合干扰的抑制原理

大功率电力电子系统会产生很强的谐波干扰，由于体积和损耗的限制，无源滤波器在 $1\sim100\text{kHz}$ 频段的抑制效果有限，低频段谐波电流对敏感系统会产生显著的互感耦合干扰。一般陆地系统采用有源补偿技术，但舰船系统中供电线路较短，大功率有源补偿装置产生的高频干扰影响可能更严重，而且其功耗也相对较大。如果采用基于互感耦合的传导干扰对消技术在敏感系统中消除谐波电流的互感耦合干扰，则有可能降低补偿装置的功率和减弱高频干扰，因此该项技术具有一定的经济性和工程适用性。

基于互感耦合的传导干扰对消技术的基本原理如图 8-9 所示。利用干扰信号提取探头从干扰源支路提取干扰电流并将其转变为电压参考信号，利用滤波电路截取所需要的对消频段信号，再经幅值变换、相位变换后作为对消信号注入敏感回路中。若对消信号与敏感回路耦合的干扰信号幅值相等、相位相反，则对消信号可有效对消干扰。对消方法尤其适用于多设备或子系统间的传导电磁干扰，以及滤波方法难以解决的低频干扰和同频干扰。

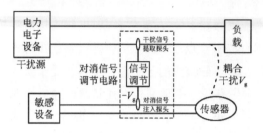

图 8-9　基于互感耦合的传导干扰对消技术的基本原理

基于互感耦合的传导干扰对消技术实现的三个关键环节：干扰电流提取，干扰信号幅值和相位的调节，对消信号对消注入方式。干扰电流的提取主要采用满足精度和带宽要求的干扰信号提取探头；干扰信号幅值和相位的调节，主要包括移相电路（调整干扰信号与敏感系统中耦合信号的相位差）、功率调节电路和反相电路；对消信号的对消注入一般采用电流注入探头来实现。

基于互感耦合的传导干扰对消技术的主要环节及信号流程如图 8-10 所示。其中，各信号处理环节的幅值和相位的转换关系（增益）如图 8-10 中对应标识。设干扰源产生的干扰信号为 $A_0\angle\varphi_0$，则敏感系统中耦合的干扰电压可表示为

$$\dot{V}_g = A_0 A_g \angle(\varphi_0 + \varphi_g) \tag{8-25}$$

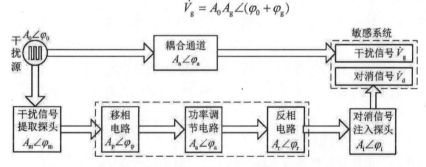

图 8-10　基于互感耦合的传导干扰对消技术的主要环节及信号流程

干扰信号由干扰信号提取探头提取，并经对消信号调节电路后注入敏感系统，敏感系统中用于对消干扰的对消信号电压为

$$\dot{V}_d = A_0 A_m A_p A_a A_r A_i \angle(\varphi_0 + \varphi_m + \varphi_p + \varphi_a + \varphi_r + \varphi_i) \tag{8-26}$$

若要实现干扰信号与对消信号在敏感系统中的理想对消，需要满足 $\dot{V}_d = -\dot{V}_g$，即

$$\begin{cases} A_g = A_m A_p A_a A_r A_i \\ \varphi_g = \varphi_m + \varphi_p + \varphi_a + \varphi_r + \varphi_i - \pi \end{cases} \tag{8-27}$$

由以上分析可知，对于不同设备或子系统间的互感耦合干扰，只要设计合理的对消信号调节电路并采取合适的控制策略，使得敏感系统中的干扰信号和注入其中的对消信号满足式（8-27）对应的幅相特性关系，就可对消敏感系统互感耦合的干扰。与滤波技术相比，基于互感耦合的传导干扰对消技术可弥补滤波器无法滤除同频干扰及其低频滤波能力较差的缺陷，可用于解决诸多特殊的传导电磁干扰问题。

舰船平台传导电磁干扰问题十分复杂，与辐射电磁干扰对消技术相比，基于互感耦合的传导干扰对消技术有以下难点：干扰源与敏感设备的多样性，众多设备密布于狭小空间内，许多设备既是发射电磁骚扰的干扰源，又是易受干扰的敏感设备；耦合通道的非线性，馈线、共地、寄生参数等多种耦合方式及耦合通道的非线性导致干扰电流的交叉耦合与传播，如交调、互调干扰等；系统尺度的非均匀性，既有数十米的铜质电缆，也有数十厘米至数米的设备柜体，还需要考虑数米至十多米的钢板壳体，属于典型的大尺度多介质混合结构；电磁骚扰的宽频性，集成系统中的多种电力电子装置（整流装置、逆变装置、斩波装置等）发射的电磁骚扰涵盖了工频至数十兆赫的频率范围。

基于互感耦合的传导干扰对消技术的实现需要针对干扰电流特性及保护的敏感设备，结合对消原理采用不同的干扰信号提取探头并设计不同的对消补偿电路。总体而言，基于互感耦合的传导干扰对消技术应用于大功率电力电子系统，有如下三大技术难点。

1）大功率电力电子系统多介质回路耦合特性分析

由于环境所限，强、弱电设备及信号线路往往同处于一个狭小空间内，且以平台壳体作为公共地平面。传导电磁干扰除通过公共电网传播外，各设备或子系统间还可能存在多种回路及回路间非线性耦合。

在进行耦合特性分析时，主要根据干扰源系统和敏感系统的线路分布，建立系统间耦合干扰通道模型；结合耦合通道（共地、空间电容、互感等）特性，确定不同频段干扰耦合途径和耦合方式，分析各种耦合形式干扰的传播及非线性合成作用规律；建立耦合电压与干扰电压（电流）及耦合阻抗之间的非线性方程，通过求解非线性方程，得出不同形式耦合电压的传播规律；建立系统级的传导电磁干扰模型并确定其数学描述方法，为对消方案的设计奠定基础。

一般地，采用部分元件等效电路方法来建立导体阻抗模型，分析系统的耦合特性。尽管包括载流磁性导体在内的一般电磁结构的磁性等效电路模型（Magnetic PEEC, MagPEEC）弥补了传统等效电路方法不能处理非均匀磁导率模型的缺陷，可用于磁性和非磁性导体混合回路的计算分析，但磁性等效电路模型方法应用于大尺度多介质混合结构的回路耦合特性计算及其降阶方法仍有待进一步研究。

2）大功率电力电子系统中宽频弱信号提取方法

大功率电力电子系统中的工作电流与谐波（或开关频率分量）的干扰电流之间的幅值相差一个或几个数量级，干扰电流的分布频段较广（从工频谐波至数兆赫的开关频率）。大功率电力电子系统母线中宽频弱信号的准确提取是基于互感耦合的传导干扰对消技术实现的前提。

干扰电流（干扰信号）的提取可由满足频段、相位转换和精度要求的电流探头（干扰信号提取探头）来完成。现有的电流探头已有诸多成熟的产品，也可实现对消方案中的干扰电流的提取，但用于大功率电力电子系统仍存在诸多问题，如频带过窄、精度不够、量程有限，特别是抗干扰能力差等。

3）对消信号的幅值和相位的调节控制策略及注入方式

对消信号的幅值和相位的调节控制策略和注入方式是实现传导电磁干扰对消效果的关键。图 8-10 和式（8-27）分别给出了对消系统中信号幅相调节的组成单元及特性要求。理论上，只需要通过功率调节电路和移相电路来分别调节信号幅值及信号相位，使之满足

$$\begin{cases} A_a = \dfrac{A_m A_p A_r A_i}{A_g} \\ \varphi_p = \varphi_m + \varphi_a + \varphi_r + \varphi_i - \varphi_g - \pi \end{cases} \tag{8-28}$$

即可满足补偿对消要求。一般地，由高精度集成运算放大器构成的反相电路可呈理想特性，即 $\varphi_r = \pi$，则式（8-28）中的相位关系可进一步简化为

$$\begin{cases} A_a = \dfrac{A_m A_p A_r A_i}{A_g} \\ \varphi_p = \varphi_m + \varphi_a + \varphi_i - \varphi_g \end{cases} \tag{8-29}$$

式（8-29）说明，只要对消信号调节电路的幅值转换和相位转换要求满足耦合通道的幅值和相位的变换特性即可实现对消。然而，干扰源与敏感设备间的耦合（阻抗特性）往往是频率相关的非线性关系，设备内许多元器件均是频变的，因此对消信号调节电路需要处理非线性频变的幅值转换和相位转换。这是对消方案设计中的共性问题，也是信号处理环节的难点和关键。

对于单一耦合特性（如常见的互感耦合干扰、互容耦合干扰），在一定频段内耦合特性是线性变化且已知的，便于对消信号调节电路的设计实现。但是对于复杂耦合特性（如非线性共地耦合）或多路径耦合的传导电磁干扰，对消方案往往需要借助有源器件或数字电路来实现。

对消信号的注入是典型的大电流注入，即采用电流注入探头将对消信号注入敏感回路。由于分布参数的影响，普通电流注入探头用于基于互感耦合的传导干扰对消技术也存在两方面的缺陷：一是频带不能涵盖舰船等平台中的传导电磁干扰频段；二是分布参数导致的谐振严重影响探头性能。一般地，电磁兼容实验中常用的电流注入探头为美国 Solar 公司生产的 9144-1N 大电流注入探头，其工作频段为 10kHz～10MHz，只能用于部分特定频段场合。更宽频段的基于互感耦合的传导干扰对消技术中的电流注入探头需要针对研究对象来设计。

8.1.4　回路耦合干扰的抑制方法

互感耦合是舰船等平台中十分普遍而简单的耦合方式。由于平台环境所限，强、弱

信号线路往往同处于一个狭小空间内，因此大功率载流电缆中的电流会通过空间磁场耦合（互感耦合）在弱信号线中产生干扰电压。仍以图 8-6 为例，三相整流桥的直流母线电缆与弱信号线间的互感耦合干扰系统构成及其干扰对消原理图可重画为图 8-11。在图 8-11 中，利用导线围成长方形框来模拟敏感系统的接收回路，信号处理电路实际为信号接收设备（频谱仪或示波器）。

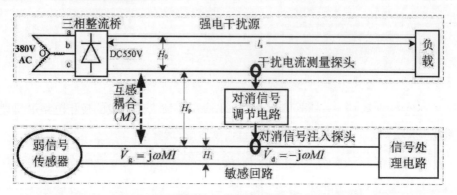

图 8-11　互感耦合干扰及其对消技术的实现

对于互感耦合干扰而言，回路互感 M 仅与导线设置方式及相互间的距离有关，可通过建立干扰源线路与敏感回路的等效电路模型求得互感值。在传导电磁干扰频段，M 一般为常数。由图 8-11 可知，对消信号调节电路为反相功率控制电路，定义对消系统中各模块转换系数为

$$Z_1 = \frac{\text{干扰电流测量探头输出电压} V_1}{\text{干扰电流} I}$$

$$G_2 = \frac{\text{控制器输出电流} I_2}{\text{控制器输入电压} V_1} \tag{8-30}$$

$$Z_3 = \frac{\text{敏感系统感应电压} V_d}{\text{对消信号注入探头电流} I_2}$$

由式（8-27）可知，要实现干扰对消须满足

$$Z_1 G_2 Z_3 \cdot I = -j\omega M \cdot I \tag{8-31}$$

若干扰电流测量探头具有平坦的频率特性，则 Z_1 为与频率无关的常数；G_2 为功率调节电路的增益，为可调常数值，则式（8-31）中的变量 Z_3 可定义为

$$Z_3 = -j\omega \frac{M}{Z_1 G_2} = j\omega M_3 \tag{8-32}$$

式（8-32）表明：互感耦合干扰对消系统设计要求电流注入探头的转换阻抗（插入损耗）Z_3 是感性的，即阻抗与频率呈线性关系（比值为互感 M_3），一般的市售电流注入探头或自行设计的电流注入探头在工作频段范围内可呈互感特性。实验中干扰电流测量探头采用泰克公司的 TP303 电流探头，在频段 0～15MHz 上有平坦的频响曲线；电流注入探头采用美国 Solar 公司的 9144-1N 大电流注入探头，其转移阻抗特性曲线如图 8-12

所示，在 10kHz 以下呈典型互感特性且 $M_3 \approx 16.4\text{mH}$；功率调节电路采用如图 8-13 所示的基于集成运放 AD624 的功率放大电路，其中 R_G 是阻值为 10kΩ 的精密可调电阻，R_S 是阻值为 1Ω 的采样电阻。

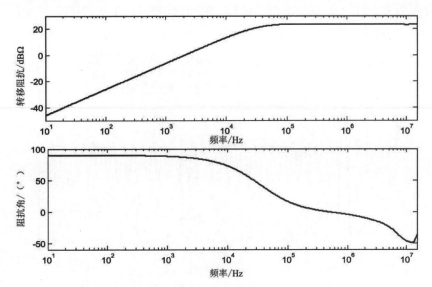

图 8-12　9144-1N 大电流注入探头的转移阻抗特性曲线

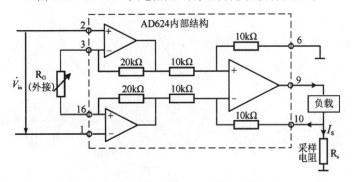

图 8-13　基于集成运放 AD624 的功率放大电路

实验中的弱信号传感器利用信号发生器（泰克公司生产的 AWG420）产生模拟导线中的有用工作信号，并利用频谱仪（泰克公司生产的 RSA 3308A）、示波器（LeCory 公司生产的 7000M）来分别测试弱信号敏感系统的工作信号受强电回路干扰及对消后的信号频域波形、时域波形。在实验中，信号发生器发出的 900Hz 正弦信号和 500Hz 三角波信号受互感耦合干扰及对消效果如图 8-14 所示。

在图 8-14（a）中，900Hz 正弦信号受互感耦合干扰及频域对消效果表明：即使干扰信号与有用信号频率相同，敏感系统中的有用信号频谱在对消前和对消后也基本保持不变；但干扰信号大幅降低。在图 8-14（b）中，900Hz 正弦信号受互感耦合干扰及时域对消效果表明：有用信号在干扰作用下发生了严重畸变，对消干扰后能使有用信号基本恢复正常。图 8-14（c）和图 8-14（d）说明对消方法对其他形式的有用信号也适用，表明对消方法既能对消干扰信号，同时又保证了有用信号的完整性。对消方法的实现和良好的对消效果表明：对消方法在对消干扰信号的同时，保证了有用工作信号不受影响。由上述分析可知，对消方法完全可弥补滤波器无法滤除同频干扰的缺陷。

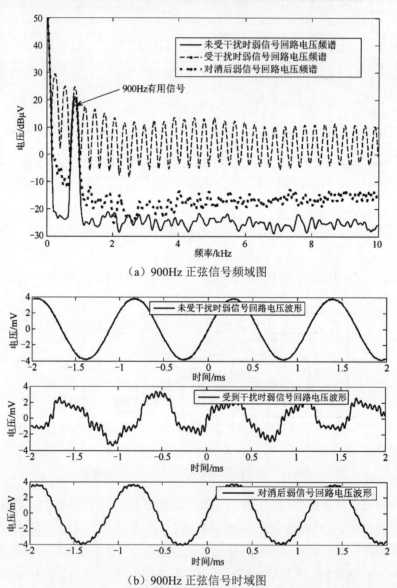

（a）900Hz 正弦信号频域图

（b）900Hz 正弦信号时域图

图 8-14　信号发生器发出的 900Hz 正弦信号和 500Hz 三角波信号受
互感耦合干扰及对消效果

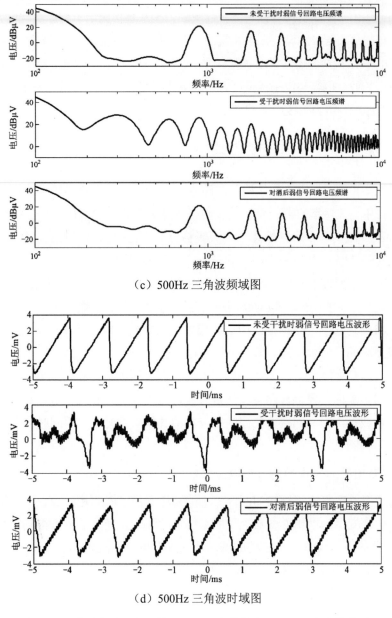

（c）500Hz 三角波频域图

（d）500Hz 三角波时域图

图 8-14　信号发生器发出的 900Hz 正弦信号和 500Hz 三角波信号受
互感耦合干扰及其对消效果（续）

8.2　大功率电力电子装置的传导电磁干扰抑制

舰船综合电力系统中存在大量大功率电力电子装置。这些装置的功率等级大、干扰分布广，且强电系统与弱电系统共存于一个平台，强、弱电系统间的干扰耦合不可避免。传统干扰抑制方法由于受到材料特性与体积的限制，无法直接应用于舰船综合电力系统。为满足系统的电能品质要求和强、弱电系统的兼容工作要求，根据对干扰源特性的分析，提出了级联多电平 H 桥逆变器共模干扰抑制方法、大功率电力电子装置的多端口均衡电磁干扰抑制方法、等效负电容共模干扰抑制方法，解决了多项独立电力电子系统中电磁不兼容的难题，为舰船综合电力系统电磁兼容设计奠定了基础。

8.2.1　级联多电平 H 桥逆变器共模干扰抑制方法

基于级联多电平 H 桥拓扑结构的电路由于具有灵活的直流母线和模块化的控制系统等优点，在中、大功率的电能变换系统中得到越来越广泛的应用。对于级联 H 桥形式的逆变器，其直流侧有多个中性点（直流等势点），特别是在采用相互隔离电源进行供电时，对其电磁干扰的分析和抑制设计是一个全新的问题。

目前常用的逆变器多采用 PWM 控制的 IGBT 开关器件。相关研究表明，IGBT 开关器件的快速动作产生的 di/dt 和 dv/dt 同时对逆变器输入端口和输出端口产生大量的高频电磁干扰，特别是共模电磁干扰。由于共模电磁干扰的主要传播路径是公共接地系统，很容易造成系统的自兼容问题，因此必须严格控制逆变器注入公共接地系统的共模干扰幅值。与逆变器发生能量变换关系的单元主要有直流供电单元和负载单元。逆变器工作时产生的共模电流的主要耦合路径：一是通过直流输入电缆和地形成回路；二是逆变器输出电缆与负载接地形成回路。在控制逆变器的共模干扰时，必须同时对逆变器输入端与输出端进行抑制设计。

1. 级联 3 电平 H 桥电路的共模电压分析

研究的逆变器电路拓扑结构如图 8-15 所示，逆变器采用的是二极管钳位级联 3 电平 H 桥电路，该逆变器为单相逆变器。利用双傅里叶积分建模方法，可得到计算级联 3 电平 H 桥逆变器的数学模型。设 H 桥的调制比为 M，电容电压为 V_{DC}，基波角频率为 ω_0，载波角频率为 ω_c，则如图 8-15 所示的单相逆变器的输出为

$$v_{a1b2}(t) = v_{a1b1}(t) + v_{a2b2}(t) = 4V_{DC}M\cos(\omega_0 t) +$$

$$\frac{8V_{DC}}{\pi}\sum_{m=1}^{\infty}\frac{1}{4m}\sum_{n=-\infty}^{\infty}J_{2n+1}(4m\pi M)\cos(n\pi)\cos[4m\omega_c t + (2n+1)\omega_0 t] \tag{8-33}$$

由式（8-33）可以看出，逆变器输出电压基波幅值为 $4MV_{DC}$，等效开关频率为 IGBT 开关频率的 4 倍。

在求解共模电压的表达式时，可将上、下 H 桥的直流中性点 $z1$、$z2$ 分别作为参考点，计算上、下 H 桥的共模电压。对于上 H 桥，共模电压表达式为

$$
\begin{aligned}
v_{\mathrm{com1}}(t) &= \frac{1}{2}\left[v_{\mathrm{a1n1}}(t)+v_{\mathrm{b2n1}}(t)\right] \\
&= \frac{1}{2}\left[v_{\mathrm{a1n1}}(t)+v_{\mathrm{b1n1}}(t)-v_{\mathrm{a2b2}}(t)\right] \\
&= -V_{\mathrm{DC}}M\cos(\omega_0 t) \\
&\quad -\frac{2V_{\mathrm{DC}}}{\pi}\sum_{m=1}^{\infty}\frac{1}{2m}\sum_{n=-\infty}^{\infty}J_{2n+1}\left(2m\pi M\right)\cos(n\pi)\cos\left[2m\left(\omega_{\mathrm{c}}t+\frac{\pi}{2}\right)+(2n+1)\omega_0 t\right] \\
&\quad +\frac{8V_{\mathrm{DC}}}{\pi^2}\sum_{m=1}^{\infty}\frac{1}{2m-1}\sum_{\substack{n=-\infty\\ n\neq 0}}^{\infty}\sum_{k=1}^{\infty}\frac{J_{2k-1}\left[(2m-1)\pi M\right](2k-1)\cos(n\pi)}{(2k-1+2n)(2k-1-2n)}\cos[(2m-1)\omega_{\mathrm{c}}t+2n\omega_0 t]
\end{aligned}
\tag{8-34}
$$

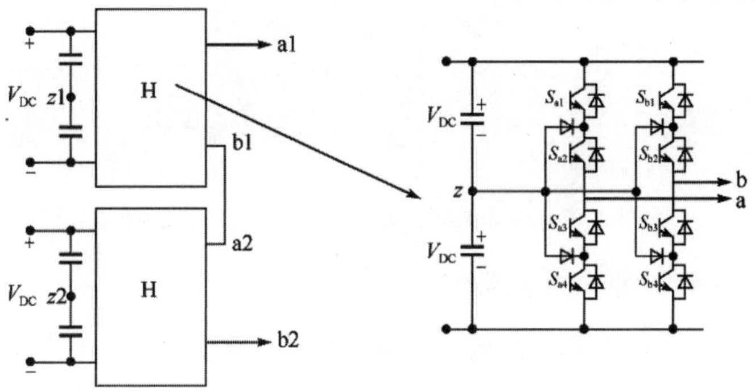

图 8-15　研究的逆变器电路拓扑结构

对于下 H 桥，共模电压表达式为

$$
\begin{aligned}
v_{\mathrm{com2}}(t) &= \frac{1}{2}\left[v_{\mathrm{a1n2}}(t)+v_{\mathrm{b2n2}}(t)\right] \\
&= \frac{1}{2}\left[v_{\mathrm{a2n2}}(t)+v_{\mathrm{b2n2}}(t)-v_{\mathrm{a1b1}}(t)\right] \\
&= -V_{\mathrm{DC}}M\cos(\omega_0 t) \\
&\quad -\frac{2V_{\mathrm{DC}}}{\pi}\sum_{m=1}^{\infty}\frac{1}{2m}\sum_{n=-\infty}^{\infty}J_{2n+1}\left(2m\pi M\right)\cos(n\pi)\cos\left[2m\omega_{\mathrm{c}}t+(2n+1)\omega_0 t\right] \\
&\quad +\frac{8V_{\mathrm{DC}}}{\pi^2}\sum_{m=1}^{\infty}\frac{1}{2m-1}\sum_{\substack{n=-\infty\\ n\neq 0}}^{\infty}\sum_{k=1}^{\infty}\frac{J_{2k-1}\left[(2m-1)\pi M\right](2k-1)\cos(n\pi)}{(2k-1+2n)(2k-1-2n)}\cos\left[(2m-1)\left(\omega_{\mathrm{c}}t+\frac{\pi}{2}\right)+2n\omega_0 t\right]
\end{aligned}
\tag{8-35}
$$

2. 输入侧及输出侧共模电磁干扰滤波器的设计

由于级联 H 桥逆变器的直流母线是相互独立的，所以可以分别对图 8-15 中的上、下 H 桥的输入侧设计共模电磁干扰滤波器：共模电磁干扰滤波器的设计采用 LCL 拓扑；利用共模电感增大共模回路的电感量从而衰减高频分量；利用 Y 电容改变共模电流的通路。对于中、大功率场合的共模电感的实现，采用如图 8-16 所示的磁环直穿形式较为合适，但要求磁环具有较高的磁导率。在较宽的频带，磁环与共模电感等效电路的并联电容 C_{p} 可以忽略，则共模电感可以用电阻和电感串联的形式进行等效。

图 8-17 给出了实验采用的磁环（外径为 145mm，内径为 115mm，厚度为 25mm）直穿共模阻抗幅值与相角的测试结果。

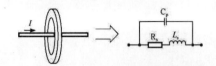

图 8-16　磁环与共模电感等效电路

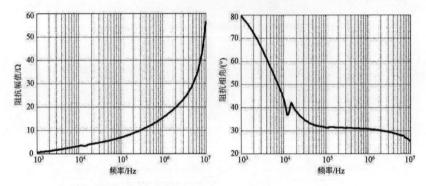

图 8-17　单个磁环共模电感的阻抗幅值与相角

3. 共模电磁干扰滤波器的实验验证

为了有效地对共模电流进行控制，必须选取一个合适的量级限定共模电流的幅值。美国在 2007 年 12 月 10 日颁布的 MIL-STD-461F 中，首次增加了"安装在舰船和潜艇上的设备必须通过 4kHz～1MHz 幅度为 77dBμA（7.5mA）的共模电流注入测试"。通过该标准限定可以认为，安装在舰船和潜艇上的设备应该能够承受 77dBμA 的抗扰电平。因此，从控制共模干扰发射的角度出发，应保证设备产生的共模干扰在这个频段至少为77dBμA。

在同时设置了输入侧和输出侧共模电磁干扰滤波器后，逆变器直流输入侧共模电流的频谱如图 8-18 所示（输入侧上、下 H 桥的共模电流频谱基本相同），逆变器交流输出侧共模电流的频谱如图 8-19 所示。测试仪器为频谱分析仪 RSA3308A 和 701-1 电流探头。

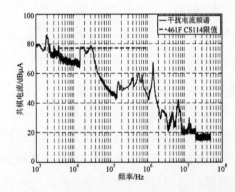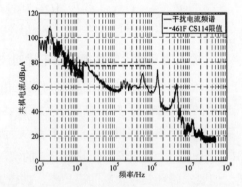

图 8-18　逆变器直流输入侧共模电流的频谱　　图 8-19　逆变器交流输出侧共模电流的频谱

从图 8-18 和图 8-19 中可以看出：共模电流基本上满足要求；但输出侧共模电流在4～20kHz 大于 77dBμA 的限值，其主要原因是中压交流系统或高压交流系统对 Y 电容的限值远小于直流侧限值。实际上，对于逆变器的输出侧而言，需要对负载的敏感设备进行详细分析，以判断是否会引起自兼容问题，这样更具有实际意义。总结而言，通过对滤波器进行设计及合理利用，级联 3 电平 H 桥结构的逆变器所产生的共模干扰量级已满足系统自兼容的设计要求。

8.2.2　大功率电力电子装置多端口均衡电磁干扰抑制方法

在舰船综合电力系统中，为提高电能利用效率和组网灵活性，经常需要采用相应电力电子装置实现交流电能与直流电能的双向变换，如静止式主变流（静止主变）装置。这些电力电子装置没有机械旋转部件，具有效率高、噪声小等优点。但其利用电力电子器件开关完成电能转换，是典型的非线性装置，所以会产生电磁干扰，若不加抑制，很容易影响系统中其他装置的正常工作。相比于传统挂接电网的逆变装置、整流装置等电力电子装置，具有交流电能和直流电能双向变换能力的电力电子装置由于其输入端口与输出端口都与电网相连，两个端口需要同时满足干扰指标要求，故这种双向变流装置的干扰抑制有其特殊性。

双向变流装置的输入端口和输出端口都与电网相连，必须同时考虑其两个端口的电磁干扰。在研究双向变流装置产生的电磁干扰时，不仅需要考虑其输出到交流电网和直流电网的每根电源线上的干扰，地线上的共模干扰也不可忽略，同时还需要考虑其输入与输出之间的耦合。根据双向变流装置的电路拓扑和控制方式，可以建立其多端口网络模型。电力电子装置产生干扰的机理是装置内部开关管导通、关断时产生的高电流和电压变化率，其干扰的大小与 PWM 开关方式有关，初步预测可用开关函数来描述。

1. 传导电磁干扰分析与测试

下面以静止式双向变流装置为例对传导电磁干扰进行分析与测试。图 8-20 给出了静止式双向变流装置拓扑结构和传导电磁干扰测试图。根据静止式双向变流装置的基本拓扑结构和控制方式建立相应的电磁干扰分析模型，并对其传导电磁干扰进行定量预测。图 8-21 给出了静止式双向变流装置 CE102 频段传导电磁干扰的预测结果与测试结果，对比预测结果和测试结果可以发现：所建立的模型基本反映了该装置的电磁干扰特性。在仅采取常规滤波措施时，交流电网在 100kHz～10MHz 频段内超标，直流电网在 10kHz～10MHz 全频段内超标。

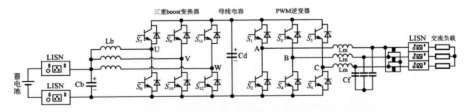

图 8-20　静止式双向变流装置拓扑结构和传导电磁干扰测试图

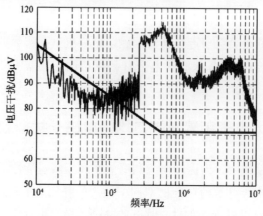

（a）交流电网预测结果

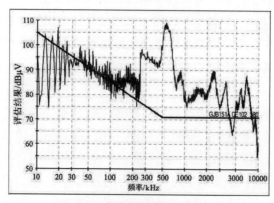

（b）交流电网测试结果

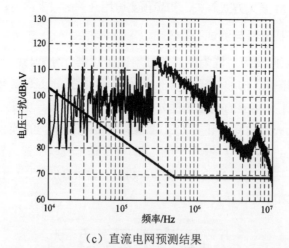

（c）直流电网预测结果

图 8-21　静止式双向变流装置 CE102 频段传导电磁干扰预测结果与测试结果

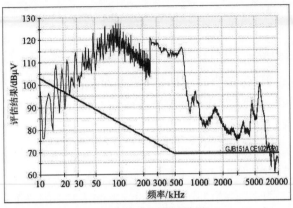

（b）直流电网测试结果

图 8-21　静止式双向变流装置 CE102 频段传导电磁干扰预测结果与测试结果（续）

2．多端口均衡滤波干扰抑制措施

双向变流装置是一种多端口装置。其每个与电网相连的端口的干扰都必须得到抑制，因而必须同时在其输入端口和输出端口设计电磁干扰滤波器。在普通挂接电网的变流装置中，为避免干扰进入电网，应尽可能减小滤波器的高频阻抗 Z_f。但在双向变流装置中，由于需要同时抑制进入交流电网和直流电网的干扰，在其输入端口和输出端口均加装了电磁干扰滤波器，因此其与普通挂接电网的变流装置不同，除了要考虑干扰向电网的传播，还要考虑干扰在输入滤波器和输出滤波器之间的传播。双向变流装置传导电磁干扰传播示意图如图 8-22 所示。其中，Z_{1m}、Z_{1f}、Z_{2m}、Z_{2f} 分别代表交流电网、交流滤波器、直流电网和直流滤波器的高频阻抗，而干扰源在 Z_{1f}、Z_{2f} 的分压代表交流电网和直流电网上的干扰电压。

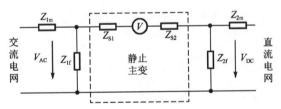

图 8-22　双向变流装置传导电磁干扰传播示意图

在干扰源确定的情况下，可得双向变流装置交流电网和直流电网产生的干扰电压分别为

$$V_{AC} = \frac{V \cdot Z_{1f}}{Z_{s1} + Z_{1f} \,/\!/\, Z_{1m} + Z_{s2} + Z_{2f} \,/\!/\, Z_{2m}} \tag{8-36}$$

$$V_{DC} = \frac{V \cdot Z_{2f}}{Z_{s1} + Z_{1f} \,/\!/\, Z_{1m} + Z_{s2} + Z_{2f} \,/\!/\, Z_{2m}} \tag{8-37}$$

由式（8-36）和式（8-37）可知，交流电网干扰电压与直流电网干扰电压之间存在下列关系：

$$\frac{V_{AC}}{V_{DC}} = \frac{Z_{1f}}{Z_{2f}} \qquad (8\text{-}38)$$

由式（8-38）可以看出，要抑制干扰源在交流电网产生的干扰，就需要减小交流滤波器的高频阻抗 Z_{1f}；但 Z_{1f} 减小后，若直流滤波器 Z_{2f} 保持不变，则干扰源在直流电网产生的干扰必定增大。显然，对双向变流装置而言，即使不考虑电网对滤波电容的限制，单纯降低直流滤波器或交流滤波器的阻抗，也不能达到同时滤波的效果。在设计滤波时必须折中考虑，即需要将静止主变产生的干扰在 Z_{1f}、Z_{2f} 上均衡分配。

结合以上分析及测试结果，设计了多端口均衡电磁干扰滤波器。由图 8-23 和图 8-24 给出的测试结果可以发现，多端口均衡滤波设计方法很好地解决了采用该种方法进行滤波的系统的传导电磁干扰发射问题，干扰源在交流电网和直流电网产生的传导电磁干扰均能满足 GJB 151A-97 的要求，成功解决了静止式双向变流装置传导电磁干扰抑制的技术难题。

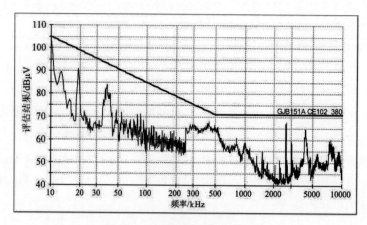

图 8-23　直流电网传导电磁干扰

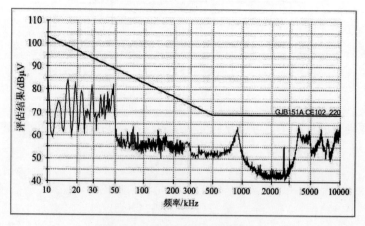

图 8-24　交流电网传导电磁干扰

8.2.3　等效负电容共模干扰抑制方法

由现代开关器件（IGBT 等）组成的电力电子变换器，是电力系统的主要传导电磁干扰源。高频传导电磁干扰主要由开关电路的寄生参数决定，通常有差模干扰和共模干扰两种传导模式。其中共模干扰受寄生参数的影响较为显著，尤其在实际工程设计中，共模干扰问题突出且难以解决。通常解决共模干扰的方法，是通过在装置入口处加装共模电感和对地 Y 电容来减小干扰的幅值和改变共模电流的通道；但这会增加装置体积和重量，降低运行效率。采用开关吸收电路或设计适当的 PWM 策略也有助于改善干扰发射的幅值，但其缺点是不具备通用性。因此，需要寻求一种有效的通用型共模干扰抑制方法。

1．研究对象

选取的研究对象为一台 DC/DC 降压斩波器，其开关器件为 EUPEC BSM 50 GB 60 DLC，图 8-25 给出了斩波器的传导电磁干扰的测试布置。利用巨变灵敏度的分析方法，可以将原始共模干扰电路简化为如图 8-26 所示的简化共模干扰模型：LISN（线路阻抗稳定网络）可等效为 25Ω 电阻（两个 50Ω 电阻并联），斩波器可等效为电感（正、负直流母线分布电感并联 $L_{b1}//L_{b2}$）、寄生电容 C_{mp}（IGBT 中点与地之间的寄生电容）与共模电压源（IGBT 的开关电压）的串联。

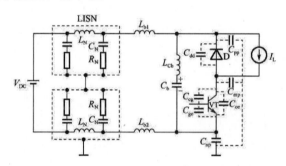

图 8-25　斩波器的传导电磁干扰的测试布置

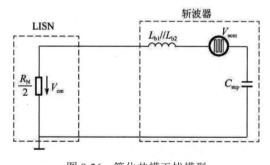

图 8-26　简化共模干扰模型

传统的共模干扰抑制方法可根据如图 8-27 所示内容进行说明。共模电感和对地 Y 电容的加入是为了改变共模干扰源到 LISN 的通道阻抗；开关吸收电路和 PWM 策略是为了改变干扰源的大小。但是以往忽视了该模型的一个重要参数：寄生电容的值 C_{mp}。实际上，如果减小或消除 C_{mp}，可以有效地减小或消除共模干扰。由于同样的功率模块具有相同的分布电容，因此这为我们找到一种统一的共模干扰抑制方法提供了新思路。

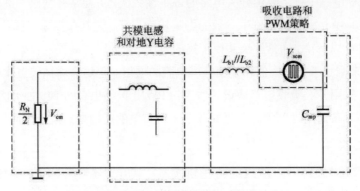

图 8-27　传统的共模干扰抑制方法

2．基于耦合电感的负电容实现技术

基于耦合电感的负电容实现方法如图 8-28 所示。在同一个磁芯上反向绕制两个耦合电感，并且在两个耦合电感的中间抽头位置对地接一个电容。首先分析理想耦合情况（耦合系数 $k=1$），设两个电感的匝数比为 $1:n$，原边耦合电感为 L，则副边耦合电感为 n^2L，互感为 $M=k\sqrt{L\cdot n^2L}=nL$。对图 8-28 中的耦合电感模型进行解耦合，可得到如图 8-29 所示的等效电路模型。

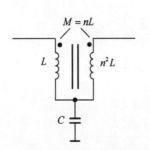

图 8-28　基于耦合电感的负电容实现方法

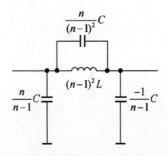

图 8-29　耦合电感的负电容等效电路模型

从图 8-29 中可以看出，耦合电感在解耦合后，可等效为一个电感与三个端口电容的组合，若 $n>1$，该等效电路的右端口对地电容为负值，也就是产生了一个对地的负电容 $C_{neg}=-\dfrac{C}{n-1}$。

图 8-30 给出了基于耦合电感的负电容实现技术来消除斩波器电路中的寄生电容的方法。在图 8-30 中，C_f 为隔离电容，C_{mp} 为 IGBT 对地的寄生电容，耦合电感的匝数比为 $1:n$ 且 $n>1$，并假设两个耦合电感完全耦合。为了对寄生电容 C_{mp} 进行消除，可调整电容 C 的大小，使得 $C_{neg}=-C_{mp}$，即 $C=(n-1)C_{mp}$。此时，可得寄生电容消除后的共模

等效电路（见图 8-31），IGBT 对地的寄生电容被消除。但实际电感不可能完全耦合，寄生电容只是显著下降并不能被完全消除。

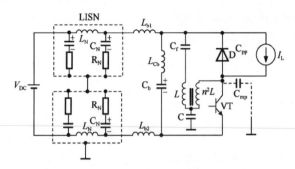

图 8-30　斩波器电路中的寄生电容消除方法

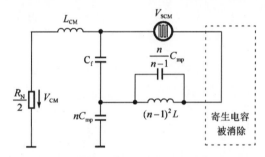

图 8-31　寄生电容消除后的共模等效电路

由图 8-31 可以看出，若 $C_\mathrm{f} \gg nC_\mathrm{mp}$，高频共模干扰源被隔离电容 C_f "短路"，不再通过 LISN 形成回路，因而其共模干扰 V_CM 降低。若 $n \gg 1$ 且 $C_\mathrm{f} \gg nC_\mathrm{mp}$，根据电网络分析可得共模干扰抑制的有效起始频率为

$$f_\mathrm{start} = \frac{\sqrt{n+1}}{2\pi\sqrt{(n-1)^2 L[C_\mathrm{f} + (1+n+\frac{n^2}{n-1})C_\mathrm{mp}]}} \approx \frac{1}{2\pi\sqrt{(n-1)LC_\mathrm{f}}} \qquad （8\text{-}39）$$

显然，匝数比 n 越大，电感值 L 越大，隔离电容值 C_f 越大，共模干扰抑制的有效起始频率就越低。

由于实际电感不可能完全耦合，共模干扰抑制也存在上限频率。假设耦合系数 k 接近 1，可得共模干扰抑制的有效频率上限为

$$f_\mathrm{limit} = \frac{1}{2\pi\sqrt{\dfrac{n^2(1-k^2)}{1+n^2-2kn}LC}} \approx \frac{1}{2\pi\sqrt{(n-1)(1-k^2)LC_\mathrm{mp}}} = \sqrt{\frac{C_\mathrm{f}/C_\mathrm{mp}}{1-k^2}} f_\mathrm{start} \qquad （8\text{-}40）$$

可以看出：对于确定的有效起始频率，耦合系数 k 越接近 1，共模干扰的抑制带宽越宽；耦合系数 k 越小（漏感越大），共模干扰的有效抑制带宽就越窄。

3. 实验验证

在上述理论的基础上，自制基于寄生电容消除原理的共模滤波器。耦合电感磁芯选用环形结构，初始磁导率 μ_i=80，耦合电感（1 个）为 6 匝（4.3μH），匝数比为 1：10，经计算可得耦合系数 k=0.82。

由于 IGBT 对地寄生电容值为 330pF，则最佳接地电容值应为 2970pF。取隔离电容值 C_f =0.22μF，则共模滤波器的起始频率为 f_{start}=53.7kHz，上限频率为 f_{limit}=1.98MHz。图 8-32 为 C=3000pF 时，加入共模滤波器前、后共模干扰电流的抑制效果（斩波器输入电压为 DC100V，输出电压为 DC50V，负载电流为 5A，开关频率为 10kHz）。从图 8-32 中可以看出，共模滤波器从 50kHz 处开始有抑制效果，有效频率上限约为 1.91MHz，与理论分析结果基本吻合。选取 C 分别为 2200pF、2500pF、3000pF、3300pF 四种值时的测试结果，并对测试结果进行对比，发现接地电容值在最佳值左右浮动对干扰抑制效果的影响不大，该措施的有效性对电容值灵敏性并不是很高，有较强的实用性。

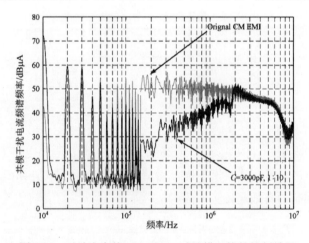

图 8-32 对地电容值 C=3000pF 时共模干扰的抑制效果

基于寄生电容消除技术的共模抑制方法具有三大优点。①实用性好，不改变功率电路的结构，不用在电源线中串入元件，仅并联在功率器件和散热器上。②通用性强，设计方法仅与功率器件的型号有关，可与同一类的功率器件一起封装成标准的低共模发射模块。③体积与重量小，与传统的共模电感相比，耦合电感的绕线不传导功率电流，所以滤波器的体积、重量可显著减小。耦合系数的大小直接决定了干扰抑制的有效频段范围（越接近理想的全耦合情况，适用的频率范围越宽），如何提高耦合电感的耦合系数及干扰的抑制效果是需要进一步研究的问题。

8.3　用于 PWM 谐波抑制的变频滤波电感

滤波器是大功率电力系统为满足功能需要或电磁兼容要求而不可或缺的辅助装置，分为无源滤波器和有源滤波器两类。有源滤波器因其良好的动态补偿特性而备受关注，但存在成本过高、控制难度大等诸多缺陷，难以用于 MW 级及以上大功率系统。因此大功率电力电子系统仍广泛采用技术成熟的无源滤波器。

在舰船综合电力系统的大容量无源滤波器的设计中，往往难以兼顾电流传输效率和滤波电感量的要求。一般 MW 级的大功率电力电子变流设备，其开关频率都在 10kHz 以下，而输出电流频率（工作频率）为 50～400Hz，二者通常均以差模传导为主要传播方式。理想的电磁干扰滤波器应只滤除开关频率干扰，而使工作电流无损通过。然而，传统滤波电感量与工作电流的传输效率相互矛盾：一方面，要想获得较好的电能质量，滤波截止频率就低，需要选取自感值较大的滤波电感；另一方面，电感量增大以后，工作电流会在大电感上产生很高的压降，在降低电流传输效率的同时还会导致磁芯饱和及剧烈温升，进而制约电感量增大。

以某台大容量逆变器装置的无源滤波器参数来说明上述问题。该逆变器无源滤波器结构如图 8-33 所示。其中，逆变器容量为 258kVA；直流母线电压为 1kV；电动机负载的输入相电压 $V_{\text{irms}} = 690\text{V}$，输入电流 $I_{\text{irms}} = 850\text{A}$，基波频率 $f_0 = 140\text{Hz}$；逆变器开关频率为 2kHz，谐波电流大小约为 10A；为了滤除开关频率干扰，电容值取 $C = 660\mu\text{F}$，滤波电感 L 取值范围为 50～200μH。

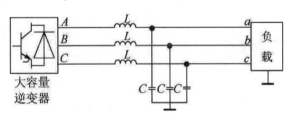

图 8-33　逆变器无源滤波器结构

按以上参数试制的单相滤波器结构如图 8-34 所示。滤波器的相关参数：$L = 146\mu\text{H}$；工作频率为 130Hz；绕线匝数为 11 匝；体积为 660mm×400mm×600mm；重约 2t；此时，该滤波器的截止频率为

$$f_l = \frac{1}{2\pi\sqrt{LC}} \approx 512\text{Hz} \tag{8-41}$$

虽然滤波电感可有效滤除工频谐波及开关频率干扰，但基波电流在流经滤波电感时的压降为

$$\Delta V_{\text{irms}} = 2\pi f_0 L I_{\text{irms}} \approx 109\text{V} \tag{8-42}$$

此时，基波电流在滤波电感的压降占逆变器输出电压的比率（基波传输损耗）为

$$k = \frac{\Delta V_{\text{irms}}}{V_{\text{irms}}} \times 100\% \approx 15.82\% \qquad (8\text{-}43)$$

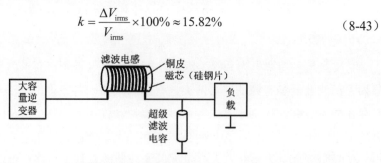

图 8-34　单相滤波器结构

由式（8-43）可见，逆变器输出电流的传输损耗接近 16%，降低了电能传输效率，对负载结构也产生了附加影响。减小滤波电感量可减小传输影响，但同时会使截止频率升高，影响滤波效果。为克服大容量滤波电感设计与电流传输效率之间的矛盾，本节引入基于磁通补偿的频变电感设计方法。

8.3.1　基于磁通补偿的频变电感设计

基于磁通补偿的频变电感的基本原理如图 8-35 所示。滤波电感与变压器串联，变压器一方面作为变压设备，另一方面其本身也是感性元件。将滤波电感与变压器结合为一体，可以充分利用变压器的大容量、漏阻抗与励磁阻抗特性。

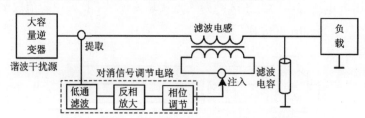

图 8-35　基于磁通补偿的频变电感的基本原理

在图 8-35 中，变压器初级绕组（一次侧）串联在谐波干扰源与负载之间作为滤波电感，次级绕组（二次侧）作为控制绕组来对消初级绕组中的低频工作信号。频变电感的基本工作原理与如图 8-9 所示基于互感耦合的传导干扰对消技术的基本原理类似：干扰信号提取探头提取初级绕组所在负载线路中的电流信号，经低通滤波后仅保留变频器开关频率以下的低频工作信号，并经对消信号调节电路得到与低频工作电流方向相反、大小成一定比例的补偿电流；补偿电流注入次级绕组可以消除磁芯中的低频强磁场。此时，从谐波干扰源一侧看，滤波电感对低频工作电流呈现阻抗值很小的一次侧漏阻抗；从负载线路一侧看，滤波电感对低频工作电流几乎已无损耗（线圈内磁场已被抵消），但对开关频率等高频干扰仍呈现电感特性。

在频变电感的补偿电流控制中，首先需要解决电流信号的提取问题，目前电流信号的提取主要采用霍尔传感器。可以在霍尔传感器中增加相应的控制电路，以组成各种形式的信号提取装置。

在频变电感的控制中，低通滤波部分可以选用有源低通滤波器。低通滤波器的参数主要有通带带宽和阻带带宽。通带参数有通带的截止频率（一般取 3dB 截止频率）、通带传输系数。在通带与阻带之间的频率范围称为过渡带。过渡带是一个非常重要的参数，是通带的截止频率点与阻带的截止频率点之间的频率范围。过渡带越窄，滤波性能越好，但同时滤波器结构和参数选取也越复杂。

根据磁通补偿原理，如果要抵消电流 I_1 经过滤波电感时在互感器磁芯中产生的磁场，那么补偿电流 I_2 的方向需要按照如图 8-36 所示互感器同名端的连接方法进行注入。因此要对经过低通滤波后的电流进行调节，使注入补偿绕组中的电流满足磁通补偿的要求。经过信号提取和低通滤波后，电流的相位不是 0° 或 180°。而通过改变互感器的接入方式无法满足如图 8-36 所示的补偿电流的要求，需要在低通滤波部分后添加适当的调节电路，使得补偿电流 I_2 达到要求。

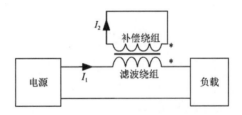

图 8-36　滤波绕组和补偿绕组的简化电路图

补偿电流经过信号提取、低通滤波、幅相调节三部分可以满足实验要求。在进行大功率 PWM 逆变器滤波实验时，上述三部分无法满足大容量需求。此时，需要加入功率放大部分，功率放大部分的主要功能是提供补偿绕组所需要的电流。

由频变电感原理（见图 8-35）可知，当变压器用作频变电感时，需要将一次侧串联到滤波电路。此时变压器应工作在不饱和状态，磁路呈现线性特性才能实现对基波电流产生的场强的理想对消。在磁路呈现线性特性条件下，变压器 T 形等效电路如图 8-37 所示。

在图 8-37 中，变压器的励磁阻抗与漏阻抗均为常数，与绕组电流无关。设变压器初级绕组和次级绕组的变比为 $k = w_1/w_2$，则由图 8-37 可知，变压器初级绕组上的压降为

$$V_1 = I_1 Z_1 - E_1 = I_1 Z_1 - I_m Z_m \tag{8-44}$$

式中，$Z_1 = r_1 + jX_{1\sigma}$ 为变压器初级绕组漏阻抗；$Z_m = r_m + jX_m$ 为变压器初级绕组励磁阻抗，I_m 为励磁阻抗电流，由图 8-37 可知

$$I_m = I_1 + I_2' = I_1 + I_2/k \tag{8-45}$$

式中，I_2 为注入次级绕组的电流，$I_2' = I_2/k$ 是次级绕组电流在初级绕组的折算值。

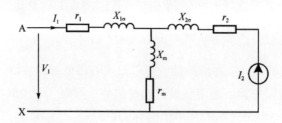

图 8-37　变压器 T 形等效电路

设流过初级绕组的低频负载电流及谐波电流为

$$I_1 = I_0 + I_h = I_0\angle(\omega_0 t + \phi_0) + I_h\angle(\omega_h t + \phi_h) \tag{8-46}$$

注入次级绕组中的电流为

$$I_2 = I_0 = I_0^{'}\angle(\omega_0 t + \phi_0 + \Delta\phi_0) \tag{8-47}$$

补偿电流经频变电感控制电路调节后，幅值和相位满足

$$I_0^{'} = \frac{w_1}{w_2}I_0, \Delta\phi_0 = 0 \tag{8-48}$$

此时变压器磁芯中的磁势为

$$F = w_1 I_1 - w_2 I_2 = w_1 I_h\angle(\omega_h t + \phi_h) \tag{8-49}$$

由式（8-49）可知，此时变压器磁路中只存在高频谐波产生的磁势。在此工况下，变压器铁芯中的低频基波产生的磁通 $\Phi_{0m} = 0$，串联在滤波电路中的变压器初级绕组对基波电流的等效阻抗电路如图 8-38 所示，从 AX 端来看，其基波阻抗等效为

$$Z_{AX0} = \frac{V_1}{I_1} = r_1 + jX_{1\sigma} = Z_1 \tag{8-50}$$

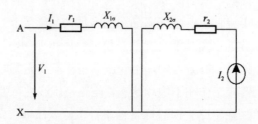

图 8-38　串联在滤波电路中的变压器初级绕组对基波电流的等效阻抗电路

变压器对开关频率产生的谐波的等效阻抗电路如图 8-39 所示。从 AX 端看，其谐波等效阻抗为

$$Z_{AXh} = \frac{V_1}{I_1} = r_1 + jX_{1\sigma} + r_m + jX_m = Z_1 + Z_m \tag{8-51}$$

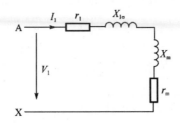

图 8-39　变压器对开关频率产生的谐波的等效阻抗电路

由式（8-50）和式（8-51）可知，频变电感滤波对基波电流呈现初级绕组漏阻抗（漏电感），漏阻抗值基本可忽略；对开关频率形成的谐波电流呈现变压器励磁阻抗（励磁电感）。

当基波电流与谐波电流通过变压器初级绕组时，基波电流在漏阻抗上的压降非常小，基波工作电压几乎可以无损通过滤波绕组加于负载。这样既保证了工作时电能传输的效率，又增大了频变电感滤波容量。在进行上述研究时发现，由于基波大电流产生的强磁场被抵消，谐波电流与基波电流相差一个甚至几个数量级，主要由谐波电流产生的磁芯饱和温升也会大大降低，因此可极大优化频变电感的总体设计。

8.3.2　基于磁通补偿的频变电感特性分析

常规单臂电感串联在负载与电源之间以实现滤波效果。假设此时负载为纯阻性负载，电阻值为 R，滤波电感值为 L，对于电源幅值为 V_S、角频率为 ω 的信号，滤波电感 L 的滤波特性为

$$p(\omega) = \frac{V_R(\omega)}{V_S(\omega)} = \frac{R}{R + j\omega L} = \frac{1}{1 + j\omega L/R} \tag{8-52}$$

由式（8-52）可以看出，对于 PWM 逆变器输出的电流，无论是开关频率产生的谐波，还是所需要的基波，均会在滤波电感上产生压降。对于 ω 较大的谐波，$p(\omega)$ 的模值较小；而对于 ω 较小的基波，$p(\omega)$ 的模值较大。虽然常规单臂电感具有滤波的特性，但在现实中，常规单臂电感的一阶滤波效果并不理想，需要在滤波电感后再加一个滤波电容，这样就构成了传统的 LC 二阶滤波电路。

若只采用电感，在对 PWM 信号进行滤波时，我们希望频变电感的理想滤波特性为

$$p(\omega) = \frac{V_R(\omega)}{V_S(\omega)} = \begin{cases} 1, & \omega < \omega_0 \\ 0, & \omega > \omega_0 \end{cases} \tag{8-53}$$

式中，ω_0 为滤波电感的截止频率。

由式（8-53）可知：对于频率小于截止频率的信号，理想滤波电感呈现零感抗（零电感）；对于频率大于截止频率的信号，理想滤波电感呈现趋于无穷大的感抗（无穷大电感）。由式（8-52）和式（8-53）可以得出理想的频变电感应该具有的"频变"特性为

$$L(\omega) = \begin{cases} 0, & \omega < \omega_0 \\ +\infty, & \omega > \omega_0 \end{cases} \tag{8-54}$$

式（8-54）显然无法实现，但可以采用式（8-54）的频变电感近似逼近式（8-53）所期望的理想滤波电感

$$L(\omega) = \frac{L_0}{k} \frac{\sqrt{1+\left[\omega/\left(k^{-\frac{1}{2N}}\omega_0\right)\right]^{2N}}}{\sqrt{1+\left[\omega/\left(k^{\frac{1}{2N}}\omega_0\right)\right]^{2N}}} \approx \begin{cases} L_0/k, & \omega \ll \omega_0 \\ L_0, & \omega \gg \omega_0 \end{cases} \tag{8-55}$$

并且可以采用 N 阶低通滤波电路

$$\left| p_{N\_\omega_0}(\omega) \right| = \frac{1}{\sqrt{1+(\omega/\omega_0)^{2N}}} \tag{8-56}$$

来进一步获得"可实现"的频变电感特性

$$L_e = \frac{L_0}{k} \frac{p_{N\_\omega 2}(\omega)}{p_{N\_\omega 1}(\omega)}; \quad \left\{ k^{-\frac{1}{2N}}\omega_0 = \omega_1 < \omega_0 < \omega_2 = k^{\frac{1}{2N}}\omega_0 \right\} \tag{8-57}$$

对于特性如式（8-56）的 N 阶低通滤波器，可通过典型有源低通滤波器的方式实现。

一阶低通滤波器的典型形式为

$$H_1(s) = A\omega_c / (s + \omega_c) \tag{8-58}$$

若取增益 $A=1$，则一阶低通滤波器的传递函数特性可以表示为

$$p_1(\omega) = \frac{1}{1+\mathrm{j}\omega/\omega_0}; \quad \left| p_1(\omega) \right| = \frac{1}{1+\sqrt{(\omega/\omega_0)^2}} \tag{8-59}$$

将上述特性用相应的电路表示，如图 8-40 所示。

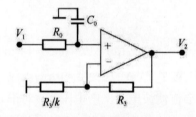

图 8-40　典型一阶有源低通滤波器电路图

式（8-59）中的 $\omega_0=1/(R_0C_0)$ 为一阶低通滤波器的截止频率，该滤波器输入与输出特性传递函数为

$$\frac{V_2}{V_1} = (1+k) \cdot p_1(\omega) = \frac{1+k}{1+\mathrm{j}\omega/\omega_0} \tag{8-60}$$

如果 $k=0$，那么有

$$p_1(\omega) = \frac{1}{1+\mathrm{j}\omega/\omega_0}; \quad \left| p_1(\omega) \right| = \frac{1}{\sqrt{1+(\omega/\omega_0)^2}} \tag{8-61}$$

典型二阶有源低通滤波器电路图如图 8-41 所示。

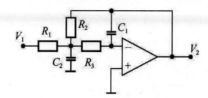

图 8-41　典型二阶有源低通滤波器电路图

对于如图 8-41 所示典型二阶有源低通滤波器，有

$$\left|\frac{V_1}{V_2}\right| = \frac{(R_2/R_1)}{\sqrt{(1-\omega C_2 R_2 \omega C_1 R_3)^2 + (\omega C_1 R_3 + \frac{R_2}{R_1}\omega C_1 R_3 + \frac{R_2}{R_3}\omega C_1 R_3)^2}} \equiv \frac{m}{\sqrt{1+(\frac{\omega}{\omega_1})^4}} \qquad (8\text{-}62)$$

式中，$\omega_1 = \dfrac{1}{\sqrt{C_2 R_2 C_1 R_3}}$，$m = \dfrac{R_2}{R_1}$。如果要保持上述恒等式成立，那么式（8-62）中分母

根号内 ω^2 的系数应该为零，则有

$$2\omega C_2 R_2 \omega C_1 R_3 = (\omega C_1 R_3 + \frac{R_2}{R_1}\omega C_1 R_3 + \frac{R_2}{R_3}\omega C_1 R_3)^2 \qquad (8\text{-}63)$$

可化简为

$$2C_2 R_2 = (1+\frac{R_2}{R_1}+\frac{R_2}{R_3})^2 (C_1 R_3) \qquad (8\text{-}64)$$

在式（8-64）中引入 ω_1 可得

$$2C_2 R_2 = (1+m+R_2 C_2 R_2 C_1 \omega_1^2)^2 \frac{1}{C_2 R_2 \omega_1^2} \qquad (8\text{-}65)$$

将式（8-65）展开，得到

$$(C_2 R_2 C_1 R_2 \omega_1^2)^2 - [2C_2 R_2 C_2 R_2 \omega_1^2 - 2(1+m)C_2 R_2 C_1 R_2 \omega_1^2] + (1+m)^2 = 0 \qquad (8\text{-}66)$$

从式（8-66）中提取出 R_2 的表达式

$$R_2^2 = \frac{4(1+m)^2}{\omega_1^2 [\sqrt{2}C_2 + \sqrt{2C_2^2 - 4(1+m)C_2 C_1}]^2} \qquad (8\text{-}67)$$

根据 ω_1 可得 R_3 的表达式；根据式（8-67）根号内大于零，可得 C_2 和 C_1 的关系为

$$R_3 = \frac{1}{\omega_1^2 C_2 R_2 C_1}; \qquad C_2 \geqslant 2(1+m)C_1 \qquad (8\text{-}68)$$

如果 $m=1$，取 $C_2=5C_1>4C_1$，则有

$$R_2 = R_1 = \frac{4}{\omega_1(5\sqrt{2}+\sqrt{10})C_1}; \qquad R_3 = \frac{1}{\omega_1^2 5 R_2 C_1^2} \qquad (8\text{-}69)$$

按照上述关系，可以得到如图 8-41 所示电路的二阶低通滤波器的具体表达式为

$$|p_2(\omega)| = \frac{1}{\sqrt{1+(\omega/\omega_0)^4}} \qquad (8\text{-}70)$$

$$p_2 = \frac{1}{1+\sqrt{2}(j\omega/\omega_0)+(j\omega/\omega_0)^2} \qquad (8\text{-}71)$$

因为基于磁通补偿的频变电感的主要实现方法是滤波绕组和补偿绕组之间电流产生磁场的相互关系。所以，在分析频变电感的特性时，主要分析滤波绕组和补偿绕组的电流，简化电路已由图 8-36 给出。

设电源电压为 V_S，负载电阻为 R_L，滤波绕组和补偿绕组的电感量均为 L，互感为 M，两绕组电流分别为 I_1 和 I_2，在如图 8-36 所示电路中存在如下 4 个关系式：

$$V_R = I_1 R_L \tag{8-72}$$

$$V_1 = j\omega L I_1 + j\omega M I_2 \tag{8-73}$$

$$V_2 = j\omega L I_2 + j\omega M I_1 \tag{8-74}$$

$$V_S = R_L I_1 + j\omega L I_1 + j\omega M I_2 \tag{8-75}$$

如果将互感看作一个整体串联在负载与电源之间的互感器，那么此时可以将互感器等效为一个电感值为 L_e 的频变电感，式（8-75）可以表达为

$$V_S = R_L I_1 + j\omega L I_1 + j\omega M I_2 = R_L I_1 + j\omega L_e I_1 \tag{8-76}$$

如果通过控制 I_2 来实现式（8-76）表示的频变电感 L_e，则有

$$I_2 = -\frac{L-L_e}{M} I_1, V_2 = j\omega L I_2 + j\omega M I_1 = j\omega(\frac{L}{M} L_e - \frac{L^2-M^2}{M}) I_1 \tag{8-77}$$

如果取 $M \approx L$（忽略漏感），式（8-77）则可以简化为

$$I_2 \approx -(1-\frac{L_e}{L}) I_1, \qquad V_2 \approx j\omega L_e I_1 \tag{8-78}$$

根据上述关系，可以计算得到频变电感所需的控制功率。

（1）无滤波措施。如果不采取滤波措施，图 8-36 中的互感器相当于短路连接，负载和电源直接相连，负载电流为 $I_1 = V_s/R_L$，有

$$P_S = P_L = \frac{1}{2} I_1 V_S = \frac{1}{2} \frac{|V_S|^2}{R_L} \tag{8-79}$$

式中，P_S 为电源输出有功功率，P_L 为负载消耗的功率，V_s 为电压幅值。

（2）常规电感滤波。在采取常规电感滤波器措施时，图 8-36 中的互感器补偿绕组相当于开路，$I_2=0$，互感器相当于一个单臂电感，$I_1 = V_s/(R_L + j\omega L)$，$V_1 = V_s P_L / (R_L + j\omega L)$，有

$$W_S = \frac{1}{2} I_1^* V_S = \frac{1}{2} \frac{|V_S|^2}{R_L - j\omega L} = \frac{1}{2} |V_S|^2 \frac{R_L + j\omega L}{R_L^2 + (\omega L)^2} \tag{8-80}$$

$$P_L = \frac{1}{2} I_1^* V_1 = \frac{1}{2} \frac{|V_S|^2 R_L}{R_L^2 + (\omega L)^2} \tag{8-81}$$

式中，I^* 为 I 的共轭形式，$W_S = P_S + jQ_S$ 为电源输出复功率（实部 P_S 为有功功率，虚部 Q_S 为无功功率），P_L 为负载功率（实数形式）。从能量的角度看，当采取常规电感滤波措施时，负载消耗的有功功率等于电源输出的有功功率，电源输出的无功功率是被电感内的励磁吸收的。

（3）频变电感滤波。如果采用频变电感滤波措施，则由式（8-75）可得 $I_1 = V_S / (R_L + j\omega L_e)$，有

$$W_S = \frac{1}{2} I_1^* V_S = \frac{1}{2} \frac{|V_S|^2 (R_L + j\omega L_e)}{R_L^2 + (\omega |L_e|)^2 + j\omega R_L (L_e - L_e^*)} \tag{8-82}$$

$$P_L = \frac{1}{2} I_1^* V_R = \frac{1}{2} \frac{|V_S|^2 R_L}{R_L^2 + (\omega |L_e|)^2 + j\omega R_L (L_e - L_e^*)} \tag{8-83}$$

频变电感的控制功率为

$$
\begin{aligned}
W_2 &= \frac{1}{2} I_2^* (-V_2) = (-\frac{L - L_e}{M} I_1)^* \cdot \left[-j\omega (\frac{L}{M} L_e - \frac{L^2 - M^2}{M}) I_1 \right] \\
&= \frac{1}{2} (-\frac{L - L_e}{M})^* \left[-j\omega (\frac{L}{M} L_e - \frac{L^2 - M^2}{M}) \right] I_1^* \cdot I_1 \\
&= \frac{1}{2} \frac{|V_S|^2}{R_L^2 + (\omega |L_e|)^2 + j\omega R_L (L_e - L_e^*)} \cdot j\omega (\frac{L}{M} L_e - \frac{L^2 - M^2}{M})(\frac{L - L_e^*}{M}) \\
&\approx \frac{1}{2} j\omega (L_e - \frac{|L_e|^2}{L}) \cdot \frac{|V_S|^2}{R_L^2 + (\omega |L_e|)^2 + j\omega R_L (L_e - L_e^*)}
\end{aligned}
\tag{8-84}
$$

式中，L_e^* 为 L_e 的共轭形式。由于频变电感值 L_e 含有实部和虚部，因此可表示为 $L_e = L_{eR} + jL_{eI}$。实部表示频变电感的等效电感值；虚部为正表示频变电感的控制电路向主电路提供有功功率，虚部为负表示频变电感的控制电路会吸收主电路的有功功率。

从能量的角度来看，当采取频变电感滤波措施时，电源输出的有功功率为 W_S 的实部部分，用 P_S 表示；无功功率为 W_S 的虚部部分，用 Q_S 表示。补偿绕组输出的有功功率为 W_2 的实数部分，用 P_2 表示；无功功率为虚数部分，用 Q_2 表示。可以将 L_e 用 $L_e = L_{eR} + jL_{eI}$ 表示，则

$$
\begin{aligned}
W_S &= \frac{1}{2} I_1^* V_S = \frac{1}{2} \frac{|V_S|^2 (R_L + j\omega L_e)}{R_L^2 + (\omega |L_e|)^2 + j\omega R_L (L_e - L_e^*)} \\
&= \frac{1}{2} |V_S|^2 \frac{R_L + j\omega (L_{eR} + jL_{eI})}{R_L^2 + (\omega |L_e|)^2 + j\omega R_L (2jL_{eI})} = P_S + jQ_S
\end{aligned}
\tag{8-85}
$$

$$
\begin{aligned}
W_2 &= \frac{1}{2} j\omega (L_e - \frac{|L_e|^2}{L}) \cdot \frac{|V_S|^2}{R_L^2 + (\omega |L_e|)^2 + j\omega R_L (L_e - L_e^*)} \\
&= \frac{1}{2} j\omega \left[(L_{eR} + jL_{eI}) - \frac{|L_e|^2}{L} \right] \cdot \frac{|V_S|^2}{R_L^2 + (\omega |L_e|)^2 + j\omega R_L (2jL_{eI})} \\
&= P_2 + jQ_2
\end{aligned}
\tag{8-86}
$$

频变电感滤波消耗的无功功率即电源输出的无功功率 Q_S。Q_S 为变压器的漏磁和励磁产生的无功功率，那么 P_S 是由负载消耗、变压器磁芯电流涡流效应产生的损耗（变压器的发热）构成的。对于表示频变电感补偿绕组输出的有功功率 P_2，如果其为正，表示补偿绕组的控制部分从主电路中吸收有功功率；如果其为负，表示补偿绕组的控制部分为主

电路提供有功功率。

在对 PWM 波进行滤波时，主要关注频变电感在基波和开关频率（如 f_a=50Hz 和 f_b=2kHz）上的等效电感值。假设在两个频率点 f_a、f_b 要求频变电感的特性满足

$$|L_e(f)| = \frac{L_0}{k}\frac{\sqrt{1+(f/f_1)^{2N}}}{\sqrt{1+(f/f_2)^{2N}}} = \frac{L_0}{k}\begin{cases} 1, & f \ll f_2 \\ 1+\delta, & f = f_a \\ k/(1+\delta), & f = f_b \\ k, & f \gg f_2 \end{cases} ; \quad \begin{cases} f_1 = k^{-\frac{1}{2N}}f_0 \\ f_2 = k^{+\frac{1}{2N}}f_0 \end{cases} \tag{8-87}$$

由于

$$\frac{\sqrt{1+(f_a/f_1)^{2N}}}{\sqrt{1+(f_a/f_2)^{2N}/k}} = 1+\delta; \quad \frac{\sqrt{1+(f_b/f_1)^{2N}}}{\sqrt{1+(f_b/f_2)^{2N}/k}} = \frac{k}{1+\delta} \tag{8-88}$$

将式（8-88）代入式（8-87），可得

$$\begin{cases} f_0 = \sqrt{f_a f_b} \\ k = \dfrac{(2\delta+\delta^2)+\sqrt{(2\delta+\delta^2)^2+4(1+\delta)^2(f_a/f_b)^{2N}}}{2(f_a/f_b)^N} \end{cases} \tag{8-89}$$

$$f_1 = k^{-1/2N}f_0 = \left[\frac{2}{(2\delta+\delta^2)+\sqrt{(2\delta+\delta^2)^2+4(1+\delta)^2(f_a/f_b)^{2N}}}\right]^{\frac{1}{2N}}\cdot f_a \tag{8-90}$$

$$f_2 = k^{1/2N}f_0 = \left[\frac{(2\delta+\delta^2)+\sqrt{(2\delta+\delta^2)^2+4(1+\delta)^2(f_a/f_b)^{2N}}}{2}\right]^{\frac{1}{2N}}\cdot f_b \tag{8-91}$$

对于任意给定的允许偏差值 δ，由式（8-89）、式（8-90）和式（8-91）可以获得 k 和 f_1、f_2，则对应的一阶频变电感值和二阶频变电感值分别为

$$L_{e1}(f) = \frac{L_0}{k}\cdot\frac{1+j(f/f_1)}{1+j(f/f_2)} \tag{8-92}$$

$$L_{e2}(f) = \frac{L_0}{k}\cdot\frac{1+\sqrt{2}j(f/f_1)+j(f/f_1)^2}{1+\sqrt{2}j(f/f_2)+j(f/f_2)^2} \tag{8-93}$$

取 f_a=50Hz、f_b=2kHz，δ=0.1%、δ=1.0%。根据式（8-90）和式（8-91）可以求得此时一阶 f_1、一阶 f_2 的值：当 δ=0.1%时，f_1=309.8921Hz，f_2=274.8103Hz；当 δ=1.0%时，f_1=259.5645Hz，f_2=387.244Hz。将上述参数代入式（8-92），可以得到一阶低通滤波的频变电感值 L_{e1} 的特性曲线。当高频电感值 L=1 时，可以得到采用一阶低通滤波的频变电感值在 δ=0.1%及 δ=1.0%时的特性曲线。频变电感值的等效值（包括实部和虚部）与频率的关系如图 8-42 所示。

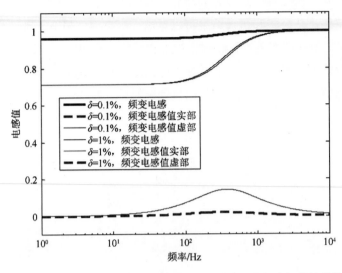

图 8-42　由一阶有源滤波器构成的频变电感的实部和虚部的等效值

从图 8-42 中可以看出：①采用一阶低通滤波时，频变电感值的变化范围很小，当偏差值 $\delta=0.1\%$ 时，频变电感高频处的电感值仅相当于低频处电感值的 1.04 倍，基本无变化；而当基波频率为 50Hz，谐波频率为 2kHz 时，若要实现谐波压降为基波压降的 100 倍，则要求高频电感值与低频电感值的比值不小于 2.5。②当偏差值 $\delta=1.0\%$ 时，频变电感在高频处的电感值仅相当于低频处电感值的 1.40 倍。此时频变电感值不仅存在实部，频变电感值的虚部也开始增加。在频率为 50Hz 处，频变电感值虚部的值为-0.0377，实部的值为 0.7174，此时虚部占实部比值为 5.3%。此处电感的实部在电路中相当于电感，而虚部相当于一个消耗负功率（提供有功功率）的电阻。从电路构造上来看，电感的虚部相当于外界提供的能量，即外加驱动电源提供的能量，这是我们需要降低的参量。

对于由二阶低通滤波器构成的频变电感，根据获取一阶低通滤波频变电感特性曲线的方法，可以得到式（8-93）中二阶低通滤波的频变电感 L_{e2} 的特性曲线在 $\delta=0.1\%$ 和 $\delta=1.0\%$ 时的特性曲线。当 $\delta=0.1\%$ 时，$f_1=231.3871$Hz，$f_2=437.3806$Hz；当 $\delta=1.0\%$ 时，$f_1=132.7594$Hz，$f_2=757.6395$Hz。当分别取 $\delta=0.1\%$、$\delta=1.0\%$ 时，二阶有源滤波器的频变电感的实部和虚部的等效值分别如图 8-43、图 8-44 所示。

从图 8-43 和图 8-44 中可以看出：①当 $\delta=0.1\%$ 时，频变电感高频处电感值为低频处电感值的 3.5 倍，已可满足 2.5 倍的滤波要求，在频率为 50Hz 处，虚部占实部比值为 10.7%。当 $\delta=1.0\%$ 时，频变电感在高频处的电感值为低频处电感值的 18.5 倍（随着偏差值的增加，频变电感值的变化范围增加的速度会更快），此时在频率为 50Hz 处，虚部占实部比值为 28%。频变电感值的虚部值与实部值的比值随着偏差值 δ 的增大而增大。②当 $\delta=1.0\%$ 时，频变电感的特性曲线不是随着频率增加而单调增加的，甚至在 100～600Hz 频率范围内，电感实部会呈现负值，这意味着在此频率范围电感呈现电容特性，这并不是我们需要的特性。从公式和仿真结果可以看出，提高偏差值 δ，频变电感值变化系数 k 会更快地增加，但是频变电感值虚部相对于实部的占比也会随之迅速增加，两者互相矛盾并且电感的特性曲线不理想。可以对频变电感的表达式进行调整优化，在能够较好地控制频变电感值的虚部值与实部值的比值的同时，又可以获得较大的频变电感值变化系数 k。

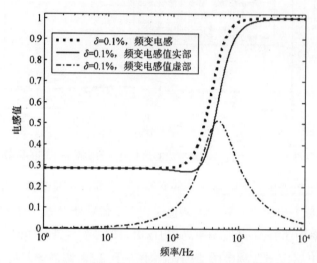

图 8-43　当 δ=0.1%时，二阶有源滤波器构成的频变电感的实部和虚部的等效值

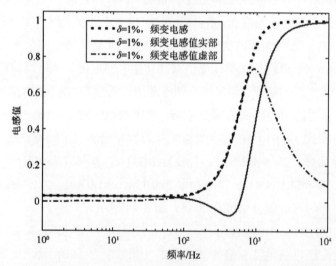

图 8-44　当 δ=1%时，二阶有源滤波器构成的频变电感的实部和虚部的等效值

当低通滤波截止频率分别为 224Hz 和 448Hz 时，频变电感的特性曲线如图 8-45 所示。图 8-45（a）为低通滤波截止频率为 224Hz 时，频变电感的特性曲线；图 8-45（b）为低通滤波截止频率为 448Hz 时，频变电感的特性曲线。从图 8-45 中可以看出，改变低通滤波的截止频率，频变电感的特性曲线形状不会发生改变，只是整个曲线会向右侧

移动，即适当地增大低通滤波的截止频率。在频率为 50Hz 处，频变电感的虚部会降低，而频变电感的实部不会发生改变。当低通滤波截止频率为 448Hz 时，频变电感的特性曲线在频率为 50Hz 和频率为 2kHz 的电感值相等，为最优特性。因此，选择低通滤波的截止频率为 448Hz。

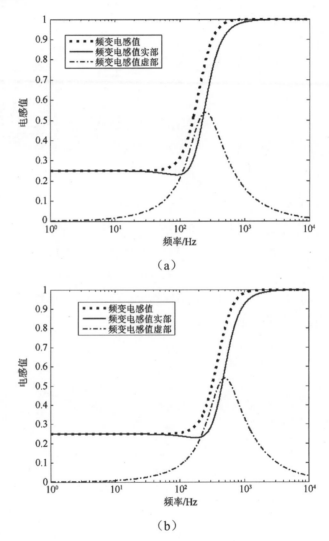

（a）

（b）

图 8-45　低通滤波截止频率分别为 224Hz 和 448Hz 时，频变电感的特性曲线

8.3.3　基于磁通补偿的频变电感实验测试

根据 8.3.1 节如图 8-35 所示基于磁通补偿的频变电感的基本原理以及对其的相关分析，可以得到基于磁通补偿的频变电感电路模型，如图 8-46 所示。

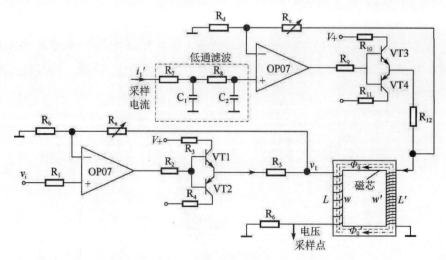

图 8-46　基于磁通补偿的频变电感电路模型

1. 频变特性验证

采用磁芯线圈自制简易变压器，其自阻抗与互阻抗频率特性如图 8-47 所示。该变压器主要电气参数如表 8-1 所示。其中，K 为变压器匝数比，L 和 L' 分别为初级绕组和次级绕组的自感，M_{12} 和 M_{21} 分别为在初级绕组和次级绕组的相对互感，ζ 为耦合系数。由图 8-47 和表 8-1 可知，自绕互感线圈构成的变压器在 300kHz 以内具有较好的自感特性和互感特性且耦合紧密，用作滤波电感符合要求。

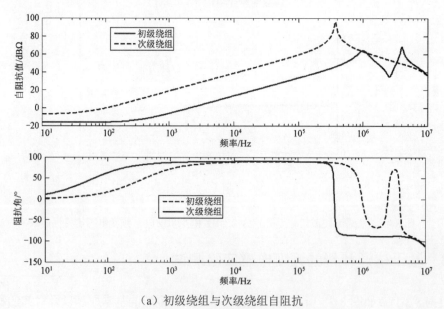

（a）初级绕组与次级绕组自阻抗

图 8-47　简易变压器自阻抗与互阻抗频率特性

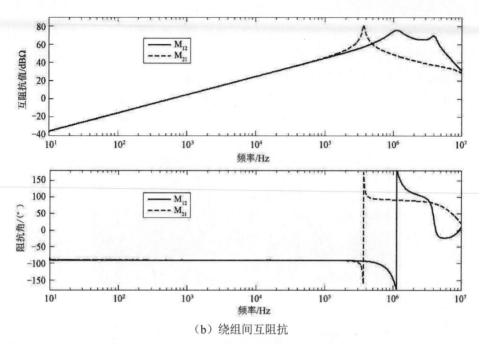

（b）绕组间互阻抗

图 8-47　简易变压器自阻抗与互阻抗频率特性（续）

表 8-1　自制简易变压器主要电气参数

参数	K	$L/\mu H$	L'/mH	$M_{12}/$ mH	$M_{21}/$ mH	ζ
值	1∶5	73.5669	1.4004	0.27255	0.27266	0.8493

　　基于磁通补偿的频变电感电路采用无源 RC 电路构成低通滤波器，若截止频率为 1kHz，实验中取 $R_7 = 500\Omega$，$R_8 = 5k\Omega$，$C_1 = 0.33\mu F$，$C_2 = 330nF$；采用集成运放 OP07 及 Motorola 公司的功率三极管 2N2222（T1，T3）和 2N2097（T2，T4）构成功率放大电路，该功率放大电路向变压器初级绕组输入电流，并作为功率调节电路向次级绕组注入对消电流，参数为 $R_1 = R_2 = R_3 = R_4 = 100\Omega$，$R_a = 500\Omega$，$R_b = 100\Omega$，$R_9 = R_{10} = R_{11} = 100\Omega$，$R_5 = R_{12} = 10\Omega$，$R_c = 10k\Omega$，$R_d = 1k\Omega$。为简化实验，直接从初级绕组回路中的串联电阻上采样电压信号，代表初级绕组中的电流信号输入对消信号调节电路，用于采集电压的电阻的阻值为 $R_6 = 1\Omega$（见图 8-46）。

　　搭建如图 8-46 所示模型电路，采用信号源 Tektronix AWG420 向初级绕组前的功放电路输入电压信号；利用示波器（Tektronix DPO 4054）测量接入次级绕组对消前、后初级绕组（包括电压信号采样电阻 R₆）的电压波形；利用频谱分析仪（Tektronix TSA3308A）测量磁通补偿前、后初级绕组的电压频谱。补偿频变电感实验布置实物图如图 8-48 所示。

　　当输入电压为单频信号 $V_i = V_{i0}\sin(2\pi \times f_0 t)$（其中，$V_{i0} = 0.2V$，$f_0 = 50Hz$）时，初级绕组在次级绕组注入对消电流前、后的电压波形对比如图 8-49 所示。

需要说明的是，为了对比分析补偿绕组采集信号、对消前、对消后初级绕组电压幅值的变化规律，本节将初级绕组在不同时间的测量值置于同一个图中以便进行对比分析，因此图 8-49 中显示的是不同时间测得的初级绕组电压波形，并非相位差或时延。

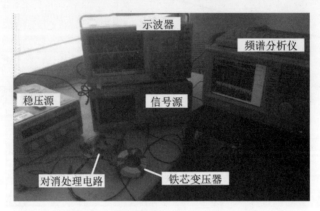

图 8-48　补偿频变电感实验布置实物图

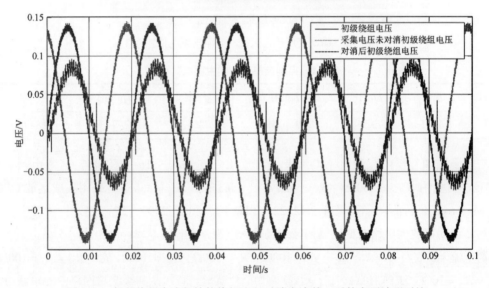

图 8-49　初级绕组在次级补偿绕组注入对消电流前、后的电压波形对比

由图 8-49 可知，单频信号实验说明了补偿效果的有效性。当次级绕组注入补偿电流时，初级绕组电压幅值衰减约为 30%；但补偿后波形发生微小畸变，这主要由电路中的噪声引起。

当输入电压为等幅混频信号 $V_{i1} = V_{i10}\sin(2\pi \times f_0 t) + V_{i1k}\sin(2\pi \times f_k t)$（其中，$V_{i10} = V_{i1k} = 0.5\text{V}$，$f_0 = 50\text{Hz}$，$f_k = 2\text{kHz}$）时，补偿前、后初级绕组电压时域波形如图 8-50 所示。图 8-50 反映了次级绕组注入补偿电流后，初级绕组的幅值减小。为了更清楚地观察电压变化，图 8-51 给出了等幅混频信号频域补偿效果。

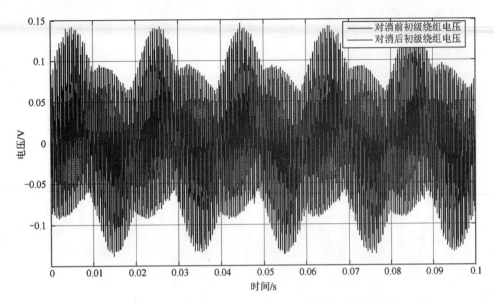

图 8-50　等幅混频信号补偿前、后初级绕组电压时域波形

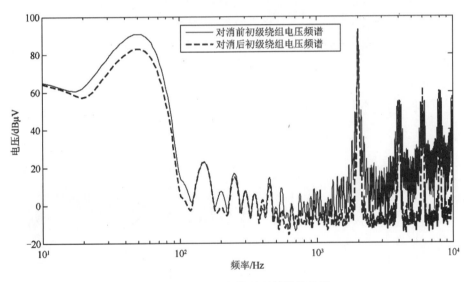

图 8-51　等幅混频信号频域补偿效果

同样地，当输入电压为混频信号 $V_{i1} = V_{i10}\sin(2\pi\times f_0 t)+V_{i1k}\sin(2\pi\times f_k t)$（其中，$V_{i10} = V_{i1k}=0.5\text{V}$，$f_0 = 50\text{Hz}$，$f_k = 2\text{kHz}$）时，补偿前、后初级绕组电压时域补偿效果及频域补偿效果如图 8-52 所示。

由图 8-51 和图 8-52 频域补偿效果可知，次级绕组注入低频补偿电流后，初级绕组电压幅值减小，在频率为 50Hz 处电压约减少 10dBμV；当频率大于 50Hz 且在 1kHz 以内时，电压也略有减少；而当频率在 1kHz 以上电压（特别是 2kHz 处初级绕组注入电压）未发生衰减，这说明次级绕组中的低频补偿电流可实现低频磁通的补偿对消，使初级绕组对低频信号的阻抗减小，同时初级绕组对低频信号的电压也减小，基本实现了初级绕组的频变对消作用。

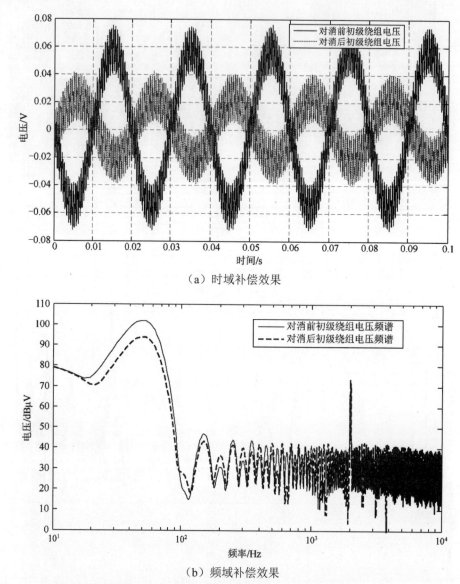

（a）时域补偿效果

（b）频域补偿效果

图 8-52　混频信号补偿前、后初级绕组电压时域补偿效果及频域补偿效果

综上分析，基于低频磁通补偿的验证实验说明了变压器结构的频变电感的可行性。通过低频磁通的有效补偿，可使得初级绕组的低频阻抗急剧减小，进而降低滤波电感上的低频压降。

2. 频变电感滤波特性验证

为反映实际应用环境，按图 8-35 构建实验平台，选择实验过程中所需要的设备、元件。实验中主要用到的仪器、设备和元件如下。

- 电源设备。任意波形发生器为 Tektronix 公司生产的 AWG420；功率放大器为 NF Corporation 公司生产的 HSA 4101（双极性功率放大器）。
- 直流驱动电源。规格型号为 DF176SF3A，调整输出为−5～+5V 的直流稳压电源；固定输出−15～+15V 的直流稳压电源。
- 示波器。Tektronix 公司生产的 DPO2024B 型号的示波器。
- 试验元件。霍尔电流传感器，型号为 QBC A-02，主要使用参数包括额定输入电流为 0.5A，额定输出电压为 4V，当输入电流比额定输入电流小 0.5A 时，输出电压与输入电流呈线性关系，直流驱动电压为±15V。互感器，由于互感器规格型号不确定，所以互感器的 L_S、R_S 特性以实测为准。当自制 12mH 单电感时，L_S=12.48mH，R_S=0.29Ω；当自制 48mH 单电感时，L_S=49.76mH，R_S=1.05Ω。频变电感补偿绕组为 L_S=48.97mH，R_S=1.15Ω。运算放大器使用 LM324，直流驱动电压为±5V，最大输出电流为 30mA，输入失调电压为 2mV，温度漂移为 7μV/℃，偏执电流为 200nA，消耗电流为 450μA，电压增益为 100dB，增益带宽积 $G \cdot B$=1MHz，功耗为 570mW。

调节任意波形发生器，输出 PWM 波的波形电压为 0.5V，调制比为 0.8，开关频率为 1kHz（谐波频率为 2kHz）。示波器信道 1 为幅相调节输出电压波形；信道 2 检测 VI 转换电阻 R_T 端电压波形（补偿绕组电流波形）；信道 3 检测负载两端电压波形；信道 4 检测电源输出波形。频变电感滤波效果如图 8-53 所示。

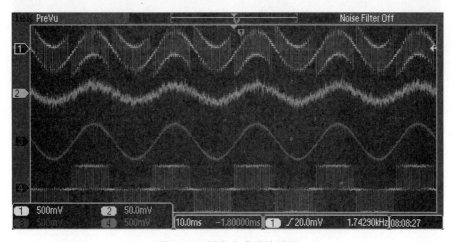

图 8-53　频变电感滤波效果

将自制 12.48mH 单电感串入电源与负载之间，使用示波器信道 3 检测功率放大器输出波形；信道 4 检测负载两端电压波形，得到 12.48mH 单电感滤波效果，如图 8-54 所示。将自制 49.76mH 单电感串入电源与负载之间，示波器信道 3 检测功率放大器输出波形；信道 4 检测负载两端电压波形，得到 49.76mH 单电感滤波效果，如图 8-55 所示。

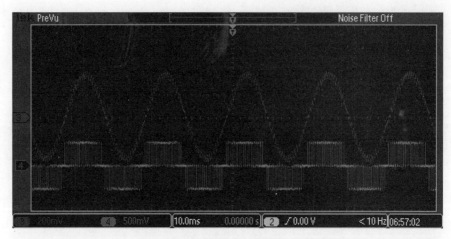

图 8-54　12.48mH 单电感滤波效果

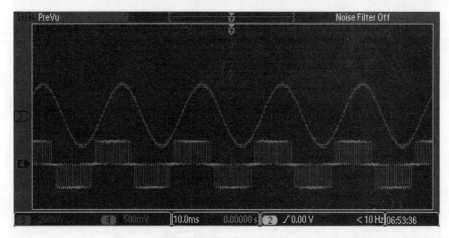

图 8-55　49.76mH 单电感滤波效果

对实验测量的时域波形进行 FFT 变换，可以得到滤波电感对 PWM 信号的频域滤波效果，如图 8-56 所示。图 8-57 给出了不同电感在电源基波 50Hz 频率处负载的压降，可以看出频变电感滤波后负载电压为 0.3806V，损失明显优于 48mH 单电感滤波后负载电压（0.26V），同样优于 12mH 单电感滤波后负载电压（0.36V）。从负载基波电压幅值来看，实验值与理论值相比误差为(0.4031−0.3806)/0.3806=5.9%。图 8-58 给出了不同电感在开关频率为 2kHz 处的滤波效果，可以看出频变电感滤波效果明显优于 12mH 单电感滤波效果，在谐波频率处的衰减量与 48mH 单电感滤波效果相近。

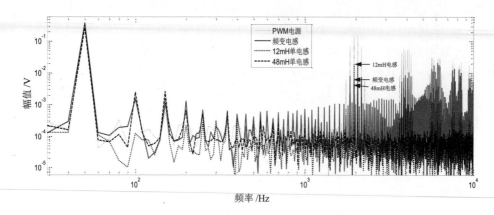

图 8-56 滤波电感对 PWM 信号的频域滤波效果

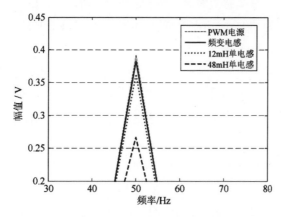

图 8-57 电源基波 50Hz 频率处的负载压降效果对比

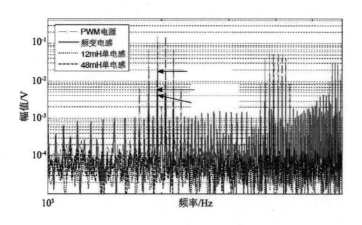

图 8-58 开关频率 2kHz 处的滤波效果对比

经过实验得到的频变电感的电感值为 14mH，理论计算值为 11mH，计算相差 14%。频变电感的实验结果与理论计算值和仿真结果主要相差在频变电感的补偿绕组功率和频变电感的虚部上，这主要是因为互感器不是理想互感器。在绕制时测得互感器一次侧电感值为 49.76mH，内阻为 1.05Ω；二次侧电感值为 48.95mH，内阻为 1.15Ω。而在进行理论计算和仿真时，互感器均为理想互感器，内阻为零。电流经过频变电感补偿绕组，频变电感虚部产生补偿电路的有功功率，实验中互感器的电感不等于 1，且互感器内阻会产生有功功率损耗。在实验验证中，补偿绕组的有功功率明显高于理论计算值和仿真验证结果，而负载的有功功率低于理论计算值和仿真验证结果。这说明补偿绕组提供的有功功率在提供给负载的过程中产生了有功功率损耗，补偿绕组产生的有功功率一部分提供给互感器内阻（有功功率损耗），剩余部分的有功功率提供给负载，所以产生上述结果。通过上述分析，互感器的内阻是误差产生的主要原因。

对实验验证结果进行分析，可以得出以下结论。

- 在采用 12mH 单电感滤波时，负载基波（频率为 50Hz）功率降低到 94.0%，而载波（频率为 2kHz）功率降低到 1%；电源基波无功输出为 23.6%，载波无功输出为 9.8%。

- 在采用 48mH 单电感滤波时，负载基波（频率为 50Hz）功率降低到 47.0%，而载波（频率为 2kHz）功率降低到 0.1%；电源基波无功输出为 47.0%，载波无功输出为 2.5%。常规的大电感滤波的主要缺点是降低了负载功率和增加了电源的无功输出。

- 在采用频变电感滤波进行仿真验证时，负载（频率为 50Hz）功率为 101.8%，而载波（频率为 2kHz）功率降低到 0.1%；电源基波无功输出为 25.7%，载波无功输出为 2.4%。同时，补偿绕组输出的有功功率基波（频率为 50Hz）为 4.1%、载波为 0.4%；无功功率基波（频率为 50Hz）为-17.8%，载波（频率为 2kHz）为 0.03%。可见，与 48mH 单电感相比，在保证负载载波功率 0.1%抑制效果的情况下，频变电感以提供 4.1%基波功率为代价，使负载基波功率由 47.0%提高至 101.8%（增加一倍多），并且电源的基波无功输出由 47.0%降低至 25.7%（减小将近一半），即频变电感在抑制负载载波功率的同时，极大地提高了电源的基波效率。

第9章　辐射电磁干扰防护技术

随着现代舰船上电力设备、通信设备、探测设备等的日益增多，电磁兼容问题已成为影响舰船作战效能和生存能力的主要问题，实现舰船系统及平台的电磁兼容是海军实现信息化战争的重要保证，开展舰船平台的干扰与抗干扰研究工作意义重大。

海军舰船上装备多种侦察、干扰、探测和通信等用途的设备，这些设备的共同点是需要借助天线完成信号的发射或接收，因此舰船平台上的天线密集且彼此之间的空间隔离不足。舰船上的发射天线发射大功率信号给远端接收机，舰船上的接收机接收来自远端的微弱有用信号，本舰的发射信号对于本舰接收机来说就是无用信号，也称为干扰信号。当发射天线与接收天线的距离较近时，尽管发射与接收的两个信号频率相差较远，但由于发射机产生的强干扰信号通过空间辐射进入接收机，使接收机前端电路饱和或灵敏度降低，导致接收机不能正常工作，从而使得设备和系统的电磁兼容出现问题。

上述现象不仅存在于舰船平台，还存在于飞机、战车、通信站等共平台通信系统。解决电磁兼容问题的传统方法是发射机和接收机分时、分频工作，但这会影响通信实时性，严重时会贻误战机。例如，马岛海战中，英国谢菲尔德舰被击沉，其中一个重要原因是该舰在进行卫星通信时为了避免干扰关闭了警戒雷达，这就导致其未能及时发现阿根廷飞机动向而被导弹击中，最后沉没。

辐射电磁干扰对消技术是一种解决共平台辐射电磁干扰问题的有效方法。该技术是一种共址抗干扰技术，目的是抑制本地发射机对本地接收机的强干扰。本章先分析辐射电磁干扰对消技术的原理与数学模型，影响辐射电磁干扰对消系统性能的关键点；然后讨论控制部分数字化的数模混合辐射电磁干扰对消技术和全数字辐射电磁干扰对消技术；最后展示笔者用辐射电磁干扰对消技术解决舰船通信系统共址干扰问题的成果。

9.1　辐射电磁干扰对消技术

9.1.1　辐射电磁干扰对消技术的原理

辐射电磁干扰对消技术的原理：在发射端提取参考信号，通过自适应控制算法产生与干扰信号大小相等、方向相反的对消信号，在接收机前端与干扰信号正负抵消，从而消除干扰。辐射电磁干扰对消技术原理示意图如图 9-1 所示。

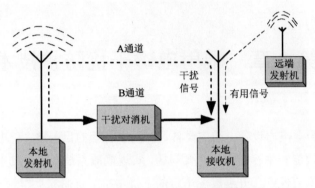

图 9-1　辐射电磁干扰对消技术原理示意图

本地接收机接收到的远端发射机发射的有用信号远小于其接收到的本地发射机发射的大功率信号，这会使有用信号受到干扰，本地接收机无法接收到有用信号。当本地发射机发射的信号达到一定量级时，将导致本地接收机前端阻塞甚至损坏而不能正常工作。本地发射机发射的信号对于本地接收机来说就是干扰信号，该干扰信号通过它们天线间的耦合进入本地接收机，产生干扰和阻塞。通过干扰信号的耦合路径（图 9-1 中的 A 通道）可以看出，该干扰信号从本地发射机到本地接收机只发生了幅值的衰减和时延，所以本地接收机接收到的干扰信号和本地发射机发射的信号是相关的。由于本地发射机发射的信号（干扰信号）是可以获知的，因此可以构建一套系统（图 9-1 中的 B 通道）来提取干扰信号作为参考信号，并调整该信号的幅值大小和时延，使调整后的信号与本地接收机前端接收到的干扰信号幅值相等、相位相反。然后将两信号合成，这样就可以在本地接收机前端对干扰进行抑制，确保本地接收机能接收到有用信号而不被干扰或阻塞。

9.1.2　辐射电磁干扰对消技术的数学模型

辐射电磁干扰对消技术的数学原理如图 9-2 所示。输入端接收到信号源发出的有用信号 S 及干扰源耦合到输入端的干扰信号 I_0，参考端引入干扰源发出的干扰信号 I_1。显然 I_0 和 I_1 相关，因此可采用 LMS 算法自动调整自适应滤波器的复权值 W^*，以确保自适应滤波器输出信号 Y 与干扰信号 I_0 近似等幅反相，使得合成后误差信号 ε 最小，从而实现对干扰信号的消除。系统输出可以表示为

$$\varepsilon = S + I_0 - I_1 W^* \cong S \tag{9-1}$$

1. 数学模型

在图 9-2 中，需要调整复权值 W^* 的幅度和相位，一般有两种方式可以实现：①将可调衰减器和可控移相器串联，通过分别调整衰减幅度和相移大小实现输出信号幅度和相位的独立控制；②将输入信号分解成两路正交信号，通过分别控制两路正交信号的幅度

同步，实现输出信号幅度和相位的调整。从电路设计角度来看，第二种方式更容易实现。这里以通信系统的收发干扰为研究对象，分析基于正交分解调节复数权值的辐射电磁干扰对消系统性能。辐射电磁干扰对消系统的电路框图如图 9-3 所示。本地发射机在工作时，其发射信号会通过空间耦合被本地接收机接收而形成干扰信号。为对消该干扰信号，将从本地发射机提取的参考信号正交分解为两路正交信号，并通过电调衰减器分别调整其幅度，使功率合成器输出的对消信号与干扰信号等幅反相，最后在对消耦合器中相互抵消，从而实现抑制干扰信号、保留有用信号的目的。

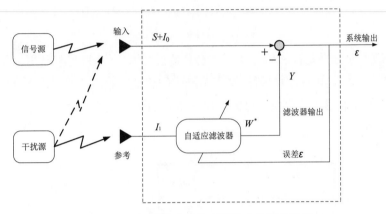

图 9-2　辐射电磁干扰对消技术的数学原理

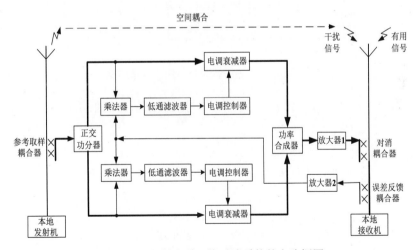

图 9-3　辐射电磁干扰对消系统的电路框图

辐射电磁干扰对消系统的数学模型如图 9-4 所示。

假设参考信号为

$$\begin{pmatrix} V_{R1}(t) \\ V_{R2}(t) \end{pmatrix} = \begin{pmatrix} k_O E_R \cos(\omega t) \\ k_O E_R \sin(\omega t) \end{pmatrix} \qquad (9\text{-}2)$$

干扰信号为

$$V_{\mathrm{I}}(t) = E_{\mathrm{I}}\cos(\omega t - \phi) \tag{9-3}$$

有用信号为

$$V_{\mathrm{S}}(t) = E_{\mathrm{S}}\cos(\omega_{\mathrm{s}}t - \phi_{\mathrm{s}}) \tag{9-4}$$

合成信号为

$$V_{\mathrm{Y}}(t) = k_{\mathrm{EY}}k_1 k_{\mathrm{P}}\left[W_1(t)V_{\mathrm{R1}}(t) + W_2(t)V_{\mathrm{R2}}(t)\right] \tag{9-5}$$

剩余信号为

$$\begin{aligned}
V_{\mathrm{E}}(t) &= k_{\mathrm{EY}}V_{\mathrm{Y}}(t) + k_{\mathrm{EI}}\left[V_{\mathrm{I}}(t) + V_{\mathrm{S}}(t)\right] \\
&= k_{\mathrm{EY}}k_1 k_{\mathrm{P}}\left[W_1(t)V_{\mathrm{R1}}(t) + W_2(t)V_{\mathrm{R2}}(t)\right] \\
&\quad + k_{\mathrm{EI}}\left[V_{\mathrm{I}}(t) + V_{\mathrm{S}}(t)\right]
\end{aligned} \tag{9-6}$$

式中，E_{R}、E_{I} 和 E_{S} 分别是参考信号（正交功分器前端）、干扰信号和有用信号的幅值，其单位均为 V；$W_1(t)$、$W_2(t)$ 为权值控制支路产生的权值；k_{O} 为正交功分器的耦合系数；k_1 为参考支路中放大器 1 的增益；k_{P} 为功率合成器的传输系数；k_{EY} 和 k_{EI} 分别是合成信号与接收信号的耦合系数。

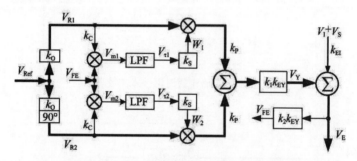

图 9-4　辐射电磁干扰对消系统的数学模型

设乘法器的"标准信号"为 E_0，则参考信号与剩余信号的乘积为

$$\begin{aligned}
\begin{pmatrix} V_{\mathrm{m1}}(t) \\ V_{\mathrm{m2}}(t) \end{pmatrix} &= \frac{1}{E_0}\begin{pmatrix} k_{\mathrm{C}}V_{\mathrm{R1}}(t) \\ k_{\mathrm{C}}V_{\mathrm{R2}}(t) \end{pmatrix} V_{\mathrm{FE}}(t) \\
&= \frac{k_{\mathrm{FE}}k_2 k_{\mathrm{C}}k_{\mathrm{EY}}k_1 k_{\mathrm{O}}^{\ 2}k_{\mathrm{P}}E_{\mathrm{R}}^{\ 2}}{2E_0}\begin{pmatrix} 1+\cos(2\omega t) & \sin(2\omega t) \\ \sin(2\omega t) & 1-\cos(2\omega t) \end{pmatrix}\begin{pmatrix} W_1(t) \\ W_2(t) \end{pmatrix} \\
&\quad + \frac{k_{\mathrm{FE}}k_2 k_{\mathrm{C}}k_{\mathrm{O}}k_{\mathrm{EI}}E_{\mathrm{R}}E_{\mathrm{I}}}{2E_0}\begin{pmatrix} \cos(2\omega t - \phi) + \cos(\phi) \\ \sin(2\omega t - \phi) + \sin(\phi) \end{pmatrix} \\
&\quad + \frac{k_{\mathrm{FE}}k_2 k_{\mathrm{C}}k_{\mathrm{O}}k_{\mathrm{EI}}E_{\mathrm{R}}E_{\mathrm{S}}}{2E_0}\begin{pmatrix} \cos\left[(\omega_{\mathrm{s}}+\omega)t - \phi_{\mathrm{s}}\right] + \cos\left[(\omega_{\mathrm{s}}-\omega)t - \phi_{\mathrm{s}}\right] \\ \sin\left[(\omega_{\mathrm{s}}+\omega)t - \phi_{\mathrm{s}}\right] - \sin\left[(\omega_{\mathrm{s}}-\omega)t - \phi_{\mathrm{s}}\right] \end{pmatrix}
\end{aligned} \tag{9-7}$$

式中，k_{C} 为耦合器的耦合系数，k_{FE} 为误差反馈系数，k_2 为误差反馈支路中放大器 2 的增益。

一阶有源模拟低通滤波器的电路如图 9-5 所示，其数学模型为

$$\frac{dV_{\tau}(t)}{dt}+\frac{V_{\tau}(t)}{\tau}=-\frac{k_{\tau}}{\tau}V_{m}(t) \tag{9-8}$$

式中，$V_{m}(t)$ 为一阶有源模拟低通滤波器的输入信号，$V_{\tau}(t)$ 为一阶有源模拟低通滤波器的输出信号，低通时间常数 $\tau = R_2C$，直流增益 $k_{\tau} = R_2 / R_1$。式（9-8）为一阶线性常系数微分方程。

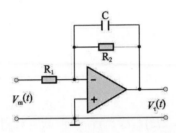

图 9-5　一阶有源模拟低通滤波器的电路

"乘积信号"经过"低通滤波"后，权值采用"模拟"的"比例"控制方法，则权值可表示为

$$\begin{pmatrix} W_1(t) \\ W_2(t) \end{pmatrix} = k_s \begin{pmatrix} V_{\tau1}(t) \\ V_{\tau2}(t) \end{pmatrix} \tag{9-9}$$

式中，k_s 为电调的控制特性参数，单位为 V^{-1}。需要注意的是，在辐射电磁干扰对消系统的数字模型中，电调衰减器为一个理想乘法器，其控制电路采用了电压—电流转换电路，具有理想的幅频、相频特性。由式（9-7）、式（9-8）、式（9-9）可得

$$\begin{aligned}
&\frac{d}{dt}\begin{pmatrix} V_{\tau1}(t) \\ V_{\tau2}(t) \end{pmatrix} + \frac{1}{\tau}\left\{\begin{pmatrix} 1 & 0 \\ 0 & 1 \end{pmatrix} + K\begin{pmatrix} 1+\cos(2\omega t) & \sin(2\omega t) \\ \sin(2\omega t) & 1-\cos(2\omega t) \end{pmatrix}\right\}\begin{pmatrix} V_{\tau1}(t) \\ V_{\tau2}(t) \end{pmatrix} \\
&= -\frac{k_{\tau}k_{FE}k_2k_Ck_Ok_{EI}E_R}{\tau E_0}\begin{pmatrix} \cos(\omega t) \\ \sin(\omega t) \end{pmatrix}\left[E_I\cos(\omega t-\phi)+E_S\cos(\omega_s t-\phi_s)\right] \\
&= -\frac{k_{\tau}k_{FE}k_2k_Ck_Ok_{EI}E_RE_I}{2\tau E_0}\begin{pmatrix} \cos(2\omega t-\phi)+\cos(\phi) \\ \sin(2\omega t-\phi)+\sin(\phi) \end{pmatrix} \\
&\quad -\frac{k_{\tau}k_{FE}k_2k_Ck_Ok_{EI}E_RE_S}{2\tau E_0}\begin{pmatrix} \cos((\omega_s+\omega)t-\phi_s)+\cos((\omega_s-\omega)t-\phi_s) \\ \sin((\omega_s+\omega)t-\phi_s)-\sin((\omega_s-\omega)t-\phi_s) \end{pmatrix}
\end{aligned} \tag{9-10}$$

式中，$K = k_sk_{\tau}k_{FE}k_2k_Ck_{EY}k_Pk_1k_O{}^2E_R{}^2/(2E_0)$ 为系统的环路增益。式（9-10）为变系数的微分方程组。

引入一个实正交对称矩阵

$$Q = \begin{bmatrix} -\sin(\omega t) & \cos(\omega t) \\ \cos(\omega t) & \sin(\omega t) \end{bmatrix} = Q^{-1} \tag{9-11}$$

令

$$\begin{pmatrix} V_1(t) \\ V_2(t) \end{pmatrix} = Q^{-1}\begin{pmatrix} V_{\tau1}(t) \\ V_{\tau2}(t) \end{pmatrix} \tag{9-12}$$

则

$$\begin{pmatrix} V_{\tau 1}(t) \\ V_{\tau 2}(t) \end{pmatrix} = Q \begin{pmatrix} V_1(t) \\ V_2(t) \end{pmatrix} \tag{9-13}$$

将式（9-13）代入式（9-10），方程两边同乘以 Q^{-1}，整理并化简可得

$$\frac{\mathrm{d}}{\mathrm{d}t}\begin{pmatrix} V_1(t) \\ V_2(t) \end{pmatrix} + \frac{1}{\tau}\begin{bmatrix} 1 & \omega\tau \\ -\omega\tau & 1+2K \end{bmatrix}\begin{pmatrix} V_1(t) \\ V_2(t) \end{pmatrix}$$

$$= -\frac{k_\tau k_{FE} k_2 k_C k_O k_{EI} E_R}{\tau E_0}\begin{pmatrix} 0 \\ E_I \cos(\omega t - \phi) + E_S \cos(\omega_s t - \phi_s) \end{pmatrix} \tag{9-14}$$

式（9-14）为常系数的微分方程组。由式（9-6）、式（9-9）、式（9-13）、式（9-14）可得系统的稳态剩余信号为

$$V_E(t) = k_{EI}\left\{ \begin{array}{l} \dfrac{\left[4(1+K)+(1+2K)/(\omega^2\tau^2)\right]E_I\cos(\omega t-\phi)-\left[2K/(\omega\tau)\right]E_I\sin(\omega t-\phi)}{4(1+K)^2+(1+2K)^2/(\omega^2\tau^2)} \\[4mm] +\dfrac{\begin{array}{l}\left\{4(1+K)+\left[1+(\omega^2-\omega_s^2)\tau^2\right]\left[(1+2K)+(\omega^2-\omega_s^2)\tau^2\right]/(\omega_s^2\tau^2)\right\}\\ E_S\cos(\omega_s t-\phi_s)+\left\{2K\left[-1+(\omega^2-\omega_s^2)\tau^2\right]/(\omega_s\tau)\right\}E_S\sin(\omega_s t-\phi_s)\end{array}}{4(1+K)^2+\left[(1+2K)+(\omega^2-\omega_s^2)\tau^2\right]^2/(\omega_s^2\tau^2)} \end{array} \right\} \tag{9-15}$$

显然，稳态剩余信号包含干扰信号和有用信号两部分。其中，干扰信号为

$$V_{E\_st\omega}(t) = \frac{k_{EI}E_I\left\{\left[4(1+K)+(1+2K)/(\omega^2\tau^2)\right]\cos(\omega t-\phi)-\left[2K/(\omega\tau)\right]\sin(\omega t-\phi)\right\}}{4(1+K)^2+(1+2K)^2/(\omega^2\tau^2)} \tag{9-16}$$

有用信号为

$$V_{E\_st\omega_s}(t) = \frac{k_{EI}E_S\left\{\begin{array}{l}\left\{4(1+K)+\left[1+(\omega^2-\omega_s^2)\tau^2\right]\left[(1+2K)+(\omega^2-\omega_s^2)\tau^2\right]/(\omega_s^2\tau^2)\right\}\\ \cos(\omega_s t-\phi_s)+\left\{2K\left[-1+(\omega^2-\omega_s^2)\tau^2\right]/(\omega_s\tau)\right\}\sin(\omega_s t-\phi_s)\end{array}\right\}}{4(1+K)^2+\left[(1+2K)+(\omega^2-\omega_s^2)\tau^2\right]^2/(\omega_s^2\tau^2)} \tag{9-17}$$

2. 性能分析

1）稳定性分析

由式（9-14）可知，系统的特征方程为

$$\lambda^2 + 2\left(\frac{1+K}{\tau}\right)\lambda + \frac{1+2K}{\tau^2} + \omega^2 = 0 \tag{9-18}$$

则系统的特征根为

$$\lambda_{1,2} = \frac{-(1+K)\pm\sqrt{K^2-\omega^2\tau^2}}{\tau} \tag{9-19}$$

在实际的辐射电磁干扰对消系统的设计中，为了得到较高的干扰对消比，系统环路增益 $K \gg 1$，显然特征根的实部恒为负数，所以辐射电磁干扰对消系统是稳定的。

2）暂态特性

辐射电磁干扰对消系统的响应速度与系统的特征根有关。由式（9-19）可知，当 $K > \omega\tau$ 时，系统有两个不相等的负实根，此时系统处于过阻尼状态；当 $K = \omega\tau$ 时，系统有两个相等的负实根，此时系统处于临界阻尼状态；当 $K < \omega\tau$ 时，系统有一对具有负实部的共轭复根，此时系统处于欠阻尼状态。

辐射电磁干扰对消系统的响应时间可表示为

$$T = \begin{cases} \tau / (1 + K) & K \leqslant \omega\tau \\ \tau / (1 + K - \sqrt{K^2 - \omega^2\tau^2}) & K > \omega\tau \end{cases} \tag{9-20}$$

图 9-6 给出了辐射电磁干扰对消系统的响应时间特性。从图 9-6 中可以看出，临界阻尼状态时的响应速度最快；在欠阻尼状态下，对于同一时间常数 τ，系统环路增益 K 越大，响应速度越快，且响应速度与干扰频率 f 无关；在过阻尼状态下，对于同一时间常数 τ，系统环路增益 K 越大，响应速度越慢，且响应速度与干扰频率 f 有关，干扰频率 f 越高，响应速度越快。

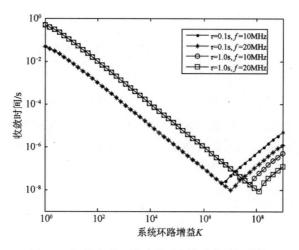

图 9-6　辐射电磁干扰对消系统的响应时间特性

3）稳态特性

定义干扰对消比

$$\text{ICR} = 20\lg\left(k_{\text{EI}}E_{\text{I}} / \left| V_{\text{E\_st}\omega} \right|\right) = 20\lg\sqrt{\frac{4(1+K)^2 + (1+2K)^2 / (\omega^2\tau^2)}{4 + 1/(\omega^2\tau^2)}} \tag{9-21}$$

干扰对消比特性如图 9-7 所示。在 $\omega\tau \gg 1$ 时，$\text{ICR} \approx 20\lg(1+K)$，干扰对消比主要由系统环路增益决定，环路增益越大，干扰对消比越大。干扰对消化与干扰信号频率及低通时间常数无关。

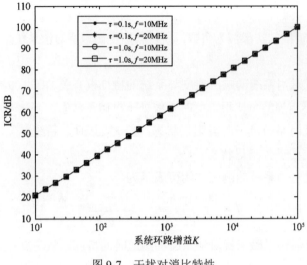

图 9-7 干扰对消比特性

在实际的辐射电磁干扰对消系统中，因为 $K \gg 1$、$\omega\tau \gg 1$，所以式（9-21）可近似为

$$\mathrm{ICR} \approx 20\lg K \tag{9-22}$$

定义有用信号的损耗值为

$$\mathrm{SCR} = 20\lg\left(k_{\mathrm{EI}}E_{\mathrm{S}} / \left|V_{\mathrm{E\_st}\omega_{\mathrm{s}}}(t)\right|\right) = 20\lg\sqrt{\frac{4(1+K)^2\omega_{\mathrm{s}}^2\tau^2 + \left[(1+2K)+(\omega^2-\omega_{\mathrm{s}}^2)\tau^2\right]^2}{4\omega_{\mathrm{s}}^2\tau^2 + \left[1+(\omega^2-\omega_{\mathrm{s}}^2)\tau^2\right]^2}} \tag{9-23}$$

有用信号损耗特性如图 9-8 所示。由图 9-8 可知，系统环路增益越大，有用信号的损耗值 SCR 越大；低通时间常数 τ 越大，有用信号的损耗值 SCR 越小；有用信号与干扰信号的频率间隔 $|f_{\mathrm{s}}-f|$ 越大，有用信号的损耗值 SCR 越小。

3. 参数优化

在设计实际的辐射电磁干扰对消系统时，首先要保证有用信号的损耗较小，确保接收系统对有用信号的正确处理。在这个前提条件下，再考虑干扰对消比和响应时间的优化设计。

由上述分析可知，在临界阻尼状态（$K=\omega\tau$）时，系统的响应速度最快。对比稳态特性分析，可以看出在临界阻尼状态时，干扰对消比很大；但有用信号损耗较大，在过阻尼状态时的有用信号损耗更为严重。由式（9-23）可得在临界阻尼状态时的有用信号损耗为

$$\mathrm{SCR} \approx 20\lg\left|\frac{\omega^2+\omega_{\mathrm{s}}^2}{\omega^2-\omega_{\mathrm{s}}^2}\right| \tag{9-24}$$

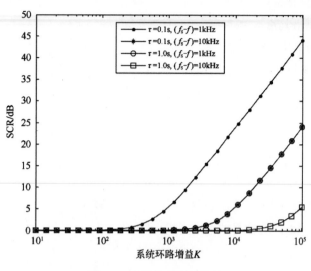

图 9-8　有用信号损耗特性

当干扰信号频率为 10MHz、有用信号频率为 10.01MHz 时，临界阻尼状态时的有用信号损耗约为 60dB，且频率间隔 $|f_s - f|$ 越小，有用信号损耗越大。因此，实际的辐射电磁干扰对消系统只能工作在欠阻尼状态。

表 9-1 给出了欠阻尼状态（$K = \omega\tau$）下主要参数对系统性能指标的影响。需要注意的是，在分析某一参数的影响时，假定其他参数不变（K 与 τ 是关于 R_2 耦合的，K 变化时应保持 R_2 不变；$\tau = R_2 C$ 变化是通过改变 C 实现的）。

表 9-1　欠阻尼状态下主要参数对系统性能指标的影响

欠阻尼状态时	响应时间	干扰对消比	有用信号损耗
K 越大	越快	越大	越大
τ 越大	越慢	基本无关	越小
$|f_s - f|$ 越大	无关	基本无关	越小

通过上述分析可知，干扰对消比、响应速度均与有用信号损耗相互制约。因此，在进行系统设计时，需要根据系统性能指标折中考虑。一般而言，有用信号与干扰信号的最小频率间隔是由信道的频率间隔决定的，在设计辐射电磁干扰对消系统时，只要保证在最小频率间隔时有用信号损耗较小即可。辐射电磁干扰对消系统优化设计的参数主要有两个，即系统环路增益 K 和低通时间常数 τ。

1）系统环路增益

由表 9-1 可知，系统环路增益 K 越大，响应时间越快，干扰对消比越大，但有用信号损耗也越大。显然，系统环路增益是辐射电磁干扰对消系统十分重要的参数，它对系统的各性能指标均有影响。在设计辐射电磁干扰对消系统的实际电路时，系统环路增益的选取需要遵循以下几点。

（1）有效抑制干扰信号。

若要实现 60dB 的干扰对消比，由式（9-22）可以得出稳态时系统环路增益的最小值

$$K \geqslant 1000 \qquad (9\text{-}25)$$

（2）有用信号损耗较小。

由式（9-24）可知，在临界阻尼状态时，有用信号损耗很大。因此，为避免有用信号损耗较大，稳态时系统环路增益须满足

$$K \ll \omega\tau \qquad (9\text{-}26)$$

有用信号与干扰信号的频率间隔越小，有用信号损耗越大。因此，只要保证系统在最小频率间隔下的有用信号损耗较小即可。当 $K, |\omega\tau - \omega_s\tau| \gg 1$ 时，式（9-23）可以近似为

$$\text{SCR} \cong 20\lg\sqrt{1 + \left[\frac{2K\omega_s}{(\omega^2 - \omega_s^{\ 2})\tau}\right]^2} \qquad (9\text{-}27)$$

假设有用信号的损耗值最大为 SCR_0（一般小于 3dB），由式（9-27）可得

$$K \leqslant \frac{|\omega^2 - \omega_s^{\ 2}|\tau}{2\omega_s}\sqrt{10^{\text{SCR}_0/10} - 1} \qquad (9\text{-}28)$$

由式（9-25）和式（9-28）可以得出满足 60dB 的干扰对消比，有用信号的损耗值低于 SCR_0 辐射电磁干扰对消系统的系统环路增益的取值范围为

$$1000 \leqslant K \leqslant \frac{|\omega^2 - \omega_s^{\ 2}|\tau}{2\omega_s}\sqrt{10^{\text{SCR}_0/10} - 1} \qquad (9\text{-}29)$$

2）低通时间常数

由表 9-1 可知，低通时间常数 τ 越大，响应时间越慢，干扰对消比基本不变，有用信号损耗越小。低通时间常数主要影响响应时间和有用信号损耗，且这两个性能指标相互制约。在设计辐射电磁干扰对消系统的实际电路时，低通时间常数的选取需要遵循以下几点。

（1）较快的响应速度。

由式（9-20）和式（9-29）可得系统响应的时间常数为

$$T \approx \tau / K \qquad (9\text{-}30)$$

假设辐射电磁干扰对消系统需要在 10ms 内达到稳态（约 7 个响应时间常数 T，达到稳态的 99.9%），则低通时间常数需要满足

$$\tau \leqslant \frac{0.01K}{7}\text{s} \qquad (9\text{-}31)$$

即低通时间常数的取值是由所需要的响应时间和系统环路增益共同决定的。当系统环路增益 $K=1000$（干扰对消比为 60dB）时，系统在 10ms 内达到稳态，根据式（9-31）可得

低通时间常数需要小于 1.4s。

（2）有用信号损耗较小。

假设有用信号的损耗值最大为 SCR_0，由式（9-27）可得，

$$\tau \geqslant \frac{2K\omega_\mathrm{s}}{\left|\omega^2-\omega_\mathrm{s}^2\right|\sqrt{10^{\mathrm{SCR}_0/10}-1}} \tag{9-32}$$

由式（9-31）和式（9-32）可以得出满足系统在 10ms 内达到稳态且有用信号损耗值低于 SCR_0 的低通时间常数为

$$\frac{2K\omega_\mathrm{s}}{\left|\omega^2-\omega_\mathrm{s}^2\right|\sqrt{10^{\mathrm{SCR}_0/10}-1}} \leqslant \tau \leqslant \frac{0.01K}{7} \tag{9-33}$$

当式（9-31）和式（9-32）不能同时成立时，辐射电磁干扰对消系统可以采用变时间常数技术，即：对消的初始阶段低通时间常数较小，保证较快的响应速度；对消稳态时低通时间常数较大，保证较小的有用信号损耗。变时间常数技术原理如图 9-9 所示。当剩余误差较大时，开关 SW_1 和开关 SW_2 闭合，低通滤波器的直流增益（$k_\tau=R_2/R_1$）约为 100，低通滤波器的时间常数（$\tau=R_2C$）约为 0.1s，可提高对消速度；当剩余误差较小时，开关 SW_1 和开关 SW_2 断开，k_τ 约为 100（基本不变），但低通时间常数 τ 增大 10 倍（1s），从而大大降低对有用信号的影响。

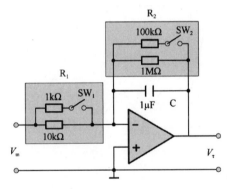

图 9-9　变时间常数技术原理

4．仿真验证

为验证理论分析的正确性，对辐射电磁干扰对消系统进行仿真分析（仿真模型参见图 9-4）。仿真实例 1 的仿真参数如下：干扰信号频率为 2MHz，有用信号频率为 2.01MHz（频率间隔为 10kHz，可调），低通时间常数 $\tau=0.1\mathrm{s}$（可调），$E_0=1$，$k_\mathrm{C}=0.0631$，$k_\mathrm{O}=k_\mathrm{P}=k_\mathrm{EY}=k_\mathrm{EI}=0.707$，$k_\mathrm{s}=4$（可调），$k_1=2$，$k_2=8.3333$，$k_\mathrm{FE}=0.2818$，$k_\tau=196.08$，参考信号幅值 $E_\mathrm{R}=10\mathrm{V}$，即系统环路增益 $K=2898.5$。

根据前面的理论分析，可以得出干扰对消比的理论值约为 69.25dB，有用信号损耗的理论值约为 0.84dB，系统达到稳态所用时间约为 0.24ms。

仿真的权值响应过程如图 9-10 所示。由图 9-10 可知，系统在 0.2ms 左右时达到稳态。稳态权值 W_1 随时间变化曲线如图 9-11 所示。由图 9-11 可知，系统真正达到稳态需要 0.3ms，可以清楚看到，稳态权值中含有一个幅值很小的 10kHz 交流量，这是因为仿真模型中的低通滤波器使用了有限衰减的一阶有源低通滤波。

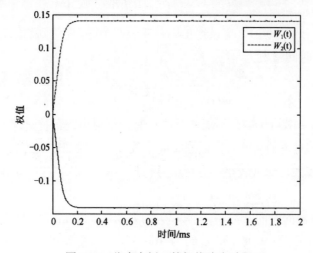

图 9-10　仿真实例 1 的权值响应过程

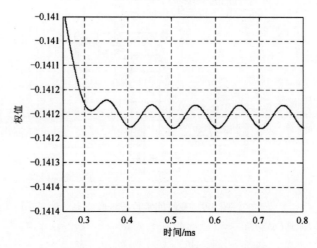

图 9-11　稳态权值 W_1 随时间变化曲线

对消前、后剩余信号的频谱图如图 9-12 所示。由图 9-12 可以看出：对消前，干扰信号功率为 13dBm，有用信号功率为-58dBm；对消后，干扰信号功率为-56.3dBm，有用信号功率为-58.9dBm，即系统的干扰对消比为 69.3dB，有用信号损耗为 0.9dB，与理论值基本吻合。剩余信号的时域波形如图 9-13 所示。由图 9-13 可知，系统在 0.2ms 左右达到稳态。

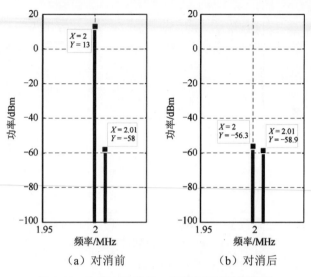

（a）对消前　　　　　　　（b）对消后

图 9-12　实例 1 对消前、后剩余信号的频谱图

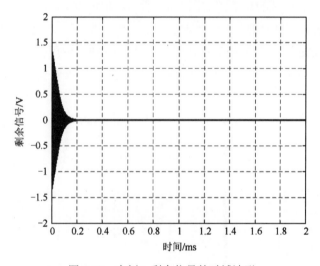

图 9-13　实例 1 剩余信号的时域波形

1）系统环路增益的影响

仿真实例 2 的仿真参数如下：干扰信号频率为 2MHz，有用信号频率为 2.01MHz（频率间隔为 10kHz，可调），低通时间常数 τ =0.1s（可调），$E_0 = 1$，$k_C = 0.0631$，$k_O = k_P = k_{EY} = k_{EI} = 0.707$，$k_s = 8$（可调），$k_1 = 2$，$k_2 = 8.3333$，$k_{FE} = 0.2818$，$k_\tau = 196.08$，参考信号幅值 $E_R = 10\text{V}$，即系统环路增益 K=5797。

根据前面的理论分析，可以得出干扰对消比的理论值约为 63.27dB，有用信号损耗的理论值约为 2.69dB，系统达到稳态所用时间约为 0.12ms。仿真的权值响应过程如图 9-14 所示，可以看到系统约在 0.15ms 时达到稳态。

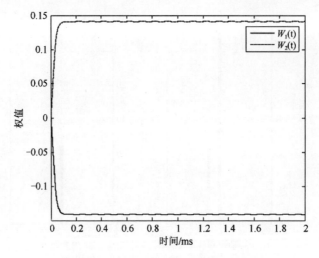

图 9-14　仿真实例 2 的权值响应过程

对消前、后剩余信号的频谱图如图 9-15 所示。由图 9-15 可以看出：对消前，干扰信号功率为 13dBm，有用信号功率为-58dBm；对消后，干扰信号功率为-62.3dBm，有用信号功率为-60.7dBm，即系统的干扰对消比为 75.3dB，有用信号损耗为 2.7dB，与理论值基本吻合。剩余信号的时域波形如图 9-16 所示，可以看到系统在 0.15ms 左右达到稳态。

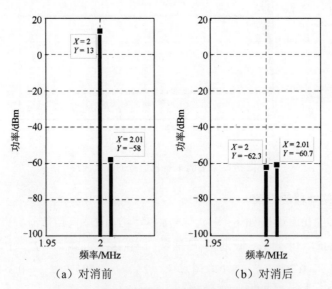

（a）对消前　　　　　　　　　　（b）对消后

图 9-15　实例 2 对消前、后剩余信号的频谱图

与仿真实例 1 相比可以发现，当系统环路增益增大后，干扰对消比增加，响应速度变快，有用信号损耗增大。

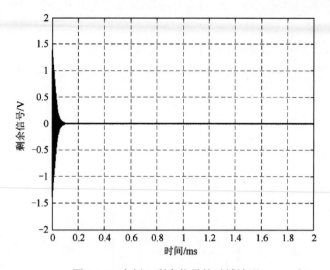

图 9-16　实例 2 剩余信号的时域波形

2）低通时间常数的影响

仿真实例 3 的仿真参数如下：干扰信号频率为 2MHz，有用信号频率为 2.01MHz（频率间隔为 10kHz，可调），低通时间常数 τ=0.2s（可调），$E_0 = 1$，$k_C = 0.0631$，$k_O = k_P = k_{EY} = k_{EI} = 0.707$，$k_s = 4$（可调），$k_1 = 2$，$k_2 = 8.3333$，$k_{FE} = 0.2818$，$k_\tau = 196.08$，参考信号幅值 $E_R = 10V$，即系统环路增益 K=2898.5。

根据前面的理论分析，可以得出干扰对消比的理论值约为 69.25dB，有用信号损耗的理论值约为 0.23dB，系统达到稳态时所用时间约为 0.48ms。仿真的权值响应过程如图 9-17 所示，系统约在 0.42ms 时达到稳态。

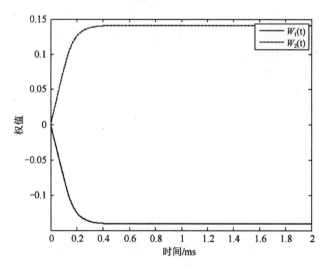

图 9-17　仿真实例 3 的权值响应过程

对消前、后剩余信号的频谱图如图 9-18 所示。由图 9-18 可以看出：对消前，干扰信号功率为 13dBm，有用信号功率为-58dBm；对消后，干扰信号功率为-56.3dBm，有用信号功率为-58.3dBm，即系统的干扰对消比为 69.3dB，有用信号损耗为 0.3dB，与理论值基本吻合。剩余信号的时域波形如图 9-19 所示，可以看到系统在 0.42ms 左右达到稳态。

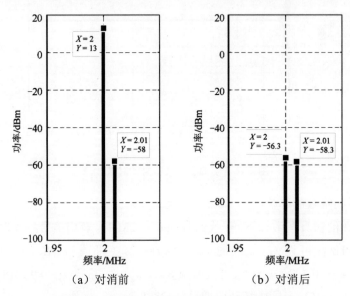

（a）对消前　　　　　　　　　　（b）对消后

图 9-18　实例 3 对消前、后剩余信号的频谱图

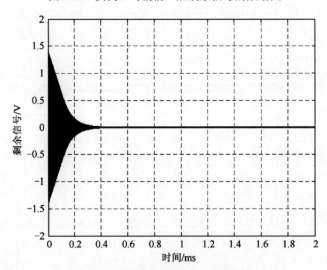

图 9-19　实例 3 剩余信号的时域波形

与仿真实例 1 相比可以发现，当低通时间常数增大后，干扰对消比不变，响应速度变慢，有用信号损耗减小。

3）频率间隔的影响

仿真实例 4 的仿真参数如下：干扰信号频率为 2MHz，有用信号频率为 2.001MHz

（频率间隔为 1kHz，可调）、低通时间常数 τ=0.1s（可调），$E_0 = 1$，$k_C = 0.0631$，$k_O = k_P = k_{EY} = k_{EI} = 0.707$，$k_s = 4$（可调），$k_1 = 2$，$k_2 = 8.3333$，$k_{FE} = 0.2818$，$k_\tau = 196.08$，参考信号幅值 $E_R = 10V$，即系统环路增益 K=2898.5。

根据前面的理论分析，可以得出干扰对消比的理论值约为 69.25dB，有用信号损耗的理论值约为 13.48dB，系统达到稳态所用时间约为 0.24ms。仿真的权值响应过程如图 9-20 所示，可以看到系统约在 0.25ms 时达到稳态。

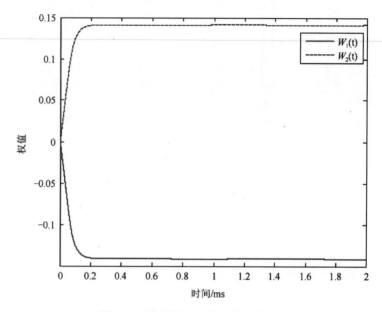

图 9-20　仿真实例 4 的权值响应过程

对消前、后剩余信号的频谱图如图 9-21 所示。由图 9-21 可以看出：对消前，干扰信号功率为 13dBm，有用信号功率为-58dBm；对消后，干扰信号功率为-56.3dBm，有用信号功率为-71.5dBm，即系统的干扰对消比为 69.3dB，有用信号损耗为 13.5dB，与理论值基本吻合。剩余信号的时域波形如图 9-22 所示，可以看到系统在 0.2ms 左右达到稳态。

与仿真实例 1 相比可以发现，当有用信号与干扰信号之间的频率间隔减小后，干扰对消比不变，响应速度不变，但有用信号损耗增大。

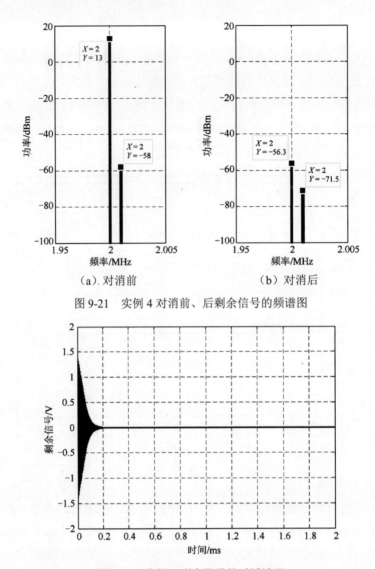

图 9-21 实例 4 对消前、后剩余信号的频谱图

图 9-22 实例 4 剩余信号的时域波形

9.1.3 辐射电磁干扰对消关键技术

辐射电磁干扰对消系统的主要性能指标有干扰对消比、对消带宽、对消响应时间。提高模拟辐射电磁干扰对消系统性能的关键技术主要有：适合对大动态范围干扰信号进行抑制的自适应反馈控制技术，精确匹配的空间耦合通道和对消通道时延，以及大功率、大动态范围的矢量调制模块。

1. 自适应反馈控制技术

自适应反馈控制技术是确保辐射电磁干扰自适应对消的大脑。辐射电磁干扰对消装置中的自适应反馈控制技术，是通过实时处理发射端干扰取样信号与接收端反馈信号的相关性，实现对矢量调制模块的精确控制的。自适应控制的特性体现在对矢量调制模块的控制，无须人工干预，随干扰信号的变化自动调整对消信号，使之与接收端干扰信号等幅反相，从而抵消干扰信号。辐射电磁干扰对消装置自适应控制电路原理框图如图9-23 所示。辐射电磁干扰对消装置的干扰对消比、响应速度都与自适应反馈控制技术密切相关。

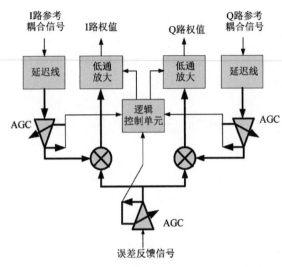

图 9-23　辐射电磁干扰对消装置自适应控制电路原理框图

一般发射机发射功率的动态范围较大。例如，短波发信机的发射功率从瓦级到千瓦级，超短波发信机的发射功率从瓦级到百瓦级。同时，共址平台收、发天线在频段内，空间耦合变化范围也较大。辐射电磁干扰对消装置的干扰对消比与参考功率（正比于干扰功率）成近似线性关系，即当干扰功率降低时，干扰对消比会成比例下降。为满足实际工作需要的干扰对消效果，必须提高小功率干扰时的干扰对消比。另外，受反馈电路稳定性及零漂的影响，干扰对消比与干扰对消速度往往会相互制约，难以同时得到提高。基于上述情况，可采用积分时间常数控制技术和 AGC（Automatic Gain Control，自动增益控制）技术来大幅度提高系统的干扰对消比和降低对消响应时间，以满足对瓦级到千瓦级功率范围的干扰的抑制需求。

1）积分时间常数控制技术

为同时提高辐射电磁干扰对消装置的干扰对消比和干扰对消速度，应同时提高环路增益和低通滤波器带宽（或减小低通时间常数）。然而受零漂的影响，直流增益过大会导致电调饱和，严重影响干扰对消速度。另外，乘法器的最大输入电平（幅度不大于1V）也限制了射频增益的提高。同时，反馈控制环路由多级具有低通特性的器件或电路（运算放大器、低通滤波器等）组成，基于对反馈电路稳定性的考虑，环路的增益带宽往往低于一定的上限条件。因此，考虑到上述制约干扰对消比与对消响应时间的因素，现有的反馈控制技术往往难以同时实现提高干扰对消比和干扰对消速度。

为进一步提高系统的干扰对消速度，可以采用积分时间常数控制技术。积分时间常数越小，系统干扰对消速度越快。但积分时间常数太小，会使得低通滤波器截止频率较大，乘法器的输出变为直流分量叠加低频交流分量，即电调衰减器的控制电压为直流电压叠加低频交流电压。那么电调衰减量的权值为最佳权值叠加低频振荡，这会导致系统在稳态时产生低频振荡，从而影响系统的干扰对消比的稳定。因此，需要在对消的初始阶段使积分时间常数较小，以使系统能快速对消；然后增大积分时间常数，降低低通滤波器截止频率，改变环路幅相特性，消除振荡，稳定系统的稳态干扰对消比，从而实现同时提高干扰对消比和干扰对消速度。

2）AGC 技术

为保证干扰对消比较大，需要系统环路增益较大。为了降低零漂的影响，需要合理优化高低频增益的分配，即将系统增益前移，可采用增益较小的低频放大器，并在参考信号支路和剩余误差信号支路采用增益较大的高频放大器。若采用固定增益的高频放大器，当剩余误差信号功率较大时，会导致放大器输出饱和，即乘法器输入端电压过载，而且还会使参考信号和剩余误差信号的乘积经积分和放大后作为电调衰减器的控制电压较大。这会导致电调衰减器饱和，降低系统的性能。

在干扰信号功率的变化范围内，AGC（自动增益控制）技术可稳定干扰对消比，避免干扰抑制效果随干扰信号功率的变化而剧烈变化。具体而言，当剩余误差信号功率较大时，AGC 放大器增益较小，可以保护乘法器，而且可以使电调衰减器的控制电压处于线性工作范围内，避免电调衰减器饱和；当系统的参考信号功率和剩余误差信号功率较小时，AGC 放大器则会保持较高增益，从而维持较高的环路增益，避免干扰对消比过度下降，并降低对消响应时间。

2. 零漂抑制技术

零漂是影响辐射电磁干扰对消系统性能的一个重要因素。为了得到较高的干扰对消比，在进行系统设计时，环路增益取值一般较大，乘法器电路产生的零漂经后级放大后，会直接影响权值的稳态特性，限制干扰对消比的进一步提高。在自适应控制模块中抑制零漂是提高和改善系统控制性能的一个关键点。下面先分析零漂对系统各性能指标的影响，包括干扰对消比、响应速度和有用信号损耗，并给出减少零漂对系统性能影响的两种措施；然后分析模拟乘法器电路产生零漂的原因，建立乘法器的等效模型，提供一种高精度的模拟乘法器零漂补偿电路。

1）零漂对系统性能的影响

含零漂的辐射电磁干扰对消系统数学模型如图 9-24 所示。

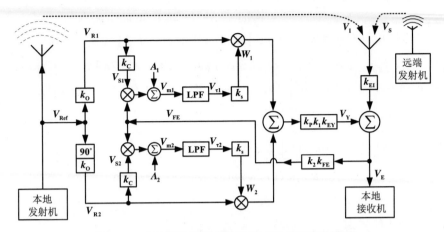

图 9-24　含零漂的辐射电磁干扰对消系统数学模型

考虑乘法器电路产生的零漂，由式（9-7）可得参考信号与剩余信号的乘积为

$$\begin{pmatrix} V_{m1}(t) \\ V_{m2}(t) \end{pmatrix} = \frac{1}{E_0}\begin{pmatrix} k_C V_{R1}(t) \\ k_C V_{R2}(t) \end{pmatrix} k_{FE} k_2 V_E(t) + \begin{pmatrix} A_1 \\ A_2 \end{pmatrix} \tag{9-34}$$

式中，E_0 为乘法器的标称电压，单位为 V；A_1、A_2 为乘法器电路产生的零漂，单位为 V。经推导可得含零漂的辐射电磁干扰对消系统数学模型为

$$\begin{aligned}
&\frac{\mathrm{d}}{\mathrm{d}t}\begin{pmatrix} V_{\tau 1}(t) \\ V_{\tau 2}(t) \end{pmatrix} + \frac{1}{\tau}\left\{\begin{pmatrix} 1 & 0 \\ 0 & 1 \end{pmatrix} + K\begin{pmatrix} 1+\cos(2\omega t) & \sin(2\omega t) \\ \sin(2\omega t) & 1-\cos(2\omega t) \end{pmatrix}\right\}\begin{pmatrix} V_{\tau 1}(t) \\ V_{\tau 2}(t) \end{pmatrix} \\
&= -\frac{k_\tau k_{FE} k_2 k_C k_O k_{EI} E_R}{\tau E_0}\begin{pmatrix} \cos(\omega t) \\ \sin(\omega t) \end{pmatrix}\big[E_I\cos(\omega t-\phi)+E_S\cos(\omega_s t-\phi_s)\big] - \frac{k_\tau}{\tau}\begin{pmatrix} A_1 \\ A_2 \end{pmatrix} \\
&= -\frac{k_\tau k_{FE} k_2 k_C k_O k_{EI} E_R E_I}{2\tau E_0}\begin{pmatrix} \cos(2\omega t-\phi)+\cos(\phi) \\ \sin(2\omega t-\phi)+\sin(\phi) \end{pmatrix} \\
&\quad -\frac{k_\tau k_{FE} k_2 k_C k_O k_{EI} E_R E_S}{2\tau E_0}\begin{pmatrix} \cos((\omega_s+\omega)t-\phi_s)+\cos((\omega_s-\omega)t-\phi_s) \\ \sin((\omega_s+\omega)t-\phi_s)-\sin((\omega_s-\omega)t-\phi_s) \end{pmatrix} - \frac{k_\tau}{\tau}\begin{pmatrix} A_1 \\ A_2 \end{pmatrix}
\end{aligned} \tag{9-35}$$

式（9-35）为变系数的微分方程组。式中，$K=k_s k_\tau k_{FE} k_2 k_C k_{EY} k_P k_1 k_O^2 E_R^2/(2E_0)$ 为系统环路增益。经与 9.1.2 节相同的推导，可得

$$\begin{aligned}
&\frac{\mathrm{d}}{\mathrm{d}t}\begin{pmatrix} V_1(t) \\ V_2(t) \end{pmatrix} + \frac{1}{\tau}\begin{bmatrix} 1 & \omega\tau \\ -\omega\tau & 1+2K \end{bmatrix}\begin{pmatrix} V_1(t) \\ V_2(t) \end{pmatrix} \\
&= -\frac{k_\tau k_{FE} k_2 k_C k_O k_{EI} E_R}{\tau E_0}\begin{pmatrix} 0 \\ E_I\cos(\omega t-\phi)+E_S\cos(\omega_s t-\phi_s) \end{pmatrix} - \frac{k_\tau}{\tau}\begin{pmatrix} -\sin(\omega t)A_1+\cos(\omega t)A_2 \\ \cos(\omega t)A_1+\sin(\omega t)A_2 \end{pmatrix}
\end{aligned} \tag{9-36}$$

由式（9-36）可得系统的特征方程为

$$\lambda^2 + 2\left(\frac{1+K}{\tau}\right)\lambda + \frac{1+2K}{\tau^2} + \omega^2 = 0 \tag{9-37}$$

显然，式（9-37）与式（9-18）相同，即零漂并未改变系统的特征方程，其特征根不变，所以系统的响应时间常数不受零漂影响。经推导可得系统的稳态剩余信号为

$$V_{\mathrm{E}}(t) = \frac{k_{\mathrm{EI}}E_{\mathrm{I}}}{4(1+K)^2 + (1+2K)^2/(\omega^2\tau^2)} \left\{ \begin{array}{l} \left[4(1+K)+(1+2K)/(\omega^2\tau^2)\right]\cos(\omega t - \phi) \\ -\left[2K/(\omega\tau)\right]\sin(\omega t - \phi) \end{array} \right\}$$
$$-\frac{k_{\tau}k_{\mathrm{EY}}k_1 k_{\mathrm{P}}k_{\mathrm{O}}k_s E_{\mathrm{R}}}{4(1+K)^2 + (1+2K)^2/(\omega^2\tau^2)} \left\{ \begin{array}{l} +\left[2KA_2/(\omega\tau)+4(1+K)A_1+(1+2K)A_1/(\omega^2\tau^2)\right]\cos(\omega t) \\ -\left[2KA_1/(\omega\tau)-4(1+K)A_2-(1+2K)A_2/(\omega^2\tau^2)\right]\sin(\omega t) \end{array} \right\}$$
$$+\frac{k_{\mathrm{EI}}E_{\mathrm{S}}\left\{ \begin{array}{l} \left\{4(1+K)+\left[1+(\omega^2-\omega_s^2)\tau^2\right]\left[(1+2K)+(\omega^2-\omega_s^2)\tau^2\right]/(\omega_s^2\tau^2)\right\}\cos(\omega_s t - \phi_s) \\ +\left\{2K\left[-1+(\omega^2-\omega_s^2)\tau^2\right]/(\omega_s\tau)\right\}\sin(\omega_s t - \phi_s) \end{array} \right\}}{4(1+K)^2 + \left[(1+2K)+(\omega^2-\omega_s^2)\tau^2\right]^2/(\omega_s^2\tau^2)}$$

$$(9\text{-}38)$$

其中，剩余干扰信号为

$$V_{\mathrm{E\_st\omega}}(t) = \frac{k_{\mathrm{EI}}E_{\mathrm{I}}}{4(1+K)^2 + (1+2K)^2/(\omega^2\tau^2)} \left\{ \begin{array}{l} \left[4(1+K)+(1+2K)/(\omega^2\tau^2)\right]\cos(\omega t - \phi) \\ -\left[2K/(\omega\tau)\right]\sin(\omega t - \phi) \end{array} \right\}$$
$$-\frac{k_{\tau}k_{\mathrm{EY}}k_1 k_{\mathrm{P}}k_{\mathrm{O}}k_s E_{\mathrm{R}}}{4(1+K)^2 + (1+2K)^2/(\omega^2\tau^2)} \left\{ \begin{array}{l} +\left[2KA_2/(\omega\tau)+4(1+K)A_1+(1+2K)A_1/(\omega^2\tau^2)\right]\cos(\omega t) \\ -\left[2KA_1/(\omega\tau)-4(1+K)A_2-(1+2K)A_2/(\omega^2\tau^2)\right]\sin(\omega t) \end{array} \right\}$$

$$(9\text{-}39)$$

显然，式（9-39）与式（9-16）不同，即零漂会对干扰信号产生影响。有用信号为

$$V_{\mathrm{E\_st\omega_s}}(t) = \frac{k_{\mathrm{EI}}E_{\mathrm{S}}\left\{ \begin{array}{l} \left\{4(1+K)+\left[1+(\omega^2-\omega_s^2)\tau^2\right]\left[(1+2K)+(\omega^2-\omega_s^2)\tau^2\right]/(\omega_s^2\tau^2)\right\} \\ \cos(\omega_s t - \phi_s)+\left\{2K\left[-1+(\omega^2-\omega_s^2)\tau^2\right]/(\omega_s\tau)\right\}\sin(\omega_s t - \phi_s) \end{array} \right\}}{4(1+K)^2 + \left[(1+2K)+(\omega^2-\omega_s^2)\tau^2\right]^2/(\omega_s^2\tau^2)}$$

$$(9\text{-}40)$$

显然，式（9-40）与式（9-17）相同，即零漂不会对有用信号产生影响。从参考支路信号合成的角度来看，合成的干扰信号主要由权值的直流成分与参考信号相乘得到，而合成的有用信号由权值中的$|f_s-f|$分量与参考信号相乘得到，由于零漂可近似为一个较小的直流量叠加到权值中，所以零漂对干扰信号有较大影响，而对有用信号的影响可忽略不计。

含零漂的辐射电磁干扰对消系统的干扰对消比为

$$\mathrm{ICR}=20\lg\left(\frac{\sqrt{\left[4(1+K)^2\omega^2\tau^2+(1+2K)^2\right]/(1+4\omega^2\tau^2)}}{\sqrt{\begin{array}{l} 1+2\left[k_{\tau}k_{\mathrm{EY}}k_1 k_{\mathrm{P}}k_{\mathrm{O}}k_s E_{\mathrm{R}}\sqrt{A_1^2+A_2^2}/(k_{\mathrm{EI}}E_{\mathrm{I}})\right]\cos(\phi-\theta) \\ +\left[k_{\tau}k_{\mathrm{EY}}k_1 k_{\mathrm{P}}k_{\mathrm{O}}k_s E_{\mathrm{R}}\sqrt{A_1^2+A_2^2}/(k_{\mathrm{EI}}E_{\mathrm{I}})\right]^2 \end{array}}} \right)$$

$$(9\text{-}41)$$

式中，$\theta=\arctan(A_2/A_1)$。需要注意的是，式（9-41）中的参数K与参数$k_s k_{\tau}k_{\mathrm{EY}}k_{\mathrm{P}}k_1 k_{\mathrm{O}}E_{\mathrm{R}}$存在耦合关系。

由式（9-41）可知，乘法器电路产生的零漂会对干扰信号产生影响，它可能提高干扰对消比也可能降低干扰对消比。因为实际的模拟辐射电磁干扰对消系统采用"乘积—低通"的控制方法，得到的稳态权值并不是最优权值（稳态误差不为零）。当零漂使稳态权值接近最优权值时，干扰对消比提高；当零漂使稳态权值远离最优权值时，干扰对消比降低。

当 $\phi-\theta=0$ 时，可以得到最小的干扰对消比

$$\mathrm{ICR_{min}} = 20\lg\left(\frac{\sqrt{\left[4(1+K)^2\,\omega^2\tau^2+(1+2K)^2\right]/(1+4\omega^2\tau^2)}}{1+k_\tau k_{\mathrm{EY}}k_1 k_{\mathrm{P}} k_{\mathrm{O}} k_{\mathrm{s}} E_{\mathrm{R}}\sqrt{A_1^2+A_2^2}/(k_{\mathrm{EI}}E_{\mathrm{I}})}\right) \tag{9-42}$$

显然，最小干扰对消比低于理想情况下的干扰对消比，即零漂的存在降低了干扰对消比。

当 $\phi-\theta=\pm\pi$ 时，可以得到最大的干扰对消比

$$\mathrm{ICR_{max}} = 20\lg\left(\frac{\sqrt{\left[4(1+K)^2\,\omega^2\tau^2+(1+2K)^2\right]/(1+4\omega^2\tau^2)}}{\left|1-k_\tau k_{\mathrm{EY}}k_1 k_{\mathrm{P}} k_{\mathrm{O}} k_{\mathrm{s}} E_{\mathrm{R}}\sqrt{A_1^2+A_2^2}/(k_{\mathrm{EI}}E_{\mathrm{I}})\right|}\right) \tag{9-43}$$

当 $\left|1-k_\tau k_{\mathrm{EY}}k_1 k_{\mathrm{P}} k_{\mathrm{O}} k_{\mathrm{s}} E_{\mathrm{R}}\sqrt{A_1^2+A_2^2}/(k_{\mathrm{EI}}E_{\mathrm{I}})\right|\leqslant 1$ 时，最大的干扰对消比不会低于理想情况下的干扰对消比，即零漂的存在提高了干扰对消比。

当 $\left|1-k_\tau k_{\mathrm{EY}}k_1 k_{\mathrm{P}} k_{\mathrm{O}} k_{\mathrm{s}} E_{\mathrm{R}}\sqrt{A_1^2+A_2^2}/(k_{\mathrm{EI}}E_{\mathrm{I}})\right|>1$ （ $k_\tau k_{\mathrm{EY}}k_1 k_{\mathrm{P}} k_{\mathrm{O}} k_{\mathrm{s}} E_{\mathrm{R}}/(k_{\mathrm{EI}}E_{\mathrm{I}})$ 很大，或者零漂 $\sqrt{A_1^2+A_2^2}$ 很大）时，最大的干扰对消比会低于理想情况下的干扰对消比，即零漂的存在只能降低系统的干扰对消比，不会提高系统的干扰对消比，这是在进行系统设计时应尽量避免的。

由上述分析可知，为了使最大的干扰对消比（存在零漂时）不低于理想干扰对消比，在进行系统设计时，需要满足

$$0\leqslant \frac{k_\tau k_{\mathrm{EY}}k_1 k_{\mathrm{P}} k_{\mathrm{O}} k_{\mathrm{s}} E_{\mathrm{R}}}{k_{\mathrm{EI}}E_{\mathrm{I}}}\sqrt{A_1^2+A_2^2}<2 \tag{9-44}$$

记 $k_{\mathrm{D}}=k_\tau k_{\mathrm{EY}}k_1 k_{\mathrm{P}} k_{\mathrm{O}} k_{\mathrm{s}} E_{\mathrm{R}}$，则系统环路增益 K 与 k_{D} 的关系为

$$K = \frac{k_{\mathrm{s}}k_\tau k_{\mathrm{FE}}k_2 k_{\mathrm{C}} k_{\mathrm{EY}}k_{\mathrm{P}}k_1 k_{\mathrm{O}}^2 E_{\mathrm{R}}^2}{2E_0} = \frac{k_{\mathrm{FE}}k_2 k_{\mathrm{C}} k_{\mathrm{O}} E_{\mathrm{R}}}{2E_0}k_{\mathrm{D}} \tag{9-45}$$

当系统环路增益（ $K=2897.6$ ）相同，参考信号与干扰信号之间的耦合度、 k_{D} 、零漂大小改变时，系统的干扰对消比如图 9-25 所示。

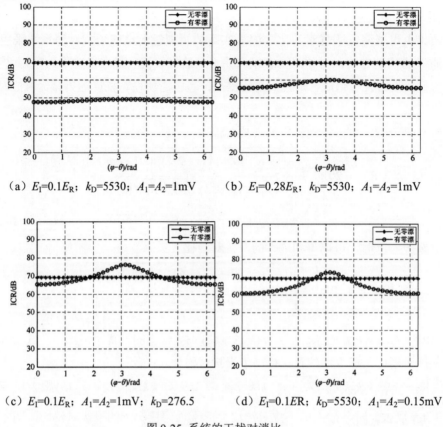

（a）E_I=0.1E_R；k_D=5530；A_1=A_2=1mV　　　（b）E_I=0.28E_R；k_D=5530；A_1=A_2=1mV

（c）E_I=0.1E_R；A_1=A_2=1mV；k_D=276.5　　（d）E_I=0.1ER；k_D=5530；A_1=A_2=0.15mV

图 9-25　系统的干扰对消比

由图 9-25（a）和图 9-25（b）可知，若其他参数不变，E_I 越大（干扰耦合度越大），零漂对干扰对消比的影响就会越小；由图 9-25（a）和图 9-25（c）可知，k_D 越小，零漂对干扰对消比的影响就会越小。需要注意的是，当 k_D 改变时，为了保证系统环路增益相同，需要改变 $k_{FE}k_2k_Ck_OE_R$，即将系统环路增益重新进行合理分配。由图 9-25（a）和图 9-25（d）可知，A_1、A_2 越小，零漂对干扰对消比的影响就越小。由上述分析可知，当天线间的干扰耦合特性确定后，主要有如下两个途径可以降低零漂对系统性能的影响。

- 合理分配系统增益。将系统直流增益 k_S、k_τ 合理分配到误差支路与参考支路的交流增益中，即增益前置。
- 抑制乘法器电路产生的零漂 A_1、A_2，即抑制干扰源。

2）乘法器零漂产生机理

这里以美国 Analog Devices 公司生产的 AD835 电压输出型四象限模拟乘法器为例进行说明。该模拟乘法器的输入信号量程为-1～+1V；带宽为 250MHz；差分输入端 X、Y 具有高输入阻抗（100kΩ‖2pF）；调零输入端 Z 具有高输入阻抗（60kΩ‖2pF）；输出端 W 具有低输出阻抗，输出电压范围为-2.5～+2.5V；可驱动负载电阻为 25Ω；工作电压为-5～+5V；工作温度为-40℃～85℃；乘法器噪声为 50nV/$\sqrt{\text{Hz}}$。该乘法器可用于低噪声的信号处理，能够满足辐射电磁干扰对消系统对乘法器的要求。

AD835 电压输出型四象限模拟乘法器功能框图如图 9-26 所示。该乘法器主要包含 X、Y 差分输入放大器、求和器和输出缓冲放大器等。输出电压 W 的计算公式为

$$W = \frac{(X_1 - X_2)(Y_1 - Y_2)}{E_0} + Z \tag{9-46}$$

式中，X_1、X_2、Y_1、Y_2 为差分输入端电压；Z 为调零输入端电压；W 为输出端电压；E_0 为乘法器的标称电压，其单位均为 V。记 $X = X_1 - X_2$，$Y = Y_1 - Y_2$，当 $E_0 = 1\text{V}$，$Z = 0$ 时，则输出电压 W 为

$$W = XY \tag{9-47}$$

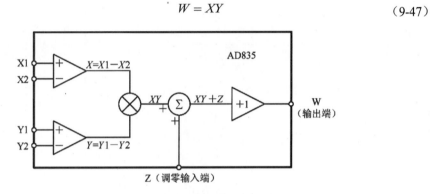

图 9-26　AD835 电压输出型四象限模拟乘法器功能框图

当乘法器 X、Y 差分输入端信号为零，调零输入端 Z 接地时，在理想情况下，输出端电压 W 应为零，而实际乘法器输出端电压总是偏离零值，即存在零漂。在模拟辐射电磁干扰对消系统中，模拟乘法器和低通滤波器组成模拟相关器，用于模拟参考信号和误差反馈信号的相关性。零漂的存在会影响模拟相关器的输出，尤其是当误差反馈信号较小时，零漂会严重影响相关性的精度，限制系统性能。因此，必须对零漂进行抑制。

由 AD835 电压输出型四象限模拟乘法器的数据手册可知，零漂产生的主要因素有乘法器差分输入端 X、Y 的偏置电流标称值为 10μA（工作温度为 25℃时），最大值为 20μA，该指标受温度影响，在其工作温度范围内（-40℃～85℃）最大值为 27μA；乘法器差分输入端 X、Y 的偏移电压标称值为 3mV，最大值为 20mV，在其工作温度范围内最大值为 27mV；调零输入端 Z 的偏置电流标称值为 50μA；输出端的偏移电压标称值为 25mV，最大值为 75mV，25℃调零后，在其工作温度范围内最大变化为 10mV，其温漂是比较严重的，必须进行抑制。

AD835 电压输出型四象限模拟乘法器等效模型如图 9-27 所示。其中，A_{X1}、A_{X2}、A_{Y1}、A_{Y2} 为差分输入端 X、Y 的输入偏置电流；V_{X1}、V_{X2}、V_{Y1}、V_{Y2} 为差分输入端 X、Y 的输入偏移电压；A_Z 为调零输入端 Z 的输入偏置电流；V_Z 为调零输入端 Z 的输入偏

移电压，它包含输出端 W 的输出偏移电压。

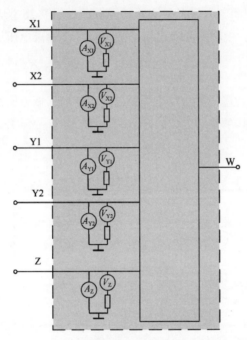

图 9-27　AD835 电压输出型四象限模拟乘法器等效模型

3）零漂补偿技术

目前，关于集成运算放大器零漂抑制技术的研究较多，而对模拟乘法器零漂抑制技术的研究很少。抑制零漂的方式主要有两种，即斩波稳零方式和电路补偿方式。斩波稳零方式具有调节精度较高的优点，但会产生新的频率分量，影响辐射电磁干扰对消系统性能。电路补偿方式主要是通过对差分输入端和调零输入端采取相应措施进行电路参数补偿实现对模拟乘法器电路产生的零漂的抑制的：实现前，一般在模拟乘法器差分输入端采用差分输入，当采用单端输入方式时，为减小对输入端偏置电流的影响，需要保证两个输入端到地的等效阻抗一致，但两个输入端的偏置电流并不严格一致，所以电路补偿方式的抑制效果有限。另外，还可以通过调整模拟乘法器调零输入端电压来补偿输出端的偏移电压。但在传统应用中，调零端到地的电阻值选取较大，这会导致调零输入端的偏置电流对模拟乘法器输出端电压的影响较大。此外，模拟乘法器的性能受温度影响也较大。

为了克服现有技术的不足，可采用如图 9-28 所示的高精度模拟乘法器零漂补偿电路，该电路主要采用以下四种技术。传输电缆变压器技术：传输电缆变压器连接在模拟乘法器差分输入端，用于降低差分输入端 X、Y 偏置电流对模拟乘法器的影响。低阻调零技术：基准电源、调零电阻 R_1 和补偿电阻 R_2 以分压的方式在模拟乘法器调零输入端加一固定电压来补偿输出端偏置电压，其中，补偿电阻 R_2 为低阻，用于降低调零输入端偏置电流对模拟乘法器的影响。温度补偿技术：温度传感器和补偿电阻 R_2 在模拟乘法器调零输入端形成一个与乘法器电路产生的温漂大小相等、方向相反的补偿电压，可有效地降低温漂对模拟乘法器的影响。数字调零技术：调零电阻 R_1 及补偿电阻 R_2 均采用数字电位器并联固定电阻的方式实现，用于取代传统的机械电位器，提高电路的可靠性。

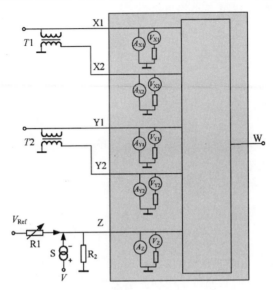

图 9-28　高精度模拟乘法器零漂补偿电路

3. 时延匹配的重要性

干扰信号经由发射天线、空间、接收天线到达接收机，信号会出现时延。在对消通道无时延匹配的情况下，干扰信号到达本地接收机的时延一般比参考信号经对消通道到达该接收机的时延大。下面讨论这种时延差对对消性能的影响。干扰信号可分为单频信号和宽带信号，下面针对这两种不同形式的干扰信号，具体分析时延匹配的影响。这里不考虑乘法器的零漂。

1）干扰信号为单频信号

当干扰信号为单频信号时，设干扰信号为 $E_J \cos(\omega t - \phi_J)$，$\phi_J = \omega \tau$，参考信号为 $E_R \cos(\omega t)$。式中，ω 为干扰信号的频率，E_J 为干扰信号的幅值，E_R 为参考信号的幅值，ϕ_J 为干扰信号的相位，τ 为干扰信号与参考信号的时延差，参考信号和干扰信号的初始相位差为 ϕ_J。正交功分器为功分器加差相移网络，设其中一路的相移为 ϕ，则参考信号经正交分解后分别为

$$\begin{cases} E_R \cos(\omega t - \phi) \\ E_R \sin(\omega t - \phi) \end{cases} \quad (9\text{-}48)$$

式中，ω 为参考信号的频率，ϕ 为参考信号的相位。通过辐射电磁干扰对消系统后，功率合成器 2 输出的剩余误差信号为

$$E_E \cos(\omega t + \phi_E) = \frac{1}{\sqrt{2}} \left(\frac{1}{\sqrt{2}} \begin{pmatrix} W_I(t)A_R \cos(\omega t - \phi) \\ +W_Q(t)A_R \sin(\omega t - \phi) \end{pmatrix} \\ +A_J \cos(\omega t - \phi_J) \right) \tag{9-49}$$

式中，E_E 为剩余误差信号的幅值，ϕ_E 为剩余误差信号的相位，$W_I(t)$ 和 $W_2(t)$ 分别为两个电调衰减器的衰减系数。根据最小均方准则，当

$$\begin{cases} W_1(t) = \dfrac{-\sqrt{2}E_J}{E_R} \cos(\phi_J - \phi) \\ W_2(t) = \dfrac{-\sqrt{2}E_J}{E_R} \sin(\phi_J - \phi) \end{cases} \tag{9-50}$$

时，$E_E^2 = 0$，$\mathrm{ICR} = \infty$。这说明当干扰信号为单频信号时，ICR 与初始相位差 ϕ_J 无关。理论上总可以找到最佳权值使辐射电磁干扰对消系统的干扰对消比为无穷大。

2）干扰信号为宽带信号

当干扰信号不是单频的正弦波，而是具有一定带宽的调制信号时，以最简单的宽带信号为例，干扰信号为双频信号。设干扰信号为

$$E_{J1} \cos(\omega_1 t - \phi_{J1}) + E_{J2} \cos(\omega_2 t - \phi_{J2}) \tag{9-51}$$

式中，ω_1 和 ω_2 分别为干扰信号的频率，E_{J1} 和 E_{J2} 分别为干扰信号的幅度，ϕ_{J1} 和　　分别为干扰信号的相位。参考信号通过正交功分器之后分别为

$$\begin{cases} E_{R1} \cos(\omega_1 t - \phi_1) + E_{R2} \cos(\omega_2 t - \phi_2) \\ E_{R1} \sin(\omega_1 t - \phi_1) + E_{R2} \sin(\omega_2 t - \phi_2) \end{cases} \tag{9-52}$$

式中，ω_1 和 ω_2 分别为参考信号的频率，E_{R1} 和 E_{R2} 分别为参考信号的幅度，ϕ_1 和 ϕ_2 分别为参考信号的相位。参考信号经过电调衰减器之后通过功率合成器的输出为

$$\frac{1}{\sqrt{2}} \begin{pmatrix} W_I(t)(E_{R1} \cos(\omega_1 t - \phi_1) + E_{R2} \cos(\omega_2 t - \phi_2)) \\ +W_Q(t)(E_{R1} \sin(\omega_1 t - \phi_1) + E_{R2} \sin(\omega_2 t - \phi_2)) \end{pmatrix} \tag{9-53}$$

则参考信号与干扰信号通过对消合成器之后的剩余误差信号为

$$E_{E1} \cos(\omega_1 t - \phi_{E1}) + E_{E2} \cos(\omega_2 t - \phi_{E2})$$

$$= \frac{1}{\sqrt{2}} \left(\frac{1}{\sqrt{2}} \begin{pmatrix} W_1(t)(E_{R1} \cos(\omega_1 t - \phi_1) + E_{R2} \cos(\omega_2 t - \phi_2)) \\ +W_2(t)(E_{R1} \sin(\omega_1 t - \phi_1) + E_{R2} \sin(\omega_2 t - \phi_2)) \end{pmatrix} \\ +E_{J1} \cos(\omega_1 t - \phi_{J1}) + E_{J2} \cos(\omega_2 t - \phi_{J2}) \right) \tag{9-54}$$

式中，E_{E1} 和 E_{E2} 分别为剩余误差信号的幅度，ϕ_{E1} 和 ϕ_{E2} 分别为剩余误差信号的相位。经推导可得目标函数为

$$\begin{aligned} Y &= 4E_{E1}^2 + 4E_{E2}^2 \\ &= (W_1(t)E_{R1} \cos\phi_1 - W_2(t)E_{R1} \sin\phi_1 + \sqrt{2}E_{J1} \cos\phi_{J1})^2 \\ &\quad + (W_1(t)E_{R1} \sin\phi_1 + W_2(t)E_{R1} \cos\phi_1 + \sqrt{2}E_{J1} \sin\phi_{J1})^2 \\ &\quad + (W_1(t)E_{R2} \cos\phi_2 - W_2(t)E_{R2} \sin\phi_2 + \sqrt{2}E_{J2} \cos\phi_{J2})^2 \\ &\quad + (W_1(t)E_{R2} \sin\phi_2 + W_2(t)E_{R2} \cos\phi_2 + \sqrt{2}E_{J2} \sin\phi_{J2})^2 \end{aligned} \tag{9-55}$$

根据最小均方误差准则，使剩余功率最小，即使 Y 最小。由

$$\begin{cases} \dfrac{\partial Y}{\partial W_1(t)} = 0 \\[2mm] \dfrac{\partial Y}{\partial W_2(t)} = 0 \end{cases} \tag{9-56}$$

可以求得

$$\begin{cases} W_1(t) = \dfrac{-\sqrt{2}(E_{J1}E_{R1}\cos(\phi_{J1}-\phi_1) + E_{J2}E_{R2}\cos(\phi_{J2}-\phi_2))}{E_{R1}^2 + E_{R2}^2} \\[4mm] W_2(t) = \dfrac{-\sqrt{2}(E_{J1}E_{R1}\sin(\phi_{J1}-\phi_1) + E_{J2}E_{R2}\sin(\phi_{J2}-\phi_2))}{E_{R1}^2 + E_{R2}^2} \end{cases} \tag{9-57}$$

由于

$$\begin{cases} \dfrac{\partial^2 Y}{\partial W_1^2(t)} = 2(E_{R1}^2 + E_{R2}^2) > 0 \\[3mm] \dfrac{\partial^2 Y}{\partial W_2^2(t)} = 2(E_{R1}^2 + E_{R2}^2) > 0 \\[3mm] \dfrac{\partial^2 Y}{\partial W_1(t)\partial W_2(t)} = 0 \end{cases} \tag{9-58}$$

及

$$\frac{\partial^2 Y}{\partial W_1^2(t)} \frac{\partial^2 Y}{\partial W_2^2(t)} - \left(\frac{\partial^2 Y}{\partial W_1(t)\partial W_2(t)}\right)^2 > 0 \tag{9-59}$$

所以当 $\begin{pmatrix} W_1(t) \\ W_2(t) \end{pmatrix}$ 取式（9-57）时，Y 取最小值。当 $E_{R1} = E_{R2}$ 时，将 W 的值代入式（9-55）可得

$$4E_{E1}^2 + 4E_{E2}^2 = E_{J1}^2 + E_{J2}^2 - 2E_{J1}E_{J2}\cos(\phi_{J1} - \phi_{J2} + \phi_2 - \phi_1) \tag{9-60}$$

则辐射电磁干扰对消系统的干扰对消比为

$$\mathrm{ICR} = 10\lg\left(\frac{4\left(E_{J1}^2 + E_{J2}^2\right)}{E_{J1}^2 + E_{J2}^2 - 2E_{J1}E_{J2}\cos(\phi_{J1} - \phi_{J2} + \phi_2 - \phi_1)}\right) \tag{9-61}$$

假设干扰信号和参考信号的时延差为 τ，即相位差 $\phi_{J1} - \phi_1 = \omega_1\tau$，$\phi_{J2} - \phi_2 = \omega_2\tau$，两个干扰信号的幅值相同（$E_{J1} = E_{J2} = E_J$），则剩余误差信号功率为

$$E_{E1}^2 + E_{E2}^2 = \frac{1}{2}E_J^2(1 - \cos(\Delta\omega\tau)) \tag{9-62}$$

式中，$\Delta\omega = \omega_1 - \omega_2 = 2\pi\Delta f$

$$\mathrm{ICR} = 10\lg\left[\frac{4}{1 - \cos(2\pi\Delta f\tau)}\right] \tag{9-63}$$

当 Δf 分别取 25kHz、100kHz 和 500kHz 时，干扰对消比 ICR 与时延差 τ 的关系如

图 9-29 所示。当 τ 取 $0 \sim 1/2\Delta f$ 时，ICR 随 τ 的增大而减小；当 τ 取 $1/2\Delta f \sim 1/\Delta f$ 时，ICR 随 τ 的增大而增大。当 Δf 为 500kHz 时，$1/2\Delta f = 1000$ns，共平台空间耦合的干扰信号和经辐射电磁干扰对消装置的参考信号的时延差一般小于 1000ns，所以实际系统中的 ICR 随 τ 的增大而减小，相同时延时，带宽越大，ICR 越小。因此，为了提高干扰对消比，需要提高空间耦合通道和对消通道信号的时延匹配精度，尤其是当干扰信号为宽带信号时。

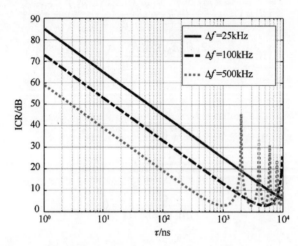

图 9-29 不同带宽时，ICR 与 τ 的关系

4．大功率双极性电调衰减器

射频信号矢量调制是辐射电磁干扰对消装置的核心环节，其作用是根据控制部分给定的控制电压调整参考信号的幅度与相位。基于正交分解对消技术的矢量调制模块包含 1 个正交功分器、2 个双极性电调衰减器、1 个合成器，其组成如图 9-30 所示。当发射机功率大、干扰耦合强时，研制大功率、大动态范围的双极性电调衰减器是关键。

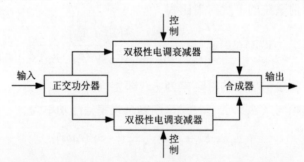

图 9-30 基于正交分解对消技术的矢量调制模块的组成

1）原理

目前有三种典型的电路可实现双极性衰减：第一种是在一般 π 型电调衰减器的基础上加换向开关的电路；第二种是利用正交功分器的两个功分的输出端的阻抗变化来实现

双极性衰减的电路；第三种是平衡电桥电路。第一种电路的开关在切换时，容易产生干扰信号，且需要多级串联才有大的动态范围；第二种电路的动态范围有限；第三种电路是常用的电路，其控制电路较简单，不需要开关切换，动态范围较大。

电调衰减器的可变电阻可采用 PIN 二极管、肖特基二极管或 FET 等器件。PIN 二极管具有较大的功率承受能力和较低的插损，适用于射频功率较大，对线性度要求较高的衰减器。由于 PIN 二极管的射频电阻具有随电流变化的特性，因此 PIN 二极管适用于制作大功率的射频控制器件。PIN 二极管的射频等效电阻为

$$r = \frac{k_0}{I} \tag{9-64}$$

式中，k_0 是与 PIN 二极管参数有关的常数，I 为通过 PIN 二极管的直流电流。当 I 变化时，r 随之变化，从而可实现对射频功率的控制。

平衡电桥电路是一种经典的双极性衰减电路。图 9-31 为平衡电桥双极性电调衰减器示意图。其中，Z_1、Z_2、Z_3 和 Z_4 分别代表平衡电桥桥臂的各支路上的 PIN 二极管的等效射频阻抗。由于双极性电调衰减器在工作时，满足 $Z_1 = Z_2$，$Z_3 = Z_4$，$Z_1 Z_3 = Z_L^2$，因此可得到双极性电调衰减器的电压传输系数为

$$W = \frac{v_O}{v_i} = \frac{Z_1 - Z_L}{Z_1 + Z_L} \tag{9-65}$$

由式（9-65）可知，当 $Z_1 < Z_L$ 时，W 为负，表明输出与输入的极性相反；当 $Z_1 > Z_L$ 时，W 为正，表明输出与输入的极性相同；当 $Z_1 = Z_2 = Z_3 = Z_4 = Z_L$ 时，电调处于平衡状态，$W = 0$，即衰减为无穷大。因此通过控制 Z_1、Z_2、Z_3 和 Z_4 的值可实现双极性衰减。

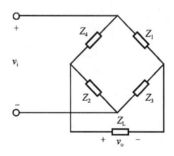

图 9-31　平衡电桥双极性电调衰减器示意图

2）动态范围

动态范围是双极性电调衰减器的最大衰减值和最小衰减值之差，它由最大衰减值和最小衰减值共同确定。动态范围是双极性电调衰减器的一个关键指标，如果动态范围小，就难以保证辐射电磁干扰对消系统在全频带有较大的干扰对消比。由式（9-65）可知，Z_L、Z_1 的大小决定了最小插损。Z_L 为端口特性阻抗，一般为 50Ω。当 PIN 二极管选定

后，Z_1 由 PIN 二极管的偏置电流确定。当偏置电流增大到一定程度后，PIN 二极管的电阻不再变化，即 Z_1 的最小值大于 0，因此 PIN 二极管上必定有射频损耗，那么电调的最小衰减值不可能为 0。因此，选择合适的 PIN 二极管，适当增大偏置电流，可减小电调的最小衰减值。

由式（9-65）可知，当 $Z_1 = Z_2 = Z_3 = Z_4 = Z_L$ 时，衰减为无穷大。但在实际电路中，即使输入和输出之间不存在空间和电路上的耦合，由于平衡电桥桥臂的各支路 PIN 二极管射频电阻有差异，实际电路布局和参数也不可能完全相同，因此最大衰减值有限。衰减量的表达式为

$$L = \left(\frac{v_{\mathrm{i}}}{v_{\mathrm{O}}}\right)^2 = \left(\frac{v_{\mathrm{i}}}{I_2 Z_L}\right)^2 = \left(\frac{A}{(Z_1 Z_2 - Z_3 Z_4) Z_L}\right)^2 \tag{9-66}$$

式中，$A = Z_1 Z_2 Z_3 + Z_1 Z_2 Z_4 + Z_1 Z_3 Z_4 + Z_2 Z_3 Z_4 + Z_1 Z_2 Z_L + Z_2 Z_3 Z_L + Z_1 Z_4 Z_L + Z_3 Z_4 Z_L$。

假设 $Z_2 = Z_3 = Z_4 = Z_L$，$Z_1 = Z_L + \Delta Z$，则

$$L = \left(\frac{8 Z_L + 5 \Delta Z}{\Delta Z}\right)^2 \tag{9-67}$$

当要求最大衰减值为 60dB 时，需要满足 $-0.00796 Z_L \leqslant \Delta Z \leqslant 0.008 Z_L$。一个桥臂射频电阻与其他桥臂射频电阻的差别不到 8‰才能保证最大衰减值为 60dB。经抽样测试一定数量的某型号 PIN 二极管，发现在同样的直流电流偏置下，射频电阻偏差最大可达 4 倍。因此，为尽可能增加最大衰减值，PIN 二极管需要经过筛选和匹配，电路的每条支路在布局上应尽可能一致。

3）非线性失真控制

PIN 二极管两端的射频电压与射频电流基本呈线性关系的条件是，PIN 二极管正向偏置时，I 区储存的电荷量远大于射频电流一个周期内流入或抽出的 I 区的电荷量。这需要选择合适的偏置电流来保证。设射频电流的幅值为 I_{m}，频率为 f，则一个周期流入 I 区的电荷量为 $I_{\mathrm{m}}/(2\pi f)$。若 PIN 二极管的载流子平均寿命为 τ，直流控制电流为 I_{DC}，则 I 区储存的电荷量为 $I_{\mathrm{DC}}\tau$。因此，PIN 二极管线性工作的条件是 $I_{\mathrm{m}} \ll 2\pi f \tau I_{\mathrm{DC}}$。

由 PIN 二极管线性工作的条件可知，频率越高，PIN 二极管线性工作的条件越容易满足。当频率一定时，要使较大的射频电流基本不失真，可选择载流子寿命长的 PIN 二极管，或者增大控制电流，或者同时采用这两种方法。在实际设计中，当电调衰减器输入功率较大时，首选长载流子寿命的 PIN 二极管，其次选用各桥臂串联多个 PIN 二极管。

为进一步避免 PIN 二极管产生二次谐波，同一支路上的 PIN 二极管可反向串联，如图 9-32 所示。使用这种连接方式，PIN 二极管 1 与 PIN 二极管 2 产生的二次谐波可在本支路上对消，大大降低输出端的二次谐波。

图 9-32　同一支路上的 PIN 二极管反向串联

4）阻抗匹配

为减小双极性电调衰减器的非线性失真，要求偏置电流大，但此时 PIN 二极管电阻很小，不便与 50Ω 系统进行匹配。为此，可将多个 PIN 二极管串联，组成平衡电桥的一个支臂；并用变压器进行阻抗变换。另外，变压器还需要实现不平衡到平衡的转换。

5）典型双极性电调衰减器

根据上面的分析研制超短波双极性电调衰减器，其桥臂采用 2 个 PIN 二极管反向串联，功率可达 10W。图 9-33 给出了超短波双极性电调衰减器的最小衰减曲线和最大衰减曲线。图 9-33 中的 "0.003V" 对应的曲线表示的是控制电压为 0.003V 时电调的 S_{21} 曲线；"5V" 对应的曲线表示的是控制电压为 5V 时（电调处于最小衰减时）电调的 S_{21} 曲线。由图 9-33 可知，该电调在整个超短波频段（30～500MHz）的动态范围约为 40dB。

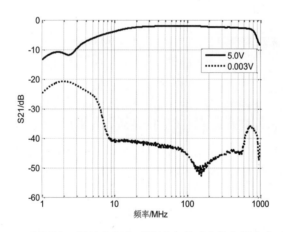

图 9-33　超短波双极性电调衰减器最小衰减曲线和最大衰减曲线

9.2　数字化对消技术

下面介绍数字化控制的数模混合辐射电磁干扰对消技术，以及全数字辐射电磁干扰对消技术。

9.2.1 数模混合辐射电磁干扰对消技术

辐射电磁干扰对消装置包括矢量调制模块和相关控制器模块。矢量调制模块将参考信号分解为两个独立的正交信号，再通过对两路正交信号分别进行幅度调整和相位的 $0/\pi$ 移相，从而在正交坐标系中实现对信号幅度的任意调整和整个坐标系 360°的任意相位调整。相关控制器模块计算参考信号与干扰信号之间的相关性，动态输出矢量调制器权值控制参数。

现有的辐射电磁干扰对消装置的矢量调制模块和相关控制器模块均由模拟器件实现，存在环境适应性弱、对消速度较慢等问题，影响了辐射电磁干扰对消装置的可维修性、环境适应性等指标，限制了射频辐射电磁干扰自适应对消技术的应用范围。数字化控制的射频辐射电磁干扰自适应对消方案借助高速采样技术和嵌入式信号处理技术，将相关控制器数字化，同时保留了模拟矢量调制模块。数字化控制的辐射电磁干扰对消系统原理框图如图 9-34 所示。

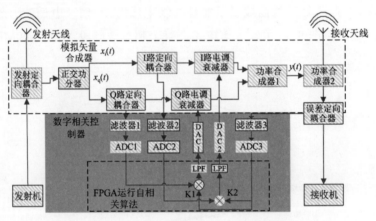

图 9-34 数字化控制的辐射电磁干扰对消系统原理框图

数字化控制的数模混合辐射电磁干扰对消技术具有以下优势。①对接收机信噪比无影响：矢量调制模块使用模拟器件来实现，模拟器件只涉及取样参考信号的幅度衰减和相位调整，不涉及信号的放大，不会引入有源噪声。②环境适应性强：矢量调制模块由基本的无源射频器件和简单的有源 PIN 二极管构成，环境变化对器件性能影响小；相关控制器核心由数模混合器件 ADC（模数转换器）/DAC（数模转换器）和数字器件 FPGA 构成，抗扰度强，同时控制部分数字化也增加了控制算法的灵活性。③干扰对消比大、对消速度快：辐射电磁干扰对消系统的核心指标为干扰对消比和对消速度，这两个指标的上限由系统环路增益控制，模拟辐射电磁干扰对消系统中由于模拟器件输出电压范围受限和对器件稳定性有要求，系统环路增益无法设定很高，而数字器件 FPGA 则不存在此种限制，增益值可通过程序调节，增益可调上限高。④易于实现多通道集成：数字器件 FPGA 可并行运行多个自适应相关算法，即同一个数字相关控制器可控制多个矢量调制模块，资源复用率高而不显著增加设备体积。⑤不同辐射电磁干扰对消装置参数性能一致性强：模拟器件的性能参数差异可通过 FPGA 算法校准补偿。

下面结合具体的研究实践介绍数字化控制的数模混合辐射电磁干扰对消系统应用的部分关键技术。

1. 量化效应分析

辐射电磁干扰对消系统本质上是一种用于噪声消除的迭代负反馈系统。直观来看，ADC/DAC 有限的量化位数引入了量化噪声，此噪声可能会耦合进接收机，影响接收机的信噪比。ADC/DAC 有限的采样率导致自适应环路参数的迭代速率下降，会对干扰消除的速度有影响。在理想情况下，ADC/DAC 应具备无限的量化位数和尽可能高的采样率，但高速、高精度的选型会带来较大的后端处理压力而增加硬件成本。因此根据具体的对消性能指标要求进行合理的芯片选型就成了数模混合辐射电磁干扰对消方案必须解决的关键问题。

在此主要通过仿真的方式来确定 ADC/DAC 具体的指标要求。仿真环境采用 MATLAB 和 Simulink，如图 9-35（a）所示。其中，ADC 使用一阶保持器来模拟，如图 9-35（b）所示；DAC 使用量化器来模拟，如图 9-35（c）所示。一阶保持器（Zero-Order）可设定采样率，量化器（Quantizer）可设定量化间隔。模拟滤波器通过双线性变化法转换为数字滤波器（图 9-35 中的 LPF 和 LPF1，转换关系为 $s = 2(1-z^{-1})/T_s(1+z^{-1})$ ）。图 9-35 中设置了一个观测器（Scope），用于观察干扰对消的动态过程。

图 9-36 展示了数字量化效应仿真结果。图 9-36（a）为示波器显示的干扰信号的对消过程；图 9-36（b）展示了在不同 K_e 值时，ADC1 量化位数与最终干扰对消比之间的关系，可以看出，ADC1 前端增益越大，达到理论对消比所需要的 ADC 量化位数越低；图 9-36（c）展示了 ADC2 和 ADC3 量化位数的要求；图 9-36（d）展示了 DAC 量化位数与理论干扰对消比之间的关系。数字量化效应仿真结果表明，应尽可能增大误差采样 ADC 前放大器的增益，这样 ADC 的量化误差带来的影响会很小；对于参考采样 ADC，其量化误差带来的影响很小，可选用较低精度的 ADC 以节省成本；对于 DAC 而言，其量化精度应在 18bit 以上。

2. 精确时延匹配技术

参考信号到达图 9-34 中的数字乘法器 K1 和数字乘法器 K2 有两种路径，这里以 K1 两端信号为例进行介绍。在路径 1 中，参考信号经过正交功分器→Q 路定向耦合器耦合端→滤波器 1→ADC1 到达 K1。在路径 2 中，参考信号经过正交功分器→Q 路定向耦合器直通端→Q 路电调衰减器→功率合成器 1→功率合成器 2→误差定向耦合器→滤波器 3→ADC3 到达 K1。在实际系统的实现过程中，路径 2 的时延值会大于路径 1 的时延值，因此需要合理补偿路径 1 的时延差。实测数据表明，路径 1 和路径 2 的时延差与干扰信号周期的比值应小于 2.78%，即在带宽为 500MHz 时，时延差最大为 55.6ps。

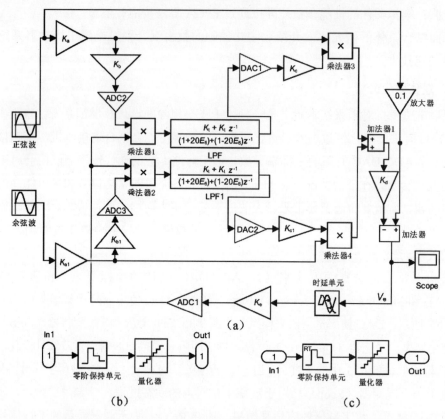

图 9-35 数字量化效应分析 Simulink 仿真模型

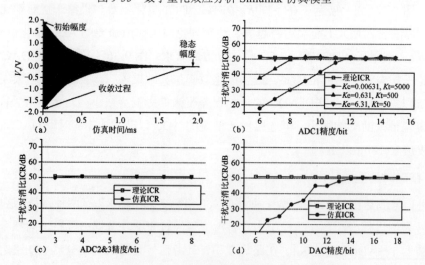

图 9-36 数字量化效应仿真结果

现有短波模拟辐射电磁干扰对消系统和超短波模拟辐射电磁干扰对消系统使用机械可调式模拟时延线的方法增大路径 1 上的信号时延。以 INC 公司的机械可调式模拟时延线 1503-15A 为例来进行说明，其内部框图如图 9-37 所示。模拟信号线从 IN 端入、从 TAP 端出；OUT 端接 50 Ω 匹配负载来避免反射。INC 公司的机械可调式模拟时延线 1503-15A 的带宽为 116.67MHz，可调精度最优为 120ps。机械可调式模拟时延线的方法的缺点是带宽受限、可调精度受限、手动调节十分不便，因而我们需要一种更精确的可调整方案。

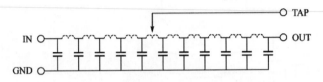

图 9-37　机械可调式模拟时延线 1503-15A 内部框图

假设经路径 1 到达乘法器端的信号为 f_1，经路径 2 到达乘法器端的信号为 f_2。相对于 f_1 来说，f_2 具有固定时延和幅度变化，即 $f_2(t) = af_1(t - \Delta t)$。为使乘法器两端的信号相关性最大，在模拟时延方案中，f_1 经过时延 Δt 变为 $f_1(t - \Delta t)$，从而时延后的信号与 f_2 保持同相位。从图 9-38 中看，模拟时延方案的实质就是 f_1 信号的最高点经过 Δt 时延后与 f_2 的最高点保持同相位，此时通过 2 通道 ADC 同步采样后，f_1 的最高点和 f_2 的最高点就能够对齐。从另一种角度来看，如果对 f_2 进行时延 Δt 采样，然后对 f_1 和 f_2 的采样点在 FPGA 内部进行对准，也能够实现 f_1 的最高点和 f_2 的最高点保持对齐，即时延采样技术。

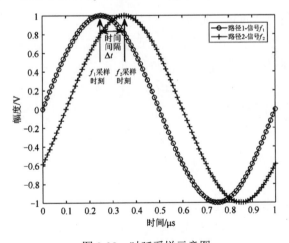

图 9-38　时延采样示意图

从数学关系来看，对路径 1 的 f_1 采用正常采样脉冲 $\delta_T (= \sum_{-\infty}^{+\infty} \delta(t - nT))$ 进行采样，得到采样信号 $f_{s1}(t) = f_1(t)\delta_T(t)$；对路径 2 的 f_2 采用时延采样脉冲 $\delta_{\Delta T} (= \sum_{-\infty}^{+\infty} \delta(t - \Delta t - nT))$ 进行采样，则 f_2 的采样信号为

$$f_{s2}(t) = af_1(t-\Delta T) \times \sum_{-\infty}^{+\infty} \delta(t-\Delta t-nT) = af_1(t) \times \sum_{-\infty}^{+\infty} \delta(t-nT) = af_{s1}(t)$$

即 f_2 时延采样后的信号与 f_1 的正常采样信号同相，从而证明时延采样方法的正确性。

根据此时钟采样技术设计如图 9-39 所示的精确时延调整电路，该电路由 ADC 取样单元、数据同步器、FPGA 时延器、时钟产生器组成。

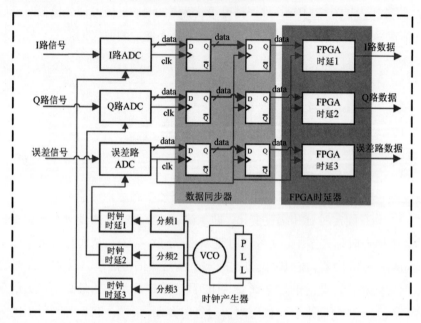

图 9-39　精确时延调整电路

时钟产生器可使用 Analog Devices 公司生产的芯片 HMC7044，输出 3 路采样时钟给 ADC，每路采样时钟的初相位均可调，调整后的三路时钟保持严格的同步。采样时钟的初相位调整由时钟产生器内部的时钟时延单元实现，时钟时延单元由基于触发器的粗调时延子单元和模拟微调时延子单元构成，这两个子单元串联在一起。粗调时延子单元调整范围为 0～2.830ns，分辨率为 166.5ps；微调时延子单元调整范围为 135ps～670ps，分辨率为 25ps，粗调时延子单元和模拟微调时延子单元相结合。时钟时延单元总的时延调整范围为 135ps～3.500ns，分辨率为 25ps。

具有不同采样时刻的 ADC 的输出时钟和数据具有不同的变化时刻，为使 FPGA 内部的程序在统一的全局时钟下工作，需要对三路 ADC 的数据进行同步，故在 FPGA 内部设置了数据同步单元。该数据同步单元由两级 D 触发器构成，第一级 D 触发器的数据和时钟输入直接与 ADC 的数据和时钟输出相连，这样可最大化地避免时序问题；第二级 D 触发器的时钟输入均采用误差路 ADC 的输出时钟，此时钟也为 FPGA 内部程序的全局时钟。

为增大时延调整范围，每一路 ADC 采样数据经过数据同步后，均跟随了一个 FPGA 时延器。FPGA 时延器基于 FIFO 实现，FIFO 的工作时钟为误差参考 ADC 的输出时钟，

FIFO 深度可调，在使用时按照需求进行调整（此处以存储深度 1024 个点为例）。在稳定工作时，FIFO 的写使能和读使能均有效，FIFO 输入数据流速度和输出数据流速度一致。FIFO 内部一直保留的数据个数是时延深度。FPGA 时延器的时延值为时延深度与其工作时钟的乘积值。FPGA 时延器最大时延值为 5.12μs（以存储深度 1024 个点为例，最大时延值为 5ns×1024）。

3. 高速 IIR 滤波器实现技术

数字化控制的辐射电磁干扰对消系统采用 2 个 1 阶低通滤波器（具体位置见图 9-34）。低通滤波器的拉普拉斯传输函数为 $H(s) = k_\tau / (\tau s + 1)$。式中，$k_\tau$ 为低通滤波器增益，τ 为时间常数，时间常数范围设置为几微秒到几秒。

低通滤波器可采用有限冲击响应（FIR）滤波器或无限冲击响应（IIR）滤波器。FIR 滤波器具有无反馈环、内在稳定、FPGA 实现简单等优点，但并不适用于辐射电磁干扰对消系统。辐射电磁干扰对消系统所需要的低通滤波器传输函数在短波和超短波整个频段内输出相位固定为 90°，而 FIR 滤波器通常的线性相位特性导致其传输函数的输出相位随着输入频率改变而改变。

低通滤波器的拉氏域传输函数通过双线性变换可得其 Z 域传输函数为 $H(z) = a(1 + z^{-1}) / (1 - bz^{-1})$。其中，变换关系为 $s = 2f_s(1 - z^{-1}) / (1 + z^{-1})$，$a = k_\tau / (2f_s\tau + 1)$，$b = (2f_s\tau - 1) / (2f_s\tau + 1)$。低通滤波器的时域模型为 $y(n) = by(n-1) + ax(n) + ax(n-1)$，其直接型结构可分为递归部分和非递归部分，如图 9-40（a）所示。

高速 IIR 滤波器的实现有两个难点：第一个难点为滤波器截止频率与工作频率相差 400 万倍，为了保证稳定性，数据类型采用单精度浮点数，而浮点数实现高速较难；第二个难点是，在采用直接型结构时，最高工作频率仅为 6.25MHz，而递归部分无法直接应用流水线技术。在此对 IIR 滤波器的时域模型多次应用时域交叉技术，可得

$$y(n) = b^2 \cdot y(n-2) + a \cdot x(n) + (ab + a) \cdot x(n-1) + ab \cdot x(n-2)$$

$$y(n) = b^3 \cdot y(n-3) + a \cdot x(n) + (ab + a) \cdot x(n-1) + (ab^2 + ab) \cdot x(n-2) + ab^2 \cdot x(n-3)$$

……

$$y(n) = b^6 \cdot y(n-6) + a \cdot x(n) + \sum_{k=1}^{5} a(b^k + b^{k-1}) \cdot x(n-k) + ab^5 \cdot x(n-6)$$

$$y(n) = b^7 \cdot y(n-7) + a \cdot x(n) + \sum_{k=1}^{6} a(b^k + b^{k-1}) \cdot x(n-k) + ab^6 \cdot x(n-7)$$

时域交叉技术能在递归环路中增加 7 个时延。之后使用流水线技术和加法树方法对非递归部分进行优化，可得如图 9-40（b）所示的结构，此结构经过 FPGA 时序仿真可运行工作时钟频率为 256.8MHz。

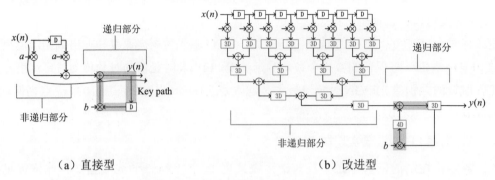

（a）直接型　　　　　　　　　　　　（b）改进型

图 9-40　高速 IIR 滤波器实现示意图

9.2.2　全数字辐射电磁干扰对消技术

全数字辐射电磁干扰对消系统将接收信号和参考信号（均为模拟信号）经过 ADC 进行数字化处理后输入数字信号处理器。在数字域，通过特定的干扰对消算法去除接收信号中混杂的干扰信号并提取出干净的有用信号；而后，将有用信号经过 DAC 还原成模拟信号并输出。如果接收信号和参考信号频段较高，在将它们输入 ADC 进行数字化处理之前，通常利用混频器将频率搬移至中频或基带，以满足 ADC 对输入信号频率的要求。在数字域完成干扰对消并利用 DAC 输出之后，可以根据接收机需求，利用混频器将频谱搬移回射频频段。全数字辐射电磁干扰对消系统原理图如图 9-41 所示。

由上述描述不难发现，全数字辐射电磁干扰对消系统将接收信号和参考信号作为数字信号处理器的输入；将已消除干扰的、干净的接收信号作为数字信号处理器的输出，干扰对消所需要的信号处理过程几乎全部由数字信号处理器承担。FPGA、DSP、ASIC 等是目前常见的数字信号处理器件。得益于数字信号处理器件的飞速发展，全数字辐射电磁干扰对消系统能够实现灵活的信号处理过程和复杂的控制逻辑，并具有实时干扰对消能力。

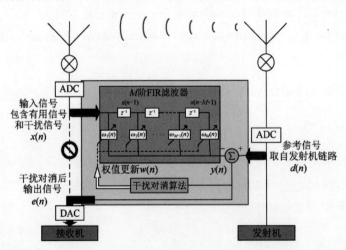

图 9-41　全数字辐射电磁干扰对消系统原理图

1．干扰信道的数学模型

自干扰一般是通过天线间的无线信道进行耦合的，准确建立整个频段的数学模型对于干扰的精确重构与消除具有重要意义。如何以尽可能简单的数学模型设计出符合系统要求的数字滤波器是一个非常重要的问题。下面，我们将讨论如何建立干扰耦合路径的数字化模型，从而使滤波器响应的幅频特性和无线干扰的耦合特性精确吻合。

在发射机基带到接收机基带的整个链路有三个重要特性：功率放大器的非线性、宽带无线信道多径效应和 IQ 不平衡效应，下面分别讨论其对基带传输特性的影响。

1）非线性模型

在模拟射频部分，功率放大器的非线性会引起信号的非线性失真。由于功率放大器的非线性直接影响的是射频信号特性，因此需要对基带信号的影响需要进一步分析。非线性在射频域的影响通常建模为多项式模型

$$\tilde{x}_{\mathrm{PA}}(t) = \sum_{k=1}^{K} c_k \tilde{x}^k(t) \tag{9-68}$$

式中，$\tilde{x}(t) = \mathrm{Re}\{x(t)e^{j\omega_c t}\}$ 为基带信号变换到射频后的信号，K 为非线性阶数，c_k 为第 k 阶非线性成分系数。在通常情况下，只有奇数阶的非线性畸变引起的频谱成分靠近 ω_c，不能被滤波器滤除，而对线性成分造成影响。同时，随着非线性阶数的增大，非线性成分越来越弱，三阶非线性对于原信号影响最大，以上多项式模型可以简化为

$$\tilde{x}_{\mathrm{PA}}(t) = c_1 \tilde{x}(t) + c_3 \tilde{x}^3(t) \tag{9-69}$$

对于三阶畸变分量 $\tilde{x}^3(t)$，有

$$\tilde{x}^3(t) = \left(\mathrm{Re}\{x(t)e^{j\omega_c t}\}\right)^3 = \left(\frac{x(t)e^{j\omega_c t} + x^*(t)e^{-j\omega_c t}}{2}\right)^3 \tag{9-70}$$

$$= \frac{1}{8}\left(x^3(t)e^{j3\omega_c t} + \left(x^*(t)\right)^3 e^{-j3\omega_c t} + 3x^2(t)x^*(t)e^{j\omega_c t} + 3x(t)e\left(x^*(t)\right)^2 e^{-j\omega_c t}\right)$$

可以看出，三阶非线性畸变产生了四个频率，而只有 $\frac{3}{8}x^2(t)x^*(t)e^{j\omega_c t}$ 在 ω_c 附近，它会对原信号产生影响，因此功放对离散基带信号的影响可以表示为

$$x_{\mathrm{PA}}(n) = c_1 x(n) + \frac{3}{8}c_3 x^2(n)x^*(n) \tag{9-71}$$

式中，$x_{\mathrm{PA}}(n)$ 为射频信号经过功放后的等效离散基带信号。

2）宽带无线信道模型

对于收发天线间的无线信道，一般除包括直射路径外，还同时包括许多反射路径和散射路径，信道的冲击响应可以表示为

$$h(t) = \underbrace{h_0 \delta(t - \tau_0)}_{\text{直射路径}} + \underbrace{\sum_{i=1}^{N} h_i \delta(t - \tau_i)}_{\text{反射和折射路径}} \tag{9-72}$$

式中，h_0 和 τ_0 分别为直射路径的增益和时延；h_i 和 τ_i 分别为第 i 个反射路径和折射路径

的增益和时延。信道的冲击响应仍然作用于射频信号，等效的基带响应为

$$h_{\mathrm{b}}(t)=\sum_{i=0}^{N}h_i e^{-\mathrm{j}\omega_c \tau_i}\delta(t-\tau_i) \tag{9-73}$$

因此离散等效基带模型可以建模为一个 FIR 滤波器

$$h_{\mathrm{b}}(n)=\sum_{m=0}^{M}h_m\delta(n-m) \tag{9-74}$$

式中，抽头系数 h_m 为复信号，为了保证滤波器能够涵盖所有多径路径，多径滤波器抽头个数应满足 $M\times\Delta T>\max\{\tau_i\}$。

3）IQ 不平衡模型

正交解调模块 IQ 不平衡包括频率独立部分和频率依赖两部分。频率独立部分的不平衡来自本振 IQ 支路的幅度和相位失衡，即本振 IQ 支路的本振信号分别为 $\cos(\omega_c t)$ 和 $-g\sin(\omega_c t+\varphi)$。频率依赖部分的不平衡来自两个 IQ 支路上的模拟器件的不匹配，可以建模为一个理想的低通滤波器 $H_{\mathrm{LPF}}(f)$ 和补偿滤波器 $H_{\mathrm{I}}(f)$ 和 $H_{\mathrm{Q}}(f)$。IQ 不平衡对于接收信号的影响为

$$y(t)=y_{\mathrm{R}}(t)*g_1(t)+y_{\mathrm{R}}^{*}(t)*g_2(t)$$
$$h_1(t)=\frac{h_{\mathrm{I}}(t)+g_1 e^{-\mathrm{j}\varphi}h_{\mathrm{R}}(t)}{4}$$
$$h_2(t)=\frac{h_{\mathrm{I}}(t)-g_1 e^{\mathrm{j}\varphi}h_{\mathrm{R}}(t)}{4} \tag{9-75}$$
$$h_{\mathrm{I}}(t)=\mathrm{IFFT}\{H_{\mathrm{I}}(f)\},h_{\mathrm{Q}}(t)=\mathrm{IFFT}\{H_{\mathrm{Q}}(f)\}$$

式中，$y_{\mathrm{R}}(t)$ 为接收机收到的等效基带信号，$\mathrm{IFFT}\{\}$ 为逆傅里叶变换。可以看出 IQ 不平衡会导致镜像频率的产生，影响接收到的基带信号。$y(t)$ 为基带信号，离散模型可以直接表示为 $y(n)=y_{\mathrm{R}}(n)*h_{\mathrm{I}}(n)+y_{\mathrm{R}}^{*}(n)*h_{\mathrm{Q}}(n)$。

4）整体链路模型

将以上模型结合起来可以得到如图 9-42 所示的整体链路模型。如果提前得到各个模型系数，该模型可以进行干扰信号重构。然而在实际系统中模型参数都是未知的，由于多个模型串联，模型间系数相互影响，在不能获得中间数据的情况下整体链路模型无法进行参数估计。

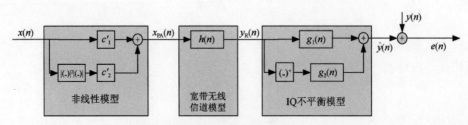

图 9-42　整体链路模型

通过数学变换将整体链路模型变换为如图 9-43 所示的并联模型。该模型可以利用自适应算法进行参数估计，在该模型中，线性滤波器 $f_1(n) \sim f_4(n)$ 为复数形式。

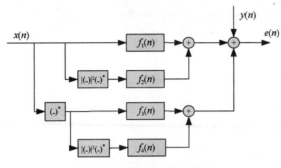

图 9-43　整体链路并联模型

2. 干扰对消算法

干扰对消通常利用自适应滤波器实现。常用的自适应滤波算法包括 LMS（Least Mean Square，最小均方误差）算法、NLMS（Normalized LMS，归一化最小均方误差）算法、RLS（Recursive Least Square，递归最小二乘）算法、卡尔曼滤波（Kalmam Filter）算法等。

LMS 算法是一种经典的参数辨识算法。由于其相对简单、高效，因此在多个领域得到广泛应用。LMS 算法的数学模型如下。

滤波输出为

$$y(n) = \mathbf{w}(n)^H \mathbf{x}(n) = w_0^*(n) \cdot x(n) + w_1^*(n) \cdot x(n-1) + ... + w_{N-1}^*(n) \cdot x(n-N+1)$$

式中，$\mathbf{x}(n) = (x(n), x(n-1), ..., x(n-N+1))^T$ 表示滤波器输入信号的 N 个采样值，$\mathbf{w}(n) = (w_0(n), w_1(n), ..., w_{N-1}(n))^T$ 表示滤波在 n 时刻的权值向量，$y(n)$ 为滤波器在 n 时刻的输出值。

误差信号为

$$e(n) = d(n) - y(n) \tag{9-76}$$

式中，$d(n)$ 为滤波器在 n 时刻的期望输出。

权值更新

$$\mathbf{w}(n+1) = \mathbf{w}(n) + \mu \cdot \mathbf{x}(n) \cdot e^*(n) \tag{9-77}$$

LMS 自适应滤波器的原理示意图如图 9-44 所示。

NLMS 自适应滤波器、RLS 自适应滤波器、Kalman 自适应滤波器等其他自适应滤波器的工作原理这里不进行说明，读者可参阅自适应滤波器相关文献进行了解。这里需要指出的是，选用哪种自适应滤波器需要对滤波器性能、实现复杂度要求等进行综合权衡。一般来说，性能越高的自适应滤波算法涉及的运算也越复杂，实现的复杂度和成本也会相应有所增加。某些应用场景可能会对特定指标参数（如干扰对消比、响应速度、设备成本）提出相对较高的要求，在实际应用的过程中应根据具体需求选取合适的对消算法。

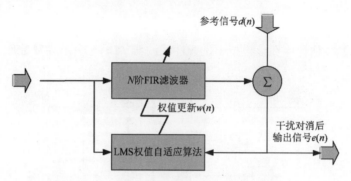

图 9-44 LMS 自适应滤波器的原理示意图

下面举例说明自适应滤波器用于干扰对消的可行性，以及不同滤波器在干扰对消比方面的性能差异。在实验室环境下，利用某型号通信设备作为发射机形成对邻近接收机的干扰，使接收机接收到该通信设备的发射信号，而不是只包含本底噪声。在干扰对消前，接收机接收到的信号波形和频谱如图 9-45、图 9-46 中实线所示。利用 Kalman 自适应滤波器实现自适应滤波算法，在干扰对消后，接收机接收到的信号波形和频谱分别如图 9-45、图 9-46 中点线所示。由图 9-45 和图 9-46 可见，自适应滤波算法能够有效抑制干扰信号。

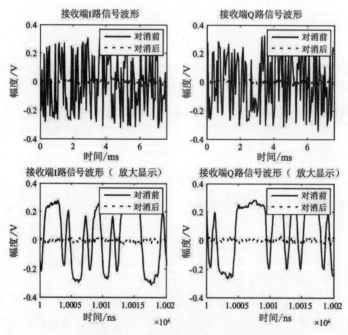

图 9-45 干扰对消前、后波形

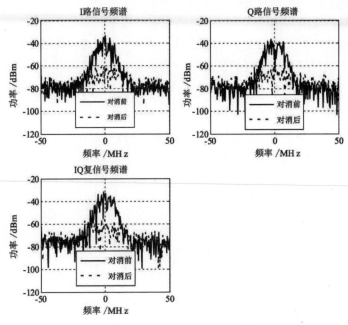

图 9-46　干扰对消前、后频谱

分别采用 LMS 自适应滤波器、NLMS 自适应滤波器、RLS 自适应滤波器、Kalman 自适应滤波器实现自适应滤波算法进行干扰对消，结果表明，在相同滤波器阶数的条件下，不同自适应滤波器算法获得了不同程度的干扰对消比。在上面的几种自适应滤波器当中，Kalman 自适应滤波器的干扰对消比性能最高（见图 9-47），但该滤波器涉及的运算相对而言最为复杂。

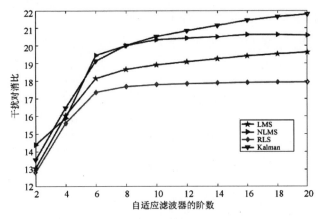

图 9-47　不同自适应滤波算法对消效果比较

3. 高速、高精度干扰对消算法的实现

由于自适应滤波器需要将其误差输出反馈到输入端，因此自适应滤波器的数据流图不可避免地会存在数据环路。在利用 FPGA、DSP 等数字信号处理器件实现自适应滤波

器的过程中，数据环路会对滤波器输入速率和输出速率产生严重限制，并因此制约系统在信号带宽等方面的适用性。鉴于上述原因，如何实现高速、高精度自适应滤波器是全数字辐射电磁干扰对消系统需要解决的一个核心问题。

下面以高速、高精度 LMS 算法的 FPGA 实现方法为例，阐述高速、高精度参数辨识算法的 FPGA 实现技术的一般思路。

高速、高精度 LMS 算法的实现难点在于，自适应滤波存在两个反馈环路（图9-48）。根据数学原理直接在 FPGA 中实现自适应滤波器的方式仅适用于较低的 FPGA时钟频率（通常为几兆赫）。在时钟频率为 200MHz 时，自适应滤波器的实现需要专门的设计和优化。

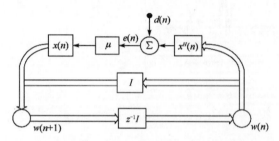

图 9-48　LMS 算法中数据流图的反馈回路

为减小 FPGA 时钟周期（增大时钟频率），在实现高速、高精度参数辨识算法的过程中拟采用时延 LMS、流水线、时域交叉、重定时等技术。实现高速、高精度参数辨识算法的其他技术还包括并行化、脉动阵列、折叠与展开等。具体实现方法如下。

首先，采用时延 LMS（Delayed LMS）技术：用时延后的误差信号 $e(n-mD)$ 替代误差 $e(n)$（其中，m 为一个正整数，D 为时延时间单元），这样可以在自适应滤波器的反馈环路中插入流水线，提高 FPGA 运行时钟频率。时延 LMS 技术原理图如图 9-49 所示。

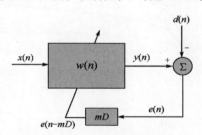

图 9-49　时延 LMS 技术原理图

然后，通过流水线技术（原理图见图 9-50）和重定时技术（原理图见图 9-51）设计和优化流水线 LMS 架构。流水线技术通过引入寄存器切断关键路径，减小组合逻辑的时延，从而达到提高系统时钟频率的目的。重定时技术按照特定规则，重新排列寄存器的位置，使每个加法器和乘法器后都有一个寄存器。

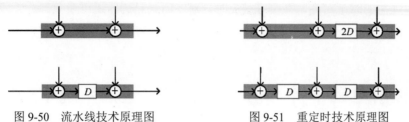

图 9-50　流水线技术原理图　　　　　图 9-51　重定时技术原理图

需要注意的是，由于流水线引入的时间时延会使自适应滤波器响应速度下降甚至发散，因此需要使流水线引入的时间时延尽可能小。

最后，得到 FPGA 实现单通道、实信号 LMS 算法的系统架构，如图 9-52 所示，单通道、实信号 LMS 算法的基本单元模块如图 9-53 所示。

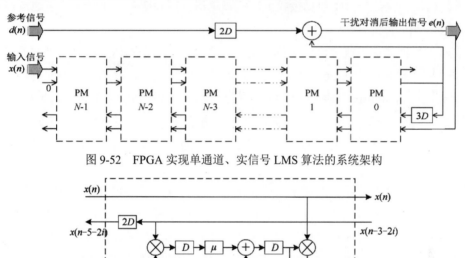

图 9-52　FPGA 实现单通道、实信号 LMS 算法的系统架构

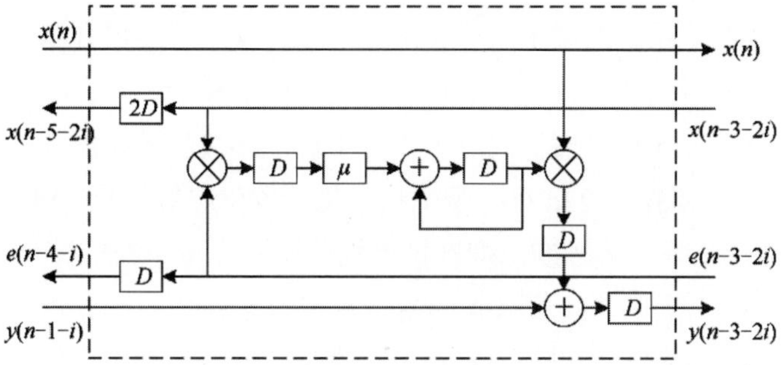

图 9-53　单通道、实信号 LMS 算法的基本单元模块

实测结果表明，上述方法实现的高速、高精度 LMS 算法具有如下特性。

* 实时性好：干扰对消后的信号相对干扰对消前的信号仅时延 3 个时钟周期，即 15ns，对应电磁波空间传播距离为 4.5m。
* 适用频带宽：能够处理最大带宽为 200MHz 的复信号。
* 滤波器的阶数具有可拓展性：拓展阶数只会增加 FPGA 片内资源的利用率，而不会增加任何硬件的成本、质量、体积；拓展阶数几乎不会对其他性能指标产生制约。
* 不需要专门进行时延对齐和零漂抑制：对于所有频率，FPGA 内部全部实现了

理想的时延对齐，不仅可避免时延对齐所耗精力，还可避免部分频段对消性能的下降。

9.3 辐射电磁干扰对消技术在舰船通信系统中的应用

9.3.1 在短波通信系统中的应用

1. 对消技术方案

舰载某型短波通信系统包括发信分系统和收信分系统两部分。其中，发信分系统有6个发信信道；收信分系统包括接收天线、多路耦合器和电台，接收天线可通过多路耦合器将接收信号分配给多部电台。

在该型短波通信系统中，由于单部发射机最大发射功率为达千瓦级，接收天线与发射天线之间的耦合度均在26～60dB之间，因此，接收天线接收到的本地发射机干扰信号功率最高可达30dBm。根据GJB 407A—97《军用短波单边带通信设备通用规范》，短波接收机分为一级机、二级机和三级机，其阻塞电平分别为110dBμV（3dBm）、100dBμV（-7dBm）和95dBμV（-12dBm），由此可知，本舰的大功率发射信号必然会导致接收机的阻塞干扰。

根据该型短波通信系统的装备组成、工作方式、收发天线耦合度、接收机的性能及干扰类型，相应的辐射电磁干扰对消装置需要具有以下性能：能够同时对消6部发射机发射的干扰信号，保证6部发射机同时工作时不会干扰接收系统的正常接收；能够将接收的大功率干扰信号对消至-22dBm，保证接收机不发生阻塞干扰（对三级机有10dB安全裕量）；能够通过降低干扰幅度，抑制接收机互调干扰和交调干扰。

6通道辐射电磁干扰对消装置组成框图如图9-54所示。利用参考取样机箱提取发射机输出信号并输送至干扰对消机柜，以对消接收天线接收到的干扰信号，各个权值模块可独立工作。对于不同的天线分布，收发天线之间的空间延时特性不同，为保证干扰对消效果，必须对参考信号的时延进行匹配。为实现辐射电磁干扰对消装置通用化，在对其进行设计时已经考虑该项需求，在其内部集成了可调大功率延时匹配电路，可以根据不同舰船收发天线实际耦合情况进行延时匹配调整。

2. 干扰对消效果

1）干扰对消比

图9-55给出了图9-54中权值模块#1通道在2～30MHz全频段的干扰对消比测试结果。测试干扰信号功率为18dBm，干扰对消比在60dB以上，剩余信号功率小于-45dBm。由于设计具有一致性，6个通道的总体性能基本一致。

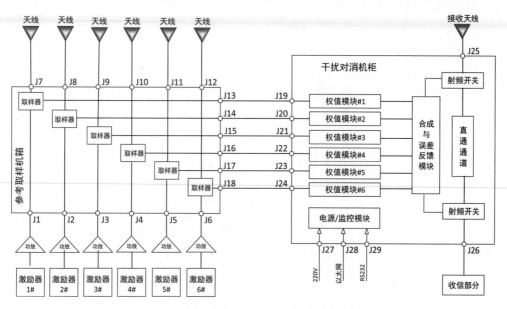

图 9-54　6 通道辐射电磁干扰对消装置组成框图

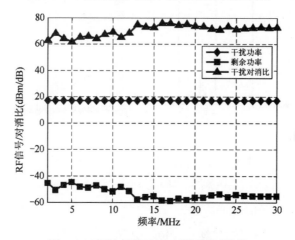

图 9-55　短波频段干扰对消比测试结果

图 9-56 给出了干扰信号频率为 7.9MHz，有用信号频率为 8MHz 时，干扰对消前、后的结果对比。由于有用信号功率较小（-87.61dBm），低于频率为 8MHz 处干扰信号的功率，因此在没有使用辐射电磁干扰对消装置时，因为有干扰信号存在，无法正常接收 8MHz 的有用信号。在使用辐射电磁干扰对消装置后，由于对干扰主频和宽带噪声同时进行了大幅度抑制，原来淹没在干扰信号中的有用信号被恢复出来，因此可以确保正常通信。

图 9-57 为 6 路干扰同时消除效果（实际环境测试）。每相邻 2 路干扰间隔为 1MHz，在使用辐射电磁干扰对消装置后，可同时对 6 路干扰信号进行消除，消除效果为 50～70dB，相应干扰的剩余功率小于-60dBm。

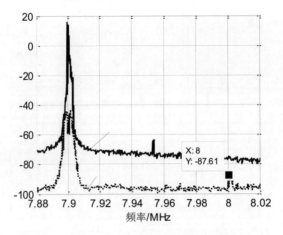

图 9-56　接收信号从干扰信号中被恢复出来

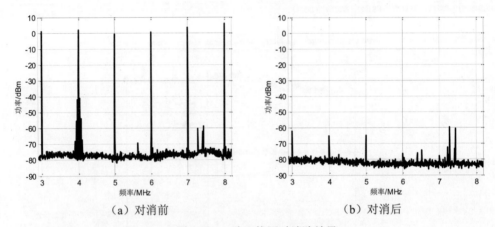

（a）对消前　　　　　　　　　　　（b）对消后

图 9-57　6 路干扰同时消除效果

2）干扰对消瞬态响应时间

在实验室条件下，测量典型频率（短波）的干扰对消瞬态响应时间。表 9-3 给出了短波对消装置干扰对消瞬态响应时间。由表 9-3 可知，在 900μs 内，干扰抑制可达 40dB。

表 9-3　短波辐射电磁干扰对消装置干扰对消瞬态响应时间

频率/MHz	2	8	12	15
干扰对消 40dB 的瞬态响应时间/μs	400	847	847	590

9.3.2　在舰载超短波通信系统中的应用

1. 对消方案

舰船上装备有多部某型超短波通信电台，该型电台收发一体且共用天线。当多部电台同时工作时，相互之间容易产生干扰。超短波通信电台辐射电磁干扰对消装置可以解决同平台 4 部（可向下兼容）通信电台收、发干扰问题，该装置主要由 4 个权值模块、4 条时延线、取样与收/发选择模块、对消与反馈模块、监控模块和电源模块等组成，其组成框图如图 9-58 所示。超短波通信电台辐射电磁干扰对消装置通过取样与收/发选择模块实现对电台直通与取样选择，在取样状态时利用电台的控制信号进行收、发转换及干扰取样；之后权值模块对参考信号进行幅度和相位调整；然后使用对消与反馈模块将由接收天线接收的干扰信号与参考信号进行合成，实现对干扰信号的消除。

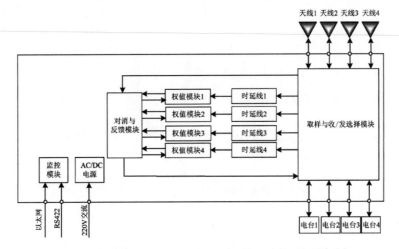

图 9-58　超短波通信电台辐射电磁干扰对消装置组成框图

2．对消效果

1）干扰对消比

图 9-59 给出了超短波通信电台辐射电磁干扰对消装置中某一个通道在 108～174MHz 频段的干扰对消比测试结果。测试干扰信号功率为 17dBm，干扰对消比在 65dB 以上，剩余信号功率小于-50dBm。由于设计具有一致性，4 个通道的总体性能基本一致。

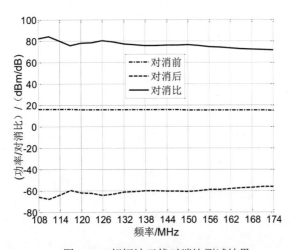

图 9-59　超短波干扰对消比测试结果

图 9-60 给出了干扰信号频率为 155.9MHz，有用信号频率为 155.8MHz 时，干扰对消前、后的结果对比。由于有用信号功率较小（–95dBm），低于频率为 155.8MHz 处干扰信号的功率，因此在没有使用辐射电磁干扰对消装置时，因为有干扰信号存在，无法正常接收 155.8MHz 的有用信号。在使用辐射电磁干扰对消装置后，由于干扰主频和宽带噪声同时进行了大幅度抑制，使得原来淹没在干扰信号中的有用信号被恢复出来，因此可以确保正常通信。

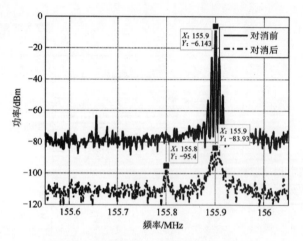

图 9-60　接收信号从干扰信号中恢复出来

图 9-61 为 3 路干扰信号同时消除效果（实际环境测试）。在使用辐射电磁干扰对消装置后，可同时对 3 路干扰信号进行消除，消除效果在 70dB 以上，剩余功率小于 –60dBm。

2）干扰对消瞬态响应时间

在实验室条件下，测量典型频率（超短波）的干扰对消瞬态响应时间。表 9-4 给出了超短波对消装置干扰对消瞬态响应时间。由表 9-4 可知，在 400μs 内，干扰抑制可达 40dB。

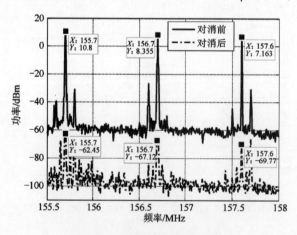

图 9-61　3 路干扰同时消除结果

表 9-4　超短波辐射电磁干扰对消装置干扰对消瞬态响应时间

频率/MHz	108	110	120	130	140	150	160	170	174
干扰对消 40dB 的瞬态响应时间/μs	216	180	238	280	300	320	336	348	356

9.3.3　在微波通信系统中的应用

1．微波干扰对消技术

辐射电磁干扰对消系统发展到微波频段，其原理模型仍基于短波频段和超短波频段的辐射电磁干扰对消系统模型。但微波辐射电磁干扰对消系统的部分关键器件（如矢量调制器和相关器件）与短波辐射电磁干扰对消装置和超短波辐射电磁干扰对消装置有较大的不同。在微波频段，通常采用混频器实现相乘的功能，但混频器存在固有的直流偏置问题，这会影响相乘功能的准确性。混频器的本振信号受自混频等因素的影响，混频后的中频分量存在与所需要提取的中频相同的直流信号，该直流信号混入基带信号会直接影响对消的精度。通常采用预失真技术对直流偏置进行抑制，但当发射机功率发生浮动变化、天线或环形器的特性随着时间和温度而发生改变时，都会引起干扰信号功率的改变，进而再次引起直流偏移的改变，从而无法准确测出直流偏移信号的大小及变化。因此，微波辐射电磁干扰对消系统通常将参考信号和误差反馈信号下变频至中频进行相乘处理。典型的微波辐射电磁干扰对消系统电路框图如图 9-62 所示。参考信号、误差反馈信号分别与本振信号混频后得到中频信号，然后进行相关计算，得到权值信号用于调整参考信号的幅度和相位，从而实现对消干扰信号。

微波辐射电磁干扰对消系统模型与低频辐射电磁干扰对消系统模型或中频辐射电磁干扰对消系统模型的主要的区别在于，微波辐射电磁干扰对消系统模型中引入了混频器，将权值控制部分的频率由微波频段混频到中频，在中频段进行信号相关处理并计算权值。混频器的引入并没有改变参考信号与干扰信号的相关性，同时也没有改变参考信号与有用信号不相关这一特性。因而按照自适应对消的原理，干扰信号将被对消，而有用信号则被保留。

2．对消效果

典型的微波辐射电磁干扰对消系统对消效果如图 9-63 所示。对于单音信号，干扰对消比可达 56dB，甚至可以超过 56dB。对于近 100MHz 的宽带信号，干扰对消比可达 35dB，甚至可以超过 35dB。

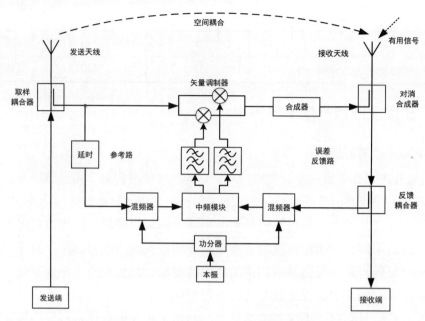

图 9-62　典型的微波干扰对消系统电路框图

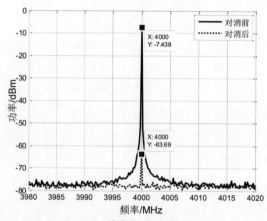

（a）单音信号对消效果

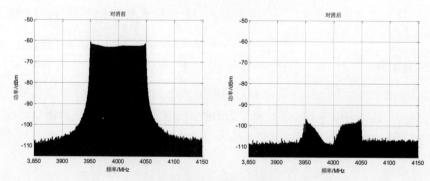

（b）宽带信号对消效果

图 9-63 典型的微波辐射电磁干扰对消系统对消效果

第 10 章 工程实例及新技术发展

10.1 综合电力系统电磁干扰控制

在电磁兼容的专业研究中，电磁兼容设计是指电磁兼容费效比的综合分析。费效比分析就是对采取的各种电磁兼容措施进行成本和效能的分析比较。本章的电磁兼容设计含义更为广泛，包括设备在设计时的电磁兼容分析、制造时的电磁兼容措施及最终验收时的电磁兼容试验。

电磁兼容设计和工程进度之间的关系如图 10-1 所示。由图 10-1 可知，越早开始进行电磁兼容设计，可选择的措施越多，所需经费越少。若在设备设计早期没有做好电磁兼容设计（如忽视了敏感部位的防护和布局等），则很容易在设备组装后出现电磁兼容问题。此时再去解决电磁兼容问题，不仅会花费大量的时间和经费，还很难取得好的效果，甚至可能带来新的电磁兼容问题。因此，更合理的做法是，在研制设备时就对设备或系统进行电磁兼容性分析，并有针对性地设计抑制措施，从而避免可能出现的电磁兼容问题。

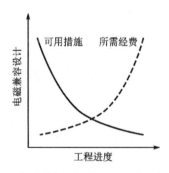

图 10-1 电磁兼容设计和工程进度之间的关系

在一个优秀的工程项目中，电磁兼容设计应该贯穿设备设计的全过程。从方案设计到最终的安装实施都需要考虑在相应阶段可以采取的电磁干扰控制方法，并主动应用那些已由理论和实践证明的、能保证系统相对免除电磁干扰的设计方法。这样就可以使用最少的费用，来获得最好的电磁兼容性能，这也是电磁兼容设计所要达到的目的。

对设备而言，电磁兼容性能是一项非常关键的指标。若其电磁兼容性能不过关，轻则降低设备性能，重则导致系统误动作，引发严重后果，因而必须对设备的电磁兼容性能予以重视。实际上，在现代电子设备和系统中，电磁兼容性能直接决定了产品的生命力。自 1996 年欧盟将电子产品的电磁兼容认证作为市场销售强制要求以后，世界各国也先后对上市销售的各类电气电子产品做出了强制电磁兼容要求。如果产品的电磁兼容性能无法满足要求，那么产品功能再好，也无法在市场销售。作为设计人员必须意识到，电磁兼容设计的意义绝不仅是提高产品的环境适应性，而是解决产品生存问题。

作为设计人员需要认识到，电磁干扰往往与多种因素有关，很难一次将所有因素的作用机理都分析清楚，所以在电磁兼容设计中往往需要进行多次分析。对一个具体设备来说，其电磁兼容设计的基本过程就是理论分析、仿真优选和试验验证的迭代过程。其中，理论分析是从物理原理角度出发说明所采取的措施的可行性；数值仿真则是通过对比仿真，选取合适的参数，优化设计参数，为试验验证做准备；试验验证则是最终的评判和反馈，且设计人员需要根据试验结果进行下一轮或下一步设计。

随着电力电子技术的发展，舰用装置常采用整流装置、斩波装置、逆变装置等电力电子变换装置以高效地完成电能变换。这些装置体积小、效率高、控制灵活，大幅提升了设备的功率密度。但由于电力电子器件都工作在开关方式，所以在完成电能变换的同时，不可避免地会带来一些高次谐波干扰。这些高次谐波干扰是伴随电力电子器件的开关过程产生的，本质是一种脉冲类干扰，其干扰频谱范围分布很广，可以从工频 50Hz 附近一直延伸至数十兆赫。由于电力电子装置种类多、分布广，周围环境复杂，所以其电磁兼容性能是必须要关注的重要指标。本节以舰船综合电力系统为例来说明舰船大功率电能变换系统的电磁兼容要求和设计方法。

10.1.1 　舰船大功率电能变换系统的电磁兼容要求

舰船大功率电能变换系统功率可达上百千瓦甚至兆瓦级，如大型舰船中主电源设备和推进设备的功率已超过 20 兆瓦，其电压可达数千伏，而电流亦可达数千安。并且舰船大功率电能变换系统中的电缆分布广泛、连接设备众多，干扰从低频的电网频率到数十兆赫的谐波都有，干扰不仅会在系统内部流动，也会通过系统中的传输电缆耦合到邻近设备和系统。由于舰船大功率电能变换系统电压高、电流大，滤波电容和滤波电感的制作都比较困难，后期的干扰抑制措施实施难度较大，因此其电磁兼容设计更为重要。合理的电磁兼容设计不仅能保障设备自身正常工作的要求，也能更好地为全船电磁兼容设计提供依据。

在考虑舰船大功率电能变换系统传输电缆对附近设备的耦合干扰时，干扰源除工频电流和工频电压外，还包括电缆中流过的干扰电流（磁场）和其承载的干扰电压（电场）。舰船大功率电能变换系统的干扰主要是由其中的大功率设备产生的，只有准确掌握这些大功率设备产生的干扰特性，才能有效地分析和抑制舰船综合电力系统的电磁干扰。由此可见，设备的电磁干扰分析是系统电磁兼容设计的基础。

对于舰船大功率电能变换系统而言，其主要干扰源是大功率的变频器、逆变器、发电机等；敏感设备主要是各种弱电监测设备、控制设备；干扰传播途径则主要是共模地电流和电缆间的电磁场耦合。由于舰船大功率电能变换系统自身并非敏感设备，所以电磁兼容设计的首要目标就是避免其干扰耦合影响其他设备工作，其次是使设备在工作时对周围电磁环境影响尽可能地小。故在进行系统电磁兼容设计时，不仅要控制干扰源的发射，还要注意耦合途径方面的控制。

目前在舰船工程设计中，干扰源的发射控制要满足相关标准。例如，由于供电系统的功能是给舰用设备提供电能，因此其电磁兼容要求的首要目标就是确保其输出干扰满足舰船电网的电源品质要求。耦合途径则需要通过干扰分析和系统布局来控制，尤其需要注意系统间的共地干扰和回路耦合干扰。

由于大功率电能变换系统具有功率大、线路多、电压高的特点，LISN 很难直接接入，并且测量环境也很难控制，因此对其干扰发射进行测试会有很大困难，但是大功率设备产生的干扰却不可忽视。美国军用电磁兼容标准 MIL-STD-461E 与 MIL-STD-461F 中针对大功率设备产生的干扰问题有如下描述，"强制大功率设备满足电磁干扰发射要求是阻止电磁干扰问题发生的基础，对大功率设备的电磁干扰要求不能因为无法满足设备的特殊工况或体积限制而取消。典型的具有特殊要求的设备或分系统有空气处理设备（加热、通风、空调）、大型 UPS、装备车/移动车辆、脱盐设备、大的电动机/发电机/驱动/电力分配系统、大型雷达、轨道炮及其电源、弹射器及其电源、多级控制子系统等"。

因此，尽管测试高电压、大电流设备产生的干扰有很多困难，但这些设备往往是主要的干扰噪声源。所以为保证系统的电磁兼容性能满足要求，仍然需要控制这些噪声源的干扰发射，即大功率设备产生的干扰仍需要按照电磁兼容标准来进行控制。

虽然大功率电能变换设备体积大、电压和电流的等级高、滤波措施实施困难，但其干扰的产生和传播机理与小功率电力电子装置干扰的产生和传播机理是相同的。因而只要在设备设计阶段遵循电磁兼容设计标准，这样就可以有效地减小大部分干扰，最终可以得到满足系统电磁兼容要求的产品。

10.1.2 舰船大功率电能变换系统的干扰源

1. 干扰源的种类

在对产品进行电磁兼容设计时，首要任务就是确定产品中的干扰源，在舰船大功率电能变换系统中，常见的干扰源有以下几类。

1）电力电子开关器件

电力电子开关器件可以说是电力电子装置最主要的干扰源。因为其工作于开关方式，这是一种典型的非线性工作方式，必定会在电网中产生复杂的谐波成分，并且谐波会随着开关频率的升高向高频段扩展，因而这些谐波干扰不仅可以通过电网传导，还可以通过电缆辐射。当电力电子装置功率很大时，这些谐波干扰很容易导致系统中敏感的测量器件和控制器件出现故障，这也是电力电子装置出现电磁兼容问题的直接原因。在电力电子装置电磁兼容的设计过程中，首要任务就是控制电力电子开关器件的干扰发射，可以通过使用不同的拓扑回路、不同的控制策略来优化电力电子开关器件的干扰发射。

2）继电器开关

虽然很多继电器开关已经被电子开关取代，但仍有许多设备在使用继电器开关，尤其是大功率的设备。继电器开关产生干扰的原因有以下几种：一是继电器开关在开通与关断时并不是瞬时完成的，触点会在瞬间出现多次吸合、分断的过程，这种过程一般会持续几毫秒，这时会在触点间产生电弧，向外发射电磁干扰；二是继电器开关一般由控制线圈控制，在开通与关断过程中，线圈磁场会与主回路之间的电流互相影响，导致控制线路受到干扰，影响其他敏感电路；三是继电器开关切换的电压跳变、电流跳变与主回路中寄生参数共同作用，在线路中产生尖峰电压或尖峰电流，引起电磁兼容故障。

控制继电器开关的干扰需要做到以下几点：设计辅助电路避免电弧的产生；做好控制电源与其他敏感电路的隔离；做好控制线圈的屏蔽；减小线路的寄生参数等。

3）大功率磁性元件

这里的大功率磁性元件主要指电力电子装置内部的变压器、电感。在电路中，大功率磁性元件体积较大，产生的磁场干扰场强大、衰减慢，会对系统中的磁场敏感元件及标准项目中的 RE101 测试造成较大影响。由于在通常情况下，电力电子装置中的磁敏感器件不多，往往在出厂试验时才能发现这些问题，此时再想采取措施就会很困难。故对于这类器件不能只关注其电压和电流等功能指标，在进行元器件选型时就应同时设计磁屏蔽层。该磁屏蔽层通常使用导磁材料制作，将磁场限制于磁屏蔽层类元件内部。

2. 电力电子装置中常见的电磁干扰分布

电力电子装置产生的电磁干扰通常按频段可以分为三部分，如图 10-2 所示。一部分是电网频段的谐波干扰，频率通常分布在 50Hz～5kHz，它一般是由电路里的整流环节带来的，有时也由外部电网环境带来；另一部分是电力电子开关频率及其谐波的干扰，频率通常分布在 1kHz~1MHz，通常在频谱上体现为一系列设备开关频率倍数次的谐波，这也是判断干扰是否来自电力电子装置本身最直接的证据；还有一部分则是在数兆赫甚至数十兆赫频段内的高频干扰，这类干扰来源不一，其来源包括器件的开关暂态、线路寄生参数导致的谐振、偶发的打火现象等。

与单设备的电磁兼容设计不同，在进行系统的电磁兼容设计时，干扰源通常并不单一，并且系统中不同设备的干扰作用频段也不完全一致，一个设备可能会在不同频段产生干扰，不同设备也可能在同一频段产生干扰。例如，在发电系统中，不仅发电机本体会产生干扰，励磁装置也会产生干扰；此外，油泵、水泵等辅助设备同样会产生干扰；同时系统中干扰的大小往往与设备的功率大小并不一致，因而不能认为系统的电磁兼容设计就是各设备滤波设计的集合，而应将系统作为一个整体考虑。首先要分析系统所处的电磁环境，在明确了系统的干扰源之后，再综合考虑时间、经费等因素，选择最合适的干扰控制方法。

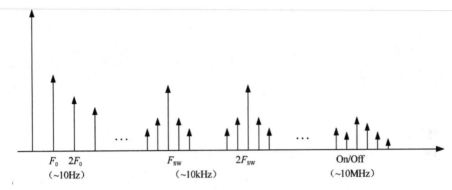

图 10-2　电力电子装置产生的不同频段的电磁干扰示意图

10.1.3　舰船大功率电能变换系统的电磁兼容设计

在进行系统的电磁兼容设计之前，首先要尽可能改善设备的电磁兼容性能。针对舰船大功率电能变换系统，必须在系统设计时就提前考虑电磁干扰控制，否则在产品生产完成之后，很多电磁干扰抑制措施就会无法应用。

本节以舰船综合电力系统为例，说明舰船大功率电能变换系统的电磁干扰控制设计的基本方法。

1. 舰船综合电力系统框图及电磁兼容要求

舰船二代综合电力系统组成框图如图 10-3 所示。舰船二代综合电力系统主要包括供电分系统、区域配电分系统、推进分系统和能量管理分系统 4 部分。在满功率工作时，供电分系统中的发电机经整流后输出 4kV 中压直流到中压配电板，中压配电板将 4kV 中压直流分别分配给推进分系统和区域配电分系统。4kV 中压直流通过这两个分系统内的电力电子装置转换后分别为推进电动机及舰船日用负载供电。

根据舰船综合电力系统的工作原理，可以将舰船用电设备分为"电力推进设备"和"区域配电设备"两种设备。推进分系统由推进变频器、推进电动机组成；区域配电分系统包括变流器、逆变器、斩波器等。在舰船综合电力系统中，电能可以由能量管理分系统在推进分系统和区域配电分系统自由调配，以适应将来高能武器上舰的需要。

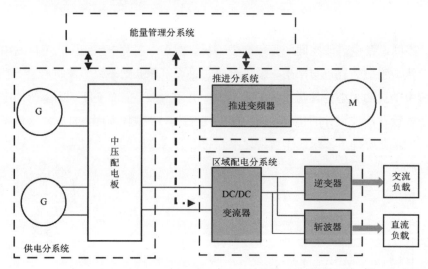

图 10-3   舰船二代综合电力系统组成框图

在舰船二代综合电力系统中，电能经历了中压交流→中压直流→低压直流→低压交流等多个变换环节。为提高变换效率和功率密度，舰船二代综合电力系统内部采用了许多大功率电力电子装置。这些大功率电力电子装置工作在开关状态，每个电力电子器件在开通和关断时都会产生电压或电流的瞬变。由于大功率电力电子装置的电压等级、功率等级都很高，因此瞬变幅值也很大，这会产生很强的干扰，若不进行处理，则很容易影响系统的正常运行。

在进行电磁兼容设计之前，首先需要了解产品面临的电磁环境和电磁兼容要求，这可以从传导和辐射两方面来考虑。从传导来看，舰船综合电力系统中的逆变器输出端与斩波器输出端分别与舰船的交流电网和直流电网相连，这两个输出端都需要满足传导电磁干扰标准以控制其向电网注入的干扰，避免影响其他设备的工作。从辐射来看，则需要控制设备工作时的高电压、大电流对周围电磁环境的影响。由于电力电子装置本身并不是电磁波发射设备，结构上也不具备类似发射天线的部分，因此辐射电磁干扰重点需要关注柜体附近的低频近场干扰，同时也需要做好传输电缆的屏蔽防护。在进行系统的电磁兼容设计时，除了需要考虑电磁发射要求，还需要考虑系统与周围电磁环境的适应能力，即需要考虑设备的电磁敏感度。舰船综合电力系统中不仅包括大功率的电动机、电力电子装置等非敏感设备，也包括各种测量设备、控制设备。这些设备的传感器、传输电缆、处理器等都是其敏感环节，因此在进行电磁兼容设计（包括自兼容设计和抗干扰设计）时也需要考虑这些测量设备和控制设备的抗干扰能力。

由于舰船二代综合电力系统的 4 个分系统所处的电磁环境不同，各分系统与舰船电网的接口都有较大区别，故在考虑分系统的电磁兼容设计时，需要根据各分系统所处的电磁环境分别进行不同的侧重。概括来说，舰船综合电力系统的电磁兼容设计包括以下几类。

- 减小舰船综合电力系统输出到舰船电网的干扰，即传导电磁干扰发射抑制。

- 减小舰船综合电力系统在现场电磁环境中受到的影响，即降低各设备的电磁敏感度，包括传导敏感度与辐射敏感度。
- 减小舰船综合电力系统工作时对周围电磁环境、敏感电子设备的影响，即辐射电磁干扰发射抑制，包括屏蔽和磁场屏蔽等。

2. 舰船综合电力系统的电磁兼容设计

电磁兼容设计是舰船综合电力系统设计的重要内容，其基本思路是控制电磁兼容 3 要素：干扰源、传播途径和敏感设备。首先控制干扰源的大小，其次切断干扰传播途径，最后做好敏感设备的防护。舰船综合电力系统中的主要干扰源是大功率的电力电子装置。由于其干扰源及干扰路径的理论分析在前面章节已有介绍，故本章主要从工程实践出发，介绍舰船大功率电能变换系统的电磁兼容设计。

如前所述，对于舰船大功率电能变换系统，不仅需要关注其自身的电磁干扰发射，也需要考虑其对周围环境的耦合干扰影响。即不仅需要考虑设备自身的传导电磁干扰发射控制，也需要考虑设备产生的辐射电磁干扰影响。根据不同分系统所处电磁环境的不同，综合电力系统的电磁兼容设计可以分为 3 部分：系统的自兼容设计、干扰源的抑制设计（包括传导电磁干扰抑制和辐射电磁干扰抑制）及敏感设备的防护设计。

1）系统的自兼容设计

系统的自兼容设计可以结合各分系统的功能进行。由于舰船综合电力系统处理的能量流功率较大，同时在电力电子器件的开关过程中也具有较高的电流变化率（di/dt 和电压变化率 dv/dt）。因此系统的自兼容设计主要是控制各大功率设备中主功率电路对弱信号的驱动及检测回路的干扰，防止大功率回路对敏感控制系统的干扰。由于在系统中同时存在强电和弱电 2 种电压等级，因此防止大功率回路对敏感控制系统的干扰的主要方法是在设计时采用正确的电路布置和电气连接方式，以控制干扰的基本耦合途径和传播模式，从而避免大功率回路与控制系统之间的耦合。可以通过选择合适的半导体器件、设计合理的外围电路、优化控制策略来实现。具体措施如下。

- 根据功率需求选择所需 IGBT，并根据控制干扰要求，在损耗和干扰之间折中选择具有合理反向恢复时间的二极管。
- 利用外围 RC 吸收电路限制电压上升率及最高峰值电压，同时仔细布置 RC 回路的走线以减小吸收回路中的寄生电感。
- 使用门极驱动降低开关电流变化率；尽可能利用低电感复合母排连接以减小天线效应。
- 在驱动板设计方面，门极驱动使用 PCB 电路板；驱动电路与地之间使用电气隔离；信号支路与门极驱动之间也使用电气隔离。
- 驱动电路与电源之间采用变压器隔离，驱动与信号之间的双向通信传输使用光纤隔离。

- 在布局方面，必须将弱电部分和强电部分进行严格区分；在走线方面，将强电走线和弱电走线分开，以减小强电部分对弱电部分的辐射电磁干扰；在内部导线的选用方面，模拟信号全部采用屏蔽电缆，并将屏蔽层可靠接地。
- 为整个舰船综合电力系统设计专门的接地铜排网。各电路按分布接地原则就近接地；在已知干扰源（如逆变器）处则用铜排或宽编织带接地，提供尽量小的接地阻抗。

2）干扰源的抑制设计

除系统自兼容外，还需要考虑系统对周围电磁环境的影响。舰船综合电力系统在工作时，不仅工作电流高达上 kA，而且在开、关过程中其电压变化率 dv/dt 和电流变化率 di/dt 也高达上 kV/μs 和 kA/μs，这也是系统内的主要干扰源。舰船综合电力系统的辐射电磁干扰主要通过设备间的连接电缆向外传播，因此设计的基本思路是在传导方面尽可能减小电流变化率 di/dt 与电压变化率 dv/dt；辐射方面则主要利用布局和走线的优化设计，屏蔽设备对外的耦合通道或使对外辐射相互抵消。

在舰船综合电力系统中，大功率电力电子开关的电压瞬变是系统中明显的干扰能量源，故在控制舰船综合电力系统对外干扰发射时，首先从源头降低干扰。在传导电磁干扰源控制方面，采用有源滤波技术对低频谐波进行滤波；采用无源滤波器对高频干扰进行抑制；并在进行方案的设计时采用多重化和多电平变换技术来减小系统内的高频电流纹波和滤波器的重量、体积。

在干扰源的抑制设计中，主要任务是减小各干扰源的电流变化率 di/dt 与电压变化率 dv/dt，具体措施如下。

- 根据理论分析和仿真结果，对重要的强电干扰源（如推进变频器、变流器、逆变器等）均设计相应的传导电磁干扰滤波器，尽量从源头抑制干扰的产生。
- 在整流变换过程中采用开关整流技术抑制低次谐波电流，并使用中频变压器隔离中压端与低压端的共模干扰。
- 在逆变过程中采用多重化技术来减小纹波电压和纹波电流；采用组合滤波技术，即交流输出先经 LCL 滤波对低频干扰进行滤波，再经直流电磁干扰滤波器对高频噪声进行滤波，这样可以有效利用 LCL 中的电感，降低对电磁干扰滤波器差模电感的要求。
- 采用复合母排来连接直流电容器和功率器件，减小电路杂散电感，可以减轻 IGBT 模块的开关应力，保证模块可靠运行。

在舰船综合电力系统中，传导电磁干扰控制是辐射电磁干扰控制的基础。传导电磁干扰控制不仅可以减小传导电磁干扰，还可以使辐射电磁干扰也得到一定的抑制。但另一方面，由于显示、控制、布线的需要，柜体不可能做成封闭式的，因此电磁辐射是客观存在的，此时需要尽可能减小这些孔缝的电磁泄漏。在进行辐射电磁兼容设计时，主要通过理论分析、仿真计算对不同布局、布线屏蔽措施下的电磁辐射进行预测，根据预测结果确定相应的屏蔽措施，从而通过合理的布局、布线，来减小辐射量或使辐射相互抵消。具体设计措施如下。

- 利用复合母排，减小电流回路面积，降低大电流导致的磁场干扰发射。
- 对机柜进行整体焊接，以减少机柜缝隙；柜门和柜体之间采用电磁兼容屏蔽封条，以保证连续导电界面，增强机柜屏蔽效能，降低设备的电场干扰辐射。
- 优化电缆束布置。利用电缆成对布置及合理布局可以有效降低干扰对外的传播。
- 在大功率设备间选用多层屏蔽电缆连接；输入电缆、输出电缆通过填料函与柜体相连，电缆屏蔽层通过填料函与柜体相连再接入大地可以有效降低高压设备对外部的电场辐射。

图 10-4 给出了经过电磁兼容设计后的舰船综合电力系统输出 380V 的干扰发射测试结果。

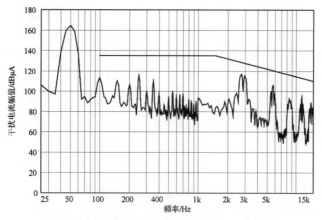

（a）逆变器满载时，输出 A 相 CE101 测试结果

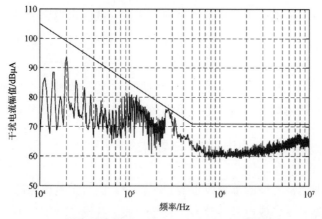

（b）逆变器满载时，输出 A 相 CE102 测试结果

图 10-4　舰船综合电力系统输出 380V 的干扰发射测试结果

3）敏感设备的防护设计

在舰船综合电力系统的电磁兼容设计中，主要设备的电磁敏感度也是电磁兼容设计应考虑的重要内容。舰船综合电力系统的主要设备大都处于舱室内，暴露在外部电磁环境下的设备较少。但对于一些重要的监测设备、控制设备，也需要进行电磁兼容设计，主要包括设计相应设备的屏蔽、封装，物理隔离、滤波及传输电缆端连接方式等，具体包括以下措施。

- 核心控制系统都单独封装在一个机柜内，以实现一定程度的屏蔽；机柜与外部地之间采用单点接地，机柜内部则尽可能采用分布接地；机柜尽可能远离主要干扰源；系统走线要遵守相关隔离规定，电源线要经过良好屏蔽和滤波。
- 主电路和控制线路之间使用电气隔离，以控制子系统之间的共模电压。模拟量采集使用适当的磁隔离及良好屏蔽；开关量使用光纤隔离。通道之间的连接线尽量短，并使用光纤通信。
- 对于能量管理系统，使用工业以太网连接，将各控制台放置于无干扰环境，且利用 UPS 隔离电源抵抗共模干扰。
- 控制信号的输入和输出均采用滤波器滤波，以确保控制信号在输入和输出的过程中不被干扰。
- 远传信号尽可能使用光纤传输，以解决干扰及电气隔离问题。

采用以上措施即可减小外界电磁环境对敏感设备的影响，确保系统的电磁兼容性。

10.2 瞬态脉冲系统的电磁敏感度设计

近年来，随着舰船综合电力系统的应用，舰船平台上的电力可以自由调控，大功率的推进用电也可以给舰船负载供电，电磁炮等新概念武器也得到了越来越多的关注。电磁炮等设备通常工作于脉冲状态，工作时间仅为几毫秒到数秒，但其功率可达几兆瓦甚至数十兆瓦，脉冲瞬间的高压可达几万伏、电流则可达数十万安。这种设备中的瞬态脉冲系统使得舰船的电磁环境更为复杂，也为舰船设备的电磁兼容设计带来了新的挑战。下面以电磁发射系统为例说明在瞬态脉冲系统中如何进行电磁兼容设计。

10.2.1 瞬态脉冲系统的电磁兼容要求

电磁兼容标准通常考核的都是设备的稳态性能。但对于瞬态脉冲系统而言，其通常由充电设备、储能设备、放电设备等多个设备组成，各设备分别在不同阶段运行，并没有真正意义上的稳态工作时间。瞬态脉冲系统中的各设备即使在储能状态或充电状态，其充电电流也在不断变化，并且其最大干扰发射的时刻就是其脉冲放电的时刻，此时设备中的电流比其储能电流或充电电流大几百倍。因此对于瞬态脉冲系统，不能仅依照标准来考核其待机工作时的电磁兼容性能，还必须分析其在脉冲工作时的电磁干扰情况，并提出相应的对策。

电磁发射系统是一种典型的瞬态脉冲系统。它一般具有 3 种工作状态，即"储能状态"、"脉冲放电状态"和"待机状态"，这三种工作状态下的电磁兼容要求也有所不同。在"储能状态"下，系统与舰船电网相连，由电网为系统中的储能环节充电，此时系统中的电流和电压幅值相对较低，变化也较为平稳，这种工作状态下的电磁兼容要求是电磁发射系统向舰船主电网注入的干扰需要满足传导电磁兼容标准要求。在"脉冲放电状态"下，系统与舰船电网脱网，脉冲放电产生极强电流，此时系统的电磁干扰主要来源于强电流脉冲产生的辐射电磁场，这种工作状态下的电磁兼容要求是控制这一电磁场的辐射范围，确保系统自兼容并满足平台电磁环境的要求。在"待机状态"下，系统中的强电环节基本没有电流流过，主要是系统内的各控制器在工作，等待系统下达指令，此时系统内的电磁干扰较小，由于各控制器都是常规的低压供电连续工作设备，因此只需要满足常规舰船设备的电磁兼容要求即可。

根据瞬态脉冲系统的工作过程可知，相比普通的舰船大功率电气设备，瞬态脉冲系统的电磁兼容设计最重要的环节就是脉冲充放电时刻的干扰控制。此时系统产生的电磁干扰必须满足系统自兼容要求和舰船电磁环境要求，这样才能确保系统的正常工作。由于瞬态脉冲系统的工作电流很大，很难直接对干扰源进行抑制，因此更合理的设计方法是针对相应的敏感环节进行防护设计，切断干扰传播途径，从而达到系统电磁兼容的目的。

10.2.2　瞬态脉冲系统的干扰源和敏感器件

可以将瞬态脉冲系统的各电气设备的回路分为功率回路、辅助回路和控制回路 3 类。功率回路指的是电力电子装置的主回路，即大功率能量经过的回路，该回路中包括大功率的电力电子开关器件、电感、电容、变压器等。功率回路是电力电子装置的主要干扰源：一方面电力电子器件开关过程会在线路中产生兆赫级的干扰，并沿着线路传导和耦合到其他线路；另一方面，功率回路中的各种电缆和母排会构成磁场天线（环形回路）和电场天线（长直电缆）向外发射。在对功率回路进行电磁兼容设计时的主要目标是降低功率回路的对外发射，这可以从两方面考虑，即降低干扰源幅值和避免高效的电磁场发射天线布局。

辅助回路的主要功能是采集各种信号，并将信号提供给控制电路进行计算和判断，辅助控制器实现控制策略。辅助回路传感器主要由各种信号测量支路及采样支路组成，包括二次辅助电源，以及各种电流传感器、电压传感器、转速传感器等。辅助回路尽管功率不大，传输的信号也较小，但由于辅助回路的支路众多，许多信号需要从功率回路直接采样。辅助回路的线路通常必须和功率回路布置在同一柜体中，信号在柜体中的传输路径较长，很容易受到柜内强电的干扰。而辅助回路一旦受到干扰，往往会导致控制器出现错误判断，很容易导致设备的自兼容问题。因此在进行辅助回路的电磁兼容设计时，首先需要考虑的是这些信号的准确测量和可靠传输，以保证设备的自兼容。此外，辅助回路的用电一般直接取自低压电网，而低压电网有严格的电磁兼容标准要求，因此还需要考虑减小辅助回路对低压电网的传导电磁干扰，以及辅助回路是否能承受低压电网上的干扰冲击。辅助回路中的传感器（包括它的传输电缆路）属于系统中的敏感设备，在设计时一定要注意对其进行防护。

控制回路的主要功能是完成对各种信息的处理，并根据相应的控制策略发出各种控制指令，以实现电能的变换。控制回路包括系统中的控制器、工作站，以及电力电子装置内部的控制器盒、控制电路板等。在瞬态脉冲系统中，控制回路属于弱电线路，被干扰后会发出错误指令，很可能引起严重后果。因而在控制回路的电磁兼容设计中，最主要的任务是做好对控制器的电磁防护。控制器出现干扰问题后，首先需要判断的是控制器接收到的信号被干扰了，还是控制器自身供电回路或控制芯片被干扰了。前者属于辅助回路设计，后者则属于控制器的电磁兼容设计，建议在设计时就完成通过软件对这两种故障进行诊断功能的设计。通常控制器自身被干扰时，往往表现为死机或重启。控制器内部包含较多的高速运放器件。这些器件对强电场较为敏感，其壳体应做好屏蔽，尤其是在高压场合。

10.2.3　瞬态脉冲系统的电磁干扰诊断与防护设计

对瞬态脉冲系统而言，其脉冲电流很大，系统产生的瞬时干扰信号无论是幅值还是频段都会超过电磁兼容标准中规定的敏感度测试信号。即使是各设备已经通过了电磁兼容标准测试，在进行系统试验时也可能经常会遇到一些电磁干扰故障，如传感器误报警、控制器重启、显示值异常等。由于瞬态脉冲系统工作时间较短，同时电磁兼容故障又具有一定的偶然性，因此其干扰故障的重现较为困难，而且也不可能让系统长期工作来查找干扰故障。这时往往需要采用模拟的手段来查找故障原因，并做出相应的防护设计。下面以两个实例说明如何在瞬态脉冲系统中进行电磁干扰的诊断与防护。

1. 传导电磁干扰诊断与防护设计实例

故障现象：某设备在进行系统试验时，当设备机柜的 220V 主电路开关闭合时，柜内控制板经常出现重启现象，大约每闭合该主电路开关三次，就会出现一次重启，导致系统工作失败。开关与控制板布置示意图如图 10-5 所示。

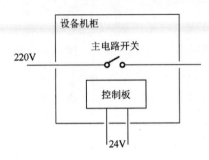

图 10-5　开关与控制板布置示意图

分析思路：故障发生在设备上电过程中，由于此时功率回路还没有开始工作，因此干扰源就是主电路开关。从线路方面来看，由于控制器的电源回路与继电器开关的电源回路是电气隔离的，因此干扰路径就是空间耦合或地线传导，需要根据开关工作过程分析干扰机理。

诊断过程：该主电路开关是一个继电器开关，在瞬态脉冲系统中，继电器干扰是一种很常见的干扰。由于继电器在动作时，不仅会在电网上引起电流波动，也会因为开关负载时的高电压、大电流变化产生很强的电磁场辐射，因此继电器干扰既可能是传导电磁干扰，也可能是辐射电磁干扰，所以在分析时也需要从这两方面进行考虑。

在本实例中，干扰源来自继电器的开关过程，但由于此时主电路还没有开始工作，因此基本可以排除是高电压、大电流产生的电磁场干扰。由于该故障的出现有一定的随机性，也不可能在系统中反复开关进行试验，因此需要搭建模拟干扰测试系统。可以将敏感度测试中的信号源作为干扰源来进行试验。这里为了模拟控制板附近继电器的通断，使用 CS115 试验中的 9355 信号源进行测试。在测试中发现，该控制板对 CS115 产生的脉冲信号极为敏感，稍有电流注入，就会出现重启现象，复现了控制板在设备上的干扰现象。通过进一步对比试验发现，该控制板接地线设置不当，板上接地线较窄，而地线电感量较大，当脉冲电流在注入时，地电位会有明显波动，使控制板误认为接收到了复位信号，导致系统重启。在更改接地设计后，重新进行 CS115 试验，控制板正常，将其装回设备，系统正常工作，故障消除。

在瞬态脉冲系统中，传导电磁干扰防护设计需要遵守如下准则。

（1）强弱电分离。在设备结构布局上将弱电部分和强电部分严格区分开。在结构设计过程中，通过将强弱电分别布置于不同的柜体隔间以实现强弱电分离，即将强电部分专门放在功率隔间；而将控制系统及供电系统等弱电部分放置在单独的控制隔间。功率隔间与控制隔间之间由柜体侧壁严格隔开。一些必要的走线需要穿越柜体时，使用金属线槽。此外，弱电信号的走线应尽量使用双绞屏蔽线，这样可以提高装置的自兼容性。

（2）注意弱电系统电源线的电磁干扰控制。控制系统尽量采用集成化电源，并根据实际工作环境和电磁兼容标准要求在电源内部集成电磁兼容措施；合理规划控制系统电源线在装置内部的走向和分布，缩短控制系统电源线在柜内的走线，并远离一次强电，同时避免控制系统电源线与信号线的交叉耦合，提高装置的自兼容能力；合理使用电磁干扰滤波器，不仅在控制系统各模块供电电源端加装电磁兼容滤波器，在每个功率单元的驱动电源进线口也应安装电磁干扰滤波器，避免将强电干扰引入弱电回路。

（3）对电路进行电气隔离。对于强弱电混合的系统，必须做好强弱电之间的高压隔离，可以采用隔离脉冲变压器，也可以采用高隔离等级电源模块。隔离电源模块也需要经过严格的耐压测试和筛选，这既是出于安全性的考虑，客观上也可以避免强电部分对触发控制的干扰。

（4）良好的接地及走线。对于需要同一类电源（如24V）供电的检测设备，做好供电电源自身的电磁干扰控制；在输出时采用端子排一分多处理方式为每个设备单独供电，并采用双绞屏蔽线连接到每个设备的供电端口；同时规范24V电源的走线，减小线路间的互相干扰。这样可以减少装置中二次电路中的转节点数，因为节点越多，可靠性越差，受电磁干扰的概率也就越大，更会增加事后排查的难度。

设计方面需要考虑周全，同时不能忽视装置制造过程中的细节把关，如接插件现场安装是否符合规范、走线是否规整、柜门内侧导电泡棉的敷设是否可靠、柜门闭合时能否形成闭合的导电整体等。

2. 耦合干扰诊断与防护设计实例

故障现象：在某电磁发射系统中，当电动机功率提升时，电动机转速传感器经常会输出错误结果，错误的转速数据会使系统误认为电动机故障而发出保护指令，导致系统工作失败。

分析思路：先排除软件错误，确认干扰来自传感器，随后根据转速传感器的工作原理分析干扰机理，然后利用试验验证干扰机理。

诊断过程：该电动机转速传感器为电涡流传感器。电涡流传感器工作原理图如图10-6所示。电涡流传感器通常包括两部分，即探头线圈和后续处理电路。电涡流传感器在工作时，前置器中的高频振荡电流通过延伸电缆流入探头线圈，在探头线圈中产生交变的磁场。当被测金属导体靠近这一交变磁场时，在此金属导体表面会产生感应电流；与此同时电涡流场也产生一个方向与探头线圈方向相反的交变磁场，使探头线圈高频电流的幅度和相位得到改变（线圈的有效阻抗）。这一变化与金属导体磁导率、电导率、探头线圈的几何形状和几何尺寸、电流频率、探头线圈与金属导体表面的距离等参数有关（见图10-7）。

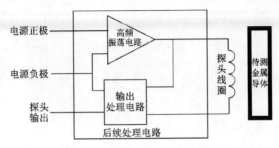

图 10-6　电涡流传感器工作原理图

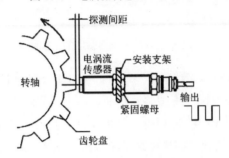

图 10-7　电涡流传感器转速测量

当被测金属导体与探头线圈之间的距离发生变化时，通过前置器电子线路的处理，线圈阻抗 Z 发生变化，即探头线圈与金属导体的距离 D 的变化会转化成传感器输出电压或输出电流的变化。输出信号的大小随探头线圈与被测金属导体之间的间距的变化而变化，电涡流传感器就是根据这一原理实现对金属导体的位移、振动等参数的测量的。在测量电动机转速时，通常将齿轮盘作为被测体。齿轮盘安装在电动机转轴上，电涡流传感器安装在机壳上。调整好电涡流传感器与凸齿之间的距离，当凸齿对准电涡流传感器时，电涡流传感器与齿轮盘距离近，输出高电平；当凸齿离开电涡流传感器后，电涡流传感器与齿轮盘距离远，输出低电平。随着电动机转轴上齿轮盘的转动，电涡流传感器也会输出相应的脉冲串，对脉冲串进行计数即可计算出电动机的转速（见图 10-7）。

为了分析本实例中的干扰，将电涡流传感器输出接入采样系统。放大波形后，可以看到在电涡流传感器正常输出的基础上出现了一些窄脉冲（见图 10-8），因此电涡流传感器输出的脉冲数目不再等于齿轮盘的齿数，从而导致转速测量错误。更详细的分析表明，这些窄脉冲的重复频率是 2kHz，宽度约为 15～50μs。由于 2kHz 恰好是逆变器开关频率，因此可以推断这一干扰与逆变器开关过程有关。

因为电涡流传感器安装在电动机转轴上，与变频器系统没有电气连接，所以在研究辐射电磁干扰的可能性时，主要测量电涡流传感器的磁场与电场的敏感度。

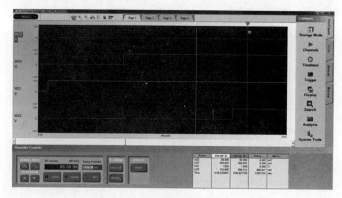

图 10-8　电涡流传感器输出的干扰脉冲

首先，执行标准的 RS101 测量，测量频段为 25Hz～100kHz。结果表明在这一频段内，电涡流传感器对磁场干扰并不敏感。然而，在大功率瞬态脉冲系统中，电力电子装置的干扰可达数兆赫，因此在兆赫频段，仍可能有很强的磁场干扰。由于瞬态脉冲系统不适合长期工作，为此，搭建了高频磁场敏感度测试系统，如图 10-9 所示。利用金属条模拟被探测的齿轮盘，金属条的移动速度代表电动机的转速，用示波器监视电涡流传感器的输出。在实验室利用信号源、功率放大器及磁场辐射天线等构建了干扰发射系统。

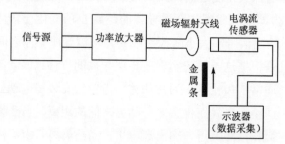

图 10-9　高频磁场敏感度测试系统

为了确定干扰源频率，首先用干扰接收机测量电涡流传感器探头线圈输出的高频振荡波，频率为 f_0（2MHz 左右）；然后将信号源调整至这一频率，用磁场辐射天线接近电涡流传感器，观测电涡流传感器的输出，以判断电涡流传感器是否受到干扰。为了确定电涡流传感器输出干扰是否由外界施加的干扰引起，对信号源输出施加 50%脉冲调制，试验时设置脉冲重复频率为 2kHz。测试中发现当这一频率的磁场强度达到一定强度时，电涡流传感器就会被干扰。为解决这一问题，在电涡流传感器与磁场环之间采取了屏蔽措施，并测试了几种不同型号的电涡流传感器的磁场敏感度，磁场敏感度的测量结果如表 10-1 所示。由测量结果可以看出，屏蔽能够有效阻止高频磁场干扰。根据这一试验结果，在设备上的电涡流传感器周围加装一层磁屏蔽后，干扰脉冲消失，系统工作正常，故障得以解决。

表 10-1　磁场敏感度的测量结果

编号	电涡流传感器 发射频率f0	电涡流传感器磁场敏感电平 （未屏蔽）	电涡流传感器磁场敏感电平（屏蔽）
1#	2.513MHz	91dBpT	132dBpT
2#	2.485MHz	86dBpT	120dBpT
3#	2.499MHz	87dBpT	124dBpT

根据这一实例可知，由于在瞬态脉冲系统内，电磁环境十分复杂，因此尽管各设备或部件可能已经满足了电磁兼容标准要求，但在面临复杂环境时，仍可能需要考虑更有针对性的抗干扰措施。

在瞬态脉冲系统中，为了提高辐射和耦合抗干扰能力，在设计时需要遵守如下准则。

（1）注意器件的摆放方向和摆放位置。由于瞬态脉冲系统中的电磁场干扰频率较低，通常都是近场干扰，随距离衰减较快；同时线路间的耦合也与线路相对位置有关。因此可以通过改变器件的摆放方向和摆放位置提高器件的抗干扰能力。

例如，电磁发射系统中某设备电压传感器是霍尔元件，其在工作时会受强磁场影响。起初电压传感器是从前向后横向放置的，各电压传感器与主功率电缆距离不一致。在试验过程中，最靠近主功率电缆的一个电压传感器会受到电缆中大电流的磁场干扰，改进后，电压传感器靠近柜门纵向放置，每个传感器均远离了主功率电缆，避免了大电流的磁场干扰。

（2）尽可能使用光信号传输，减小信号传输距离。对于易受干扰的检测量，采用状态检测板将电信号就近转换为光信号，避免状态信号因走线过长受到干扰。在装置成本可控的情况下，在强弱电之间穿插的信号尽量采取光纤线传输。在布线时，光纤线应远离发热体。供电电源的走线应合理规划，按照最短路径进行铺设，同时远离大电流出线母排。

（3）需要良好屏蔽和合理布局。在安装测量探头时，需要仔细选择传感器的安装位置，在满足检测量需求的前提下，远离强电，可以降低测量探头本身被干扰的可能性，有时几厘米的位置变化，干扰就可能相差 10dB；对于单线传输的状态信号线，可以设计相应的回线与其进行双绞屏蔽，这样可以减小回路面积，降低回路耦合干扰；供电电源独立安装，不需要经过中间转接，这样可以提高电源线屏蔽的连续性。

布局上可以根据接口信号的性质对信号进行分类。基本原则是将高速信号和低电平信号等相对容易受干扰的信号直接引入控制机箱内部；模拟信号、低速信号、高电平信号则可以通过外围接口板引入，这样可以减小高速信号传输距离和信号处理时间，更有利于保证高速信号的完整性。

10.3　电磁兼容测量新技术

电磁兼容设计与电磁兼容测量是相互促进的，各种新技术的应用对电磁兼容测量技术也提出了更高的要求。由于电磁环境越来越复杂，而电气电子产品也越来越先进，因此电磁兼容测量技术面临许多新的需求。无论是测量环境，还是测量方法和测量设备，都处在迅速发展阶段。无论是电磁干扰测量还是电磁敏感度测量，其总体发展趋势都是智能化、快速测量和强电磁场测量。目前，电磁兼容测量设备基本上都已实现数字化，可以很容易完成复杂的解调计算，并且能够设置不同的触发方式，可以快速捕获偶然出现的干扰。随着高速电子器件的发展和现代时频分析技术的应用，时域测量设备和频域测量设备的界限越来越模糊。随着脉冲类干扰的增多，另一个值得注意的发展动向是电磁干扰测量除允许采用传统的频率扫描电磁干扰接收机外，还允许采用时域电磁干扰接收机。本节首先介绍新的瞬态脉冲干扰频谱测量技术和虚拟暗室技术，然后阐述了 Peter Russer 等人关于宽带时域电磁干扰测量技术的研究成果。

10.3.1　瞬态脉冲干扰频谱的测量技术

频域法是脉冲干扰频谱测量的标准方法。频域测试框图如图 10-10 所示。接收机在计算机的控制下，选择一个频段按一定步长进行扫频测量。但对于脉冲类工作系统而言，由于脉冲持续时间较短，在不同扫频时间下，可以按不同方法进行测量。

- 扫频时间大于脉冲持续时间：可以利用触发（时域、频域）同步装置进行多次测量，也可以使用单频点测量，经多次测量后合成完整的频谱曲线。
- 扫频时间小于脉冲持续时间：可以利用接收机最大保持功能，反复扫描，从而获取脉冲持续过程中最大的干扰幅值。

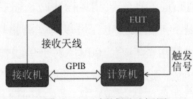

图 10-10　频域测试框图

在使用频域法测量脉冲干扰频谱时，由于脉冲并不是稳态，很可能在扫描某个频率点时，恰好没有脉冲信号，或脉冲信号处于幅值较低时刻，因此频域测量很难一次获取所有频谱。

另一种方法则是使用频域触发模式进行脉冲干扰的测量。即将频域信息作为触发条件，当指定频域范围内有信号出现时，接收机启动测量。这种方法对于窄带脉冲（如跳频信号等）的测量较为有效，在通信系统的测量中得到了广泛应用，但电力电子装置的瞬态脉冲往往频谱很宽，因此频域范围很难选择。一种变通的方法是利用接收机的定频点测量模式进行多次测量，即每次测量一个频率点，经多次测量后合成曲线。但这种方法需要测量的次数较多，还需要保证测量时刻的一致性，同时由于频率点是人工选取的，也难以获得全部的干扰频谱。

鉴于以上因素，可以考虑采用时域测量的方法。使用示波器、具有足够灵敏度和带宽的探头进行时域测试，然后利用 FFT 变换获得干扰频谱。时域测试框图如图 10-11 所示。利用这种方法，一次即可获取干扰的全部频谱信息，但分析的最高频率受到示波器采样率和示波器本底噪声的限制。若所测量的干扰频段较高时，数据量较大，后续计算比较耗时。

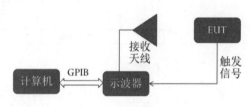

图 10-11　时域测试框图

另外，还可以使用实时频谱分析仪测量脉冲干扰频谱。实时频谱分析仪集合了示波器和接收机的优点，其在被测信号出现的有限时间内即可提取被测信号的全部频谱信息进行分析并显示分析结果，并且能显示幅度和相位。实时频谱分析仪主要用于分析持续时间很短的非重复性平稳随机过程和暂态过程。

实时频谱分析仪的基本工作原理类似于上面提到的频域法：被分析的模拟信号经模数变换电路转换成数字信号后，加到数字滤波器进行傅里叶分析；由中央处理器控制的正交型数字振荡器产生按正弦规律变化和按余弦规律变化的数字本振信号，也加到数字滤波器与被测信号进行傅里叶分析，从而获得被测信号的频谱信息。实时频谱分析仪组成框图如图 10-12 所示。实时频谱分析仪的各主要信号处理环节及相应的功能如下。

- 3GHz/8GHz 下变频器：将射频信号下变频为 20MHz 的中频信号。
- 中频采样与模数变换器：中频模拟输出通过模数转换器将信号转换成数字信号。
- 数字下变频器：将模数转换器的实时信号分成正交（I_和 Q 两数）分量信号，并确定信号的频率。
- 数据存储：保存频谱数据。
- 计算机：系统控制器。

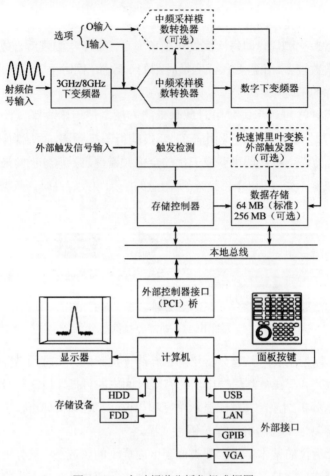

图 10-12　实时频谱分析仪组成框图

10.3.2　虚拟暗室技术

对于舰船设备而言，因其功率较大，在实际对设备进行电磁骚扰发射测试时，往往会受客观条件限制，无法将设备放置到标准测试场地（如屏蔽室、微波暗室等），只能在现场测量。而在现场测量时，必须考虑环境中的干扰对待测信号的影响。虚拟暗室系统提供了一种解决这些问题的思路，其可以设置背景滤除模式和干扰源定位模式，这样能够更准确地掌握设备的电磁干扰发射性能。

虚拟暗室技术是在普通环境下进行电磁骚扰发射测试和电磁干扰诊断的一项新技术。相比传统的屏蔽室、微波暗室、GTEM 室等，虚拟暗室造价低廉、操作简单、使用方便、可以提供接近实际暗室的测量结果，因而虚拟暗室可以作为实际测试中真实暗室的一种替代方案。

虚拟暗室系统通常包括硬件部分和软件部分。虚拟暗室系统组成框图如图 10-13 所示。虚拟暗室系统的硬件部分包括如下。

- 接收机：有 2 个接收通道，4 个工作端口。
- 计算机：即工控机。其硬件包括高速 DSP（数字信号处理）卡等；软件包括操作系统、测控软件等。
- 天线及电缆：电磁干扰测试天线及系统用电缆。

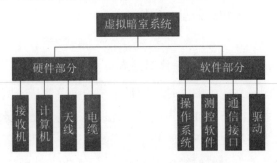

图 10-13　虚拟暗室系统组成框图

虚拟暗室的主要功能如下。

- 自动测试和自动处理数据；测试频谱；进行超标分析和相关性分析。
- 具有 3 种工作模式，即背景滤除、干扰源定位和零频宽扫描。
- 测试数据的后续处理，如添加极限值，进行单位转换等。
- 背景滤除的原理如下。
- 双通道接收机的 A 通道接"设备天线"，B 通道接"背景天线"。
- A 通道测量包含背景信号的设备近场辐射频谱，B 通道测量不包括设备辐射的背景频谱。
- 通过虚拟的第 3 通道显示背景滤除后的结果。
- 在使用虚拟暗室背景滤除模式时，需要满足以下条件。
- "设备天线"与"背景天线"相距 EUT 的距离应至少相差 10 倍以上，即二者接收到的设备辐射强度相差 20dB 以上。
- "设备天线"具有与"背景天线"相同的方向和极化方式。
- "设备天线"、"背景天线"、EUT 处于同一条直线上。
- 虚拟暗室干扰源定位模式的工作原理如下。
- 通过相关性分析，可以区分空间中同频不同源的信号。
- 以相关度大小来判断两个同频点信号属于同一发射源的可能性大小。
- 一般当相关度大于 0.6 时，可以认为两个信号来自同一发射源。

10.3.3　宽带时域电磁干扰测量技术

宽带时域电磁干扰测量系统用于测量电磁干扰，是开发电气和电子产品，以及测试这些产品的电磁兼容性所需要的重要工具。传统电磁干扰测量是通过采用超外差原理工作的电磁干扰接收机来进行的。根据国际电磁兼容标准，电磁干扰测量必须按照数千个频率点顺序执行，由于每个频率点的停留时间为几秒，总测量时间可能会持续几个小时。宽带时域电磁干扰测量系统以 GHz 采样率对宽带电磁干扰信号进行采样，并通过数字信号计算电磁干扰频谱（如快速傅里叶变换，简称 FFT），这使测量时间减少了几个数量级。

1. 采用一个模数转换器的电磁干扰时域测量

图 10-14 为时域测量系统框图。时域测量系统的频率测量范围为 30MHz～1GHz，该系统可以用来对辐射电磁干扰或传导电磁干扰进行测量。在测量辐射电磁干扰时，需要使用宽带天线；对于传导电磁干扰的测量则需要使用电流钳或 LISN。在时域测量系统中，输入信号首先被放大，然后经由低通滤波器（LPF）滤波，从而使信号能够满足奈奎斯特条件，即最高频率小于 1/2 的采样频率。然后在模数转换器（ADC）中，信号被转化为数字信号并被存储。经短时傅里叶变换（STFFT）可计算得到短时频谱 $S_w[k]$。

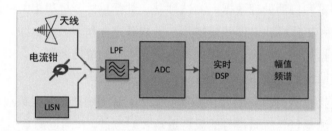

图 10-14　时域测量系统框图

为了避免频谱泄露，时间信号模块 $s[n]$ 被窗函数 $w[n]$ 处理，得到窗函数处理信号模块

$$s_w[n] = \frac{1}{G_C} w[n]s[n] \tag{10-1}$$

式中，G_C 是固有增益。

对于频谱样本的统计平均，若只考虑幅值而没有更多讨论相位，可以利用如下定义的单边幅度谱

$$S_A[k] = \begin{cases} \dfrac{1}{N}|S_w[0]|, & k = 0 \\[2mm] \dfrac{\sqrt{2}}{N}|S_w[k]|, & 1 \leqslant k \leqslant k_{Nyq} \end{cases} \tag{10-2}$$

式中，k_{Nyq} 是奈奎斯特频率。若频率 k 大于奈奎斯特频率，有 $k_{Nyq} \leqslant k < N$，对于负频率，频谱幅度是频率范围 $1 \leqslant k \leqslant k_{Nyq}$ 内频谱幅度的共轭复数。所以我们必须将频率范围 $1 \leqslant k \leqslant k_{Nyq}$ 内的频谱幅度考虑两次并将其除以 $\sqrt{2}$，以计算得到频谱幅度有效值。

对于多元短时信号频谱 $S_A[k, p], p \in [0, p-1]$ 的统计平均，通过对各频率区间的频谱

幅度进行平均来计算周期图 $S_{\mathrm{P}}^{\mathrm{avg}}[k]$

$$S_{\mathrm{P}}^{\mathrm{avg}}[k] = \frac{1}{P}\sum_{p=0}^{P-1} S_{\mathrm{A}}[k,p] \tag{10-3}$$

均方根频谱 $S_{\mathrm{P}}^{\mathrm{rms}}[k]$ 由下式计算可得

$$S_{\mathrm{P}}^{\mathrm{rms}}[k] = \sqrt{\frac{1}{P}\sum_{p=0}^{P-1} S_{\mathrm{A}}[k,p]} \tag{10-4}$$

峰值频谱 $S_{\mathrm{P}}^{\mathrm{peak}}[k]$ 由下式给出

$$S_{\mathrm{P}}^{\mathrm{peak}}[k] = \max S_{\mathrm{A}}[k,p], p \in [0, P-1] \tag{10-5}$$

图 10-15 为无限冲击响应滤波器中的信号流特性。其中，T 为抽样周期。利用双线性变换，可得

$$s = \frac{2}{\Delta t}\frac{z-1}{z+t} \tag{10-6}$$

式中，s 是 Laplace 域中的复频率变量，可得对应模拟电路的转移函数

$$H(s) = \frac{1}{1+s\tau_{\mathrm{d}}} \tag{10-7}$$

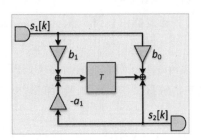

图 10-15　无限冲击响应滤波器中的信号流特性

图 10-15 所描述的检波器模型极大便利了对峰值、均值及均方根频谱的计算。时域测量系统从电磁干扰信号中建立统计模型，该统计模型在每个离散频谱值处重建虚拟的中频信号，中频信号再由一个数字准峰值检波器进行解调和计算。

2．高分辨率时域电磁干扰测量系统

高分辨率时域电磁干扰测量系统的动态范围由所用模数转换器的分辨率决定。如今，采样频率超过 2GBit/s 的高速模数转换器通常只有 10bits 的分辨率，这将限制稳态信号的信噪比（最多只能到 70dB，无法满足 CISPR 要求）。对于瞬态类噪声信号或脉冲类噪声信号，其信噪比通常小于 10dB。利用模数转换器的高分辨率可获得超宽带时域电磁干扰测量系统，可满足国际电磁兼容标准 CISPR 16-1-1 大动态测量要求。通过使用若干并行的模数转换器，可得到高分辨率的时域电磁干扰测量系统，其动态范围可以满足国际电磁兼容标准 CISPR 16-1-1 的要求。

图 10-16 为高分辨率时域电磁干扰测量系统框图。在该系统中输入电磁干扰信号经

由功分器分为三路。第一路（信道 1）对应图 10-16 中的最上面一路信号，是最灵敏的一路，它将信号在 0～1.8mV 幅度范围内数字化。第二路（信道 2）对应信号幅度为 0～200mV。而第三路（信道 3）将信号在 0～10V 幅度范围内数字化。信道 1 和信道 2 在输入端有非饱和二极管限制器，因而两个通道不会因为信号超过频率范围而过载。高分辨率时域电磁干扰测量系统使用 3 个采样频率在 2.3GS/s 的 10 位模数转换器。数字化信号在 FPGA 的数字信号处理单元得到处理。

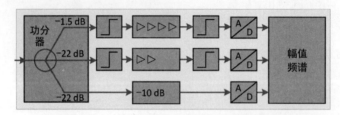

图 10-16　高分辨率时域电磁干扰测量系统框图

利用多相抽头滤波器，可将 30MHz～1GHz 的频率分为 8 个频率子段，这 8 个频率子段在时域范围内按顺序被测量。图 10-17 为数字下变频（DDC）模块的框图。对于同相和正交信道，使用多相抽取器滤波器可以降低采样频率，这样可以满足奈奎斯特要求。8 个子段分别被数字下变频到中频频率。采用短时快速傅里叶变换，可在每一个选定频率确定一个虚拟中频信号，以满足国际电磁兼容标准 CISPR 16-1-1 的要求。相比频域测量系统，高分辨率时域电磁干扰测量系统所用测量时间减少了 2000 倍。

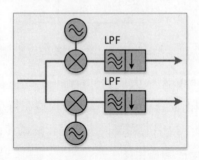

图 10-17　数字下变频模块的框图

GAUSS 仪器 TDEMI 1G 测量系统的频率测量范围为 9kHz～1GHz；CISPR 带宽为 200Hz、9kHz、120kHz 和 1MHz；9kHz～1GHz 无杂散动态范围约为 55dB。相较于传统的电磁干扰接收器，GAUSS 仪器 TDEMI1G 测量系统的测量时间减少约 4000 倍。在准峰值测量模式下，对频率范围在 30MHz～1GHz 的信号进行总体扫描的时间约为 2min。预扫描仅用来检测临界频率，并减少总的测量扫描时间。时域电磁干扰测量系统可提升预扫描性能，这是由于相较于传统的电磁干扰接收技术，预扫描可以在延长两个数量级的驻留时间上实施，利用较短的测量时间分辨出电磁干扰辐射模式的影响，以识别电磁干扰源。

为了评估低高分辨率时域电磁干扰测量系统的准确性，对笔记本电脑的辐射情况进行测量，并将测量结果与利用传统频域电磁干扰接收器 ESCS30（Rohde & Schwarz）测量的结果进行对比。

图 10-18（a）为在频率范围为 296～302MHz 时，高分辨率时域电磁干扰测量系统在峰值检波模式下的测量结果，驻留时间为 100ms，频率步长为 30kHz，所有测量间的最大偏差为 0.8dB。图 10-18（b）为在频率范围为 30MHz～1GHz 时，辐射电磁干扰的测量结果，驻留时间为 100ms，所有测量间的最大偏差为 1dB。高分辨率时域电磁干扰测量系统完成测量需要 11s，而利用传统频域电磁干扰接收机则需要 50min。

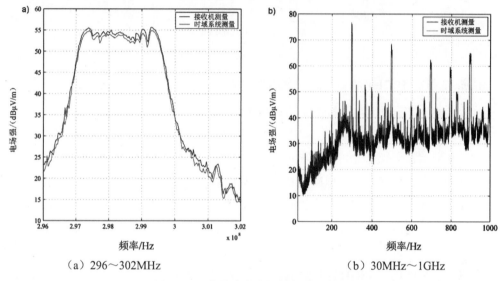

图 10-18　笔记本电脑辐射电磁干扰测量

在频率间隔为 296MHz～302MHz 时，分别在准峰值检波模式和平均值检波模式下对笔记本电脑辐射发射情况进行测量。两种模式下的频率步长均为 30kHz。图 10-19（a）为准峰值检波测量结果，驻留时间为 2s，高分辨率时域测量系统和传统频域电磁干扰接收器的测量结果最大差值为 0.4dB。图 10-19（b）为平均值检波测量结果，驻留时间为 4s，高分辨率时域测量系统和传统频域电磁干扰接收器的测量结果最大差值为 0.2dB。

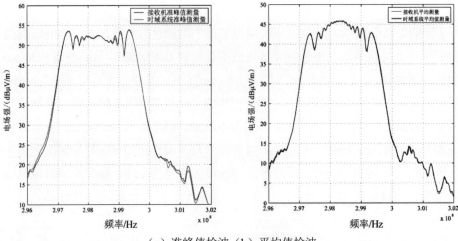

（a）准峰值检波 （b）平均值检波

图 10-19 笔记本电脑辐射电磁干扰测量结果

3. 带宽覆盖 18GHz 的宽带时域电磁干扰测量系统

为了保护 1GHz 以上高频电路不受电磁干扰的影响，对频率超过 1GHz 的电磁干扰测量系统也有着越来越高的要求。当前对超过 1GHz 的电磁干扰信号的测量都是采用频谱分析器和应用最大保持功能来实施的。然而，由于传统的电磁干扰接收器只能在同一时间观测一个频谱频率，并且电磁干扰在几秒之内变化，因此频谱分析器不适合在一个扫描周期内对非平稳电磁干扰信号进行测量。时域电磁干扰测量系统使用基于 FFT 的接收器，测量时间更短。在对超过 1GHz 的电磁干扰信号进行测量时，时域电磁干扰测量系统是一个更好的选择。

图 10-20 为 9kHz～18GHz 时域电磁干扰测量系统的框图。对于频率范围在 9kHz～1.1GHz 的电磁干扰信号，其由宽带天线接收后直接反馈给 1.1GHz 时域电磁干扰测量系统（见图 10-16）。对于频率在 1.1GHz 以上的电磁干扰信号，经过下采样转换至 9kHz～1.1GHz 的基带范围。当电磁干扰信号的频率范围在 1.1～6GHz 时，电磁干扰信号经下采样器 DC1 下采样转换至基带范围。当电磁干扰信号的频率范围在 6～18GHz 时，电磁干扰信号经下采样器 DC2 下采样转换至 1.1～6GHz，之后进一步转换至基带范围。

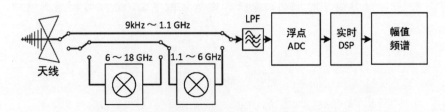

图 10-20 9kHz～18GHz 时域电磁干扰测量系统的框图

图 10-21 为 1.1～6GHz 下变频器框图。该变频器采用两级混合方案来抑制图像频带，

混合输出信号可以表现出中间频率。

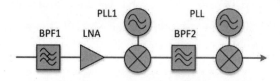

图 10-21　1.1～6GHz 下变频器框图

$$f_{\mathrm{IF}}^{m,\pm n} = \left| m f_0 + n f_{\mathrm{rf}} \right| \qquad m, n \in \mathbf{N} \tag{10-8}$$

式中，f_{rf} 为射频输入信号频率，f_0 为本地振荡器频率。频率转换对应双边带。图像频率被转换至与输入频带一样的中间频率。预选带通滤波器 BPF1 通过滤除高电平带外电磁干扰信号，增加系统无杂散动态变化范围。射频输入频带被划分为 14 个子带，每一个子带的带宽为 325MHz。每一个频带首先被上变频至较高的中间频率 IF1，IF1 高于输入射频频带的频率。该中频信号经由窄带带通滤波器 BPF2 滤波。通过这种方式，可以对不需要的混合信号进行抑制。二级混频器将中频信号下采样，由 IF1 频带变至 IF2 频带。其中，IF2 频带在小于 1.1GHz 频率范围内。PLL1 和 PLL2 为本地振荡器，利用锁相环进行实现。

6～18GHz 下变频器框图如图 10-22 所示。在 6～18GHz 下变频器中，输入频带被分为 3 个子带：子带 1 对应 6～9GHz；子带 2 对应 9～13GHz；子带 3 对应 13～18GHz。6～18GHz 下变频器采用低插损的单输入三输出 PIN 二极管开关 PSD1 和 PSD2，对于不同频段的信号选择相应的带通滤波器。这些带通滤波器可以实现对图像频带和带外干扰的抑制。然后再用低噪声放大器对信号进行放大，并经由低转换损耗宽带混频器将该信号从 1.1～6GHz 下变频至要求的频带。PLL3 是一个低噪锁相环振荡器。

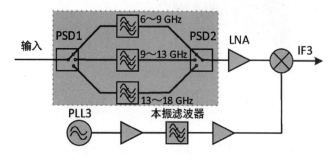

图 10-22　6～18GHz 下变频器框图

图 10-23 为 Gauss Instruments-TD 电磁干扰 18G 测量仪器。其频率测量范围在 9kHz～18GHz，该仪器具有 CISPR 带宽 200Hz、9kHz、120kHz、1MHz，且 9kHz～18GHz 无杂散动态范围约为 55dB。相比目前先进的电磁干扰接收机，当测量的电磁干扰信号的频率高于 1GHz 时，Gauss Instruments-TD 电磁干扰 18G 测量仪器有着更为低的低噪。

频率高于 1GHz 的电磁干扰信号的测量在若干角度位置进行，在每一个角度位置，都对应一个完整的扫描周期。在保持最大值模式下，Gauss Instruments-TD 电磁干扰 18G 测量仪器能够对频谱的最大值进行记录，利用报告产生器可以对频谱的最大值进行计算并列在表格中生成最终报告。

图 10-23 Gauss Instruments-TD 电磁干扰 18G 测量仪器

图 10-24 为打开盖板的笔记本电脑对应的辐射平均和准峰值电磁干扰频谱。测量结果显示有若干窄带发射谱线，可判定其来自中央处理单元，且频率固定在 2.4GHz。

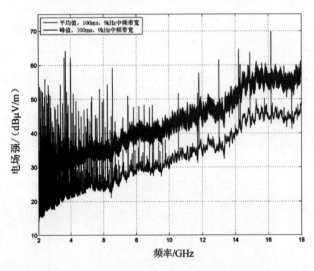

图 10-24　打开盖板的笔记本电脑对应的辐射平均和准峰值电磁干扰频谱

图 10-25 为微波炉辐射的六次谐波频谱图。高分辨率时域电磁干扰测量系统有着较高灵敏度，能够方便地测出微波炉磁控管发出的六次谐波电磁干扰，频谱图测量结果能够对异常瞬态事件进行检测。

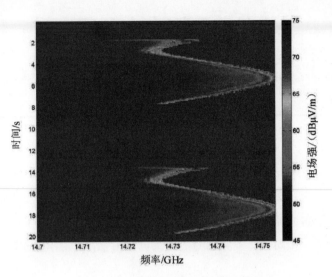

图 10-25　微波炉辐射的六次谐波频谱图

参考文献

[1] 陈坚. 电力电子学——电力电子变换和控制技术[M]. 北京：高等教育出版社, 2002.

[2] 谷雨帅. 基于磁通补偿原理的频变电感滤波器研究[D]. 海军工程大学, 2016.

[3] 郭飞, 赵治华, 张向明. 变频信号的频谱分析方法[J]. 船电技术, 2010, 30（2）: 25-29.

[4] GJB 151A—97. 军用设备和分系统电磁发射和敏感度要求[S]. 北京：国防科学技术工业委员会, 1997.

[5] GJB 151B—2013. 军用设备和分系统电磁发射和敏感度测量与要求[S]. 北京：国防科学技术工业委员会, 2013.

[6] GJB 152A—97. 军用设备和分系统电磁发射和敏感度测量[S]. 北京：国防科学技术工业委员会, 1997.

[7] 湖北电磁兼容学会. 电磁兼容原理及应用[M]. 北京：国防工业出版社, 1996.

[8] 凯瑟 B E. 电磁兼容原理[M]. 北京：电子工业出版社, 1985.

[9] 李基成. 现代同步发电机励磁系统设计及应用[M]. 北京：中国电力出版社, 2002.

[10] 李建轩, 汤仕平, 张勇, 等. 船用大电流设备电源线传导发射测试方法研究[J]. 船电技术: 2009,（8）: 5-9.

[11] 李建轩. 互感耦合干扰对消机理研究[D]. 海军工程大学, 2007.

[12] 李文禄, 赵治华, 李毅. 含有用信号的自适应干扰对消系统时域分析[J]. 通信学报, 2012（33）: 183-190.

[13] 李文禄. 短波自适应辐射电磁干扰对消系统关键技术研究[D]. 海军工程大学, 2012.

[14] 李毅, 赵治华, 唐健. 高功率大动态范围的双极性电调衰减器的设计[J]. 现代雷达, 2011, 33（8）: 65-68.

[15] 刘彬, 叶国雄, 郭克勤. 基于 Rogowski 线圈的电子式电流互感器复合误差计算方法[J]. 高电压技术, 2011, 37（10）: 2391-2397.

[16] 马伟明, 鲁军勇. 电磁发射技术[J]. 国防科技大学学报, 2016, 38（6）: 1-5.

[17] 马伟明, 肖飞, 聂世雄. 电磁发射系统中电力电子技术的应用与发展[J]. 电工技术

学报，2016，31（19）：1-10.

[18] 马伟明，张磊，孟进. 独立电力系统及其电力电子装置的电磁兼容[M]. 北京：科学出版社，2007.

[19] 马伟明. 电力集成技术[J]. 电工技术学报，2005，20（1）：16-20.

[20] 马伟明. 舰船电气化与信息化复合发展之思考[J]. 海军工程大学学报，2010，22（5）：1-4.

[21] 马伟明. 舰船动力系统发展的方向——综合电力系统[J]. 海军工程大学学报，2002，14（6）：1-5.

[22] 马伟明. 新一代舰船动力平台综合电力系统[J]. 兵器知识，2011，（3）：31-33.

[23] 马伟明. 电力电子在舰船电力系统中的典型应用[C]. 第四届电工技术前沿问题学术论坛，2010.

[24] 孟进，唐健，李毅，等. 基于偶极子近似方法的互联电缆辐射场研究[J]. 电工技术学报，2014，29（7）：32-37.

[25] 孟进. 电力电子系统传导电磁干扰建模和预测方法研究[D]. 海军工程大学博士学位论文，2006.

[26] 潘启军，马伟明，赵治华，等. 大型钢板表面电流的方向确定[J]. 电工技术学报，2008，23（5）：29-36.

[27] 潘启军，马伟明，赵治华，等. 傅立叶核函数在钢板地电流测量装置校准系数确定中的应用[J]. 电工技术学报，2008，23（1）：1-6.

[28] 潘启军，马伟明，赵治华，等. 新型钢板地电流磁场测量仪的噪声分析[J]. 电工技术学报，2006，21（8）：63-68.

[29] 潘启军，马伟明，赵治华. 磁场测量方法的发展及应用[J]. 电工技术学报，2005，20（3）：7-13.

[30] 潘启军，马伟明，赵治华. 钢板地电流新型测量仪器校准系统设计[J]. 电工技术学报，2006，21（2）：114-118.

[31] 潘启军，马伟明，赵治华. 适用于舰船钢板地电流检测的新型磁场测量仪器设计[J]. 电工技术学报，2004，19（11）：82-86.

[32] 钱照明. 电力电子系统电磁兼容设计及干扰抑制技术基础[M]. 杭州：浙江大学出版社，1999.

[33] 唐健. 短波多通道自适应干扰对消关键技术研究[D]. 海军工程大学，2016.

[34] 陶涛. 传导电磁干扰电流测量及其对消抑制方法研究[D]. 海军工程大学，2012.

[35] 魏克新、张海梅、梁斌. 电源线传导电磁干扰测试方法的研究[J]. 华东电力，2010，38（9）：1339-1342.

[36] 吴文力. 双管并联多层复合母排的设计及建模研究[D]. 海军工程大学博士学位论

文，2012.

[37] 吴昕，钱照明，庞敏熙. 开关电源传导电磁干扰的诊断[J]. 电工技术杂志，2000，1：26-28.

[38] 肖欢. 短波通信系统干扰机理及对消若干关键技术研究[D]. 海军工程大学，2011.

[39] 张汝均. 船舶电站同步发电机的自动励磁装置[M]. 北京：国防工业出版社，1989.

[40] 张向明，李建轩，赵治华. 基于时—频变换的电磁干扰频谱测试方法[J]. 电工技术学报，2015，30（S2）：16-20.

[41] 张向明，赵治华，孟进. 大功率电磁装置短时变频磁场辐射测试系统[J]. 电工技术学报，2010，25（9）：8-13.

[42] 张向明，赵治华，孟进. 考虑测量带宽影响的电磁干扰频谱 FFT 计算[J]. 中国电机工程学报，2010，30（36）：117-122.

[43] 张向明. 大功率电磁发射系统的磁场辐射研究[D]. 海军工程大学博士学位论文，2011.

[44] 张元峰. 新型大容量一体化变压器整流器装置的研究[D]. 海军工程大学博士学位论文，2011.

[45] 赵治华，马伟明. 钢板地阻抗的频率特性[J]. 中国电机工程学报，2003，23（8）：119-124.

[46] 赵治华，袁建生，马伟明. 邻近效应对钢板阻抗的影响及等效电路模型[J]. 清华大学学报（自然科学版），2007，47（4）:490-493.

[47] Agilent Technologies. Spectrum and Signal Analysis Pulsed RF Application Note 150-2[M]. 2012 Published in USA，July 5，2012.

[48] Hu Anqi，Ma Weiming，Zhao Zhihua，et al. Common-Mode Interference Suppressor for Chopper Circuit Based on Negative Capacitance：Applications and Improvements[C]. 2010 Asia-Pacific International Symposium on Electromagnetic Compatibility，2010.

[49] Antonini G，Orlandi A，Paul C R. Internal Impedance of Conductors of Rectangular Cross Section[J]. IEEE Transactions on Microwave Theory and Techniques，1999，47（7）：979-985

[50] Balanis C A. Antenna Theory：Analysis and Design[M]. Hoboken：John Wiley & Sons，2005.

[51] Braun S，Donauer T，Russer P. A real-time time-domain EMI measurement system for full-compliance measurements according to CISPR 16-1-1[J]. IEEE Transactions on Electromagnetic Compatibility，2008，50（2）：259-267.

[52] Braun S，Russer P. A low-noise multiresolution high-dynamic ultra-broad-band time-domain EMI measurement system[J]. IEEE Transactions on Microwave Theory and

Techniques，2005，53（11）：3354-3363.

[53] Christopoulos C. Principles and Techniques of Electromagnetic Compatibility[M]. 2. Boca Raton：CRC Press，2007.

[54] CISPR 16-2. Specification for radio disturbance and immunity measuring apparatus and methods[S]. Geneva：IEC，1996.

[55] CISPR 22. International Electro technical Commission：Limits and methods of measurement of radio disturbance characteristics of information technology equipment[S]. Geneva：IEC，1993.

[56] Daras N J，Rassias T M. Operations Research，Engineering，and Cyber Security[M]. Springer International Publishing AG，2017.

[57] Krug F，Russer P. Ultra-fast broadband EMI measurement in time-domain using FFT and periodogram[C]. Proceedings of the 2002 IEEE International Symposium on Electromagnetic Compatibility，2002.

[58] Faifer M，Ottoboni R. An Electronic Current Transformer Based on Rogowski Coil[C]. IEEE International Instrumentation and Measurement Technology Conference，2008.

[59] FCC Parts 15：FCC rules for radio frequency devices[S]. USA，1997.

[60] GAUSS Instruments high speed measurements，[OL]. Available：http://www. gauss-instruments.com.

[61] Ge S，Meng J，Xing J，et al. A digital-domain controlled nonlinear RF interference cancellation scheme for co-site wideband radios[J]. IEEE Transactions on Electromagnetic Compatibility，2018,61（5）：1647-1654.

[62] Giacoletto L J. Frequency- and Time-Domain Analysis of Skin Effects[J]. IEEE Transactions On Magnetics，1996，32（1）：220-229.

[63] Gonzalez G M，Linares Y M R，de la Rosa J,et al. Ground Plane Impedance Analysis of Printed Circuit Board[J]. Proceedings of IEEE International Symposium on Electromagnetic Compatibility，1999，2：712-715.

[64] Hoffmann C，Braun S，Russer P. A Real-Time Low-Noise Ultrabroadband Time-Domain EMI Measurement System up to 18 GHz[J]. IEEE Transactions on Electromagnetic Compatibility，2010，53（4）：882-890.

[65] IEC 610000-3-4. Limitation of emission of harmonic currents in low voltage power supply systems for equipment with rated current great than 16A[S]. Geneva：IEC，1998.

[66] Kaiser K L. Electromagnetic compatibility handbook[M]. Boca Raton：CRC Press，2005.

[67] Kley T. Optimized single-braided cable shields[J]. IEEE Transactions on Electromagnetic Compatibility，1993，35（1）：1-9.

[68] Klotz Frank，PetzoldtJuergen，VoelkerHolger. Experimental and simulative investigations of conducted EMI performance of IGBTs for 5-10kVA converters[C]. Proceedings of the 1996 IEEE 27th Annual Power Electronics Specialists Conference PESC Part 2，1996.

[69] Kodali V Prasad. Engineering Electromagnetic Compatibility：Principles，Measurements，and Technologies[M]. New York：IEEE PRESS，1996.

[70] Krug F，Müller D，P Russer. Signal processing strategies with the TDEMI measurement system[J]. IEEE Transactions on Instrumentation and Measurement，2004，53（5）：1402-1408.

[71] Krug F，Russer P. Quasi-peak detector model for a time-domain measurement system[J]. IEEE Transactions on Electromagnetic Compatibility，2005，47（2）：320-326.

[72] Krug F，Russer P. Signal processing methods for time domain EMI measurements[C]. Proceedings of the 2003 IEEE International Symposium on Electromagnetic Compatibility，2003.

[73] LaszioTihanyi. Electromagnetic compatibility in Power Electronics[M]. New York：IEEE PRESS，1995.

[74] Li Jianxuan，Zhao Zhihua，Zhang Xiangming. Study on Time-Frequency Calculation and Analysis Method of Frequency Spectrum Characteristic of Transient Frequency Conversion Signal[C]. 2018 International Applied Computational Electromagnetics Society（ACES）Symposium，2018.

[75] Li W，Zhao Z，Tang J，et al. Performance analysis and optimal design of the adaptive interference cancellation system. IEEE Trans. Electromagnetic Compatibility，2013，6（55）：1068-1075.

[76] Ma Weiming. The Integrated Power System in Warship[C]. International Marine Electrotechnology Conference Proceedings，2003.

[77] Medina F，Marques R. Comments on"Internal Impedance of Conductors of Rectangular Cross Section"[J]. IEEE Transactions on Microwave Theory and Techniques，2001，49（8）：1511-1512.

[78] Meng Jin，Ma Weiming，Zhang Lei，et al. Identification of essential coupling path models for conducted EMI prediction in switching power converters[C]. Conference Record of the 2004 IEEE Industry Applications Conference，2004.

[79] Meng Jin，Teo Yu Xian，Thomas David，et al. Fast Prediction of Transmission Line Radiated Emissions Using the Hertzian Dipole Method and Line-End Discontinuity Models[J]. IEEE Transactions on Electromagnetic Compatibility，2014，56（6）：1295-1303.

[80] Meng Jin，Zhang Xiangming，Anqi Hu，et al. Transfer Network Models for EMI Coupling Paths Characterization of Multiconductor Cables[C]. 2010 Asia-Pacific International Symposium on Electromagnetic Compatibility，2010.

[81] Meng Jin. Ma Weiming. A new technique for modeling and analysis of mixed-mode conducted EMI noise[J]. IEEE Transactions on Power Electronics. 2004，19（6）：1679-1687.

[82] MIL-STD-461E. Requirements for the control of electromagnetic interference characteristics of subsystems and equipment[S]. USA：Department of Defense，1999.

[83] Ney M M. Striction and Skin Effects on the Internal Impedance Value of Flat Conductors[J]. IEEE Transactions on Electromagnetic Compatibility，1991，33（4）：321-327.

[84] Nightingale S J，Sodhi G S，Austin J E. An Eight Channel Interference Cancellation System[C]. IEEE MTT-S International Microwave Symposium Digest，2006.

[85] Norbert D. Designing Electrical Power Systems for Survivability and Quality of Service[J]. Naval Engineers Journal，2007，119（2）：25-34.

[86] Paul C R. Analysis of Multiconductor Transmission Lines[M]. 2. Hoboken：John Wiley & Sons，2007.

[87] Paul C R. Introduction to Electromagnetic Compatibility[M]. 2nd ed. New Jersey：Wiley，2006.

[88] Rohde & Schwarz Technologies. Fundamentals of Spectrum Analysis[M]，2001 First edition 2001 Printed in Germany.

[89] Ruehli A E，Cangellaris A. Progress in the methodologies for the electrical modeling of interconnections and electronic packages[J]. Proceedings of the IEEE，2001，89（5）：740-771.

[90] Ruehli A E. Equivalent circuit models for three dimensional multiconductorsystems[J]. IEEE Transactions on MTT-22，1974：22（3）：216-221.

[91] Sahar A ，Ranjit G. Feedforward Interference Cancellation in Radio Receiver Front-Ends[J]. IEEE Trans. on Circuits and Systems，2007，54（10）：902-906.

[92] Sali S. A circuit-based approach for crosstalk between coaxial cables with optimum braided shields[J]. IEEE Transactions on Electromagnetic Compatibility，1993，35（2）：300-311.

[93] Saurabh K，Surya S. Impact of Pulse Loads on Electric Ship Power System：With and Without Flywheel Energy Storage Systems [C]. IEEE Electric Ship Technologies Symposium，2009.

[94] Shin D C，Nikias C L．Adaptive Interference Canceler for Narrowband and Wideband Interferences Using Higher Order Statistics[J]. IEEE Transactions on Signal Processing，1994，42（10）：2715-2728.

[95] Sophocles J Orfanidis. Electromagnetic Waves and Antennas[M]. Piscataway：Rutgers University，2010.

[96] Thomas D W P，Christopoulos C，Pereira E T. Calculation of radiated electromagnetic fields from cables using time-domain simulation[J]. IEEE Transactions on Electromagnetic Compatibility，1994，36（3）：201-205.

[97] Wang S，Lee F C. Common-mode noise reduction for power factor correction circuit with parasitic capacitance cancellation[J]. IEEE Transactions on Electromagnetic Compatibility，49（4）：537-542.

[98] Zhang lei，Zhao Zhihua，Li Jianxuan，et al. The Insertion Loss Calculation Research of Multiple Filters in Series and Parallel Connection[C]. IEEE Asia-Pacific Symposium on Electromagnetic Compatibility，2018.

[99] Zhang Yan，Li Hongbin. The Reliable Design of PCB Rogowski Coil Current Transformer[C]. International Conference on Power System Technology，2006.

[100] Zhao Zhihua，Li Jianxuan，Zhang Xiangming，et al. Measurement technology of RF interference current in high current system[C]. AIP Conference Proceedings，1971C1，2018.

[101] Zhao Zhihua，Ma Weiming. AC Impedance of an Isolated Flat Conductor[J]. IEEE Transactions on Electromagnetic Compatibility，2002，44（3）：482-486.

[102] Zhao Zhihua，Ma Weiming. Frequency Characteristic of Ground Impedance for a Flat Steel Plane[J]. IEEE Transactions on Electromagnetic Compatibility，2003，45（2）：468-474.

[103] Zhao Zhihua，Yuan Jiansheng，Ma Weiming. Coupling Model and Impedance Calculation of the Steel Ground Loops with Proximity Effect[J]. IEEE Transactions on Electromagnetic Compatibility，2006，48（3）：522-529.

缩略术语表

缩写	全称	中文名
ADC	ADC Analog-to-Digital Converter	模数转换器
AMR	Anisotropic Magnetoresistive	各向异性磁阻
ANSI	American National Standards Institute	美国国家标准学会
ASIC	Application Specific Integrated Circuit	专用集成电路
ATM	Asynchronous Transfer Mode	异步传输模式
BDCS	Battle Damage Control System	战时损管系统
BEM	Boundary Element Method	边界元法
BW	Bandwidth	带宽
CAN	Controller Area Network	控制器局域网络
CCTV	Closed Circuit Television	闭路电视
CE	Conducted Emission	传导发射
CISPR	International Committee for Radio Interference	国际无线电干扰特别委员会
CM	Common Mode	共模
CS	Conducted Sensitivity	传导敏感度
CWG	Combined Surge Wave Generator	组合波浪涌信号发生器
DAC	Digital-to-Analog Converter	数模转换器
DDC	Digital Down-Converter	数字下变频
DDG	Destroyer Designed to Launch Guided Missiles	导弹驱逐舰
DM	Differential Mode	差模
DMRN	Differential Mode Rejection Network	差模抑制网络
DSP	Digital Signal Processing	数字信号处理
EMC	Electromagnetic Compatibility	电磁兼容
EME	Electromagnetic Emission	电磁发射
EMI	Electromagnetic Interference	电磁干扰
EMLS	Electromagnetic Launch System	电磁发射系统
EMP	Electromagnetic Pulse	电磁脉冲
EMS	Electromagnetic Sensitivity	电磁敏感度
EN	European Norm	欧洲标准
ESD	Electrostatic Discharge	静电放电
ESR	Equivalent Series Resistance	等效串联电阻
EUT	Equipment Under Testing	待测设备
FCC	Federal Communications Commission	美国联邦通信委员会

缩写	全称	中文名
FDTD	Finite Difference Time Domain	时域有限差分
FEM	Finite Element Method	有限单元法
FFT	Fast Fourier Transform	快速傅里叶变换
FIFO	First Input First Output	先进先出
FIR	Finite Impulse Response	有限冲激响应
FPGA	Field Programmable Gate Array	现场可编程门阵列
GB	Guo Biao	国家标准
GJB	Guo Jun Biao	国家军用标准
GO	Geometrical Optics	几何光学理论
GTD	Geometrical Theory of Diffraction	几何绕射理论
GTEM	Gigahertz Transverse Electromagnetic Cell	吉赫兹横电磁波小室
HF	High frequency	高频
HTEM	High-Tech of Electromagnetism	高新电磁技术
ICR	Interference Cancellation Rate	干扰对消比
IDM	Intrinsic Differential Mode	本质差模
IEC	International Electrotechnical Commission	国际电工委员会
IF	Intermediate frequency	中频
IIR	Infinite Impulse Response	无限脉冲响应
LF	Low frequency	低频
LMS	Least Mean Square	最小均方
LPF	Low-Pass Filter	低通滤波器
IGBT	Insulate Gate Bipolar Transistor	绝缘栅双极晶体管
IPS	Integrated Power System	综合电力系统
LISN	Line Impedance Stabilization Network	线路阻抗稳定网络
MFC	Multi-Function Ceramic	多功能陶瓷
MIL-STD	Military Standard	军用标准
MM	Mixed Mode	混合模式
MoM	Method of Moments	矩量法
MOSFET	Metal oxide semiconductor field effect transistor	金氧半场效晶体管
OATS	Open Area Test Site	开阔场地测量
OBTS	On-Board Training System	实船训练系统
PEEC	Partial Element Equivalent Circuit	部分单元等效电路
PO	Physical Optics	物理光学法
PTD	Physical Theory of Diffraction	物理绕射理论
PWM	Pulse Width Modulate	脉冲宽度调制
RE	Radiated Emission	辐射发射
RMS	Root Mean Value	均方根（有效值）
RS	Radiated Sensitivity	辐射敏感度
SAC	Section of AADC	频谱包络中的线段
STFFT	Short-Time Fast Fourier Transform	短时傅里叶变换
SPWM	Sine Pulse Width Modulate	正弦脉宽调制

缩写	全称	中文名
SVM	Space Vector Modulate	空间矢量脉宽调制
TC	Technology Committee	技术委员会
TWT	Travelling-Wave Tube	行波管
UIR	the International Union of Broadcasting	国际广播联盟
UTD	Uniform Theory of Diffraction	一致性几何绕射理论
VSI	Voltage source inverter	电压源逆变器
VSR	Voltage Source Rectifier	电压型整流器